대승,
현상과 본질을 뛰어넘다 下
대승기신론 강의

번뇌즉보리 총서 3

대승,
현상과 본질을 뛰어넘다 下

대승기신론 강의

월인越因 지음

HERENOW
히어나우시스템

차 례

책을 시작하며 • 11
감사의 말 • 13
일러두기 • 14

과거, 현재, 미래는 마음의 상이다 • 16
감각의 세계에서는 컵을 파괴할 수 없다 • 20

3. 진여문에 들어감 • 26
마음속을 살펴보면 생각(念)이 없다 • 26
무심無心과 무념無念의 체험은 마음의 그림자일 뿐 • 30
마음(心)이 움직인 모습이 생각(念)이다 • 32
마음에 의해 잡히고 느껴지는 것은 마음 자체가 아니다 • 38

4. 사집邪執을 대치함 • 40
아무리 깊은 선정에 들어도 그것은 흐려지고 깨진다. 그것이 무상無常의 법칙 • 40

5. 인아견人我見 • 43
'이뭐꼬'의 화두로 미치거나 마음을 뛰어넘거나 • 43
공空은 색色을 부정하기 위한 방편일 뿐 • 46
색色과 공空은 모두 마음의 상相이다 • 50
여래의 본질은 공상空相과는 다르다 • 53

진리 자체가 공空이라는 상相을 지닌 것은 아니다 • 55

모든 현상은 스스로 존재하는 것이 아니라 서로에게 의존한다 • 56

본질은 무한한 생명의 힘, 못 해내는 것이 없다 • 60

머물지 않는 마음이 탄생하다! • 64

아름다운 현상인 벡터vector, 드러나지 않는 스칼라scalar • 68

현상은 관계를 통해 유지된다 • 73

공덕과 망념은 종이 한 장 차이 • 76

모든 문제는 무언가가 '있다'고 여기는 마음 • 82

모든 '경험'은 본성을 일시적으로 떠났다는 증거 • 85

과거와 미래도 지금 이 순간에만 나타난다 • 88

열반은 특정한 상태가 아니다 • 90

6. 법아견 • 96

솔리톤soliton, 파동과 입자의 중간. '나'도 그러하다 • 96

지켜보는 '나'는 어디서 느껴지고 있는가? • 101

원과 직선은 하나이다 • 107

자유의지와 운명론 • 111

동념動念, 방향을 가진 힘(vector) • 114

생멸이란 '있는 것'이 아니라 '나타난' 현상 • 116

7. 도에 발심하여 나아가는 모양을 분별함 • 119

8. 신성취발심 • 121

신심信心이 성취되었을 때 비로소 부처와 보살이 가르친다 • 121

새가 공중을 가로질러 날아가면 허공에 그 날아감이 느껴진다 • 127

상근기, 마음의 전체 그림이 핵심골격으로 자리잡다 • 130

세 가지 발심發心의 모습은 수행의 절차 • 135

무언가를 '얻기 위해서'가 아니라 '마음이 흘러가는 과정'을 그저 관찰하라 • 138

본질은 평범하다 • 142

더러운 유리창이 아니라 유리창이 '나'이다 • 145

그리고 그 유리창마저 아니다 • 148

개념을 가진 모든 이에게 생사生死의 현상이 보인다 • 152

참회와 전적으로 수용하기 • 155

진리, 진리를 본 사람, 진리를 추구하는 사람을 가까이 하라 • 158

신념과 신뢰 • 159

'사용되는' 공간은 '벽'이 있기 때문이다 • 163

'자기로부터 벗어나려' 하기에 자기에게 초점이 맺힌다 • 166

법신法身을 보는 네 가지 방법 • 169

우리의 근본적 평상 상태는 깊은 만족감 • 172

8. 해행발심 • 179

'나'라는 것을 늘 확인하려는 무의식적 습관 • 179

보시, 부족감을 넘어가다 • 183

지계, 희로애락은 자아를 운전하는 좋은 도구 • 186

인욕, 겪어내며 느끼기 • 190

불안과 초조는 에너지 수집장치 • 191

정진, 관성에서 풀려나다 • 192

선정, 어떤 대상도 없는 마음 • 193

지혜, 통찰을 통해 붙잡고 있던 것에서 풀려나다 • 194

9. 증발심 • 197

본성에는 단계가 없다 • 197

선사들의 깨침, 불가사의한 방편들 • 202

'분별 없는 지혜', 모순을 뛰어넘다 • 206

거울이 거울 속에 거울의 모습을 비추다 • 208

마음의 경계가 없으면 우리는 안팎을 분리하지 못한다 • 212

무지개는 일곱색도 아니요, 세 가지 색도 아니다 • 216

본성을 발견하기 위해 어디로 가야 하는 것이 아니다 • 218

자연업, 부분의 행동으로 인한 업이 전체로 돌아가는 것 • 221

깨어있으라! 원하는 것이 없는 자만이 깨어있을 수 있나니 • 227
개별적인 자기 존재의 유지가 곧 전체를 위한 것이 됨을 알 때 • 228

Ⅴ. 정종분正宗分 : 수행신심분修行信心分 • 237
분별을 통해 분별없음으로 넘어가다 • 240
'공경'은 자아를 낮추는 훈련 • 245
위로받기 위해서가 아니라 묻고 깨닫기 위해 친교 맺으라 • 250
다섯가지 수행 방법 • 252

1. 시문施門 · 계문戒門 · 인문忍門 · 진문進門 • 253
보시, 원심력의 흐름으로 '나'를 가볍게 한다 • 255
'두려움 없음'을 베풀라 • 259
'베푼다'는 의식은 자아를 강화시킨다 • 261
'나'를 숙이면 번뇌가 꺽인다 • 265
'좋은 느낌'을 멈출 수 없다면 '싫은 느낌'도 멈출 수 없다 • 268
'내'가 싫어하는 것은 왜 항상 '나'를 따라다니는가? • 269
마음이 힘들면 '분리감'에서 힘을 빼라 • 272
습관, 효율적이지만 고통의 원인 • 279
개성個性을 비개인적으로 사용하다 • 283
습관적인 패턴인 카르마, 무거운 죄(重罪) • 286
마음의 습관은 결코 마음 자체가 아니다 • 291

2. 지관문止觀門 • 292
지관법止觀法, 사마타와 위파사나 • 292
지관법을 동시에 수행해야 하는 이유 • 300
지止, 경계 짓는 습관을 멈추기 • 303
'안다'고 느끼는 순간 말뚝에 묶이는 것 • 307
생각에 실려 있는 믿음의 힘을 빼라 • 310

모든 경계는 마음속의 일 • 315

자유의지는 하나의 개념이다 • 320

감각하기를 쉬는 것이 명상이 아니다 • 324

백척간두에 선 소금알갱이, 떨어져 바다가 되다 • 328

집중 없는 상태로 들어가기 위해 하나의 집중을 일으킨다 • 331

제자에게만 '스승과 제자'가 있다 • 335

벡터의 자살, 스칼라의 탄생 • 338

신기한 능력을 추구하는 것, 그것이 외도外道 • 341

알 수 없는 미지未知에 대해 열린 마음 • 346

'나'의 경계가 무너지면 그것이 부처 • 348

늘 무언가를 추구하고 집착하는 마음이 마구니의 기본 속성 • 357

우리가 진정으로 원하는 것은 무욕無慾의 충족감 • 360

개인성을 유지하려는 패턴이 바로 마구니 • 363

외도外道는 집착한다 • 364

모든 집착은 자기 강화를 일으킨다 • 365

마음은 극과 극을 치달으며 살아남으려 한다 • 371

마음 자체는 상相이 없다 • 375

외도外道의 핵심은 뭔가를 추구하도록 부추긴다는 것 • 379

'충족된 마음'과 '지금 이 순간에 집중된 마음'은 다르지 않다 • 383

자아는 소유물과 목표를 통해서만 존재한다 • 388

진리를 위해 모난 돌이 되어라 • 391

다이나믹함과 절대적 평화가 함께 하는 것이 진정한 삶 • 395

목적 없는 관찰이 진정한 관찰 • 398

집착은 아주 교묘하다 • 403

과거, 현재, 미래는 나타났다 사라지는 현상 • 407

마음의 그림이 없다면 생사生死도 없다 • 412

'앎'은 안정감을 주지만 동시에 굴레 속에 밀어넣는다 • 416

있는 것도 아니고 없는 것도 아니며 있고 없음마저 아니다 • 420

세상에서 가장 큰 즐거움이 열반의 낙樂 • 424

새로운 앎의 방식: 손에 잡힌 대상을 통해 손을 알다 • 428

정혜쌍수, 지관법 • 432

'전체'는 '앎'에 속하지 않는다 • 434

이유 없는 기쁨 • 438

흔들려도 흔들리지 않는 삶을 닦는 지관법止觀法 • 445

소리를 즐기려면 침묵을 놓치지 말라 • 447

모니터에 나타난 슬픔과 기쁨은 전기라는 원천이 흐름을 증거한다 • 452

봄seeing, 대상 없이 깨어있는 마음은 어떻게 터득되나? • 454

선정과 지혜는 다르지 않은 한 과정의 양끝단 • 458

정정正定, 역동적인 분별 속에 고요히 머물다 • 462

Ⅵ. 정종분正宗分 : 권수이익분勸修利益分 • 469

모든 '현상'은 곧 '경계'를 뜻하니 경계를 넘어가라 • 473

십선, 십악을 닦는다 해도 진리 한구절 공부하느니만 못하다 • 477

의식으로는 본성에 가닿을 수 없다 • 479

본질을 드러내는 것보다 더 큰 공덕은 없다 • 482

경계 없음을 기반으로 경계 짓기 • 486

마음의 내용에서 빠져나와 마음의 작용을 보라 • 491

Ⅶ. 총결회향 • 495

부록 : 깨어있기™ 용어 정의 • 505

찾아보기 • 517

열반은 생사生死가 있음을 전제로 한다

　대승기신론을 시작할 때 수행과정의 3단계에 대해서 설명했습니다. 첫
번째 단계는 중생과 부처가 다르지 않다는 믿음을 가진 일원론一元論입니
다. 두 번째 단계는 그런 믿음을 가지고 '중생인 내가' '부처'가 되기 위해
수행을 하는 이원론二元論입니다. 중생인 나와 깨우친 부처로 나눠놓고서
수행을 시작합니다. 맨 처음은 중생인 나와 부처가 다르지 않다는 불교의
교리에 대한 믿음입니다. 부처는 깨달은 중생이고, 중생은 깨닫지 못한
부처라고 믿는 것이지요. 그러나 수행에 들어가면 중생과 부처가 완전히
분리됩니다. 즉, 난 아직 부처가 아니기에 부처가 되기 위해 노력합니다.
마지막 세 번째 단계는 중생이었던 내가 부처가 되는 것이 아니라 중생과
부처가 애초에 없었다는 불이론不二論에 이르게 됩니다. 일원론一元論과 불
이론不二論은 비슷하지만 다릅니다. 불이론不二論은 그 하나마저도 아니라
는 의미입니다.

　거기서는 열반에 대한 추구가 망령된 것이라고 말하고 있습니다. 이런
말들은 이원론의 수행 단계에 있는 사람들에게 '공부할 필요가 없는 것인
가?' 하는 오해를 불러일으킬 수도 있습니다. 그러나 본인에게 생사가 있
다고 여겨진다면 그는 아직 불이론의 단계가 아닙니다. 그는 여전히 분리
없음과 열반을 향해 나아가야 합니다.

　물론 궁극적으로는 열반과 생사가 망령된 개념이라는 점을 깨달아야

합니다. 그것마저도 마음의 분별작용임을 알게 되면 내 마음에 일어나는 모든 것은 분별임이 파악됩니다. '분별'하기 때문에 '존재'하는 것이지, 그 밖에 무엇이 따로 존재하지 않습니다. 바람 때문에 잠시 파도가 생겨났다가 다시 바다로 돌아가 하나가 되듯이, 임시적으로 생겨난 마음의 움직임에 의해 경계와 분별이 생겨납니다.

벡터vector는 움직이는 방향을 가진 에너지이고, 스칼라scalar는 방향이 없는 에너지, 즉 현상으로 드러나지 않은 에너지입니다. 마음을 들여다보면 어떤 '느낌'이 있고, 지켜보는 '내'가 있고, 들여다보는 '의도'가 있습니다. 이 모든 것들이 느껴지는 이유는 그것이 '움직이는 벡터'이기 때문입니다. 움직이는 마음은 '보는 자'와 '보여지는 대상'과 같이 모두 쌍을 이루어 생겨나는데, 생사와 열반도 그와 같이 한 쌍이 됩니다. 그러므로 '누가' 태어났는가를 물어서 생사의 허구성이 발견되면 거기 열반도 없다는 것을 알게 됩니다. 수련을 하고 공부하는 깊은 승려들조차도 여전히 열반을 향하려 한다는 것은, 그들이 여전히 생사와 열반을 나누는 마음, 분별된 개념 속에 있기 때문입니다.

그렇다면 어떻게 대치할 것인가? 오음五陰, 즉 색수상행식色受想行識은 자성自性이 있지 않으므로 나타나지도 않고 사라지지도 않는다는 것을 보아야 합니다. 이 말은 우리는 이미 열반으로 있음을 의미합니다. 이미 완전한데 무엇을 더 추구하겠습니까? 이 뜻을 오해하면 노력하고 애쓰지 않아도 된다는 말로 받아들이기 쉬운데, 이런 깨침은 마지막에야 일어납니다. '이미 완전하다'는 말은 수행의 세 번째 단계인 불이론不二論에 가까운 말입니다. 이원론二元論 속에 있을 때는 뭐라도 해야 합니다. 그것을 위해 이번 대승기신론 하권에서는 수행자세와 수행법에 대해 자세히 이야기하고 있습니다. 수행자 여러분에게 도움이 되기를 바랍니다.

2020년 4월
월인越因

감사의 말

이 책은 지난 2012년 8월부터 2014년 4월까지 오인회悟因會 회원들을 대상으로 진행한 강의를 엮은 것이며 많은 사람의 도움으로 이루어졌습니다. 먼저 전체 강의를 녹취해준 바람, 햇살, 해연, 아름드리, 푸리 님과 그 것을 모두 취합해 정리하고 다듬어준 세희, 원문 대조 후 2차 교정을 해 준 선호, 마지막으로 3차 교정과 레이아웃 등으로 책의 모습을 갖추게 해 준 연주, 그리고 무엇보다 책 발간 비용을 후원한 오인회원들인 무연, 반여, 드랜, 다르마, 힌지, 가온, 고을, 도널드, 쎄이, 호요, 우현, 무소의뿔, 이안, 깜상, 두레박, 동산, 나무, 화동, 해연, 한정수, 한정은, 물방울, 버들, 목어, 아소, 수연, 정원, 바람, 구나, 여몽, 여나, 옴살, 봉림장, 메타, 샨티 님의 도움으로 이 책이 나오게 되었습니다. 모든 분들께 깊이 감사를 드립니다.

먼저 505쪽 용어정의를 본 후에 본문을 읽으시면 이해에 도움이 될 것입니다. 경험을 통해 해석한 것이기 때문입니다.

이 글들은 읽고 하나하나 실천해봐야 할 내용입니다. 그렇게 하면 어느 순간 무의식적 습관에서 벗어나 '나'라고 여겨진 마음의 현상이 임시적 작용임을 통찰하게 될 것입니다. 여러분의 본질 탐구에 도움이 되기를 바라며...

일러두기

• 원문 해석은 《원효의 대승기신론 소·별기》(일지사 刊, 은정희 譯註)를 참고
  하였습니다.

(中권에 이어서)

대승기신론大乘起信論은 진리에 대한 믿음을 일으키는 논문입니다. 자신의 본질을 발견하는 것에 초점을 맞춘 사람들이 가는 길이 소승小乘이라면, 대승大乘은 모두 함께 생멸이 있는 곳에서 생멸 없는 진여眞如의 세계로 가는 것에 초점을 맞추고 있습니다. 또한 대승大乘이라는 단어 자체가 본질과 진리를 나타내는 말이기도 합니다.

대승기신론은 기본적으로 진여문眞如門과 생멸문生滅門으로 나뉘어 있습니다. 절대 진여眞如의 세계는 우리가 건드릴 수도, 설명할 수도 없는 부분입니다. 생멸문生滅門에는 진여眞如와 생멸生滅 두 가지가 있는데, 생멸문의 진여眞如는 드러나서 표현되고 현상화된 진여眞如입니다. 예를 들어 2500년 전 석가족釋迦族의 고타마 싯다르타가 깨달아서 후에 석가모니 부처님이 되었는데, 이 부처님은 생멸문生滅門의 깨달음입니다. 드러난 현상으로서의 깨달음이에요. 대승기신론에서는 깨달음도 드러난 모습이기 때문에 결국 하나의 현상이라고 말하는 것입니다. 절대적인 진여眞如가 있고, 드러났다 사라지는 현상으로서의 진여眞如가 있는데, 이 현상으로서의 진여는 보이고, 설명되고, 경험도 됩니다. 절대적인 진여는 알 수도 경험할 수도 없는 것이므로 진여문眞如門으로 남겨놓고, 이해와 설명을 위해 표현된 것이 생멸문의 진여眞如입니다.

이런 설명은 우리가 경험하는 모든 것은 절대적이지 않다는 것을 알려주기 위해서입니다. 우리의 경험은 모두 현상 속의 일입니다. 진리를 경험했다고 여겨진다면 그것은 현상 세계의 일임을 철저히 파악하고 잊지 말아야 합니다. 마지막 단계에서나 할 얘기이니 이제 막 공부를 시작하는 사람들은 헷갈릴 수도 있으니 잘 들어야 합니다. 그렇다고 모든 것이 아무것도 아니라는 의미는 아니에요. 진리를 향해 가는 길이 분명히 있고, 그 과정 속에서 일어나는 여러 경험들이 전혀 의미없는 것은 아닙니다. 다만 그 경험이란 것은 여전히 현상이고 믿음일 뿐이라는 것을 잊지 말라는 말입니다. 대승기신론에서는 중생의 깨닫지 못한 믿음이 있고, 부처의 깨달은 믿음이 있다고 말합니다. 이 두 가지는 믿음이라는 점에서는 똑같습니다. 현상적인 측면이라는 것입니다.

과거, 현재, 미래는 마음의 상이다

절대적인 진여眞如의 체體에 대한 원문을 보겠습니다.

心眞如者, 卽是一法界大總相法門體.
심 진 여 자   즉 시 일 법 계 대 총 상 법 문 체

所謂心性不生不滅. 一切諸法唯依妄念而有差別.
소 위 심 성 불 생 불 멸   일 체 제 법 유 의 망 념 이 유 차 별

若離心念, 則無一切境界之相.
약 리 심 념   즉 무 일 체 경 계 지 상

심진여心眞如란 일법계 중의 대총상 법문인 체體이다.
소위 마음의 본성은 불생불멸하니 일체의 모든 법이 오직 망념妄念에 의거하여 차별이 있을 뿐이다.
만약 망념妄念을 떠나면 일체의 경계상이 없다.

마음에 있어서 진여의 측면, 즉 본질이라는 것은 일법계一法界라고 했습니다. 일법계一法界는 진여문과 생멸문을 포함한 전체를 말하는 것으로 일심一心의 세계입니다. 대총상大總相은 전체로서의 상相을 말하

며, 법문法門은 그런 법에 들어가는 문이라는 뜻입니다. 마음의 본성이 나지도 죽지도 않는다는 말은, 그것이 과거와 현재, 미래를 떠나있기 때문입니다. 태어난다는 것은 태어나기 이전, 다시 말해 과거가 있다는 뜻이고, 죽음 이후는 일종의 미래라고 할 수 있습니다. 이렇게 마음에 나타난 상相으로서의 과거와 미래가 존재한다고 믿을 때만 죽음이라는 것이 있습니다. 우리는 오직 죽기 전까지만 의식할 뿐입니다. 과거, 현재, 미래가 있을 때만 이 생멸이 존재하는 것인데, 이 과거 현재 미래는 우리의 마음이 만들어내는 일종의 감지感知¹⁾입니다. 시간감각을 통해서 마음에 나타나는 일종의 현상이에요. 마음의 본성은 과거, 현재, 미래라는 감지를 떠나있기 때문에 결국 생하지도 멸하지도 않습니다.

일체의 현상이 오직 망념에 의거하여 차별이 있다고 했습니다. 망령된 마음의 제일 첫 단계는 전식轉識인데, 하나의 마음(一心)이 주체와 대상으로 분리된 것이 전식이고, 다시 그 대상이 하나하나 개별적 느낌으로 쌓여 구분되는 단계가 현식現識입니다. 그러니까 모든 차별은 사물 자체에 있다기보다는 그 사물을 바라보는 마음의 그림자, 다시 말해 마음이 만들어내는 분열에 의한 것입니다. 그래서 망념에 의한 차별일 뿐이라고 했습니다. 이 망령된 마음만 떠나면 일체의 경계상境界相이 사라지고, 나누어지지 않은 불이不二의 세계가 됩니다.

진여의 체體에는 세 가지 특성이 있습니다. 첫 번째는 변계소집성遍計所執性인데 이것에 의해 나타나는 변계소집상은 두루두루 계산하고

---

1) 감지感知: 깨어있기™ 용어. 감각기관을 통해 받아들인 자극을 마음이 인식할 수 있는 '느낌'으로 저장된 것

따져서 거기에 집착하는 상相입니다. 사실 이런 상相이 없다는 것을 통해 '분별하여 집착하는 상相이 허구'임을 알려주는 것이 진여의 체體의 한 특성입니다. 비유를 들자면 상相이라는 것은 그림자와 같아서 새끼줄을 뱀으로 보는 착각을 일으킵니다. 새끼줄을 뱀이라고 보는 것이 착각된 상相입니다. 지금 여러분이 보는 이 모든 탁자와 의자, 벽과 천정, 책꽂이가 모두 어떤 실체가 아니라 일시적 모습이 마음에 쌓인 '그림'이라는 말입니다.

두 번째는 의타성依他性입니다. 존재한다는 것은 의타성이라고 얘기했습니다. 컵이 존재하기 위해서는 손잡이와 몸통, 물이 들어갈 빈 공간, 도자기, 빚고 불에 굽고 그림을 그리는 과정, 만드는 사람의 힘과 노력 등이 필요합니다. 컵은 이런 것들로 인해서 일시적으로 인연법因緣法에 의해 나타난 모습일 뿐 본질적으로 존재하는 것은 아닌데, 그것이 '독립적으로 존재한다'고 여기는 것은 일종의 허구입니다. 다른 것에 의존함으로써 나타난다는 것을 명확하게 본다면, 개별적이고 독립적인 무엇의 태어남이란 없다는 것을 알 수 있습니다. 그것이 바로 '의타성에 의해 생멸이 없다'는 말의 의미입니다. 대승기신론소疏에서는 이런 비유를 듭니다. 삼을 새끼줄처럼 꼬아서 노끈을 만드는데, 이때 '노끈'이라는 것은 삼과 사람의 힘에 의해 만들어진 '모습'입니다. 만약 삼과 사람의 힘이 없다면 노끈이 만들어지지 않겠죠. 그래서 이 노끈이라는 것이 특별히 따로 존재한다기보다는 삼과 사람의 힘의 결합체라는 의미에서 의타적이라는 것입니다. 어떤 것의 탄생이 다른 것에 의존한다면 그것은 독립적으로 탄생한 것이 아닙니다. 무슨 말인가 하면, 노끈이라는 것은 따로 있는 것이 아니라 삼과 사람의 힘이 합쳐져 만들어진 일시적인 '모습'이라는 의미입니다. 그런데 우리는 그 '모습'

을 개별적으로 '존재'하는 실체라고 여기는 것입니다. 그 '모습'은 마음 속 이미지로 존재할 뿐입니다.

그다음 세 번째 특성은 원만한 진실성인 원성圓性입니다. 진여眞如는 원만상주圓滿常主해서 절대적이므로 아무런 모양도 없다고 말합니다. 비유하자면 삼 자체에는 노끈과 뱀이 없다는 것이죠. 삼과 노끈과 뱀의 비유로써 원성, 의타성, 변계소집성을 모두 설명할 수 있습니다.

일체의 법法이 '망념에 의거해서 차별을 이루니' 망념을 떠나면 일체의 경계상이 없다고 했습니다. 이것과 저것을 분리시키는 경계가 없다면 사물을 나눌 수가 없는데, 그 경계는 변계소집성과 의타성에 의해 일어납니다. 전식轉識을 통해서 주체와 대상이 분열되고, 현식現識을 통해서 대상들이 분별되어 다양한 사물이 생겨나고, 마음이 두루두루 계산하고 분별하여 어떤 것에 집착하는 상相이 변계소집상입니다.

감지 연습을 해보면 컵을 볼 때의 느낌과 핸드폰을 볼 때의 느낌은 서로 다릅니다. 즉, 마음에서 서로 구별되기 때문에 우리는 컵과 핸드폰이라는 외부의 사물을 분별합니다. 그 모든 현상은 마음이 느낌으로 분별해냈기 때문에 생기는 것입니다. 어린아이의 마음속에는 감각으로 들어와 쌓인 분별된 흔적이 아직 없기 때문에 이것과 저것을 분별하지 못합니다. 분별이 사물 자체에 있다면 눈이 있는데도 왜 어린아이는 어른처럼 분별하지 못할까요? 예를 들어 영어를 배우지 않은 사람은 영어를 들었을 때 그것이 무슨 말인지 모릅니다. 알파벳이나 각각의 영어단어에 대한 마음의 흔적이 없기 때문에 들어도 구별하지 못하고 알지 못합니다. 그냥 이런 저런 소리가 있을 뿐입니다. 영어의 의미를 구별하려면 마음속에 영어에 대한 세계가 형성되어 있어야 하니다. 그와 같이 우리는 외부세상이라 여겨지는 것이 일종의 느낌인 감지를 통해 마음에 하나의 세계로 형성되어야 분별하게 되는 것입니다.

이제 뭔가를 분별하고 나면 그것의 의미에 따라 좋고 나쁨이 생겨나는데, 마음의 흔적이 없을 때는 분별되지 않으므로 좋고 나쁨도 없습니다. 이렇게 모든 좋고 나쁨 또는 이것과 저것을 분별하는 것은 마음속에 경계 짓는 기준이나 조건이 있기 때문에 가능합니다. 눈에 보이는 것도 마찬가지입니다. 컴퓨터와 탁자와 의자를 구별해내는 것도 마음의 상相이 없으면 가능하지 않습니다. 이것이 바로 변계소집상입니다. 그런 변계소집상이 없으면 일체의 현상은 없습니다. 마음이 구별해내는 것이 없으면 그 무엇도 존재하지 않아요. 오직 불이不二의 세상으로서 있을 뿐입니다. 그래서 망념을 떠나면, 즉 분별하는 마음을 떠나면 일체의 경계상이 없다고 말하는 것입니다.

감각의 세계에서는 컵을 파괴할 수 없다

是故一切法從本已來. 離言說相, 離名字相, 離心緣相,
시 고 일 체 법 종 본 이 래   리 언 설 상   리 명 자 상   리 심 연 상

畢竟平等. 無有變異. 不可破壞.
필 경 평 등   무 유 변 이   불 가 파 괴

이러한 이유로 일체의 법은 본래부터 언설상言說相을 떠나고, 명자상名字相을 떠나고, 심연상心緣相을 떠나서 결국 평등하게 되고, 변이變異가 없으며 파괴할 수도 없다.

심연상心緣相은 마음의 인연에 의해 생기는 상相인데 우리는 그것에 감지라고 이름붙였습니다. 우리 마음속에 나타난 컵의 둥그런 느낌은 둥그렇지 않은 네모난 느낌이나 직선의 느낌을 기준으로 삼았을 때 그

처럼 둥그렇게 느껴집니다. 이렇게 의타성에 기반한 것이 심연상입니다. 마음의 인연에 의해 상相이 나타나는 것이고 그것이 바로 우리가 말하는 감지感知입니다. 그런 심연상마저도 떠나면 필경에는 평등하여 변이가 없으니 파괴할 수 없다고 했습니다. 무엇을 파괴할 수 없을까요? 컵을 파괴할 수 없습니다. 왜냐하면 '컵'이라는 것은 애초에 없었으므로 파괴할 수도 없다는 말입니다. 감지를 떠나 감각²⁾으로 들어가면 더 이상 컵이라는 것은 없습니다. 따라서 감각세계에서는 컵을 파괴할 수 없어요. 존재하지 않는 것을 어떻게 파괴하겠습니까? 노끈을 뱀이라고 착각하는 상태에서 우리가 뱀을 없애거나 파괴할 수 있을까요? 뱀이라는 건 애초에 없기 때문입니다. 그 다음 우리가 노끈을 파괴할 수 있을까요? 노끈도 원래 없는 것이기 때문에 파괴할 수 없습니다. 그것은 그냥 삼일 뿐이에요. 삼을 엮어서 꼬아 만든 것이 노끈이니까 노끈을 없앨 수 없습니다. 노끈을 여러 번 자르고 잘라도 원래 노끈은 없고 삼만 있을 뿐이므로 노끈을 파괴할 수는 없습니다. '필경에는 평등하다'는 말은 본질적으로는 증감이나 차이가 없다는 말입니다.

주체와 대상을 나누는 전식轉識, 대상을 여러 가지로 분별하는 현식現識, 분별된 대상에 좋고 나쁨이 붙는 지식智識 등과 같이 마음이 전개되어 가는 상태에 의해 구별될 뿐, 본래는 구별되는 일체의 현상이라는 것은 없습니다. 분리하고 나누는 마음의 작용이 없으면 일체의 현상이 없으며, '없다'는 것마저도 떠나게 되는데 이것을 변계소집상의 무상無常함이라 합니다. 변계소집은 왜 무상無常할까요? 저 탁자의 둥그런 느낌인 감지는 원래부터 있던 것이 아니라, 둥글지 않은 느낌이

---

2) 감각感覺: 깨어있기™ 용어. 감각기관을 통해 들어오는 '자극'으로, 그것은 자극받을 뿐 인식되지 않는다. 우리가 '안다'라고 인식하는 것은 내적으로 쌓인 대비된 '느낌'을 통해 일어나기 때문이다.

이미 내 마음의 배경으로 있는 상태에서 둥근 것이 나타났을 때, 대비되어 그것을 둥글다고 '느끼게' 됩니다. 이렇게 '느낌'이란 다른 것에 의존하여 인식되는 상相입니다. 상이란 서로(相)에게 의존한다는 의미입니다. 마음의 배경인 각진 느낌이 사라진다면 이 탁자도 더 이상 둥글게 느껴지지 않습니다. 그냥 감각적 기준에 의해 자극으로 구별될 뿐입니다. 그것이 바로 변계소집의 무상함입니다. 즉 둥근 탁자가 둥글게 '느껴지는' 것은 네모난 것들 때문이고, 네모난 것이 네모나게 느껴지는 것도 둥근 것에 대비하여 그렇게 느껴지는 것이니, 감지라는 것은 결국 다른 것들과의 관계에서 느껴지는 현상일 뿐입니다. 다른 것들과의 '관계가 없다면' 어떤 '느낌이라는 것이 있을 수가 없어요'. 이것이 바로 변계소집상의 무상성입니다. 무상함이란 항상 그렇게 존재하는 것이 아니라는 말입니다.

저 밖의 사물들은 개별체가 따로 없는 불이不二의 일체일 뿐입니다. 그런데 마음에 특정 사물에 대한 흔적이 쌓이면 그 사물을 보는 순간 마음은 그 사물의 '모양과 질'로 얼어붙게 됩니다. 마음은 물과 같아서 사물을 보는 순간 그 모양으로 얼어붙어 형태를 이루고 어떤 느낌이 생겨나는데, 그 배경에는 그것에 대비된 또 다른 현상이 있기 때문에 느껴지게 됩니다. 빙산이 녹았다가 얼기를 반복하지만 늘 같은 패턴인 것처럼 하나의 사물에 대해 마음이 응결되는 모습이 같기 때문에 그런 감지를 지니게 됩니다. 그러나 그런 감지가 생긴 것과 그런 느낌이 드는 것은 다른 얘기입니다. 컵을 가지고 설명해 보겠습니다. 이 컵을 자주 보면 마음에 이 컵의 감지가 형성됩니다. 이 컵의 모양으로 마음이 얼어붙는 거예요. 그렇게 감지가 형성되어도 우리는 그것을 '느끼지는 못합니다'. 그냥 구별만 할 뿐인 이 상태가 감각입니다. 그런데 마음에 둥그런 원도 경험되고 각진 사각형도 경험되면 이제 두 가지를 비교할 수 있게 됩니다. 그래서 사각형을 배경으로 원형을 떠올리면 드디어 컵의 '둥근 느낌'이 구별되어 '느껴지는데' 이것이 감지의 세계입니다. 그래서 감지의 세계는 의타적이라고 말합니다. 이 컵을 감각으로 보면 마음에는 어떤 느낌도 떠오르지 않습니다. 마음의 상相이 떠오르지 않는 거예요. 내 마음에 어떤 느낌(相)이 일어났다는 것은 항상 의타적이라는 의미인데, 그 의타적인 느낌을 제거해버리면 감각기관이 '구별'은 하지만 분별되는 '느낌'은 없습니다. 느낌이 있으려면 감지가 형성되어야 하고, 감지는 의타적이고 상대적이어서 보완적인 다른 것들을 배경으로 삼을 때만 느껴집니다. 네모난 탁자가 각지게 느껴지고 둥근 탁자가 둥글게 느껴지는 것은 그 배경에 다른 것들이 있기 때문입니다. 즉 각진 것의 배경에는 둥근 것이 있고, 둥근 것의 배경에는 각진 것이 있을 때만 그렇게 느껴집니다. 각진 '느낌', 둥근 느낌은 사물과 배경 간의 '관계'에서 오는 '제3의 현상'입니다. 두 손바닥이 마주쳐서 내는 소리와 같은 거예요. 이러한 느낌은 변계소집상인데 독립적으로 존재하지 않고 관계에 의해 의타적으로 존재하기 때문에 무상無常하다고 말하는 것입니다. 눈병이 난 사람에게만 보이는 허공의 꽃과 같아요. 눈병이 나으면 그 허공의 꽃은 사라지고 텅 빈 공성만 남게 될 것입니다. 허공의 꽃은 변계소집상의 무상성을 나타내는 말인데, 있는 것 같지만 없다는 의미입니다. 마음의 상相으로만 존재합니다.

변계遍計는 주관인 능변能遍과 객관인 소변所遍으로 나뉩니다. 주체와 대상으로 나뉘는 것인데, 능변이란 주관이 분별한다는 의미이고,

소변은 객관이 분별되어진다는 의미입니다. 우리가 보는 외부의 사물 역시 능변인 주관에 의해 오염된 객관입니다. 왜 그럴까요? 우리 모두는 자기식대로 바라보기 때문입니다. 내가 보는 컵과 다른 사람이 보는 컵은 어느 정도 비슷하기는 하지만 똑같지는 않습니다. 각자가 경험한 '주관적인 느낌'이 다르기 때문입니다. 이 주관적 느낌을 신경생리학에서는 퀄리아qualia라고 합니다. 우리는 의타적인 느낌을 통해서 보기 때문에 컵의 객관적인 모습이라는 것은 없습니다. 이것이 바로 유식학唯識學의 핵심입니다. 우리의 육감六感에 의한 육식六識(안식眼識, 이식耳識, 비식鼻識, 설식舌識, 신식身識, 의식意識)은 사물을 있는 그대로 볼 수 없으며, 마음의 흔적에 의해 비틀린 채로 보게 된다는 말입니다. 사실 사물이 있는지 없는지도 모릅니다. 지금의 현대 양자물리학에서는, 비틀린 채로 보는 것이 아니라 사물의 본성이라는 것이 없다고 말합니다. 왜냐하면 '존재한다는 것은 일종의 관계'이기 때문에 그렇습니다. 내 눈이 없으면 이 컵이 과연 존재할까요? 이 컵이 이런 모습으로 존재하겠습니까? 이 컵을 본 내 느낌은 눈과 컵 사이의 관계에서 일어난 현상입니다. 그렇다면 그 느낌이 없을 때는 컵은 존재하지 않는다는 말입니다. 손으로 컵을 만졌는데 촉각의 느낌이 조금도 없다면 이 컵은 내 손에 촉감적으로 존재하지 않습니다. 내 눈으로 컵을 봤는데 아무것도 느껴지지 않는다면 이 컵은 나한테 시각적으로 존재하지 않는 거예요. 즉 존재한다는 것은 컵과 눈, 컵과 손 사이의 느낌에 의해 일어나는 현상이라는 말입니다. 그래서 '존재는 관계'라고 말하는 것입니다. 우리의 사물에 대한 감지가 그 사물에 대한 마음의 흔적인지 그렇지 않으면 사물이 존재하는 방식인지 살펴봐야 합니다. 사물은 따로 존재하는 것이 아니라 감각기관의 반응을 통해서 존재한다는 현상을 보이고 있을 뿐입니다. 변계소집상은 그것을 말해주고 있습니다.

분별된 모든 것들은 서로가 서로에게 의존하고 있습니다. 그리고 이름이 붙음으로써 일시적인 경계가 영구적인 것이 되고, 생각과 말이 됩니다. 본질을 보기 위해서는 생각과 말을 떠날 필요가 있습니다(리언설상離言說相). 그리고 이름을 떠나고(리명자상離名字相), 그 다음 감지를 떠납니다(리심연상離心緣相). 깨어있기™3)에서도 맨 처음 생각을 떼어내고, 그 다음 이름을 떼고, 감지를 떼어 냅니다. 심연상은 마음에 끌어다가 연실을 매어놓은 상相이라는 의미로 내적 감지라고 할 수 있습니다. 그 심연상을 떠나있다는 것은 마음속의 미묘한 느낌마저 떠나있음을 말하는데, 그것이 바로 일심一心입니다. 생각을 떠나고, 이름을 떠나고, 감지를 떠나는 깨어있기™의 과정이 이 언설상, 명자상, 심연상을 여의는 과정과 닮아있습니다. 언설─명자─심연의 순서를 보면 이 대승기신론을 쓴 마명 역시 그런 단계를 경험했다고 볼 수 있겠습니다. 그렇게 말과 생각과 이름과 감지를 떠나면 드디어 평등平等, 불변不變, 불괴不壞가 온다고 했습니다. 평등은 만물에 차이가 없다는 말이고, 불변은 변화가 없고, 불괴는 파괴되지 않는다는 뜻입니다. 이것이 바로 진여眞如입니다.

唯是一心. 故名眞如.
유 시 일 심   고 명 진 여

以一切言說, 假名無實, 但隨妄念, 不可得故.
이 일 체 언 설   가 명 무 실   단 수 망 념   불 가 득 고

이 일심으로 인해서 진여라 이름하니 일체의 말과 생각은 거짓된 이름일 뿐 실제는 없다. 단지 망념을 따른 것이므로 얻을 수 있는 것은 아니다.

---

3) 깨어있기™ : 저자가 진행하는 '본성을 깨치기 위한 워크숍'

언설과 명자와 심연상을 떠나면 일심一心으로 돌아갑니다. 파도의
모양을 떠나 물로 돌아가는 것과 같습니다. 이런 파도 저런 파도는 이
름이고, '이런 파도가 저런 파도를 만나서 싸워서 이겼다.' 하는 것은
생각입니다. 생각을 떠나고 이름을 떠나면 이름 없는 느낌만 남는데
그 느낌마저도 구별된다는 측면에서는 하나의 상相입니다. 그 느낌의
상相마저 떠나면 지금 이 순간 우리는 일심一心 속에 있게 됩니다. 일
심一心은 평등하면서 변하지 않고, 파괴되지 않습니다. 이것이 바로 진
여眞如입니다. 일체의 말과 생각은 임시적인 이름일 뿐 실체가 없고 망
념妄念을 따라간 망심妄心일 뿐입니다. 이상이 진여의 체體 중에서 심진
여心眞如에 대한 설명입니다.

3. 진여문에 들어감

마음속을 살펴보면 생각(念)이 없다

오늘은 의장문義章門의 진여문에 들어감 부분을 강의합니다.

復次顯示從生滅門卽入眞如門.
부 차 현 시 종 생 멸 문 즉 입 진 여 문

所謂推求五陰色之與心, 六塵境界, 畢竟無念. 以心無形相,
소 위 추 구 오 음 색 지 여 심   육 진 경 계   필 경 무 념   이 심 무 형 상

十方求之終不可得.
시 방 구 지 종 불 가 득

다음은 생멸문生滅門으로부터 진여문眞如門에 들어가는 것을 나타낸다.
이른바 오음五陰의 색色과 심心을 추구해보면 육진경계六塵境界가 필경 생
각이 없으며, 마음에는 형상이 없어 시방十方으로 찾아보아도 끝내 얻을
수 없다.

오음五陰은 오온五蘊을 말하고 온蘊은 모여서 축적된 것입니다. 반야심경般若心經에 "五蘊皆空 度一切苦厄(오온개공 도일체고액)"이라는 말이 나오죠. 오온五蘊이 모두 공空이라고 했습니다. 오온五蘊은 색수상행식色受想行識인데, 그중에서 색色은 바깥 세계를 의미합니다. 공空과 색色으로 나누어 말할 때, 분별되는 현상세계가 바로 색色이죠. 수受는 감각기관, 상想은 들어와서 내면에 쌓이는 것, 행行은 의도나 의지, 또는 쌓여있는 패턴들의 움직임, 식識은 그로 인해 판단분별하여 얻어지는 앎입니다. 정리하자면 오음五陰의 색色은 외부의 현상 세계이고 수상행식受想行識은 마음의 세계인데, 이를 색色과 심心으로 나누어 원문에서 표현했습니다.

육진경계六塵境界는 여섯 가지 먼지라는 의미로 색성향미촉법色聲香味觸法을 말하는데, 이는 감각기관인 안이비설신의眼耳鼻舌身意가 접촉하는 경계, 환경, 대상입니다. 경계는 이것과 저것을 나누는 것이고, 색성향미촉법色聲香味觸法의 세계는 분별되고 나눠지는 세계이므로 육진경계六塵境界라고 표현합니다.

지금 색色이라는 단어가 세 번 나왔습니다. 색色과 심心, 색수상행식色受想行識, 색성향미촉법色聲香味觸法. 색성향미촉법이라는 모든 경계를 색色이라고 대변해서 말할 수 있는데, 이것이 색수상행식의 색色입니다. 수상행식受想行識은 그 색色에 접촉해서 작용하는 마음의 세계입니다. 크게는 현상세계인 색色과 마음의 세계인 심心으로 나뉘는 것이죠.

관련해서 불교의 근경식根境識에 대해 다시 짚어보겠습니다. 근根은 감각기관인 안이비설신의眼耳鼻舌身意를 말하고, 이 감각기관들이 접촉하는 대상인 경境이 색성향미촉법色聲香味觸法입니다. 그리고 그 접촉으로 인해 생겨나는 앎이 식識입니다. 의意라는 감각기관이 마음의 흔적인 법法에 접촉해서 생겨난 앎이 의식意識이에요.

원문에서 육진경계가 마지막에 가서는 생각이 없다고 했습니다(六塵境界, 畢竟無念). 염念이 없다고 했죠. 대승기신론에서는 염念과 심心을 분별하여 사용하고 있습니다. 심心은 마음의 본질 자체나 전반적인 마음의 세계를 의미하고, 염念은 그중에서도 분별되어 나누어지는 마음의 세계를 의미합니다. 분열과 분별 이후 마음의 파도, 즉 망령된 생각을 표현하는 것이죠. 염念은 분별을 기반으로 하고 있기 때문에, '색色과 심心을 모두 추구해보니 육진경계六塵境界가 무념無念이다.'라는 말은 분별이 없다는 뜻입니다.

지금 눈앞에 보이는 책상, 책꽂이, 의자처럼 분별된다고 여겨지는 사물들은 모두 색色의 세계인데, 이 색色의 세계는 그 자체로 존재하는 것이 아니라 마음의 분별 속에 있습니다. 모든 분별은 마음의 작용이기 때문입니다. 잘 생각해 보면 아주 단순하고 당연한 사실입니다. 우리는 인간의 감각기관과 마음으로만 세상을 살아왔기 때문에 세상이 내가 보는 그대로일 것이라고 여기지만, 바이러스나 강아지가 보는 세계는 우리가 보는 세계와는 완전히 다릅니다. 우리는 우리 감각 방식의 분별을 하고, 그들은 그들의 방식으로 분별하기 때문이죠. 그렇다면 우리가 보고, 듣고, 경험하는 세계만이 진정한 세계라고 말할 수 있을까요? 절대 그렇지 않습니다. 만약 주파수로 만들어진 에너지 인간이 있다면 그는 단단한 벽도 뚫고 지나갈 수 있겠죠. 주파수로 이루어진 존재한테는 벽이 존재하지 않습니다. 이처럼 세계는 결코 자신이 경험하는 그대로 존재하고 있지 않아요. 우리 감각기관에 맞는 세계가 존재한다고 믿고, 그 안에서 살아가고 있을 뿐입니다.

　육진경계六塵境界가 무념無念이라는 말은 분별하는 마음이 없다는 것입니다. 항상 분별하고 나누는 염念이라는 것은 흔히 말하는 의지, 즉 에고ego입니다. 자유의지는 '내가 무엇을 하겠다.'라는 뜻이죠. 그것은 마음이 분별해낸 마음의 흔적이 자기를 유지하려는 작용 중의 하나입니다. 염念이 에고이며 의지입니다. 부딪혀서 뭔가를 해내겠다는 것인데 어떻게 보면 자연의 흐름에 거스르는 행동이라고 할 수 있습니다. 예전부터 자유의지가 있는가, 없는가 하는 철학적 사유가 있습니다. 모든 게 이미 결정되어 있다는 결정론에서는 자유의지가 없다고 말합니다. 뉴턴은 이 우주를 엄밀하게 측정할 수 있다면 우주가 어떻게 돌아갈지 다 알 수 있다고 했는데, 이것이 결정론이에요. 그런데 이런 결정론과 자유의지론은 마음이 개념화시켜놓은 것뿐이지 자연에는 의지도, 비의지도 없습니다. 또는 의지적인 것과 결정론적인 것이 함께 섞여있어요. 그 모두가 그저 하나의 동영상으로 돌아가고 있을 뿐인데, 그중 일부를 마음이 나누고 개념화시켜서 '이것은 내 자유의지의 실현이야.', 또는 '이것은 운명적이야'라고 얘기하는 거죠. 결국 의지라는 것은 자연과의 싸움입니다. 자연에 대드는 게 인간의 의지죠. 그런 의지의 표상인 에고가 사라지면 어떻게 될까요? 자연스럽게 살아갈 것입니다. 그러나 크게 보면 그 모두가 자연입니다. 그것을 의식하게 되면 그것이 '무위無爲의 위爲'입니다. 내가 하긴 하지만 '내가 한다는 생각 없이 하는 것'. 그리되면 더 이상 나를 위한 일을 하지 않고, 주변 전체를 돌아보며 모자란 것을 자연스럽게 채워가게 됩니다. 내가 할 수 있는 것을 통해서 말이죠. 내가 민들레라면 씨앗을 만들어 씨앗이 없는 곳에 날릴 뿐이에요.

염송이라는 것은 마음의 일이고 모든 분별은 마음에 있다고 했으니 이제 마음을 살펴봅시다.

원문을 보면 마음에는 형상이 없어 시방十方으로 찾아보아도 끝내 얻을 수 없다고 했습니다. 시방十方은 팔방八方에 위·아래를 합한 열 개의 방향으로 온 천지를 말해요. 마음 안의 세계를 살펴보면, 찾을수록 경계는 없어지고, 분리되고 독립된 실체라고 할 만한 것이 없습니다. 마음도 무념無念입니다. 즉 분별의 기반이 없습니다.

자, 여러분의 마음속에서 염송을 찾아보세요. 마음속에는 생각이 많잖아요. 이 카메라를 보면 여러분 마음에 여러 가지가 떠오를 겁니다. 어떤 생각이 떠올랐으니 염송이 존재하는 건데, 여기서는 '마음속을 살펴보면 염송이 없다.'고 말합니다. 왜 없다고 말할까요? 지금 다시 눈을 감고 마음속으로 들어가서 좀 전에 본 카메라를 찾아보세요. 보이나요? 카메라를 상상하거나 그려내지 말고 좀 전에 봤던 카메라를 찾아보세요. 찾으려고 하면 할수록 보이지 않을 겁니다. 작정하고 마음속의 염송을 찾으려고 하면 찾을 수 없습니다. 이상하게도 찾으려 하면 마음속의 경계는 사라집니다. 그냥 밖에 주의를 쏟고 있으면 경계가 끊임없이 돌아다니는 것 같은데, 막상 찾으려고 하면 경계는 없어져요. 분리되고 독립된 실체라고 할 만한 게 없습니다. 그래서 마음 안도 무념無念이다, 분별의 기반이 없다고 말합니다. 왜 그런 일이 벌어지는지는 그 다음에 나옵니다.

무심無心과 무념無念의 체험은 마음의 그림자일 뿐

如人迷故, 謂東爲西, 方實不轉.
여 미 인 고 위 동 위 서   방 실 부 전

마치 사람이 방향을 몰라 동東을 서西라 하지만 방향 자체는 실제로 바
뀌지 않는 것과 같다.

　동쪽을 향해 서서 서쪽이라고 말한다고 해도 동쪽이 서쪽으로 바뀌
지는 않습니다. 어떤 말을 하더라도 동쪽은 동쪽일 뿐, 실제로 방향이
바뀌지는 않아요. 마음 안을 아무리 찾아도 형상形相을 얻을 수 없는
것이 이와 같다고 했습니다. 아무리 생각으로 찾고, 분별하고, 시비를
가려도 마음에는 하등 변화가 없으니, 그는 여전히 마음 자체를 발견
하지 못하는 것과 같습니다. 물 자체는 형태가 아니기 때문에 형태를
띤 파도에서 아무리 물을 찾아봐야 찾을 수 없습니다. 그러나 모든 파
도 속에 이미 물이 들어있는 것처럼, 모든 모습과 현상 속에 이미 본질
이 있습니다. 이것이 바로 동을 서라 하지만 방향 자체는 실로 변화된
것이 없는 것과 같습니다. 파도의 모습을 물이라고 말할 수 없는 것일
뿐, 파도 자체가 이미 물의 표현입니다.

　마음속에서 마음 자체를 찾아보세요. 파도칠 때 물이 드러나는 것처
럼, 마음이 어떤 모습을 지녔을 때만 마음이 있는 것처럼 느껴질 겁니
다. 마음의 모습에는 생각, 느낌, 감지 등 다양한 종류가 있죠. 그런데
그런 모습이 마음 자체는 아닙니다. 이 모든 게 쉴 때 마음 자체의 면
모를 볼 수 있는 가능성이 있지만, 마음이 모두 쉬어버리면 마음 자체
를 볼 수 있는 '나'라는 것도 사라지므로 마음 자체를 볼 수는 없습니
다. 무심無心이나 무념無念 상태를 잠시 맛볼 수는 있겠지만, 그것은 '
마음 자체'라기보다는 '마음의 그림자'라고 할 수 있습니다. 무심無心을
체험했다는 것은, 그것을 경험한 '나'라는 것이 있었다는 뜻이고, '나'

가 있었다는 것은 마음이 분열되어 있었다는 의미입니다. 다시 말해 마음 자체를 본 것이 아니라, 마음의 파도가 투명한 파도의 모습을 잠깐 본 것입니다. 우리는 결코 마음 자체를 볼 수도, 경험할 수도 없습니다. 경험은 '나'라는 파도가 생겨나 있을 때만 가능하기 때문입니다.

마음(心)이 움직인 모습이 생각(念)이다

衆生亦爾, 無明迷故, 謂心爲念, 心實不動.
중 생 역 이 무 명 미 고 위 심 위 념 심 실 부 동

중생도 그와 같이 무명無明으로 혼미하여 마음을 움직이는 망념이라 하
지만 마음은 실로 움직이지 않는다.

무명無明은 먼지 낀 유리창을 통해 보는 마음입니다. 심心은 모든 작용을 일으키는 그 자체이고, 염念은 마음이 분별된 모습으로 나타난 것이죠. 감각[4] 상태나 전체주의 또는 주의에 주의 기울이기 상태에서는 투명한 분별만 있습니다. 투명한 나와 투명한 주의만 남아있는 것인데, 아주 미묘한 염念의 상태입니다. 그리고 이마저도 없는 것이 심心의 본체입니다. 그런데 중생은 자기 생각 속에 들어있는 염念을 마음이라고 여깁니다. 움직이는 것만이 보이고 느껴지기 때문에 중생은 그것을 마음이라 여기지만, 그것은 마음의 본체가 아니라 마음이 드러난 모습입니다. 중생은 마음속에 일어난 파도를 물이라고 여기는 거예요.
물과 파도는 다르지 않지만 같다고 할 수도 없습니다. 여러분 마음속에서 일어나는 느낌, 생각, 감정, 감지들은 마음이 아니라고 할 수는

---

4) 감각, 전체주의, 주의에 주의 기울이기: 깨어있기™ 용어

없지만 마음 자체라고 할 수도 없습니다. 그것들은 마음 자체가 아니라 마음이 드러난 모습입니다. '나'라고 여겨지는 것도 마음의 모습 중 하나죠. 마음의 수많은 모습 중 하나인 '나'가 마음 자체를 알려고 지금 이렇게 공부하고 있습니다. 불가능한 일을 하고 있는 거예요. 우리가 실제로 할 수 있는 것은 '나라는 것도 마음에 일어나는 파도 중의 하나'임을 알아채는 것입니다. 그것을 알아채면 마음 자체로 이미 가 있는 것과 마찬가지입니다. 드러나고 생겨나는 모든 것이 파도임을 보게 되면 더 이상 파도에 속하지 않게 됩니다. 그런데 공부의 마지막쯤에 가서는 모든 파도를 파도로 볼 수 있는데 꼭 하나만 못 보는 경우가 생겨요. '파도를 파도로 보는 그것'도 움직이고 있는 마음, 즉 동념動念이라는 것입니다. 그 역시 파도인 것이지요.

무명에 미혹되어 마음을 염念이라 하지만 실제로 마음은 움직이지 않습니다. 물은 결코 움직이지 않아요. 모습을 띠지 않습니다. 모습을 띤 것은 파도이지 물 자체가 아닙니다. 마음에 일어나는 모든 느낌에 우리는 감지라는 이름을 붙였는데, 이 감지는 마음 자체가 아닙니다. '나'라고 여기는 그것도 마음의 모습의 일부분이고 한 종류이지 마음 자체는 아닙니다.

염念이라는 것은 심心이 동動한 것입니다. 심心이 움직인 모습이 염念이고, 염念은 또한 분별된 것을 말합니다. 움직이고 분별되었기 때문에 여러분의 마음속에서 '느껴지는' 거예요. 우리는 마음의 파도만을 느낄 뿐, 파도가 생기지 않은 마음은 '느낄 수 없습니다'. 마음에 잡히는 모든 것은 파도에 해당하는 염念입니다. 염念은 이것과 저것을 구별하는 분별의 기초인데, 이는 포괄적인 의미입니다.

　마음이 처음으로 한 번 움직이면 '나와 대상'으로 나눠지고, 두 번 움직이면 대상들이 구별되고, 세 번 움직이면 구별된 대상들에 좋고 나쁨이 붙고, 네 번 움직이면 좋은 것을 가까이 하고 싫은 것을 멀리하려는 고락苦樂이 생겨나고, 이어서 즐거움에 집착하는 마음이 생겨 전반적인 의식세계가 형성됩니다. 이것이 마음이 진화하는 여섯 단계입니다.

　나와 대상으로 나눠지는 마음의 첫 번째 움직임이 전식轉識입니다. 무의식은 자동적으로 움직이는데, 그 움직임을 보려고 살펴보면 움직임은 더 이상 살아있지 않고 죽은 움직임인 대상이 됩니다. 눈을 감고 마음속의 '나'라는 느낌을 느껴보세요. 나라는 느낌, 존재감, 또는 있음이 느껴진다는 것은, 그것은 더 이상 주체가 아니라는 의미입니다. 그것은 살아있는 존재감을 화석화시켜놓은 마음의 '느낌'이고 '대상'인 거예요. 그것을 지켜보는 주체가 살아있는 동념動念입니다. 대상을 지켜보는 이 동념動念만이 살아있고, 관찰대상은 사실 다 죽어있는 거예요. 그렇다면 살아있는 마음을 살펴보려면 어떻게 해야 할까요? 살펴보려는 마음을 살펴봐야 하는데 이게 바로 삼분열5)의 주체에 해당하는 것입니다. 주체는 주체를 알 수 있을까요? 주체가 주체를 보기 시작하면 이미 주체와 주체감으로 바뀌게 됩니다. 그래서 주체는 주체감을 볼 수 있지만 결코 주체 자체를 보거나 느낄 수는 없습니다. 그래서 주체감을 통해서 주체를, 또는 대상을 통해서 주체를 확인할 수 있을 뿐

---

5) 삼분열: 마음이 세 개로 나뉘었다는 것인데, 사과를 본다고 할 때 ①사과라는 대상, ②사과를 보는 '나', ③그런 '내'가 있다는 것을 지금 이 순간 의식하는 비개인적 기능으로서의 '주체'로 나뉜 것을 말한다.

입니다.

동전에 앞면이 있으면 당연히 뒷면도 있음을 통찰하는 것과 같이 주체와 대상의 관계도 대상을 통해서 주체를 확인하는 것이죠. 대상을 확인하게 되면 이상하게 주체도 파악이 됩니다. 말하고 생각하는 자신이 파악되는데, 그것이 바로 동념動念입니다. 지금 살아서 작용하는 주체가 이 순간의 동념動念이에요. 나머지는 다 정념靜念, 사념死念입니다. 주체는 주체를 알 수 없고, 보거나 들을 수 없습니다. 그러려고 하면 사념死念이 되고 또 다른 동념動念이 생겨나죠. 개가 자기 꼬리를 잡으려고 하는 것과 같습니다.

'마음은 실로 움직이지 않는다(心實不動)'라고 했는데, 여기서 움직이지 않는 것은 마음 자체입니다. 움직임은 움직이지 않음을 기반으로 하죠. 실제로 마음 자체는 움직이는 것도, 움직이지 않는 것도 아닙니다. 여러분의 마음속에서 느껴지고 잡히는 모든 것은 마음 자체가 아니라는 것을 철저히 파악하세요. 이것이 바로 현상이 현상임을 보는 것입니다.

관찰이 되고 있다면 그것은 이미 동념動念이 아니라고 했습니다. 즉, 관찰 대상은 죽은 마음입니다. 심心이 분열되어서 이것과 저것을 분별하는 것이 염念인데, 그중에 지금 살아서 작용하고 있는 것이 주체인 동념動念입니다. 동념動念은 살아있는 분별이고, 정념靜念은 죽은 분별이므로 동념動念만이 주체를 이루는데 이 주체는 결코 자기 자신을 관찰할 수 없습니다. 그런데 우리는 주체인 동념動念을 발견하려고 애쓰죠. 그것을 발견할 수 없는 것은 그것이 마음의 최후의 대상이기 때문에 그렇습니다. 우리가 의식적인 대상으로 삼을 수 있는 것은 이미 죽어버린 염念, 그림 속의 염念입니다. '지금' 모든 것을 살펴보고 있는 그 주체만이 오직 마음의 살아있는 대상이고, 움직이는 현상입니다. 그 주체 역시 대상이라는 것은 그것도 마음에 '나타나 있다'는 측면에서 그렇습니다. 이것이 발견되면 마음에는 동념動念만 있고 주인은 없게 됩니다. '주체가 마음속에서 이렇게 작용하고 있구나.', '이것도 마음의 현상이구나.' 하고 주체가 자신을 철저히 파악하고 나면 이제 마음에는 주인이 없습니다. 주체라는 것도 마음의 현상이니까요. 지금 이 순간 자기 자신을 살펴보세요. 마음속으로 내가 나를 살펴보려고 하면 진정한 나는 안 보입니다. 그러나 이 나누어진 두 현상을 직시하고 그때 보이는 것은 죽은 염念인 대상이지 살아있는 주체가 아니기 때문입니다. 그것 또한 현상임을 통찰하게 되면 여러분은 마음의 현상으로부터 떠나있게 되고, 마음은 더 이상 주인이 없는 신천지가 됩니다. 필요하면 상황에 따라 주체인 마음을 쓰면 되는 거예요. 이제 주체는 더 이상 주인이 아닙니다. 단지 쓰일 뿐이에요. 주인이 있으면 꼭 주인 노릇을 하려고 합니다. '기분 나빠, 하기 싫어.', '저 사람 마음에 안 들어.' 하면서 주인 노릇을 하려는 그 놈이 독립적으로 존재하지 않는 허상임을 알면, 필요할 때 그 마음은 자유롭게 쓰일 수 있고, 마음은 무한한 보고가 됩니다. 지금 이 순간 여러분이 살아있다고 느끼게 만드는 그 '주체'가 마음속 현상이라는 것이 파악되면 드디어 마음의 주인은 사라지고, 주인 없는 마음은 훌륭한 도구가 됩니다. 어린아이도 주인 없는 마음을 갖고 있어요. 그래서 울다가도 뒤돌아서면 바로 웃을 수 있는 것입니다. 그렇지만 어린아이의 마음은 훌륭한 도구는 아닙니다. 아직 마음에 중심이 안 잡혔어요. 그래서 흔들리지요. 그런데 스무 살 넘은

성인이 현상 속에서 중심을 잡고 서게 하는 주체를 마음의 현상으로 파악하고 넘어가게 되면 필요에 따라 그 중심이 쓰이고 내려놓아지게 됩니다. 배 위에서 중심을 잡지 못하면 쓰러져서 물에 빠지듯이, 어린 아이는 아직 복잡한 현상 속에서 중심 잡는 법을 모릅니다. 반면 어른은 배 위에서 몸을 움직여서 균형을 잡는 법을 터득했어요. 그래서 그 앎이 주인 노릇을 하려 하지만 실제 배의 주인이 아니라 중심 잡는 역할만 할 뿐입니다. 여러분 마음속의 '이래야 한다, 저래야 한다.'는 것이 중심 잡는 '앎'입니다. 그 앎이 잘 쓰여 전체 움직임과 상황이 면밀하게 보이고, 전체의 조화를 위해 부족함을 채울 수 있기 위해서는 마음에 나타난 주체가 자신을 '주장'하지 않을 때 가능합니다. 사실 마음에는 주인이 없는데 경험을 통해 생겨난 '이래야 한다'라는 손님이 잠시 왔다가 오래 눌러앉아서 마침내 주인 노릇을 하는 겁니다. 오랜 시간 "아무개야" 하고 불러주니까 그 이름이 자기라고 여기고, 거기에 또 이런 저런 경험이 붙어서 그 관성대로 움직이려고 합니다. 자신이 손님인 줄 모르고 주인 노릇을 하는 거예요. '나'라고 여겨지는 그 느낌이 태어날 때부터 있던 것은 아니므로 손님일 뿐인데, 다른 손님은 왔다 가는데 그 '나'란 놈은 잘 안 갑니다. 잠잘 때나 몰입할 때만 잠시 사라질 뿐, 대상을 만날 때마다 나타나니까 주인 같은 거예요. 그래서 그것에 에너지가 동일시되고, 생명의 힘이 머물러서 주인 노릇을 하게 됩니다. 머무름 없이 마음을 내어 쓰라는 것은 주인 없는 마음이 되어, 경험과 앎이 필요할 때만 나타나 쓰이고 사라진다는 의미입니다.

마음에 의해 잡히고 느껴지는 것은 마음 자체가 아니다

若能觀察知心無念, 卽得隨順入眞如門故.
약 능 관 찰 지 심 무 념   즉 득 수 순 입 진 여 문 고

만약 관찰하여 마음에 망념妄念이 없는 줄 알면 수순하여 진여문眞如門에
들어간다.

'마음에 염念이 없다는 걸 알면'이라고 했는데요, 염念이 없다는 말이
아닙니다. 염念은 끊임없이 생겨나죠. 그러므로 정확히는 '염念이 마
음이 아니라는 것을 안다면'이라는 의미입니다. 마음 자체는 결코 염
念이 아니라는 거죠. 마음에 의해 '잡히는 것'은 마음 자체가 아니라 마
음의 일시적이고 말초적인 '모습'입니다. 그런데 마음은 움직여야만 잡
히고 알 수 있습니다. 바람과 같아요. 바람이 없으면 공기가 있다는 걸
알 수 없지만 바람이 불면 뺨에 느껴집니다. 그런데 바람이란 따로 존
재하는 것이 아니라 공기의 움직임입니다. 그와 같이 마음도 움직여야
느껴집니다. 그래서 마음속에 뭔가 느껴진다면 그것은 마음이 나뉘어
움직였다는 의미입니다. 둘로 나뉘어 그 둘 사이에 에너지가 생겨나
흐른다는 거예요. 스칼라scalar와 벡터vector에 대해서 얘기한 적이 있
죠. 벡터는 방향을 가진 힘이고 스칼라는 방향이 없는 힘입니다. 현상
으로 나타나려면 어떤 방향으로든 움직여야 하기 때문에 벡터만이 현
상으로 나타나는 것처럼, 마음속에 나타나는 생각이나 감정은 어떤 방
향으로 움직이고 있는 힘이라고 할 수 있습니다. 움직일 때만 느껴지
고 알 수 있어요. 마음에 그 어떤 움직임도 없으면 고요하고 정적하게
되는데 무심無心이나 삼매三昧가 그런 상태입니다. 그러나 일시적인 삼
매나 무심은 미묘하게 흔들리고 있기 때문에 툭 건드리면 다시 마음이
움직이는 태극 상태입니다. 마음의 최초의 움직임 '나와 대상'으로 나

뉘짐으로써 나타나는 겁니다. 왜냐하면 움직임의 원동력인 에너지는 모두, 나뉘어진 둘 사이의 차이에 의해 생겨나기 때문입니다. 그렇게 움직이는 마음의 기본 구조는 나와 대상입니다.

　마음에 망념妄念이 없는 줄 알면 수순하여 진여眞如에 들어간다고 했습니다. 분별없는 마음만 발견하면 진리의 세계로 들어간다는 것이지요. 분별은 마음이 움직일 때 일어나는데, 움직이려면 에너지가 필요하고 그 에너지가 바로 주의입니다. 그래서 '주의 제로'(깨어있기 용어)를 하면 마음이 멈추게 됩니다. 끊임없이 움직이는 주의 때문에 마음 또한 끊임없이 움직이는데 이것은 살아있다는 의미입니다. 그래서 마음을 고요히 할 필요가 없어요. 움직이지 않는 마음을 경험하는 것은 좋습니다. 기분 좋고 황홀하기도 하죠. 하지만 좋은 경험일 뿐입니다. 마음은 움직이려고 태어난

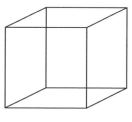

[그림 1] 네커 육면체

것이고 움직여야만 제 역할을 하는 거예요. 네커의 정육면체Necker Cube를 보면 육면체의 모습이 3초마다 바뀌지 않습니까? 한 가지 모습으로만 보려고 애써도 3초 지나면 다른 정육면체로 보입니다. 이렇게 마음은 고요하게 있지 못해요. 마음의 움직임과 분별을 없앨 필요 없이, 분별되고 움직이는 것은 마음 자체가 아니라는 것만 발견하면 진리의 세계로 들어갈 수 있습니다. 진리의 세계는 단순합니다. 그리고 여러분은 이미 진리의 세계 속에 있습니다. 자신의 초점이 움직이는 마음이 아니라 움직이지 않는 마음에 가 있으면 여러분은 이미 진리속에 있는 것이고, 초점이 움직이는 마음에 가 있어서 그것을 자기라고 여기면 생멸하는 세계 속에 있는 것입니다.

4. 사집邪執을 대치함

아무리 깊은 선정에 들어도 그것은
흐려지고 깨진다. 그것이 무상無常의 법칙

오늘부터 대치사집對治邪執에 대해 강의합니다. 대치사집對治邪執이
란 잘못된 견해인 삿된 집착을 대치해주는 것을 말합니다.

잘못된 견해 중에 가장 큰 것이 인아견人我見과 법아견法我見입니다.
사람한테 '나'라는 것이 있다고 여기는 마음과 진리에 실체가 있다고
믿고 집착하는 마음이죠. 진리에 변치 않는 실체가 있다고 믿는 것도
잘못된 견해입니다. '변함없는 나'가 있다고 믿는 것과 별반 다르지 않
아요. 이런 잘못된 믿음들이 모두 집착을 만들어냅니다.

> 對治邪執者, 一切邪執皆依我見. 若離於我, 則無邪執.
> 대 치 사 집 자 일 체 사 집 개 의 아 견   약 리 어 아   즉 무 사 집
>
> 是我見有二種.
> 시 아 견 유 이 종

삿된 집착을 대치한다는 것은 일체의 사집邪執이 내가 있다는 견해에 의
존하니, 만약 나를 떠나면 사집邪執이 없는 것이다. 이 아견我見에 두 가
지가 있다.

모든 삿된 집착은 내가 있다는 믿음과 고정불변의 실체가 있다고 믿
는 견해에서 비롯됩니다. 불교의 세 가지 중요한 원칙이 무상無常, 무
아無我, 고苦입니다. 무상無常이란 항상恒常한 것은 없다는 것이고, 무
아無我란 나라고 할 만한 고정불변의 실체는 없다는 것입니다. 이를 알
지 못하고 그것에 집착하면 고통이 일어나게 되죠.

云何爲二. 一者人我見. 二者法我見.
운 하 위 이   일 자 인 아 견   이 자 법 아 견

두 가지가 있으니 무엇인가? 하나는 사람에게 나가 있다는 것이요, 두 번째는 법法에 나가 있다는 것이다.

인아견人我見이란 일체의 인연총상因緣總相을 주재主宰하는 자가 있다는 견해이고, 이에 집착하는 것이 인아집人我執입니다. '이것이 있으므로 저것이 있고 저것이 있으므로 이것이 있다'는 것이 인연법因緣法인데, 그 전체적인 상이 총상總相입니다. 우리 내면을 살펴보면 어릴 때부터 지금까지 살아오면서 배워 익힌 것, 들은 것, 경험하여 축적된 것들이 많이 쌓여있죠. 그것들이 뭉쳐서 그때그때 상황에 따라 경험의 내용들이 쓰이고 어떤 역할을 하는데, 그 모든 것을 주지하는 '누군가' 개별적인 것이 있다는 견해가 인아견人我見입니다. 우리는 사실 경험의 총체와 '비개인적인' 마음의 기능일 뿐인데, 그 경험을 주관하는 자가 있다고 믿고 집착하게 됩니다. 보통 '나'라고 여기는 것은 인아견人我見과 인아집人我執에서 오는 것입니다.

법아法我는 진리의 실체를 말합니다. 법아견法我見은 일체법이 각기 그 본성이 있다고 여기는 것입니다. 다시 말해 법과 진리에 변하지 않는 실체가 있다고 여기는 거예요. 그렇게 되면 그 법法에 집착하기 시작하는데 그것을 법집法執이라고 합니다. 법집法執은 이승二乘(성문聲聞, 연각緣覺)이 일으키죠. '내가 진리를 경험했어.'라고 여기는 순간 경험한 자신과 경험의 내용에 집착하기 시작합니다. 진리라고 여겨진다 하더라도 그 내용에 집착하고 있다면 무상無常에 어긋납니다. 그리고 무언가에 집착한다는 것은, 마음이 그것을 붙잡기 시작했다는 의미

죠? 붙잡을 무언가가 있다는 것은 그것이 현상임을 말해줍니다. 마음에 의해 잡히는 모든 것은 현상이라고 했어요. 그 어떤 진리라도 붙잡기 시작하면 그것 역시 현상이 된다는 말입니다.

그럼 법아견法我見이 없다는 것은 진리의 실체가 없다는 뜻일까요? 사마타samatha, 선정禪定을 하면 초선정初禪定에서 십선정十禪定까지 단계별로 올라갑니다. 그 과정을 거치며 마음의 느낌들이 정묘해지는데, 사선四禪이나 오선五禪에 들었다고 해도 선정에서 나와 시간이 지나면 곧 흐려지고 깨지고 맙니다. 오래 유지되지 않아요. 불교의 무상無常의 원칙에 합당한 것이죠. 만약 사선四禪에 들었다고 해서 죽을 때까지 그 상태가 변하지 않는다면 무상無常의 법칙이 있을 수 없죠. 모든 선정禪定은 변화되기 마련이라서 아무리 오래 훈련했더라도 훈련을 게을리하거나 멈추면 다시 희석되고 약해져서 원래대로 돌아갑니다. 본질은 훈련해야 하는 것이 아니라 알아채야 하는 것입니다. 훈련되지 않은 마음으로 있을 때나 훈련된 마음으로 있을 때나 늘 변함없는 것이 본질입니다. 그러니까 본질이라고 말하는 거죠.

오늘 강의에는 굉장히 중요한 부분이 들어있습니다. 빈 마음, 즉 공空이라는 것도 집착의 대상이라면 그것 역시 하나의 상相이라는 것입니다. 상相은 항상 다른 것에 의존합니다. 허공의 상相은 색色, 즉 사물이 존재한다는 것에 의존합니다. 어떤 법칙을 하나의 상相으로 잡고서 집착하는 것이 법아견法我見입니다. 여러분이 무언가를 경험해서 알았다고 해서 '이게 옳아.'라고 한다면 그것이 아무리 진리일지라도 법아견法我見, 법집法執에 해당합니다. 자신이 알게 된 진리가 변함없는 실체라고 믿고 집착하는 거죠. '그 어떤 것도 실재하지 않는다.'가 기본적인 진리인데, 실재하지 않는다고 '주장'을 한다면 '실재하지 않음'

이란 것이 있다고 믿는 것입니다. 흔히들 '본질은 공空과 같다', '마음은 텅 비어있다.'라고 말합니다. 사실 마음의 본질은 빈 것도 아니고, 비어있지 않은 것도 아닙니다. 마음에 의해 잡히고 느껴지는 모든 것이 현상이고, 본질은 마음에 잡히지 않기 때문에 빈 것과 같다고 말하는 것일 뿐, 본질 자체가 '비어있는 상相'을 가지고 있는 게 아니에요. "잡을 수 있는 게 아무것도 없다."는 말을 들으면 우리 마음은 '텅 비어있음'을 상상합니다. 그러나 그것 역시 하나의 상相입니다. 허공상虛空相이죠.

5. 인아견人我見

'이뭐꼬'의 화두로 미치거나 마음을 뛰어넘거나

人我見者. 依諸凡夫說有五種. 云何爲五.
인 아 견 자   의 제 범 부 설 유 오 종   운 하 위 오

一者聞修多羅說, 如來法身, 畢竟寂寞, 猶如虛空.
일 자 문 수 다 라 설   여 래 법 신   필 경 적 막   유 여 허 공

以不知爲破著故, 卽謂虛空是如來性.
이 부 지 위 파 착 고   즉 위 허 공 시 여 래 성

인아견이란 모든 범부凡夫에 의해 말해지는 것으로 다섯 가지가 있다. 무엇이 다섯 가지인가?
첫 번째, 경전sutra에 '여래법신如來法身이 필경 적막하여 허공과 같다'고 하는 말을 듣고, 이것이 집착을 깨뜨리기 위한 것임을 모르기에 허공이 여래성如來性이라 여기는 것이다.

여래법신如來法身은 본질적인 진리의 실체를 말합니다. 경전에서 여래법신如來法身이 고요하고 적막하여 허공과 같다고 하니, 본질은 눈에 보이는 무언가가 아니라 텅 빈 것이라고 상상을 하게 됩니다.

모든 말과 생각은 이원론二元論적입니다. 이것을 말하면 저것을 상상하게 되어 있어요. '마음에 잡히는 모든 것은 현상'이라고 얘기하면, 현상이 아닌 것은 잡히지 않는 텅 빈 것으로 상상하게 되죠. 여러분의 마음속에 떠오른 그 텅 빈 공간은, 나타난 모습인 색色에 대비된 상相이지 진리 그 자체의 상相이 아닙니다. 금강경에 '깨달음이란 것도 있는 것이 아니다.'는 석가모니와 수보리의 대화가 나옵니다. 깨달음은 깨달은 자와 깨닫지 못한 자를 나눠놓은 개념상의 얘기일 뿐입니다. 마음의 특성은 분리와 경계입니다. 그래서 '깨달은 자'라는 말은 그 뒷면에 '깨닫지 못한 자'를 품고 있어요. 이렇게 깨닫지 못함과 깨달음을 나누고 있는 마음 자체가 깨닫지 못함 속에 들어있는 거예요. 분리시키고 분별하는 마음은 현상 속에 있는 마음입니다. 그래서 수보리가 "깨달음이 없다."고 대답한 것입니다. 깨달음이라는 것은 개념을 떠나있다는 의미이지 현상을 넘어선 세계가 없다는 말이 아닙니다. 그것을 정확하게 파악해야 합니다.

모두 공空하다고 하니 깨달음도 없고, 그 무엇도 없다고 여기는 마음은 '없다'에 묶인 마음입니다. 이것을 허공상虛空相이라고 합니다. 무기공無記空이라고도 하죠. 움직이지 않는 것이 본질에 가깝다고 여겨서, 마음을 가라앉혀 고요해지고 없음 쪽으로 가려고 하는 것은, 움직임과 움직이지 않음을 나누고서 움직이지 않음을 향해 가는 마음입니다. 지난 시간에 현상은 마음이 움직이는 것이라고 했습니다. 마음이 처음으로 움직인 것이 전식轉識인데, 나와 대상을 나누는 것이죠. 이렇게 전식轉識에 대해서 설명하면 우리 마음은 '마음을 움직이지 말아야겠구나.'라고 여깁니다. 그것은 움직임과 움직이지 않음을 분별하는 마음 속에서 일어납니다.

본질은 움직이는 것도 움직이지 않는 것도 아니에요. '움직인다, 움직이지 않는다.'는 현상 속에서나 있는 일입니다. 본질은 그 어디에도 묶이지 않는 것이니 '있다, 없다'에도 묶이지 않습니다. 그러니 결코 마음으로 알아낼 수도 볼 수도 없습니다. 이것이 본질을 보는 어려움입니다. 마음으로 상상할 수 있는 게 아니에요. 분리시키고 분별하는 그것 자체이지, 그것이 만들어내는 마음의 내용이 아닙니다. 상상할 수도 없고 알 수도 없다고 하면, 마음은 "그러면 공부해도 소용없는 거잖아."라고 합니다. 이 또한 마음의 분별 속에 들어가 있는 것입니다. 모든 말은 이원적이기 때문에 마음은 그 말의 뒷면을 계속 생각해내게 됩니다. 여기에 설명의 어려움이 있습니다. 말하고 설명할수록 빠져들어요. 그런데 대승기신론은 그 뒤편까지 얘기합니다. 누군가가 "오직 모를 뿐"이라고 말하면 "그것이 진리에 가깝지."라고 말하는 식입니다. 진리라고 하지 않아요. '안다'는 것도 아니고 '모른다'는 것도 아니라는 겁니다. 그러면 마음은 "그렇다면 어쩌라는 거지?" 하게 되는데, 그것이 바로 대승기신론이 의도하는 바입니다. 찾고 알아내려는 마음을 쉬게 만드는 거죠. 자기 마음을 믿지 못하게 만드는 거예요. 마음을 믿지 못하게 되면 정신분열이 되거나 마음을 뛰어넘거나 둘 중 하나입니다. '이 뭐꼬'라는 화두를 들고 끝까지 가면 미치거나 마음을 뛰어넘게 됩니다.

'알 수 없다'고 하면 '모른다'는 상相을 떠올리기 쉽습니다. 그러나 그 '모른다'의 범주에도 본질은 들어가지 않습니다. 그러니 생각과 말로 본질을 표현한다는 것이 얼마나 힘든 일입니까? 자꾸 모순적인 말이 나올 수밖에 없어요. '여래법신이 필경 적막하여 허공과 같다'는 말은 색色에 대한 집착을 깨뜨리기 위한 말이지, 본질이 허공과 같다는 말이 아닙니다. 경전의 말들은 나타난 무엇을 부정하기 위해서 쓰이는 것이지 어떤 것을 긍정하기 위해서 쓰이는 것이 아니에요.

공空은 색色을 부정하기 위한 방편일 뿐

云何對治.
운 하 대 치

明虛空相是其妄法. 體無不實. 以對色故有.
명 허 공 상 시 기 망 법   체 무 부 실   이 대 색 고 유

是可見相令心生滅. 以一切色法, 本來是心, 實無外色.
시 가 견 상 령 심 생 멸   이 일 체 색 법   본 래 시 심   실 무 외 색

若無外色者, 則無虛空之相.
약 무 외 색 자   즉 무 허 공 지 상

이것을 어떻게 대치하는가?
허공상虛空相은 망법妄法이라 본체가 없어 실제가 아니니 색色에 대하여 보기에 있는 것이어서 이것이 상相을 보게 하고 마음이 생멸하게 한다. 일체 색色이 본래 마음이요, 실로 마음 밖에 색色이 없으니, 만일 밖의 색色이 없다면 즉 허공의 상相도 없음을 밝힌 것이다.

허공상虛空相은 색色을 부정하기 위한 방편으로써의 상相이지, 그 자체가 진리의 측면을 담은 상相은 아닙니다. 실질적인 것이 아니에요. 색色은 우리 눈에 보이고, 촉감으로 느껴지고, 감각기관에 잡히는 '그 무엇'입니다. 다시 말해 마음이 잡아낼 수 있는 모든 것이 색色이에요. 이렇게 색色은 드러난 현상인데, 현상은 본질이 아니므로 색色은 본질이 아니라고 말합니다. 그럼 색色이 본질이 아니라면 공空이 본질인가? 색色이 아닌 것을 공空이라고 하면 '있는 것이 아닌 것'은 없는 것이므로, 드러난 현상이 본질이 아니라면 현상으로 드러나기 이전의 아무것도 없는 상태가 본질인가? 이렇게 생각하기 쉽죠. 다시 말하지만

공空은 색色을 부정하기 위한 개념이고 상相일 뿐입니다. 본질이 허공이라는 의미가 아니에요. 그러나 우리는 마음속에 '본질은 공空과 같다'는 상相을 만들고, 여기에서 오해가 시작됩니다. 그래서 무기공無記空에 빠져 아무것도 하지 않으려 하고 무심無心을 향해 가려고 하죠. 본질은 공空도 아니고 무심無心도 아닙니다. 본질은 역동적인 파도이기도 하고, 빈 마음이기도 해요. 그 모든 것이 본질의 표현입니다. 강력한 파도 같은 희로애락喜怒哀樂의 마음도, 고요한 마음도 모두 본질의 표현입니다. 고요한 마음으로 간다고 해서 본질로 가는 것이 아닙니다. 또 다른 마음의 한 상태로 가는 것일 뿐이죠.

지금부터 허공상虛空相이 어떻게 생겨나는지 연습을 통해 살펴보겠습니다.

눈높이로 손을 들고, 눈을 감고 손을 느껴보세요. 그 손의 느낌에서 시각적 이미지, 또는 시각적 감지를 제거하고 촉각적인 감지에만 주의를 기울여보세요. 이때 손이 있다는 것을 아는 것은 중력과의 만남 때문입니다. 손에 느껴지는 중력이 손의 시각적 감지를 떠오르게 하는데, 그 시각적 감지를 지워버리면 신기한 느낌이 생깁니다. 손은 없고 어떤 느낌만 있죠. 무게감만 있습니다. 그 무게감은 중력에 저항하고 있는 느낌입니다. 다시 말해서 중력과 그것에 저항하는 손의 만남이 지금 느끼는 촉감입니다.

이제 손을 약간 움직여봅니다. 다시 시각적인 상相이 생긴다면 그 상相을 즉각 지웁니다. 손을 움직여도 시각적인 감지가 생기지 않도록 해보세요. 다시 촉각적 감지만 남게 되면 이제 손을 움직이지 말고 그대로 있으세요. 손을 움직이지 않고 가만히 두면 미묘한 느낌에 빠질 겁니다. 첫 단계로 마음속에서 열감지 화면 같은 손의 시각적 감지를 지우면 손의 무게감만 느껴지다가, 두 번째 단계로 손을 움직이지 않으면 그 무게감마저 희미해집니다. 이제 중력의 감지를 모두 지워버리세요. 감각으로 들어가도 되고 주의제로를 해도 되겠죠. 그 상태가 되면 손이 있다고 느껴집니까, 없다고 느껴집니까? 손이 있는지 없는지 잘 모르겠죠? 이렇게 오래 있으면 '손이 없다'는 상相이 생깁니다. 있다가 없어졌으니까 없다는 느낌이 생기는데, 그런 것이 바로 허공상입니다.

존재한다는 것은 하나의 느낌이고, 촉각적 존재는 중력에 대한 끊임없는 저항 속에 있는 것입니다. 그 느낌이 없으면 손이 어디 있는지 모릅니다. 위치를 파악할 수 없어요. 우리가 몸을 느낄 수 있는 것은, 중력에 저항해서 자기 위치를 파악하게 하는 자기수용 감각이 있기 때문입니다. 그게 없으면 눈을 감으면 몸이 어디 있는지 잘 모릅니다. 자기수용 감각이 끊임없이 몸의 위치를 피드백하기 때문에 몸이 있다고 믿으며 살아가는 거예요. 조금 전 연습에서 손에 대한 시각적 감지를 지우고 자기수용 감각만으로 느끼다가, 손의 움직임을 멈추고 중력에 대한 촉각적 감지도 지웠을 때 손이 어디에 있는지 알 수 없었죠? 그러면 마음에 '손이 없어졌다'는 텅 빈 상相이 생기게 됩니다.

이 허공상虛空相은 손이 있는 것에 대비된 상相이지 원래 있는 상相이 아닙니다. 금강경金剛經의 '색즉시공 공즉시색色卽是空 空卽是色'에서 색色과 공空은 서로 떨어질 수 없는 대비되는 상相일 뿐입니다. 공空이 더 근본적인 것이 아니에요. 공空도 상相이고 색色도 상相입니다. 공空은 색色을 부인하기 위해서 쓰일 뿐, 공空만 홀로 존재할 수 없습니다. 여기서 말하는 색色은 안이비설신의眼耳鼻舌身意가 잡아내는 현상으로서의 색色을 말하죠. 허공상虛空相이라는 것은 이런 색상色相이 있을 때만 존재할 수 있는 상相입니다.

　본질은 텅 빈 것도 텅 비지 않은 것도 아닙니다. 색色은 마음으로 잡을 수 있는 것이고, 공空은 마음으로 잡을 수 없는 것입니다. 그런데 우리는 마음으로 잡을 수 없는 것마저도 상相을 만들어내죠. '마음으로 잡을 수 없는 것'이라는 말을 들으면 텅 빈 무언가가 마음에 떠오르죠. 그것이 공상空相입니다. 본질은 결코 그런 공상空相이 아니에요. 상相이 아니기 때문에 마음에 어떤 모습으로도 나타날 수 없는 것이 본질입니다. 마음에 나타나고 느껴지는 모든 것이 현상이라는 말은 굉장히 중요합니다. 오늘 강의의 핵심은 '허공상도 마음의 하나의 모습이다.'라는 것입니다.

　본질은 결코 허공과 연관되지 않습니다. 허공을 얘기하는 이유는 색色, 다시 말해 드러난 모습이 본질이 아니라고 부정하기 위한 방편일 뿐입니다. '물은 파도의 모습을 띠지 않는다.'는 말을 들으면 우리 마음은 즉각 파도가 없는 고요한 모습을 상상합니다. 그러나 고요한 모습은 물이 아니죠. 파도가 고요해진 것이지 물은 아닙니다. 물은 고요할 때나 파도칠 때나 변함이 없습니다. 그와 같이 마음에 희로애락喜怒哀樂이 넘나들 때나 고요할 때나 마음의 본질은 전혀 변함이 없습니다. 마음이 너무 힘들고 바쁘고 괴로워서 잠시 고요로 향하는 것은 괜찮지만 그것이 본질로 가는 길은 아님을 알아야 합니다. 그것은 마음의 고요한 상태일 뿐이죠. 마음의 본질은 어떤 상태가 아닙니다. 우리는 모습을 떠나려고 하는 것이지, 고요한 모습으로 가려는 것이 아닙니다. 그렇기에 희로애락을 없애는 것에 초점을 맞추는 것이 아니라 본질을 발견하는 것에 초점을 맞춰야 합니다. 본질을 발견할수록 격량의 파도에 휩쓸리지 않게 되면서 고요해지는 부수적인 효과가 있긴 합니다. 파도가 본질이 아님을 알게 되면 휘둘리지 않게 되고 점차 파도는 가라앉게 되어 있어요. 그렇지만 가라앉은 파도가 본질이라고 착각하지는 말아야 합니다. 고요한 마음이 본질에 더 가까운 것이 절대 아닙니다. 마음은 고요하지도 시끄럽지도 않습니다. 고요한 마음에 초점을 맞추면 본질을 발견하는 방향에서 점점 멀어지고 맙니다. 마음의 과정을 보면 마음의 과정 속에 빠지지 않습니다. 마음의 과정은 전기회로, 메인보드에 가깝습니다. 고요한 마음은 그 회로가 단순한 것, 시끄러운 마음은 회로가 복잡한 것이라고 비유할 수 있는데, 단순하건 복잡하건 회로라는 것은 똑같습니다. 우리가 찾고자 하는 본질은 전기입니다. 전기는 복잡하지도 단순하지도 않은 생명의 힘인데, 그것이 마음의 과정 속에 흘러들어가 고요하게 또는 복잡하게 느껴지는 것뿐입니다. 모든 느낌은 본질이 나타난 일종의 모습일 뿐이라는 것이 명확해져야 합니다.

대치사집對治邪執은 그런 잘못된 견해를 바꿔주는 것입니다.

색色과 공空은 모두 마음의 상相이다

허공상虛空相은 색色에 대비되는 것이지 그 자체가 있는 것이 아닙니다. 손의 시각적, 촉각적 감지를 모두 지우니 텅 비게 느껴졌죠. 뭔가 있다가 없어질 때 느껴지는 대비되는 느낌인데, 그 텅 빔 속에 계속 있으면 그 느낌도 사라집니다. 그처럼 마음의 모든 상相은 임시적인 느낌에 불과합니다.

본질은 상상할 수 없습니다. 이 말을 들으면 '그럼 어떻게 하지?'라는 생각이 듭니다. 찾으려는 것에 매달린 집착하는 마음이죠. 집착하는 그 마음이 놓아졌을 때 본질이 드러납니다. 사실 드러나는 것도 아니죠. 집착이 하나의 현상임을 보게 되면 우리는 현상에서 떠나고, 현상에서 떠나면 그것이 바로 본질에 가 있는 것입니다. 우리가 이미 본질 자체이기 때문입니다.

본질의 의미가 뭔가요? 마음이 어떤 현상 속에 있을 때도 변함없는 것이 본질입니다. 예를 들면 금반지를 녹여서 코끼리를 만들면 코끼리는 모습이고 본질은 금입니다. 그 코끼리를 녹여서 뱀을 만들었어요. 뱀의 모습이 됐지만 여전히 본질은 금이에요. 금으로 만들 수 있는 모든 모습은 금 자체가 아닙니다. 그러나 우리가 볼 수 있는 모든 것은 '모습'일 뿐이기 때문에 금 자체에 초점을 맞추지 못하고 모습에 초점을 맞추게 됩니다. '본다'는 것 자체가 모습에 초점을 맞추게 되어 있어서 그렇습니다. 모습 없는 것은 볼 수 없는 것처럼, 마음은 느낄 수 없는 것은 잡아낼 수 없습니다. 잡아내지 않으면 어떻게 알겠어요? 뱀도 모습이고 코끼리도 모습임을 알 때, 다시 말해 우리가 보는 모든 것은 모습이라는 것을 알 때, 우리가 아는 그것을 통해서 모습을 떠나게 됩니다. 손에 잡히는 모든 것은 손이 아닙니다. 이렇게 말하면 여러분은 컵을 잡은 '손'과 '컵'을 두 가지로 생각해요. 그것이 마음이 하는 일입니다. 손과 컵을 나누어 생각하는 것처럼 '마음에 잡히는 모든 것은 현상이므로 본질이 아니다.'라는 말을 들으면, 현상이 따로 있고 본질이 따로 있다고 상상하죠. 모든 분별은 개념 속의 일, 현상 속의 일입니다. 본질과 현상을 나누는 것 자체가 현상의 일이에요. 본질 자체를 현상화한 것입니다. 나눴다는 자체가. 여러분에게 즉각적인 도약이 일어나야 이런 나눔에서 빠져나올 수 있습니다.

마음의 생멸生滅은 나타났다 사라지는 것입니다. 색色이 있으니까 공空이 있고, 공空이 있다는 것은 생겨났다 사라진 것이니까 마음에 뭔가 나타났다 사라진 것이죠. 마음의 생멸이 이렇게 생겨납니다.

탁자 위의 빵을 보면 어떤 상相이 생겨납니다. 예를 들어 노란색 빵이라고 해보죠. 빵이 노랗게 느껴지는 이유는, 빵을 보는 순간에 마음의 배경에 초록색 등의 다른 색이 올라왔기 때문입니다. 노란색을 보기 전에는 배경에 초록색이 있지 않았어요. 분열되어 있지 않았죠. 내가 노란색을 보는 순간 마음의 배경에 초록색이 생기고 그 초록과 노랑이 대비되면서 노랗게 느껴지는 것입니다. 마음이 분열된 상태죠. 자, 이제 빵을 보면서 감각6)으로 들어가 봅니다. 감지7)를 지우고 감각 상태로 들어가거나 주의 제로8)를 해보세요. 빵의 모습이 점차 마음에서 사라지죠. 빵이 눈앞에 있는데 마음에서는 사라집니다. 마음의 분열이 멈추니까 보이지 않는 거예요. 주의제로를 함으로써 마음의 배경에 있던 초록색이 사라지고 있는 겁니다. 주의를 0으로 만들면 마음의 작용이 멈추고, 그러면 더 이상 빵이 빵으로 보이지 않죠. 눈에는 보이지만 마음에는 빵이나 노란색이 보이지 않아요. 그것이 마음이 멈춘 상태, 마음이 분열작용을 하지 않는 상태입니다. 이렇게 마음이 움직이면 보이고, 마음이 움직이지 않으면 안 보이는 것입니다. 컵이 보인다는 것은, 마음이 움직여서 지금 잠시 컵으로 나타났다는 의미입니

---

6) 감각: 깨어있기™ 용어

7) 감지: 깨어있기™ 용어

8) 주의 제로: 깨어있기™ 용어

다. 그래서 내가 지금 보고 있는 그 무엇은 마음 자체와 다르지 않다고 말할 수 있습니다. 마음이 움직인 모습이 색色이고, 마음이 움직이지 않은 모습이 공空이에요. 원문의 '색色이 곧 이 마음과 다르지 않다(以一切色法, 本來是心)'는 이런 의미입니다.

　실무외색實無外色은 실제로 마음 밖에 색色이 따로 없다는 말입니다. 노란색 빵을 보면 노란색이 아닌 다른 색을 마음의 배경으로 삼아 빵이 노랗게 느껴지고, 주의제로하면 더 이상 노란색으로 느껴지지 않고 감각적인 차이만 느껴집니다. 이를 통해서 '본다'는 것은 마음에 생겨난 어떤 '모습'을 본다는 것이고, 그렇게 보이는 색色이라는 것은 마음이 움직였기 때문에 생겨난 모습이고, 마음이 움직이지 않으면 색色이 마음 자체로 돌아간다는 것을 알 수 있습니다. 따라서 마음 밖에 색色이 따로 없다는 거예요.

　일체 색色이 본래 마음과 다르지 않다는 것이 바로 색즉시공 공즉시색色卽是空, 空卽是色입니다. 색色과 공空은 모두 마음의 상相이에요. 마음이 멈추면 색色도 없고 공空도 없어요.

여래의 본질은 공상空相과는 다르다

所謂一切境界, 唯心妄起故有. 若心離於妄動, 則一切境界滅,
소위일체경계　유심망기고유　약심리어망동　즉일체경계멸

唯一眞心無所不遍.
유일진심무소불편

소위 일체의 경계는 마음으로 하여 망령되게 일어나 있는 것이니, 만일 마음이 망령된 움직임을 떠나면 즉 일체경계는 소멸하고, 오직 진심眞心만이 편만하여 없는 곳이 없다.

이것과 저것이 따로 있는 이유는 시각적인 경계가 있기 때문입니다. 손이 있다고 느껴지는 것은 손과 손 아닌 것이 구별된다는 의미인데, 그렇게 구별시키는 것이 경계선입니다. 모든 경계선은 분별의 기준이에요. 느낌에도 마찬가지로 경계가 있죠. 그 느낌과 그 느낌이 아닌 것으로 나눠진 것입니다. 불교에서 말하는 경계는, 그것을 그것으로 존재케 하는 선線을 말합니다. 그런데 일체의 경계선은 마음이 만들어낸 거짓된 경계입니다. 그래서 무엇인가가 존재한다고 믿게 만들죠. 우리는 손이 있다고 믿지만, 주의제로를 해서 마음의 상相이 사라지면 손이 있는지 없는지 모르게 됩니다. 그렇게 되면 행동 역시 거기에 기반하여 일어나겠지요. 그러면 '손'이라는 개별 행동은 없고 '몸'이라는 차원에서만 움직임이 일어날 것입니다. 이렇게 손이 존재하는 것은 마음에서 손을 다른 것과 구별하여 나눠놓았기 때문이에요.

본질은 우주 전체에 없는 곳이 없습니다. 오직 진심眞心, 본질밖에 없어요. 본질이 움직여서 만든 일시적인 경계와 현상은 본질과 다르지 않다는 것을 파악하게 되면 온 우주에는 본질밖에 없습니다.

此謂如來廣大性智究竟之義, 非如虛空相故.
차 위 여 래 광 대 성 지 구 경 지 의　비 여 허 공 상 고

이것을 일러 여래의 광대한 본성의 지혜인 구경究竟의 뜻을 말한 것이고, 허공상과 같은 것은 아닌 것이다.

여래如來의 본질은 이런 것이지 허공상虛空相과 같은 것이 아닙니다. 공空을 더 본질에 가까운 것으로 여기기 쉽지만 본질은 공상空相과는 다릅니다. 우리가 심화과정에서 느껴본 '슬픔은 슬픔대로 있고 나는

나대로 있다.' 또한 일종의 비유일 뿐이에요. 슬픔도 본질의 표현이고, 슬픔과는 별개인 투명한 나도 본질의 표현입니다. 마음에 잡히는 모든 것이 본질이 나타난 모습이에요. 대부분 희로애락喜怒哀樂이 가득한 삶에 빠져있기 때문에 그 연습이 당시에는 쓸모가 있죠. 그렇지만 희로애락의 상相은 본질과 다르지 않은 것입니다. 본질은 움직이지 않은 현상이고, 현상은 움직인 본질이에요. 따라서 본질과 현상은 다르지 않습니다. 이것을 두고 오직 진심真心만이 편만하다고 표현했습니다. 번뇌즉보리煩惱卽菩提입니다. 사람들은 번뇌를 떠나고 싶어 하지만 번뇌를 떠나면 본질에서도 떠나는 겁니다.

오늘 강의에서 가장 핵심은 허공상虛空相, 공상空相, 텅 빈 마음은 본질에 가까운 것이 아니라 색色에 대한 집착을 깨뜨리기 위한 방편으로 사용한 말이라는 것입니다.

진리 자체가 공空이라는 상相을 지닌 것은 아니다

대치사집對治邪執은 삿된 집착을 대치하는 것인데, 잘못된 집착이 생겨나는 두 가지 이유가 인아견人我見과 법아견法我見이 있기 때문입니다. 여기서 아我라는 것은 변함없이 고정된 그 무엇을 말합니다. 변함없는 실체로서의 진리가 존재한다는 견해가 법아견法我見이고, 사람한테 '나'라는 고정불변의 주체가 존재한다는 것이 인아견人我見입니다. 인아견人我見은 모든 잘못된 집착의 최전선에 있는 견해입니다.

지난 시간에는 다섯 가지의 인아견人我見 중에서 첫 번째에 대해 강의했습니다. '여래법신은 적막하여 허공과 같다.'라는 경전의 말은, 본질을 실체 있는 것으로 여기고 집착하는 것을 깨트리기 위한 설명일 뿐이지 본질이 허공과 같다는 의미가 아니라고 했죠. 일체의 색色은 본래 마음속의 일이고 마음 밖에서는 특별하게 분별되는 색色이 없습니다. 이때 말하는 색色은 만물이죠. 불변하는 고유한 색色은 없어요. 진리가 공空과 같다는 것도 색色과 대비되는 측면을 말한 것이지, 진리 자체가 공空이라는 상相을 지닌 것은 아닙니다. 우리는 '마음에 잡히는 모든 것은 현상'이라는 말을 자주 해왔습니다. 이 말을 듣고 '마음에 잡히는 모든 것은 현상이니까, 마음에 잡히지 않는 텅 빈 것이 본질이겠구나.'라고 생각한다면 오해입니다. '텅 빈 것'은 '마음에 잡히는 것'에 대비되는 상相이죠. 이 또한 마음이 만들어낸 상相입니다. 본질은 잡을 수 없다는 측면에서 현상이 아니라고 말하는 것이지, 잡을 수 없다고 해서 텅 빈 것은 아닙니다. 여러분 마음속의 '텅 빈 것'이라는 허공상을 깨트리기 위해서 이런 얘기를 하는 겁니다.

모든 현상은 스스로 존재하는 것이 아니라 서로에게 의존한다

오늘은 두 번째 인아견人我見부터 강의합니다.

二者聞修多羅說, 世間諸法畢竟體空,
이 자 문 수 다 라 설   세 간 제 법 필 경 체 공

乃至涅槃眞如之法亦畢竟空, 從本已來自空, 離一切相.
내 지 열 반 진 여 지 법 역 필 경 공   종 본 이 래 자 공   리 일 체 상

以不知爲破著故, 卽謂眞如涅槃之性唯是其空.
이 부 지 위 파 착 고   즉 위 진 여 열 반 지 성 유 시 기 공

두 번째, 경전에서 '세간의 모든 법法이 필경에는 체體가 공空하며, 열반·진여의 법도 필경에는 공空한지라 본래부터 스스로 공空하여, 일체

의 상相을 여의었다'고 하는 말을 듣고, 이것이 집착을 깨뜨리기 위한 것인 줄 모르기 때문에 곧 진여ㆍ열반의 본성이 오직 공空이라 여기는 것이다.

법法은 모든 현상, 현상을 관통하는 진리, 진리에 대한 부처님의 설법, 이렇게 세 가지 의미로 쓰입니다. '世間諸法畢竟體空'에서의 법法은 모든 현상을 뜻해요. 그렇다면 세상 모든 현상의 본체가 공空하다는 것은 무엇을 의미할까요? 바로 인연성因緣性과 의타성依他性입니다. 모든 현상은 스스로 존재하지 못하고 서로가 서로의 의지처가 되어 의존합니다. 또, 존재하는 모든 것은 내적인 원인과 외적인 원인이 결합하여 잠시 나타난 것이므로 본질적으로 무언가가 존재하는 것도 아닙니다. 그래서 현상이라고 말하는 것이고, 체體가 공空하다는 것도 이런 의미입니다. 본질적으로 모든 현상에 본체는 없습니다. 비어있다는 거죠.

내 마음의 슬픔이나 기쁨, 두려움은 어떤 조건에 의해 잠시 생겨난 임시적인 모습일 뿐 본질적인 것은 아닙니다. 어제 누군가가 내게 한 말을 듣고 화가 났어요. 어제의 상황을 떠올려보면, 나는 마음의 여유 없이 정신없이 바쁜데 그 사람이 귀찮게 하면서 한마디 해서 화가 올라왔어요. 그 말을 들었기 때문에 화가 났다고 생각하지만, 오늘 마음의 여유가 있을 때 그 말을 들었다면 화나지 않을 수도 있습니다. 조건이 달라졌기 때문이죠. 그런데 우리는 그 말 때문에 화가 났다고 생각하고, 오늘도 역시 같은 말을 들으면 화날 것이라고 생각합니다. 그리고 어제의 화난 나와 오늘의 화난 내가 똑같다고 생각합니다. 그러나 어제의 나와 지금의 나는 다릅니다. 항상 달라지고 있어요. 같은 말을 들어도 어떤 때는 화가 나고 어떤 때는 화가 나지 않습니다. 이름 붙여

진 생각의 세계에서는 상황이나 조건이 달라져도 '나'는 항상 똑같다고 여기는데, 이것은 착각입니다. 상황과 조건을 세밀하게 살펴보면 '나'라는 것의 본체도 일시적이고 임시적이고 공空하다는 것을 알 수 있습니다. 모든 현상은 스스로 존재하는 것이 아니라 서로에게 의존한다는 것이 체體가 공空하다는 말의 의미입니다.

그리고 세간의 법法뿐만 아니라 본질의 법法도 결과적으로 공空하여 본래부터 자체라고 할 수 있는 것이 없이 공空하여 일체의 상相을 떠나 있다고 했습니다(涅槃眞如之法亦畢竟空, 從本己來自空, 離一切相). 이 말은 '본질은 아무런 상相이 없어 잡을 수 없다.'와 같은 내용입니다. 경전에 나오는 이런 말을 들으면, 본질에 대해 '실체를 얻을 그 무엇도 없는 것'으로 여기기 쉽지만, 이런 말은 마음에 일어나는 그 어떤 현상에도 집착하지 않게 하기 위한 방편일 뿐입니다. 본질이 정말 아무것도 아닌 것은 아니에요.

본질을 경험했다고 말하고 설법說法도 펼치지만 그것 역시 하나의 현상이라고 했습니다. 우리가 경험했다고 말하는 본질이나 알았다고 여기는 체험은 모두 내적인 현상입니다. '그 순간 느껴진 그 무엇'이라는 측면에서 현상이에요. 본질을 발견했다고 여기는 마음, '나는 알았다'거나 '내가 변했다'는 느낌과 체험도 어느 한 조건에서 나타난 느낌과 알아챔입니다. 다른 조건이 되면 힘없이 희석되고 사라지고 말지요. '알았다'는 마음 자체도 현상임을 보게 되면 내가 경험하고 알 만한 것이 본질적으로 없다는 것을 깨닫습니다. 이것이 바로 본질도 공空하다는 말의 의미입니다. '본질적으로 나는 그 무엇도 아니구나.' 하는 그 마음속에 '나는 알았어.'가 생겨나면 그것 역시 현상이라는 의미입니다. 그렇기에 시간이 지나면 흔들립니다. 이처럼 깨달은 마음도 믿을 만하지 못하고 현상에 불과하기에 공空이라는 것입니다. 그런 체험이 자체적으로 존재하는 것이 아니에요. 어떤 상황과 조건에서 잠시 일어나는 강한 체험일 뿐인데, 그 체험을 붙든다면 그것은 현상이고, 따라서 그것도 공空하다는 말이에요. 본질마저도 공空하기에 그 어떤 상相도 있을 수 없습니다.

그런데 '마음에 잡히는 모든 것은 현상이므로 본질이 아니고, 본질은 잡을 수 없다.'는 말은 정말 그렇다는 것이 아니라 집착을 깨트리기 위한 방편입니다. 본질은 텅 비어있는 것이 아니란 말입니다. 본질이 텅 비어있는 것이라고 여기면 허무함에 빠집니다. '본질은 아무것도 아니네.' 이렇게 생각할 수도 있고, 명상을 통해 자기를 없애려 하기도 합니다. 다시 말해 '본질은 텅 빈 마음'이라는 상相을 잡기 쉽다는 말입니다. 경전에서 '본질은 공空하고 마음으로 잡을 수 없다.'고 했을 때 마음에 공空하다는 상相이 생겨서 마음의 모든 작용이나 움직임을 현상으로 치부해버리고, 초연하게 텅 빈 쪽으로만 가려고 합니다. 이것은 왜곡된 마음입니다. 본질은 텅 빈 것도, 텅 비지 않은 것도 아닙니다. 본질은 마음으로 잡을 수 있는 것이 아니에요. '텅 비었다.'는 것 자체도 마음으로 잡아놓은 것입니다.

이처럼 진여, 열반이 공空이라는 말에는 참으로 많은 오해가 생길 수 있습니다. 상相이 없어서 잡을 수 없다는 의미이지, 삼라만상森羅萬象과 모든 마음의 작용이 이 진여를 통해서 일어나기에 결코 공空인 것만은 아닙니다. 그러나 그것은 결코 어떤 현상도 아니기에 이해하거나 잡을 수 없다는 것뿐입니다.

삼라만상과 진여의 관계는 깨어있기™에서 마치 '대상'을 통해 '주의를 확인'하는 것과 같습니다. 지금 눈앞의 사물을 보면 어떤 상相이 있습니다. 그 상相은 내 주의가 그 사물로 향하기에 '의식'되는 것입니다. 지금 엉덩이가 바닥에 닿아 있다는 것이 '의식'되지요? 그것은 주의를 주었기 때문입니다. 그 전에는 '의식'되지 않았습니다. 이제야 의식됩니다. 즉 의식적으로 '존재'하는 거죠. 그런데 주의제로하거나 감각感覺으로 들어가면 상相은 사라집니다. 그렇다면 그 상相이 있다는 것은 주의가 거기에 함께 존재한다는 의미이므로, 사물의 상相은 주의가 있다는 증거이기도 합니다. 그와 같이 현상이 있다는 것은 본질이 있다는 증거입니다. 그러나 본질은 결코 현상이 존재하는 방식으로 존재하지는 않기 때문에, 현상의 측면에서 공空인 것입니다. 그러나 현상, 즉 색色도 곧 공空입니다. 왜냐하면 공空이 색色으로 표현되고 있기 때문입니다.

본질은 무한한 생명의 힘,
못 해내는 것이 없다

云何對治. 明眞如法身自體不空, 具足無量性功德故.
운 하 대 치　명 진 여 법 신 자 체 불 공　구 족 무 량 성 공 덕 고

어떻게 대치하는가? 진여법신은 자체가 공空하지 아니하여 무량한 성공덕성功德을 구족했기 때문임을 밝힌 것이다.

앞에 인용한 경전에서는 '본질은 공空하다'고 했는데 이제는 '본질이 공空하지 않다'고 말합니다. 마음이 무언가를 붙잡는 것을 자꾸 끊

어내고 있죠. 본질은 현상이 아니라고 말하면 마음은 현상 아닌 텅 빈 공空을 상상하여 '붙잡는데', 그것을 깨트리기 위해 공空한 것도 아니라고 하는 겁니다. 불공不空이죠. 공空하다면 그 어떤 것도 일으킬 수 없습니다. 그러나 진여법신眞如法身은 불공不空하여 무량한 공덕을 다 갖추고 있어서 그 무엇도 해낼 수 있는 것입니다. 인간이 어떤 뜻을 세우고 포기하지 않는다면 해내지 못할 것이 없습니다. 본질은 무한한 힘을 가지고 있기 때문입니다. 무조건 공空이 아니에요. 생명의 힘은 대단합니다. '본질은 색色이 아니고, 그 어떤 현상도 아니다.'라고 하면 그 의미를 오해하여 무기공無記空에 빠질 수 있습니다. 아무것도 하려고 하지 않고 고요함 속에만 있으려고 하는 것이 무기공입니다. 그것은 본질을 잘못 파악했기 때문입니다. 본질이 드러나는 모습은 아주 역동적이에요. 본질을 추구하는 사람이 초연하게 세상과 등질 줄 알지만, 오히려 세상과 가장 상관있는 사람이 됩니다.

사실 현상과 세상 자체가 본질입니다. 그러나 어떤 하나의 현상에 집착하고 매달리는 마음 때문에 본질을 보지 못하고 있을 뿐입니다. 본질은 파도가 아니라 물이기 때문에 하나의 모습을 지니지는 않습니다. 그런데 어느 하나의 모습에 매달려서 '나'라고 집착하기 때문에, 이 집착을 깨트리기 위해서 "당신이 집착하여 매달리는 것은 현상이다. 마음으로 잡을 수 있는 그 어떤 것도 본질이 아니다. 본질은 공空하다."라고 말하는 것인데, 이 말을 듣고 본질은 아무것도 아니라고 여긴다면 그것은 본질에 도착한 것이 아니라 공空에 빠진 것입니다.

본질은 무한한 생명의 힘이라서 못해내는 것이 없습니다. 인아견人我見을 깨트린다는 것은, 고정적인 '나'가 없으므로 추구하거나 이루어야 할 것이 없다는 의미가 아닙니다. 나의 역동적인 에너지가 쓸데없다는 게 아니에요. 임시적인 '나'를 세워서 필요한 데 몰입해서 사용하면 됩니다. 내 몸이 바스러져도 상관없을 정도로 몰입하여 에너지를 사용하는 힘을 본질이 발현시켜줍니다. 불변하는 고정적인 '나'라는 것이 없다고 해서 활발한 생명 작용이 사라지는 것이 아닙니다. 생명의 힘은 크고 거칠게 작용하기도 하고, 아주 미세하고 민감하게 작용하기도 합니다. 바늘귀보다 작기도 하고, 우주보다 더 크기도 한 것이 생명의 힘이라서 못할 것이 없는데, 그것을 아무것도 아닌 것이라 여겨서 주저앉으려 한다면 생명의 힘을 오해하고 있는 것입니다. 다만, 무한한 공덕은 모습이지 본질 자체는 아닙니다. 생명의 힘이 쓰이는 모습들은 아주 멋지지만, 그것은 모습이지 본질이 아니므로 그런 모습에 집착하지 않으면 됩니다. 내가 노력해서 이룬 것이니까 보상받고 싶다거나 남에게 주지 않고 나만 갖고 싶다는 그 집착이 잘못된 것입니다. '나는 이건 잘하지만 저건 못해.' 하는 것도 무언가에 묶인 집착의 일종입니다. 이런 것들은 본질이 아니에요. 본질이 아니라는 것과 공空하다는 것은 서로 다릅니다. 본질이 공空하다는 개념을 사용한 것은, 현상은 본질이 아님을 알려주기 위해서 색色이라는 개념에 대항해 방편으로 쓴 것일 뿐입니다.

三者聞修多羅說, 如來之藏無有增減, 體備一切功德之法.
삼 자 문 수 다 라 설   여 래 지 장 무 유 증 감   체 비 일 체 공 덕 지 법

以不解故, 卽謂如來之藏有色心法自相差別.
이 불 해 고   즉 위 여 래 지 장 유 색 심 법 자 상 차 별

세 번째, 경전에서 '여래장如來藏은 증감이 없어 체體가 일체 공덕의 법을 갖추었다.'고 하니 이를 이해하지 못하고, 여래장은 색色·심법心法의 자상自相과 차별이 있다고 여긴다.

여래장如來藏은 만상萬象과 만법萬法을 품고 있는 것으로, 여래如來가 드러날 수 있는 씨앗이 저장되어 있다고 해서 여래장如來藏이라고 합니다. 중생의 마음에는 그 모든 것이 다 포함되어 있으므로 중생의 마음이 곧 여래장입니다. 소승小乘이 보는 중생은 그냥 중생이지만, 대승大乘은 중생의 마음이 곧 본질이라고 봅니다. 다만 커튼에 가려져있을 뿐이죠. 중생은 깨닫지 못한 부처이고, 부처는 깨달은 중생입니다. 부처와 중생이 따로 있는 것이 아니에요. 여래장如來藏은 증가하거나 감소하지 않습니다. 우주에 존재하는 모든 에너지는 한 톨도 늘어나거나 줄어들지 않는다는 에너지 보존법칙과 같습니다. 중생이 깨달은 부처가 되었다고 해서 더 나아지는 것이 없고, 중생으로 남아있다고 해서 더 못해지는 것도 없습니다. 깨우쳤다고 해서 별반 나아지는 게 없어요. 본질의 측면에서 말이죠. 열심히 수련해서 못하던 것을 해내는 것은 본질과는 상관없는 얘기입니다. 본질은 늘어나거나 줄어들지 않아요. 더 늘어나거나 줄어든다면 그것은 본질이 아니라는 증거입니다. 이처럼 차별상에 초점이 맞춰져 있으면 본질을 떠나있다고 보면 됩니다.

여래장如來藏의 본체가 일체의 공덕功德의 법을 갖추고 있다고 했습니다(體備一切功德之法). 여래장如來藏이 공덕을 갖추었다는 말을 들으면 여래장如來藏 자체의 상相이 있다고 여기기 쉽습니다. 어떤 사람은 일을 잘하는 대단한 능력이 있고 다른 사람은 잘하지 못하고 지지부진하다면 두 사람의 체體가 다르다고 생각할 수 있지만, 두 사람의 체體는 다르지 않습니다. 두 사람의 본질은 똑같이 무한한 공덕을 가지고 있으며, 그 본질에는 어떤 증감도 없습니다. 개한테도 불성佛性이 있어서 그 본질은 사람과 같습니다. 개한테도 있고, 바보나 천재에게도 있어서 늘 변함없는 것, 바보 온달이 장군이 되었을 때도 변함없는 것이 바로 본질입니다. 만약 조금이라도 변했다면 그것은 본질이 아닙니다. 변하는 모든 것은 '모습'입니다. 그런데 공덕을 갖추고 뭔가를 해냈다면 본질적으로 다르다고 생각하기 쉽고, 차별이 있다고 여기기 쉽습니다.

책상과 인체를 살펴봅시다. 하나는 무생물이고 다른 하나는 최고의 지성을 갖춘 인간의 몸이죠. 그러나 미세한 레벨로 내려가 보면 탁자의 분자와 사람 몸의 분자는 모두 소립자와 쿼크quark, 에너지 스트링으로 이루어진 진동입니다. 또 의식적인 측면에서 보자면 자신을 유지하려는 힘을 갖춘 '현상'입니다. 이렇게 물리적이거나 의식적인 측면에서는 책상과 사람이 아무런 차이가 없지만 겉으로 드러나는 모습에는 큰 차이가 있죠. 그러니까 차이를 본다는 것은 관점이 모습에 가 있는 것입니다. 만물萬物, 만상萬象, 만인萬人이 평등하다는 것은 본질적인 관점에 가깝고, 모든 것을 평등하게 대하는 이는 본질에 가까운 태도를 취하고 있는 사람입니다. 분별하여 나누는 마음은 초점이 차별에 있고, 상相의 본체가 개별적으로 존재한다고 믿는 것과 같은데, 이는 본질을 떠나있는 것입니다.

머물지 않는 마음이 탄생하다!

云何對治. 以唯依眞如義說故. 因生滅染義示現說差別故.
운 하 대 치   이 유 의 진 여 의 설 고   인 생 멸 염 의 시 현 설 차 별 고

어떻게 대치하는가? 오직 진여의 뜻에 의해 말했고, 생멸염生滅染의 뜻에 의해 나타냄을 차별이라 말하기 때문이다.

생멸염生滅染은 태어남과 사라짐에 초점이 맞춰져서 만상萬象의 생멸을 보는 마음입니다. 생멸에 물든 마음이죠. 마음이 경계 지었으므로 태어나고 죽는 것입니다. 우리는 자기 자신이 태어났다고 믿어요. 정말 태어났나요? 태어남을 스스로 느끼고, 경험하거나 바라봤어요? 아기들이 태어나고 자라는 것을 보면서 자신도 저렇게 태어났다고 추측하고 믿고 있는 것 아닙니까? 죽음도 마찬가지죠. 자신의 죽음을 경험할 수 있을까요? 임사체험이라는 것은 진짜 죽음은 아니죠. 진정한 죽음은 사라지고 없어지는 것인데, 자신이 사라지는 것을 누가 경험할 수 있겠어요?

무극無極, 태극太極, 음양陰陽의 상태가 있습니다. 자기 스스로를 바라보기 시작하면 태극으로 갑니다. 통합된 존재의 '있음'의 상태로 가죠. '나'라는 것이 의식적으로 죽어가는 과정이라고 할 수 있습니다. 그러다가 블랙홀에 빠져 무극으로 가면 그것을 누가 경험합니까? 무극이 진정한 죽음이라고 할 수 있는데, 무극을 경험하는 자는 없습니다. 우리는 탄생과 죽음을 결코 경험할 수 없는데 내가 태어났다고 믿고 죽을 것이라고 믿어요. 그것이 바로 생멸염生滅染입니다. 생멸의 스토리에 물든 경계 지어진 마음이죠. 생멸에 물든 마음이 탄생과 죽음으로 나누고 경계 지어놓은 차별이 있을 뿐이지, 본질의 측면에서 그런 것은 없습니다. 어떤 현상이 생겼다, 사라졌다고 믿는 마음도 이와 같습니다. 여래장에 차별이 있다고 여기는 것은 생멸에 물든 마음으로 보니까 그렇다는 것입니다.

수많은 인연이 한 무더기로 모여 총합을 이루는 것을 인연총상因緣總相이라고 합니다. 끊임없이 변하고 유동적으로 나타났다가 사라지는

데 '이게 나야.'라고 주장하는 것이 인아견人我見입니다. 사람에게 '나'라는 것이 있다고 믿는 마음이죠. 이것은 하나의 착각인데, 이처럼 잘못된 집착을 없애는 방법이 대치사집對治邪執입니다.

오늘까지 인아견人我見의 세 가지를 살펴봤죠.

첫째, '본질은 공空하다.'라는 말은, 현상은 본질이 아님을 알려주기 위해서 하는 말인데 그것을 모르고 본질이 공空하다고 믿는 것이 사집邪執입니다. 현상에의 집착도 잘못된 것이지만 공空에 집착하는 것도 사집邪執입니다. 본질이 공空하다는 말은 현상에 집착하는 것을 깨트리기 위한 말입니다.

두 번째는 '세상의 모든 법法이 공空하고, 열반과 진여도 공空하여 일체의 상相이 없다.'고 하니, 본질이 드러내는 공덕功德과 생명의 힘의 발현을 아무 의미 없는 것으로 여기는 것도 사집邪執입니다. 본질은 무한한 공덕을 갖추고 있기 때문에 못하는 게 없습니다. 물은 잔잔한 파도도 만들어내지만 거대한 파도도 만들어냅니다. 이런 변화무쌍함이 본질 그 자체죠. 그러나 거대한 파도도 잔잔한 파도도 물 자체가 아닌 물의 모습입니다. 물은 이것도 저것도 아닙니다.

세 번째, '여래장如來藏은 증감이 없어 체體가 일체 공덕功德의 법을 갖추었다.'고 하니 여래장에 차별이 있다고 여기는 것이 사집邪執입니다. 본질의 무한한 힘에는 어떠한 차별도 없습니다. '무한한 공덕이 있다'는 것은 대단한 일과 그렇지 않은 것을 나눠놓았다는 의미입니다. 하지만 또 어떤 차별도 없다고 말하죠. "나는 못해"라고 말하는 사람이 있다면 그는 현상 속에 빠져있는 것입니다. 그런데 이 말을 붙들어서 "나는 뭐든 할 수 있어." 한다면 이것은 "할 수 있어."와 "할 수 없어."의 차별 속에 빠진 마음입니다. 경전의 글귀들은 우리 마음이 그 어떤 것도 붙잡을 수 없도록 남기지 않고 부수는 방편들이에요.

우리의 마음은 어떤 얘기를 들으면 그 무엇이든, 그것에 반대되는 것이든, 그것을 보완하는 것이든 무언가를 붙들게 되어 있어요. 마음은 어떤 모습을 띠어야만 존재하기 때문에 늘 무언가를 붙잡으려고 합니다. 무언가 현상으로 느껴져야 마음이 존재할 수 있어요. 그래서 마음은 항상 움직이려고 합니다. 물이 기류를 형성해서 움직여야 느껴지듯이 마음도 움직여야 존재한다고 느껴집니다. 마음은 존재하기 위해서 어떤 흐름이라도 만들어내려고 애를 씁니다. 본질이 움직이면 현상이고, 움직이지 않으면 이미 본질입니다. 모든 움직임은 움직이지 않음을 기반으로 삼듯이 현상의 기반에는 본질이 있습니다.

'본질에 무한한 공덕功德이 있다.'는 차별성을 의미하는 말이 아니라 '본질은 공空이 아니다.'를 얘기하기 위함입니다. 이 모든 설명들은 '본질이란 이런 것이구나.' 하고 붙잡는 마음을 깨트리고 있는 거예요. 결국은 어디에도 머물지 못하게 하기 위함입니다. 이것도 아니고 저것도 아니라니 혼란스럽습니다. 그 혼란스러움 속에서도 혼란스럽지 않은 것이 바로 본질입니다. 마음이 무언가를 붙들어야 우리는 편안합니다. '나는 이제 알았기 때문에 더 이상 찾고 추구할 것이 없어.' 하는 마음도 무언가를 붙들고 앉아있는 것입니다. 주저앉아 움직이지 않고, 생명의 힘을 쓰지 않으면 현상 속에 있는 거예요. 그렇다고 끊임없이 헤매면서 활동에 빠진다면 그 또한 현상 속에 있는 것입니다. 우리는 이러지도 저러지도 못하고 여기에 있습니다. 거기에서 그 어떤 것에도 머물지 않는 마음이 탄생하게 됩니다. 탄생한다는 표현을 썼다고 해서 생멸을 의미하는 것은 아니고요. 말이라는 게 이렇게 너무나 힘이 없습니다.

아름다운 현상인 벡터vector
드러나지 않는 스칼라scalar

四者聞修多羅說, 一切世間生死染法,
_{사 자 문 수 다 라 설   일 체 세 간 생 사 염 법}

皆依如來藏而有, 一切諸法不離眞如. 以不解故,
_{개 의 여 래 장 이 유   일 체 제 법 불 리 진 여   이 불 해 고}

謂如來藏自體具有一切世間生死等法.
_{위 여 래 장 자 체 구 유 일 체 세 간 생 사 등 법}

네 번째, 경전에서 '모든 세간의 생사生死의 염법染法이 다 여래장如來藏에 의하여 있어 일체법이 진여를 떠나지 않는다.'고 하니, 이를 이해하지 못하기에 일체 세간의 생사 등의 법이 여래장 자체 안에 있다고 여긴다.

'생사법生死法이 여래장如來藏에 의하여 있다.'와 '생사법이 여래장 자체 안에 있다.'는 완전히 다른 말입니다. 전자는 여래장을 뿌리로 해서 생사生死라는 현상이 일어난다는 말이고, 후자는 생사生死가 여래장의 구조물이라는 의미입니다. '모든 세간의 생사법이 여래장如來藏에 의하여 있어, 일체법이 진여를 떠나지 않는다.'는 말은 '모든 현상은 근원의 표현'이라는 말과 같습니다. 그리고 '모든 벡터vector는 스칼라Scalar의 표현'이라는 것과 일맥상통합니다. 벡터는 크기와 방향을 가진 힘이고, 스칼라는 크기만 있고 방향이 없는 힘입니다. 크기와 방향이 있는 벡터는 '모습'으로 드러나는데, 힘만 있고 방향이 없는 스칼라는 어떨까요? 바람으로 따져본다면 스칼라는 방향이 없는 바람입니다. 어떤 방향으로 공기가 움직여야만 비로소 바람이라고 할 수 있습니다. 스칼라는 움직이지 않는 바람 같은 존재 자체입니다. 드러나지 않습니다.

스칼라는 에너지 보존 법칙에서 나온 개념입니다. 물리학자들은 + 에너지와 - 에너지가 합해져 0이 되면 그 에너지는 어디로 간 것인지 질문을 던지게 되었습니다. 왜냐하면 우주는 에너지보존의 법칙에 지배받기 때문입니다. 그래서 현상에서 사라진 에너지는 무한으로 돌아간다고 보았는데, 그 무한이 바로 크기만 있는 에너지인 스칼라입니다. 주먹으로 책상을 치면 힘의 에너지는 주먹에 전달되어 아픔이 느껴지고, 진동으로 책상에 전달되어 책상을 흔드는 힘으로 쓰입니다. 그렇게 전달되던 힘이 멈추면 어딘가로 가겠죠? 그 힘은 공간으로 이동합니다. 공간이 에너지로 가득 차 있다는 말인데, 그것을 무한 에너지 또는 영점 에너지zero point energy라고 합니다.

우주는 둘이 아니므로 의식 현상과 물리 현상이 다르지 않습니다. 마음에서 느껴지고 알아채지는 모든 것은 나타난 현상입니다. 이 말은 마음에 잡히는 것들이 어떤 방향으로 움직이고 있다는 의미입니다. 주체와 대상에 대해 설명할 때 주의가 시작되는 점이 주체이고, 주의가 도착하는 지점이 대상이라고 했습니다. 그래서 마음에서 뭔가 느껴진다면 주의가 움직인 것이고, 느끼는 주체도 형성된 것이라고 했습니다. 즉, 마음속에 생각, 감정, 느낌 등의 현상이 느껴진다는 것은 벡터가 있다는 말입니다. 어떤 것을 알아채고 있는 방향과 흐름이 있다는 거예요. 지금 엉덩이가 의자에 닿아있는 것이 느껴지죠? 조금 전까지는 느끼지 못했는데, 내 말을 듣고 엉덩이로 주의가 가니까 느껴져서 의식됩니다. 의식되는 '어떤 현상'이 있다는 것은 '주의가 그것을 향해 가고 있음'을 반증합니다. 더 미묘한 무의식적인 알아챔, 즉 직관적인 앎도 있는데, 그것은 무의식적인 벡터입니다. 주의를 내부로 돌려서 자기 자신을 들여다보면 처음에는 어떤 느낌이 있지만 점차 주체와 대상이 사라지면서 그 느낌도 없어집니다. 마지막까지 미묘한 느낌이 있는 동안은 벡터이고, 더 깊어져서 있는지 없는지 모를 상태로 들어가면 스칼라가 됩니다. 움직임이 없어졌다는 말입니다. 마음이 조금이라도 움직이면 그것은 벡터입니다. '아, 알았어.' 하는 것도 미묘한 벡터 속에 있는 것이고, '이건 이거야.' 하는 주장은 거칠고 강한 벡터 속에 있는 것입니다. 지금 스칼라로 돌아가자는 말을 하는 것이 아닙니다. 스칼라로 돌아가면 멈추게 되므로 의식이 있을 수 없어요. 벡터 속에 빠져있지 말고 모든 벡터는 무한한 스칼라의 표현임을 알면 그만입니다.

　모든 세간의 생사법生死法이란 나타났다 사라지는 생멸의 법칙현상을 말합니다. 여래장如來藏은 생사가 나타나지 않은 스칼라와 같은 상태이며 모든 생사법이 드러날 수 있는 기반이 됩니다. 모든 걸 다 포함하고 있어요. '일체법이 진여를 떠나지 않는다(一切諸法不離眞如)'는 말은 일체의 현상이 결코 그 본질을 떠나있는 것이 아니라는 말입니다. 모든 벡터는 스칼라의 표현이듯 일체의 현상은 본질의 표현입니다. 표현임을 알고 벡터 속에 있는 것과 그것을 모른 채 벡터가 전부라고 여기는 것은 전혀 다릅니다. 벡터가 전부라고 생각하는 사람들은 생사법生死法이 여래장 속에 있다고 오해합니다. 벡터는 표현이지 본질 자체가 아닙니다. 그렇다고 벡터가 본질이 아닌 것 또한 아닙니다. 본질의 표현이니까요. 여래장 속에 생사법이 포함되어 있는 것이 아닙니다. 생사生死라는 현상이 여래장의 표현이라는 것입니다. 여래장과 생사법의 관계는 물과 파도의 관계와 같습니다. 모든 파도는 물의 표현이죠. 지금 마음속으로 들어가면 어떤 느낌이 느껴집니까? 그 느낌이 하나의 벡터입니다. 방향과 크기가 주어지면 움직임이라는 현상이 일어나는

데 그것이 바로 느낌입니다. 크기만 있고 방향이 없다면 그것은 드러나지 않은 스칼라, 드러나지 않은 여래장입니다.

현상은 아름답습니다. 많은 것을 행할 수 있고 무한한 능력을 발휘하는 공덕功德을 내기도 합니다. 정공덕淨功德이라고 하는 깨끗한 공덕을 가지고 있어요. 그렇지만 그것이 실재한다고 믿고, 고정화시켜 집착하는 순간 망념妄念이 됩니다. 이것이 공덕功德과 망념妄念의 차이입니다. 변화하는 현상으로서 못하는 것이 없지만 그 현상에 머물러 집착하기 시작하면 공덕은 망념이 되기 시작합니다.

사물에 대해서도 마찬가지입니다. 탁자와 의자, 그리고 사람이 개별적으로 존재하다고 생각한다면, 그것은 일종의 망념입니다. 원자에서 우주에 이르는 모든 사물이 관계로 이루어져있으며, 끊임없이 움직이는 벡터들의 패턴입니다. 원자의 정확한 구조가 밝혀진 것은 아니지만, 지금까지 밝혀진 바로는 원자핵과 전자구름으로 구성되어 있습니다. 예전에는 전자 궤도라고 했는데 이제는 전자구름이라고 합니다. 전자가 발견될 확률이 높으면 구름이 진하고, 발견될 확률이 낮으면 구름이 흐리다고 표현합니다. 원자핵은 양성자와 중성자로 구성되어 있고, 더 세밀하게는 소립자 단위로 나뉩니다. 소립자들은 쿼크quark 에너지의 흐름인데 위를 향하는 흐름(업쿼크up quark), 아래를 향하는 흐름(다운쿼크down quark) 등으로 나눠집니다. 원자핵에는 +를 띠는 양성자들이 뭉쳐있는데, 같은 극끼리 밀쳐내지 않는 이유는 중성자 때문입니다. 양성자는 업쿼크 2개와 다운쿼크 1개로 이루어져 있고, 중성자는 다운쿼크와 2개와 업쿼크 1개로 이루어져 있습니다. 업쿼크와 다운쿼크는 위아래로 움직이는 에너지의 흐름인데, 이것이 중성자와 관계시켜 양성자를 다른 곳으로 가지 못하게 하고 있는 것입니다. 이런 양성자와 중성자의 결합을 핵력核力이라고 합니다.

'존재는 관계'라고 했습니다. 물질 세계로 깊숙이 들어가 보면 끊임없는 에너지의 움직임이 있습니다. 위

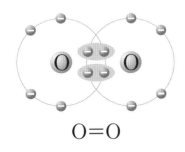

$$O=O$$

[그림 2] 산소분자의 공유결합

로 향하는 에너지와 아래로 향하는 에너지가 서로를 얽어놓고 끊임없이 움직이고 있어요. 고정된 것은 없습니다. 전체적으로 +를 띠는 원자핵의 움직임이 그 주변을 도는 −를 띠는 전자를 묶어놓고 있는데, 이 전자도 끊임없이 움직입니다. 전자구름은 전자가 나타날 확률이 많은 곳을 표시해둔 것입니다. 모든 사물을 자세히 살펴보면 고정되지 않은 에너지 흐름이 끝없이 이어지는데, 똑같은 패턴으로 움직이고 있기 때문에 같은 모습을 유지하고 있을 뿐입니다. 공유결합의 경우도 살펴보면, 산소와 산소의 결합은 전자를 두개씩 내놓아 4개의 전자를 공유하면서 결합되어 있는 형상입니다. 산소 둘이 결합되어 '존재'하는 것은 바로 이런 관계 때문인 것입니다.

사람도 마찬가지입니다. 두 사람이 서로 주고받을 것이 아무것도 없으면 서로에게 존재하지 않는 사람이라고 할 수 있습니다. 관계가 맺어지지 않아요. 있지만 존재하지 않는 것과 마찬가지로 나한테 존재하지 않는 사람이에요. 물리적 존재라는 것은 물리적인 관계를 맺고 있기 때문에 가능한데, 거시적인 사람 관계도 마찬가지입니다. 관계 맺지 않으면 존재하지 않는 것입니다. 관계는 끊임없는 에너지 패턴입니

다. 원자는 자동화된 에너지 패턴이 있고, 사람에게는 무의식적인 패턴과 의식적인 패턴이 있습니다. 사람의 무의식적인 패턴은 자동화되어 있는 경우가 많습니다. 예를 들어 배가 고프면 배고픈 느낌을 만들어서 몸이 음식을 찾아 먹도록 만듭니다. 끊임없는 변화에 반응하고 적응해야 할 때는 의식이 사용되지만, 변화가 없을 때는 무의식이 알아서 자동으로 합니다. 운전을 오래 하면 자동화되는 것과 비슷하죠. 신경계의 활동이나 심장박동은 무의식적이고 자동적인 패턴입니다. 이런 무의식적인 패턴과 의식적인 패턴이 합쳐져서 인간의 전반적인 패턴이 형성됩니다. 원자와 같은 물리적인 구조에서는 자동적인 에너지 패턴이 진행되고 있습니다. 끊임없는 에너지 흐름이 있지만 늘 같은 패턴으로 움직이고 있다는 말입니다. 사람도 늘 같은 패턴으로 움직인다면 무생물과 같다고 할 수 있습니다. 자동 인간이에요. 이것이 로봇과 사람을 구별하는 기준이 될 수도 있습니다. 구르지예프는 대부분의 인간은 로봇과 같다고 말했습니다. 대부분의 인간은 잠자고 있다고도 했어요. 누군가에게 욕을 들으면 기분이 나빠지는데, 대부분의 사람들이 비슷한 반응을 보입니다. 의식은 변화무쌍한 움직임이지만, 의식적이라 하더라도 비슷한 변화패턴을 보인다면 그 인간은 기계라고 할 수 있습니다.

현상은 관계를 통해 유지된다

'세간의 생사법이 여래장에 의하여 있어 일체의 현상이 본질을 떠나지 않는다.'는 글귀를 보고, 사람들은 모든 현상이 여래장 자체 안에 있다고 오해하여 일체의 생사生死를 실재하는 것으로 여깁니다. 고정화된 패턴을 변함없이 존재하는 실체로 여기는 것이고, 이것이 바로 망념妄念입니다. 변화무쌍한 현상적인 표현으로 보지 못하고, 존재하는 것으로 여기는 것입니다. 파도는 나타났다 사라지는데, 엄밀히 보지 못하는 사람들은 늘 그 파도가 그 파도라고 여깁니다. 자세히 살펴보면 조금 전의 파도는 사라지고 새로운 파도가 나타납니다. 파도는 매 순간 다른 모습이고 1~2초만 지나면 이전의 파도는 사라지고 없습니다. 비슷해 보일 수는 있지만 엄밀히는 모두 다른데, 그 비슷한 모습만을 보고 "파도가 저기 있잖아." 하는 것은, 파도가 존재한다고 믿는 마음입니다. 그래서 나타났다 사라지고 변하는 것을 보지 못하고, 조금 전의 파도와 지금의 파도가 같다고 여깁니다.

첫 번째, '생사법이 여래장 안에 갖춰져 있다.'는 것은 '모든 벡터는 스칼라 안에 있다'는 말이고 두 번째, '생사법이 여래장에 의존하고 있어서 일체의 현상이 본질을 떠나지 않는다.'는 말은 '모든 벡터는 스칼라의 표현이고 스칼라에 의존해 있다.'는 말과 같습니다. 서로 다른 말이에요. 벡터는 존재하는 것이 아니라 잠깐 드러났다 사라지는 '모습'입니다. 여러분의 지금 마음의 느낌은 잠시 나타난 마음의 움직임이고 벡터입니다. 어제의 답답함과 오늘의 답답함은 다릅니다. 사실 답답한 느낌이 아닐 수도 있는데 '답답함'이라고 이름 붙여 놓으면 존재하는 것처럼 되어버립니다. 이름붙이지 않고 잘 느껴보면 느낌은 매 순간 다르다는 것을 알 수 있습니다. 매 순간 다르고 곧 사라져 버릴 감지에 이름을 붙이면 실재한다고 느껴지고, 계속 존재하는 것처럼 느껴집니다. 이것이 큰 함정이에요. '나'라는 것도 그렇습니다. '나는 이런 사람이야.'라고 이름 붙이면 그것이 존재하는 것처럼 느껴져요. '나'라는 것이 존재한다고 여기는 것은 생사법과 여래장의 관계의 첫 번째 문장이고, '나'라는 것은 나타났다 사라지는 느낌이라고 여기는 것은 두 번째 문장의 의미입니다. 내가 존재한다고 느끼는 것은 오해입니다.

존재는 관계이기 때문에 관계가 끊어지면 존재는 사라집니다. 그래서 존재는 허상인 것입니다. 끊임없는 주고받음이 일어나야 관계가 맺어지고, 나한테 누군가가 존재합니다. 물리적으로도 금속결합은 전자를 자꾸 주려고 하고, 비금속 결합은 안으로 끌어당기려고 합니다. 주고 받음의 관계가 유지되는 상태를 끊임없이 행하고 있어요. 현상계는 끊임없이 움직이며 변화하지만 아주 비슷한 패턴의 변화를 하고 있습니다. 빙산은 그 상태대로 계속 유지되고 있는 것이 아니라 비슷한 패턴으로 녹았다가 얼기를 반복해요. 존재는 관계일 뿐인데 그것을 보지 못하고, 고정된 형태가 실체로 존재한다고 믿는 것이 오해입니다.

오늘 강의의 핵심은, 모든 존재는 일시적으로 관계 맺어진 똑같은 움직임의 패턴일 뿐 고정된 실체로서 독립된 것이 아니며, 그것을 알지 못하고 현상이 독립적으로 존재한다고 믿는 것은 망념妄念이고, 현상은 관계를 통해 유지되고 있음을 철저하게 보는 것이 공덕功德이라는 것입니다. 그런 공덕을 진여眞如가 늘 나타내고 있습니다.

云何對治. 以如來藏從本已來, 唯有過恒沙等諸淨功德,
운 하 대 치   이 여 래 장 종 본 이 래   유 유 과 항 사 등 제 정 공 덕

不離不斷, 不異眞如義故.
불 리 부 단   불 이 진 여 의 고

어떻게 대치하는가? 여래장은 본래 항하恒河의 모래보다 많은 모든 정공덕淨功德이 있어, 진여眞如를 떠나거나 끊어지거나 다르지 않기 때문이다.

다양한 움직임의 패턴을 이루어내는 것이 여래장의 공덕功德이라면, 움직이는 패턴을 불변의 것으로 여기는 것이 망념妄念입니다. 불변

한다고 여기는 순간 좋은 것에 집착하고 싫은 것은 멀리 하겠지만, 그냥 지나가는 것이라 여긴다면 집착하거나 멀리할 필요가 없습니다. 공덕功德은 진여를 떠나지도 않고, 끊어지지도 않고, 진여와 다르지도 않다고 했습니다. 진여의 움직임이 바로 공덕입니다. 마음이 움직여서 이룰 수 있는 것은 무한하지만, 그것들이 일시적인 에너지 흐름에 의해 나타난 현상임을 알면 그것이 공덕입니다. 그러나 마음에 의해 만들어진 현상에 이름을 붙이고 변함없는 실체라고 여길 때부터 망념이 됩니다.

공덕과 망념은 종이 한 장 차이

以過恒沙等煩惱染法, 唯是妄有, 性自本無,
이 과 항 사 등 번 뇌 염 법　유 시 망 유　성 자 본 무

從無始世來未曾與如來藏相應故.
종 무 시 세 래 미 증 여 여 래 장 상 응 고

항하恒河의 모래보다 많은 번뇌煩惱의 염법染法이 오직 망념妄念으로 있으니, 그 자성自性은 본래 없는 것이고, 무시無始의 때로부터 일찍이 여래장과 상응相應한 적이 없다.

번뇌염법煩惱染法이란 번뇌에 물든 현상을 말합니다. 괴롭고 힘든 이유는, 임시적인 현상을 고정된 실체로 존재한다고 믿는 망념妄念 때문입니다. 번뇌는 독립적으로 존재하는 것이 아니므로 예전부터 여래장과 관계 맺은 적이 없습니다. 파도를 독립적으로 존재하는 실체로 여기면 망념이지만, 잠시 나타났다 사라지는 현상으로 여기면 공덕이 될 수 있습니다. 파도는 많은 일을 해낼 수 있습니다. '이런 일은 내가 할 수 없어.'라는 건 고정된 마음이기 때문에 망념입니다. '나는 이런 사람

이야.' 하는 것 또한 고정된 망념입니다. '지금 이런 모습으로 나타났다
가 사라지는 현상이야.'라고 여기면 그것이 바로 공덕이에요. 힘든 사
람이 잘 해나갈 수 있게 도움을 줬으면 공덕인데 '내가 이 사람을 도왔
어.' 하는 마음이 생기고 고정되어서 '너는 나에게 도움을 받은 사람이
야.'라고 한다면, 고정된 실체가 되고 망념이 됩니다. 때에 따라 에너
지를 쓰고 사라지는 것이 공덕입니다. 공덕과 망념은 종이 한 장 차이
입니다. 잠시 나타났다 사라지는 현상으로 여기느냐, 그렇지 않고 실
체로 여기느냐 그 차이입니다.

　　번뇌염법煩惱染法은 자성自性이 없어 여래장과 상관이 없다고 한 이
유는 존재하는 것이 아니기 때문입니다. 그런데 그 앞의 문장에서 '여
래장은 본래 항하의 모래보다 많은 정공덕淨功德이 있어, 진여眞如를 떠
나거나 끊어지거나 다르지 않다.'고 했어요. 정공덕淨功德이 여래장을
떠나지 않는다면 염법染法도 진여를 떠나지 않는다고 해야 하지 않을
까요? 그것을 물에 비유해 설명해보겠습니다. 정공덕淨功德이란, 물이
어떤 모습을 띠고 행할 수 있는 모든 움직임을 말합니다. 다양한 현상
을 모두 행할 수 있는 특성이에요. 그런 공덕이 있다는 것과 그것을 위
한 마음의 자체상이 있다는 것은 다른 얘기입니다. 공덕은 일종의 현
상입니다. 정공덕으로 인해 수많은 현상이 일어날 수 있는데, 그 모든
현상의 본질은 근원이니 현상은 근원의 표현이고 진여를 떠날 수 없습
니다. 그런데 이 말을 오해하면 본질이 그 상相을 갖추고 있다고 여기
게 됩니다. 현상은 아름답고 귀하지만 나타났다가 사라집니다. 지금
여기 이 순간에 아름다움을 즐기고, 느끼고, 함께 하는 것이 최고인데,
현상에 집착이 일어나면 공덕이 망념으로 바뀌는 순간이 되는 것입니

다.

모든 현상은 진여의 한 모습이지 진여와 다른 것이 아닙니다. 파도 또한 물의 한 모습이지 물과 다른 것이 아닙니다. 그런데 파도를 독립적인 실체라고 여기는 순간 진여를 떠난 게 되고 망념이 됩니다. A라는 파도가 존재한다고 여기는 순간, 그것은 더 이상 물이 아닙니다. 그렇지만 그 파도를 물의 일시적인 모습이라고 여긴다면 여전히 물일 수 있습니다. 그런데 사람들은 각각의 파도에 이름을 붙여놓고 각자 존재한다고 여깁니다. 마음에 슬픈 느낌이 느껴질 때 '나는 슬프다.'고 하며 슬픔을 실체화시키는 것입니다. 실제로는 그런 느낌이 있는 것이고, 그 느낌은 그냥 두면 사라집니다. '잠시 그런 모습을 띤 마음의 현상'이라고 여긴다면, 마음의 한 현상이니 마음과 다르지 않습니다. 그런데 '슬픔'이라는 이름을 붙여놓으면 실체가 되어 마음의 본질과 멀어집니다. 마음의 일시적인 모습일 때는 마음이지만, 실체가 되면 더 이상 마음의 모습이 아니라 망념이 되고 맙니다. 잘못된 믿음이 되는 거예요. 어떤 현상에 이름을 붙이면 그것이 독립성을 갖춘 존재로 여겨지면서 망념에 빠지고, 마음의 일시적인 모습이라고 여기면 그것은 마음과 다르지 않음을 파악하게 됩니다. 이럴 때 번뇌즉보리煩惱卽菩提가 되는 것입니다. 번뇌가 마음의 한 모습일 때는 번뇌가 곧 보리입니다. 그렇지만 번뇌를 싫어하여 밀어내고, 없어지길 바란다면 번뇌를 실체화하고 있는 중입니다. 번뇌는 밀어내야 할 대상이 아니에요. 존재하는 것이 아니라 나타났다 사라지는 현상이기 때문입니다. 그런 마음이 들 때 잘 들여다보면 느낌은 이미 사라지고 없습니다. 찬찬히 들여다보지 않고서 그것이 없어지길 바라는 것은 그것을 인정하는 것과 같습니다.

과거의 실수나 선행을 '내가 한 일'이라고 여기는 것도 '나'를 실체화시키고 강화시키며 망념 속에 빠지게 합니다. 지난번에 어떤 사람이 "당신이 쓴 책에는 이치에 관한 좋은 얘기만 많고, 과거의 실수나 나쁜 얘기는 없더군요."라고 하기에, 사람들한테 도움이 될 것 같지 않아서 쓰지 않았다고 말한 적이 있습니다. 그래도 그것이 다른 이들에게 용기를 줄 수도 있지 않겠냐고 다시 묻기에, "그럴 수도 있지만 내가 생각하기에는 과거의 일에 중요성을 부여하는 것은 '나'를 믿게 하는 것이라고 생각합니다."라고 대답했습니다. 아우구스투스가 《고백록》에서 자신의 수치스러운 과거에 대해 기술했는데, 내가 보기에 그것은 마이너스적인 자기강화입니다. 자기를 자랑하는 것은 플러스적 자기강화이고, 자신의 잘못을 드러내고 타인에게 알리는 것은 마이너스적인 자기강화입니다. 중요성을 부여할수록 '자기'가 강화되는데 '내가 잘했어.'와 '내가 잘못했어.'는 모두 자기를 강화시키는 것입니다. 왜냐하면 거기에 에너지가 머물게 되면서 '나'라는 것이 존재하게 되기 때문입니다. '내가 했어'라고 믿는 것입니다. 자신을 내세우는 일뿐 아니라 참회하고 후회하는 일 또한 에너지가 거기에 머물러 자기를 더 강하게 실체화하여 존재하게 만듭니다.

무엇이든지 마음에 어떤 현상이 나타났다는 것은 벡터입니다. 어떤 크기로 방향을 가지고 나타났다가 사라지는데, 그 벡터가 존재한다고 여기는 순간 벡터에 빠져있는 것입니다. 벡터가 없다는 말이 아닙니다. 벡터는 고정불변의 실체가 아니라는 의미입니다. 계속해서 변화하며 움직이는 벡터는 스칼라의 표현입니다. 마음에서 느껴지는 모든 생각, 감정, 느낌, 감지들은 모두 본질의 표현입니다. 본질을 잡을 수는 없습니다. 본질을 잡으려는 그 마음 자체가 하나의 벡터, 하나의 현상입니다. 추구하려는 마음 자체가 하나의 벡터인데, 벡터 속에 있으면서 어떻게 스칼라를 알 수 있습니까. 그러니까 방향을 바꿔야 합니다. 벡터 속에서 벡터 속에 있음을 아는 것, 그게 바로 벡터가 스칼라의 표현임을 알게 합니다.

　업식業識-전식轉識-현식現識-지식智識-상속식相續識-의식意識은 마음이 펼쳐지는 과정입니다. 대상에 이름을 붙여서 고정된 실체로 만들면 그 둘 사이에 비교가 일어나 호오好惡가 생겨나고, 집착이 생겨납니다. 이것과 저것을 분별하는 현식現識까지는 감지(호오 없이 분별만 있는 느낌)를 엄밀히 사용하는 과정이라고 할 수 있습니다. 그런데 감지에 이름을 붙이면 실체화되면서 망념妄念이 되어갑니다. 망념과 공덕은 별 차이 없습니다. 실체화시켜서 고정된 것으로 만들어 집착하느냐, 에너지 흐름으로 보고 필요할 때 쓰고 마느냐의 차이에요. 필요할 때만 에너지를 쓰면 머물지 않고 마음을 쓰는 것입니다. 응무소주이생기심應無所住而生其心이죠. 실체화시켜서 집착하면 나와 대상이 존재한다고 여기는 무명無明입니다. 마음에서 느껴지는 모든 느낌은, 철저히 파악하는 순간 사라집니다. 느낌은 관계 속에서만 일어나기 때문입니다. 손에 공을 쥐었을 때 드는 둥그런 느낌은 공과 손 사이에 생겨난 느낌입니다. 손이 그렇게 느끼기 때문에 둥근 느낌이 나는 거예요. 이처럼 모든 느낌은 관계로 인해 잠시 생겨나는 것인데, 내 마음 속에서 어떤 느낌이 일어났다고 해서 그것을 실제 존재하는 것으로 여기면 망념입니다. 자세히 느껴보면 사라지고 없는데, 존재한다고 믿으면 에너지가 계속해서 투입되기 때문입니다. 내 신념에 반하는 상황에서 화가날 때, 내가 옳다고 여기는 믿음이 계속 존재하는 것이 아닙니다. 그것을 떠올릴 때에 에너지가 투입되는 것이죠. 여러분은 지금 의자에 앉아있습니다. 앉아있다고 믿고 있어요. 그 믿음에 주의제로 해보세요. 점차 의자에 '앉아있다는 느낌'은 사라지고, 그냥 '존재한다는 느낌'만 남습니다. 내가 주의를 주지 않으면 의자에 앉아있다는 느낌은 사라집니다. 만약 계속 느껴진다면 미묘하게 계속 주의를 쏟고 있다는 의미입니다. 주의제로 하거나 내 말에 집중하는 동안은 잊었을 거예요. 그래서 의자에 앉아있다는 느낌이나 생각이 의식되지 않습니다. 의식한다는 것은 에너지가 그리로 가고 있다는 뜻입니다. 그런데 의식하지 않는 순간에도 엉덩이에 압력은 있었겠죠. 몸이 촉감으로 자극받는 것과 마음이 느낌으로 의식화하는 것은 다릅니다. 의식한다는 것은 주의가 가서 의식적 감지를 하는 것이고, 몸의 촉감 자극은 압력이 주어지면 일어납니다. 압력은 계속 주어지고 있었으니까 몸은 자극을 받고 있었지만 느낌으로 의식되지는 않았습니다. 의식적 느낌과 몸의 자극은 다르기 때문입니다. 의식도 하나의 감각이라고 했습니다. 손에 뭔가 닿으면 어떤 감각이 생기듯이 주의가 와 닿아야 의식이 됩니다.

若如來藏體有妄法, 而使證會永息妄者, 則無是處故.
약 여 래 장 체 유 망 법   이 사 증 회 영 식 망 자   즉 무 시 처 고

만약 여래장의 본체에 망법妄法이 있다면 이치를 증득해 영원히 망법妄法을 없앤다는 것은 있을 수 없다.

깨달음은 이치를 터득하는 것입니다. 마음의 움직임을 멈추는 것이 아니라, 마음의 작용을 아는 거예요. '나'라는 것도 '마음의 일종'이고, 하나의 느낌이라는 것을 아는 것입니다. 그렇게 깨달으면 마음의 본질을 알고 망심妄心에 끌려 다니지 않게 됩니다. 망법妄法이 실제로 존재한다면 이치를 깨우쳤다고 해서 그것이 없어지지는 않을 것입니다. 부

처님이 깨달은 것은 마음의 이치입니다. 마음의 이치를 논리로 이해한 것이 아니라 현상을 증거삼아 터득했습니다. 그것을 증득證得이라고 합니다. 본질 자체를 알 수는 없습니다. 본질이라는 것은 있지 않아요. '있지 않다'는 것은 현상이 아니라는 의미입니다. 부처님은 마음의 움직임을 터득해서 망령된 마음을 멈춰 더 이상 괴로움을 당하지 않게 되었습니다. 만약 망령된 마음이나 괴로움이 실제로 존재하는 것이라면 이치를 터득했다 해도 없어지지는 않을 것입니다. 반면 사라진다면 그것은 실체가 없는 것입니다.

모든 문제는 무언가가 '있다'고 여기는 마음

五者聞修多羅說, 依如來藏故有生死, 依如來藏故得涅槃.
오 자 문 수 다 라 설 의 여 래 장 고 유 생 사 의 여 래 장 고 득 열 반

以不解故, 謂衆生有始.
이 불 해 고 위 중 생 유 시

다섯 번째, 경전에서 '여래장如來藏에 의하기에 생사生死가 있으며, 여래장에 의하기에 열반도 얻을 수 있다'는 말을 듣고, 이를 이해하지 못하기에 중생은 처음이 있다고 여긴다.

이 말이 핵심입니다. 시작과 끝이 있다고 여기는 마음과 그것을 넘어 있는 마음에 대해 얘기해보겠습니다. 모든 문제는 '무언가가 있다'고 여기는 마음에 있습니다. 분별되는 '무언가'가 있다고 믿는 것이죠. 무언가가 있다는 것은 그것이 전체와 동떨어져 독립적으로 존재한다는 말입니다. 그러나 이 우주는 불이不二의 세상이므로 그 어느 것도 개별적으로 존재하지 않습니다. 존재한다면 단지 일시적인 모습으로 나타났다 사라질 뿐입니다. 마치 파도가 물에서 떨어져 나와 잠시 존

재하는 것처럼 보이는 것과 같습니다. 그와 같이 '나'라는 것도 일시적인 모습일 뿐인데 항구적이고 독립적인 '존재'라고 여기는 데서 모든 문제가 발생합니다. 경전에서 '생사生死가 있고, 여래장에 의해 열반을 얻을 수 있다'고 하니까 중생은 열반이라는 것도 시작과 끝이 있다고 여깁니다.

이것은 아토무스Atomus라는 앱을 실행시킨 화면입니다(91쪽 그림 3 참고). 화면에 가득한 작은 입자들은 전자 알갱이인데 손가락을 화면에 대면 변화가 생깁니다. 손이 전자파를 띠므로 흐름이 생겨나는 것입니다. 전자 알갱이만 있는 처음 화면 상태를 A라고 하고 마음의 여래장이라고 해봅시다. 마음에서 일어날 수 있는 작용들과 모든 데이터로 가득한 장場인 것이죠. 여기에는 시작도 끝도 없고, 알갱이는 끊임없이 움직이고 있을 뿐입니다. 화면 전체는 마음이고, 알갱이는 미묘한 그 무엇이라고 합시다. 생명의 힘이라고 할 수도 있습니다. 여기에 손가락 두 개를 찍으면 마음에 주체와 대상이 생겨나고, 주체로부터 대상으로 주의가 흐릅니다. 큰 부분이 주체로, 작은 부분이 대상으로 느껴집니다. '내가 대상을 본다, 대상을 느낀다, 대상을 경험한다'는 마음의 상태라고 할 수 있는데, 이렇게 흐름이 나타난 화면을 B상태라고 해봅시다. 마음이 주체와 대상으로 나뉘어 끊임없이 움직이는 B상태에서는 마음의 시작과 끝이 있다고 여겨집니다. 생사生死가 있다는 것은 내가 생겨났다 사라지는 것입니다. '나'라는 것은 가운데의 커다란 빛이고, 움직이는 주체로서의 느낌입니다. 내가 생겨나서 어떤 대상을 향해서 주의를 보내고 있습니다. 그런데 내가 나를 관찰하기 시작하면 자기 자신을 향해서 주의가 쏟아져 들어갑니다. 주의가 대상을 향해서 가지 않고 '무언가가 있다'는 느낌만 있습니다. 누가 느낀다는 것도 별로 없습니다. 이처럼 내가 나를 바라보면 분열이 없는데 테슬라 토이 앱에서는 원의 모양이 됩니다. 바깥의 알갱이들이 어떤 중심을 기반으로 끊임없이 원 모양을 유지하며 움직이고 있는데, 이 원은 사실 있는 것이 아니라 알갱이들이 모여 있는 패턴입니다. 생명의 에너지가 쓰이고 있는 패턴이 원 모양을 이루고 있을 뿐, 원이 따로 있는 것이 아닙니다. 사람들이 서로 손잡고 강강술래를 하며 돌 때 만들어지는 원은 사람들이 움직이는 패턴인 것과 마찬가지입니다.

건드리지 않은 A화면은 의식이 안 되는 상태, 마음이 비워져 있는 상태입니다. 무언가가 형성되어야만 마음은 그것을 의식할 수 있습니다. 에너지 중심이 형성되지 않으면 그 무엇도 의식되지 않습니다. 우리 마음의 기저에는 수많은 데이터와 에너지들이 있는데, 그 무엇이 태어나서 커다란 에너지 덩어리로 뭉치기 시작하면 마음이 형성되면서 움직입니다. 제일 먼저 나와 대상으로 나눠지죠. 자신을 깊이 들여다보면 '나'라는 것이 특별히 있지 않습니다. A는 태극이나 삼매에 들었을 때의 상태라고 할 수 있습니다. 잠들어 있을 때도 뇌파는 움직이듯이, 의식이 없어도 생명에너지는 우리 몸과 마음속에서 끊임없이 미세하게 움직입니다. A화면 전체가 여래장이라면 이것에 의해서 생사生死가 생겨납니다. 이 장場에서 주체와 대상이 생겨나고, 그것들이 사라지면 바로 열반입니다. 경전에서 이런 말을 하니까 잘 이해하지 못한 사람들은 뭔가 시작되는 처음이 있다고 여깁니다. 마음이 주체와 대상으로 나뉘어서 끊임없이 움직이는 B의 상태가 중생의 마음입니다. 그러나 그 흐름이 멈추면 바로 열반입니다. '내가 뭔가를 경험했어', '나는 열반에 도달했어.'라고 여기는 마음도 에너지 흐름이 형성되어 패턴을 유지하고 있는 B상태입니다. 그런데 덩어리인 패턴을 무시하고 작은 알갱이만 본다면, 어떤 흐름이 있을 때나 열반일 때나 차이가 없습니다. 큰 덩어리가 있으면 알갱이들이 어떤 형태로 머물러 유지되는 큰 움직임이 있을 뿐이지, 작은 알갱이들의 움직임 자체에는 아무런 차이가 없습니다. 우리 마음에 뭔가 느껴지는 것은 어떤 흐름이 생겨났기 때문입니다. 생각, 감정, 느낌, 미묘한 직관 등 마음에 의해 잡히는 모든 것은 커다란 흐름이고, 그것이 마음에 잡히려면 나와 대상이라는 두 개의 중심이 만들어져야 합니다. 이런 형태가 되면 무엇이 의식되고, 느껴지고, 경험되는 중입니다. 전체 바탕인 마음의 공간에서 주체와 대상이 경험되고 있는 것이죠.

경전에서 '여래장如來藏에 의하기에 생사生死가 있다'는 말은, 생사가 있다는 의미라기보다 생사라는 것이 여래장 때문에 생겨난다는 의미입니다. B의 흐름이 생길 수 있는 것은 A라는 바탕이 있기 때문입니다. '여래장에 의하기에 열반을 얻을 수 있다'는 말은 B의 움직임을 멈출 수 있다는 의미입니다. 주체와 대상의 움직임이 있는 상대적인 상태인 B와 텅 비어있는 A의 구성 요소에는 차이가 없습니다. 움직임의 패턴이 달라질 뿐입니다. 무언가가 시작됐다면 그것은 끝나기 마련입니다. 그리고 시작이 있다면 시작되기 이전과 시작한 이후가 있습니다.

모든 '경험'은 본성을 일시적으로 떠났다는 증거

以見始故, 復謂如來所得涅槃有其終盡, 還作衆生.
이 견 시 고　부 위 여 래 소 득 열 반 유 기 종 진　환 작 중 생

처음이 있기에 여래如來가 얻은 열반에 마침이 있어 다시 중생이 된다고 여긴다.

여래가 열반을 얻고 그 경험이 끝나면 다시 중생이 된다고 여긴다면, 그것은 곧 경험하는 '나'에 해당합니다. 사실 모든 경험은 본성을 일시적으로 떠난 한 모습인 개별적인 '나'에게 일어나는 것입니다. 그러므로 여래가 얻는 열반의 경험이라 할지라도 결코 그것은 본질이라 할 수 없습니다. 여래를 하나의 개별체라 여기고 이해하는 중생은 여래의 경험도 하나의 경험으로 알고 시작이 있다고 여기는데, 모든 경험은 경험의 시작과 끝이 있기 때문입니다.

작은 알갱이만 있는 A화면이 마음의 기본적인 상태라고 해봅시다. 어떤 움직임이 생겨나기 위해서는 시작점과 끝점이 있어야 하기 때문에 주체와 대상으로 나뉜 B화면이 의식의 가장 기본적인 상태입니다. 내 마음의 어딘가에서 어딘가로 끊임없는 움직임이 일어나서 의식하는 상태입니다. 앞에 있는 컵을 바라보세요. 그러면 컵을 향한 움직임이 생겨납니다. 주의가 시작하는 점이 있고 도착하는 점이 있어요. 머릿속이든 다른 곳이든 나의 어딘가에서 주의가 시작해서 저 컵을 향해 나아가고 있습니다. 그런 움직임이 있을 때 우리는 '의식이 있다'고 여깁니다. 느껴지는 것이죠. 이처럼 마음의 현상이 존재하기 위해서는 항상 움직임의 시작점과 끝점이 있어야 하기 때문에, 마음의 본질이 파악되지 않은 사람은 시작과 끝이라는 것이 있다고 여깁니다. '나'라는 것이 그렇게 형성되어 있기 때문입니다. 중생은 '자기'의 형성 과정을 넘어서는 것은 상상도 할 수 없습니다. 모든 경험에는 시작과 끝이 있기 때문에 경험은 마음의 한 상태일 수밖에 없습니다.

여러분의 마음에 어떤 흐름이 없다면 뭔가를 알거나 느끼거나 의식하는 현상은 사라집니다. '마음에 일어나는 모든 생각, 감정, 느낌을 현상으로 본다'는 것은 이런 움직임을 느낀다는 말입니다. 움직임 자체가 현상이고, 움직임이 있을 때만 느껴집니다. 그런데 이런 움직임은 어떻게 생겨납니까? 다양한 경험이 마음의 바탕에 흔적으로 쌓이면 그것을 기준삼아서 밖에서 들어오는 것을 대상으로 바라보게 됩니다. 의식할 때는 항상 이런 움직임이 있는 것이고, 여러분은 여러분의 본질을 경험하고 있는 중입니다. '나'라는 것도 경험하고 있는 중이에요. 경험을 배나 비행기를 타는 것으로 비유해봅시다. '배를 타봤다'는 것은 '배를 경험해봤다'는 말입니다. 배를 타면 배를 탄 느낌이 있고, 비행기를 타면 비행기를 탄 느낌이 있는데 그런 느낌은 어디서 오는 것일까요? 평상시 땅 위에 서 있는 느낌을 기준으로 배를 탄 느낌을 경험하는 것입니다. 그런데 거기서 한 발 더 나아가 생각해보면 땅 위에 서있는 상태도 하나의 경험이라는 것을 알 수 있습니다. 기준이 되는 경험이기 때문에 늘 경험하고 있는 것이죠. 그와 같이 어떤 감정이나 생각은 배를 탄 것으로, '나'라는 느낌은 평상시 땅 위에 서 있는 상태라고 보면 됩니다. 그 또한 본질이 아니라 경험하는 상태일 뿐입니다. 땅 위에 서 있는 상태가 나타나는 거예요. 이런 움직임이 없다면 내가 나를 의식할 수 없습니다. 비행기를 타면 새로운 상태를 경험하는 것이고, 땅으로 돌아오는 것은 '나'라는 느낌을 경험하고 있는 모습입니다.

경험이라는 것은 두 개 이상의 중심이 생겨 움직임이 일어난 마음의 상태이고 패턴입니다. 모든 경험은 나타났다가 사라지기 때문에, 만약 열반이 하나의 경험이라고 여긴다면 거기에는 당연히 시작과 끝이 있습니다. 그렇지만 진정한 열반은 어떤 움직임이나 흐름이 없는 상태입니다. 중심이 없는 상태에서 어떤 흐름이 생겨나면 중생이라고 이름 붙이지만, 주체와 대상이 나눠져 있는 B 상태와 아무런 움직임이 없는

A 상태는 사실은 아무런 차이가 없습니다. 마음의 움직임이 있고 없고의 차이일 뿐입니다. 이 말을 듣고 '아! 별 차이가 없구나.' 하면서 '이해했다'고 여기면 그것이 바로 '움직임 속'에 있는 것입니다. 핵심은 그런 움직임 속에 있으면서도 A와 B의 구성 요소가 다르지 않음을 알면 됩니다.

여래장에서 주체와 대상으로 최초로 나뉘지는 것이 전식轉識이고, 대상들이 나뉘어져 다양한 대상을 구분하는 것이 현식現識입니다. 다양한 대상들에 호오好惡가 생겨나면 지식智識입니다. 경전에서는 이런 움직임이 생겨나는 것이 여래장 때문이라고 말했습니다. 이런 저런 다양한 움직임이 생겨나는 터전이 되기 때문에 여래장에 의해 생사가 있고, 열반이 있다고 말하는 것입니다. 마음의 움직임을 자기로 여기는 중생은 항상 시작이 있다고 여깁니다. 여러분의 경험은 항상 움직임 속에 있지만, 그 움직임이 없어져도 바탕은 변함없이 같은 모습입니다. 여래장은 모든 움직임의 기반이 되는데, 흐름이 있을 때나 없을 때나 구성 요소에는 아무런 차이가 없기 때문에 결국 생사도 열반도 없습니다. 그렇지만 알갱이의 입장에서 보지 않고 패턴의 입장에서 보면 생사가 있다고 여기게 됩니다. 모든 것이 나타났다 사라지니까 그렇게 여기는 것입니다.

과거와 미래도 지금 이 순간에만 나타난다

云何對治. 以如來藏無前際故, 無明之相亦無有始.
운 하 대 치   이 여 래 장 무 전 제 고   무 명 지 상 역 무 유 시

어떻게 대치하는가? 여래장은 전제前際가 없기에 무명상無明相도 역시 시작이 없다.

전제前際는 시초를 말하고 후제後際는 끝나는 점을 말합니다. 예를 들어 주체와 대상이 있는 '주의注意에는 항상 시작이 있고 끝이 있듯이, 움직이는 모든 것에는 시작과 끝이 있습니다. 그러나 움직임 없는 전체주의(주의를 전체에 주는 것: 깨어있기™ 용어)는 늘 그대로 있었고 계속 있을 것입니다. 그와 같이 여래장도 시작이 없기에 끝이 없어 마치 전체주의와도 같습니다. 여래장은 전제前際가 없기 때문에 무명상無明相도 시작이 없다고 했습니다. 무명無明 자체가 일종의 착각입니다. 생겨나지도 사라지지도 않기 때문입니다. 패턴에 초점을 맞추면 패턴이 생겨났다가 사라지지만 알갱이에 초점을 맞추면 늘 그대로입니다. 움직임만 있을 뿐이죠.

若說三界外更有衆生始起者, 卽是外道經說.
약 설 삼 계 외 갱 유 중 생 시 기 자   즉 시 외 도 경 설

만약 삼계三界 밖에 다시 중생이 처음 일어난다고 한다면 이것은 외도外道의 경전의 말이다.

삼계三界는 과거와 현재, 미래를 말하는데 모두 마음이 나누는 경계 속에서의 일입니다. 여러분에게는 과거가 있습니까? 있다면 과거가 있다는 것을 어떻게 압니까? 기억에서 불러내서 마음의 장場에 떠올렸을 때 과거가 있는데, 잘 살펴보면 과거도 '지금 이 순간'에만 나타난다는 것을 알 수 있습니다. 지금 이 순간 여러분이 의식하지 못한다면 과거는 없습니다. 미래도 마찬가지입니다. 지금 이 순간에 앞으로의 일을 추측하는 것이죠. 지금 이 자리에 과거, 현재, 미래가 모두 있습니다. 지금 이 자리에 과거, 현재, 미래를 의식하는 '마음의 장'이 없다면 그것들은 드러날 수 없습니다. 따라서 삼계三界라고 경계지어진 마

음의 상태에 시작과 끝이 있고 과거, 현재, 미래가 있는 것입니다. 그런데 마음의 경계를 떠난 곳에 시작과 끝이 있고, 중생이 새로이 생겨난다고 말한다면 그것은 잘못되고 왜곡된 가르침의 말입니다. 그리고는 중생을 벗어나기 위해 애써야 한다고 말할 것입니다. 중생을 벗어나기 위해 애쓴다는 것은 중생이라는 실체가 있다는 의미이고, 중생의 상태에 저항한다는 의미입니다. 모든 저항은 그 상태를 인정하고 강화시키는 역할을 합니다. 그러므로 외도外道의 말이라 하는 것입니다. 중생의 상태를 받아들이고 모든 마음의 분노와 슬픔, 공포 등을 그대로 수용한다는 것은, 누군가가 있어서 수용한다는 의미가 아니라 수용하는 자가 없다는 의미입니다. 중생이란 어떤 조건의 마음 상태에서 생겨난 합성물component입니다. 오디오 세트는 스피커, 앰프, 이퀄라이저, CD 등으로 이루어진 합성물인데 우리는 그것을 '오디오'라고 부릅니다. 그러므로 오디오 시스템은 처음 생겨난 것이 아니라 그저 여러 다른 것들의 합성물일 뿐이며, 그 외에 다른 것들 또한 다른 것들의 합성물일 뿐입니다. '중생'도 그와 같습니다.

열반은 특정한 상태가 아니다

又如來藏無有後際, 諸佛所得涅槃與之相應, 則無後際故.
우 여 래 장 무 유 후 제　　제 불 소 득 열 반 여 지 상 응　　즉 무 후 제 고

또 여래장은 후제後際가 없으니 모든 부처가 얻은 열반은 그와 상응해 후제가 없기 때문이다.

아토무스Atomus 앱을 보면 작은 알갱이들은 시작도 끝도 없이 끊임없이 움직입니다(그림3). 주체와 대상의 에너지 머무름이 생겨나면 시

작과 끝이 있어 보이지만, 사실 그들의 움직임은 늘 변함이 없어 새로운 시작도 끝도 없습니다. 주체와 대상은 끊임없이 움직이는 에너지의 감각적 대상화對象化일 뿐입니다. 현상적으로 드러난 모든 덩어리들은 그저 에너지 알갱이

[그림 3] 아토무스 앱 화면: 에너지 알갱이들의 임시적인 표현

들의 임시적인 표현입니다. 우리가 '나'라고 여기는 것 또한 에너지 덩어리인데, 그 덩어리가 알갱이를 '알려고' 하는 움직임 역시 하나의 덩어리입니다. 왜냐하면 그것이 느껴지기 때문입니다. 느껴진다는 것은 그것이 덩어리라는 것을 의미합니다. 두 개의 초점이 만들어져 움직임이 일어나는 상태에서만 느낌이라는 것이 일어납니다(그림 4). 여래장, 즉 테슬라 장은 끝이 없기 때문에 어떠한 '앎'도 없습니다. 그렇다면 '나'라는 덩어리는 왜 알갱이 속으로 녹아들지 못할까요? 주체와 대상이라는 덩어리가 형성되었다가 사라지는 패턴은 오래도록 관성적으로 반복되어 왔습니다. 그래서 이 패턴이 사라질 때, 마치 미운 정 고운 정 든 사람이 떠나갈 때의 상실감이나 불안함 같은 것이 느껴져서 이 패턴이 계속 유지되도록 강

[그림 4] 아토무스 앱 화면: 두 개의 초점이 만들어져 움직임이 일어난 상태에서만 느낌이라는 것이 일어난다

화시킵니다.

열반은 어떤 특정한 상태가 아닙니다. 상태를 떠난 것이므로 모습도 아닙니다. 그렇기 때문에 끝이 없습니다. 가장 적절한 예로 이 테슬라 토이 앱을 사용해서 설명하고 있습니다. 주의가 패턴에 가 있으면 움직임의 시작과 끝이 있지만, 주의가 알갱이에 가 있으면 아무런 차이가 없음을 알 수 있습니다. 흐름은 알갱이가 움직이는 패턴일 뿐입니다. 의식 없는 상태로 가면 그런 의식의 패턴이 사라집니다. 여러분이 경험하는 의식이라는 것이 사라져요. 배나 비행기를 경험하는 것처럼 '나'라는 경험도 기본적인 패턴, 움직임입니다. '나'라고 여기는 그 마음도 끊임없는 움직임 속에 있는데, 가장 중심에 있어 무게중심의 역할을 하기 때문에 주인공처럼 느껴집니다. 컵을 바라보면 컵이라는 감지(느낌)가 마음에 올라오는데 이런 상태를 여래장이 경험하고 있습니다. 여래장에서 일어나고 있는 현상입니다. 여기에 움직임이 일어나면 의식적인 상태라고 할 수 있습니다. 배에 탑승해서 흔들림을 경험하는 것처럼 우리는 지금 '의식상태'를 '경험'하고 있는 것입니다. 그런데 흔들림 없이 땅 위에 서 있는 것과 같은 '나'도 하나의 경험입니다. 의식적으로 경험하는 감정이나 생각이 없는 '존재감으로서의 나'도 의식적으로 경험되는 움직임입니다. 그러니까 의식되는 거예요. 모든 의식적인 상태는 이런 움직임이 있는 상태입니다. 움직임이 없는 상태는 의식이 없는 상태입니다. 코마coma라는 뜻이 아니라 마음에 잡히는 것이 없는 상태라는 말입니다. 잡을 자도 없고 잡히는 것도 없어요. 이 작은 알갱이가 생명력인 푸루샤Purusha 같지 않습니까? 기氣라고 할 수도 있겠습니다.

열반이 있고 그 열반은 하나의 경험이어서 시작과 끝이 있다고 여기는 것 자체가 마음의 움직임이라는 것이 오늘 강의의 핵심입니다. 진짜 열반은 모든 움직임이 사라진 상태인데 그것은 진여문眞如門에서의 사라짐입니다. 살아있다고 여겨지는 우리가 느끼고, 경험하고, 표현하고, 파악할 수 있는 것은 생멸문生滅門의 열반입니다. 생멸문의 열반은 하나의 경험이기 때문에 시작과 끝이 있는데, 그 시작과 끝은 마음의 움직임 속에 있습니다. 그래서 '내가 경험했어, 열반에 이르렀어.'라고 여긴다면 마음의 한 움직임 속에 있다는 것입니다. '시작과 끝이 없다'는 말은 알갱이에 초점이 맞춰진 것이고, '시작과 끝이 있다'는 말은 알갱이들이 이루는 패턴에 초점이 맞춰진 것입니다. 알갱이 자체는 패턴이 있을 때나 없을 때나 변함이 없습니다. 그래서 모든 현상은 본질의 표현인 것입니다. 알갱이의 세계가 본질이라고 한다면 알갱이가 무리지어서 특정한 움직임을 띠는 패턴은 현상입니다.

구지 선사에게 진리가 무엇이냐 물으면 손가락 하나를 세워 보입니다. 질문자는 '무슨 의미일까?' 궁금해 하며 의식을 그 손가락에 집중하게 되는데, 이 움직임이 바로 본질의 표현입니다. "부처님이 서쪽에서 오신 뜻이 무엇입니까?"라고 물어도 손가락 하나만 들어 보입니다. 이럴 때 여러분 마음이 움직여 손가락에 집중하는 작용이 본질의 표현인 의식입니다. 손가락을 들어보였을 때 내 마음에서 어떤 움직임이 일어납니다. 그런 움직임에는 시작과 끝이 있지만, 그 움직임이 일어나는 바탕인 여래장에는 시작과 끝이 없습니다. 경전은 알갱이의 입장에서 설명하지만 중생은 패턴의 입장에서 이해하므로 어긋남이 생겨납니다. 패턴이 있든 없든 알갱이는 증가하지도 줄어들지도 않습니다. 패턴은 생겨났다가 사라지므로 증가와 감소, 탄생과 소멸이 있습니다.

여러분 마음속에 어떤 느낌이 일어나거나 좋고 싶은 기분이 생겨나는 것은 패턴이 생겨났다 사라지는 것인데, 그런 패턴은 누구에게나 생겨났다 사라집니다. 부처님도 마찬가지죠. 부처님에게도 마음이 있으니까 그렇습니다. 그 패턴이 작용하지 않으면 의식 작용 또한 없습니다. 부처님이 아침에 발우를 들고 탁발하러 갈 때, 마음의 패턴이 없어서 의식작용이 일어나지 않는다면 길을 갈 수 없을 것입니다. 부처님이 늘 마음의 움직임 없이 알갱이만 있는 상태라고 생각한다면 그것은 오해입니다. 의식을 가진 인간 누구에게나 마음의 움직임이 있습니다. 다만 이것을 사용하느냐, 끌려 다니느냐의 차이일 뿐입니다. 끌려 다니는 사람은 이런 패턴 중의 하나를 자기라고 여기고, 사용하는 사람은 이 모든 패턴이 임시적이라는 것을 압니다. 마음을 사용한다는 것은, 필요하면 '나'를 만들어 쓰고 필요 없으면 즉각 사라지게 하는 것입니다. 그런데 일반적인 마음은 관성 속에 빠져서 그럴 필요가 없는데도 끊임없이 움직임이 있는 주체-대상의 상태로 있습니다. 관성을 부여하면 사라지지 않고 남아있게 됩니다. 관성은 쓸모 있는 작용입니다. 자동적인 패턴을 만들어서 쉽게 분별하게 하지만, 필요 없을 때도 계속 드러나 있으면 문제가 됩니다. 시작과 끝은 마음의 작용이 만들어낸 개념이지 실재하는 것이 아닙니다. 알갱이의 입장에서 경전을 이해해야 합니다. 패턴의 입장에서 이해하면 사집邪執이 생겨납니다.

지금 눈을 감고 자기 자신을 느껴보세요. (잠시 실제로 해본 다음 읽기를 계속합니다.) 자신을 느껴보려는 '의도'가 느껴졌나요? 그것이 '마음의 패턴'입니다. 눈을 뜨면 누군가가 보이고, 저 사람과 나를 구분하는 의식작용이 일어나는데, 그 모든 것이 알갱이들의 패턴입니다. 알갱이 자체가 아니에요. 알갱이의 세계로 가버리면 의식되는 것이 없는 상태이지 의식을 넘어간 것이 아닙니다. 의식을 넘어간다는 것은 마음의 패턴을 느끼면서 동시에 그것이 마음의 패턴임을 아는 것입니다. 의식 이전의 무無로 돌아가는 것과 의식 작용을 하면서도 패턴, 즉 현상임을 알아서 의식에 매이지 않는 것은 다릅니다. 자신을 살펴보면서 '내가 나를 바라보고 있어'라는 내용 속에 있지 않고, '나라는 것이 경험되는 하나의 모습이네.' 할 때 그것이 바로 의식을 넘어간 것입니다. 의식을 넘어간 '누군가'가 있는 것이 아니라, 의식 작용에 매이지 않음 자체가 의식을 넘어간 것입니다. 내가 의식을 넘어가는 것이 아니에요. '나'라는 것도 하나의 의식작용이니까, 경험임을 '아는 자'는 없습니다. 그렇다고 앎이 없는 것은 아닙니다. 생명의 힘이 어떤 것에도 매이지 않고 머물지 않으며, '이 모든 것이 일어나고 있구나.' 하면서 그것을 아는 자신 또한 마음의 패턴임을 아는 것이죠. '나'라는 것도 하나의 경험임을 발견하면 더 이상 머물 곳이 없습니다. 모든 패턴이 사라지는 무심無心이나 삼매三昧 상태로는 생활할 수 없습니다. 그런 상태를 추구한다면 산 속에서 숨만 쉬고 있어야 하는데 그것이 무슨 의미가 있습니까? 생명의 힘을 사용해야 합니다. 마음에 패턴을 가지고 있으면서도 패턴임을 알고서 패턴에 붙잡히지 않으면 됩니다. 그것이 응무소주이생기심應無所住而生其心입니다. 이 모든 가능성을 안고 있는 알갱이는 여래장입니다. 그 알갱이가 패턴을 이루면 중생이 생겨나고, 생사가 생겨나고, 모든 것을 경험할 수 있습니다.

6. 법아견

　지난 시간까지 인아견人我見에 대해 강의했습니다. 대치사집對治邪執이란 삿된 집착을 대치하는 것인데, 삿된 집착에는 인아견人我見과 법아견法我見이 있습니다. 그중에 인아견은 사람에게 '나'라는 고정불변의 존재가 있다는 견해입니다. 오늘부터는 법아견法我見에 대해 강의합니다.

솔리톤soliton, 파동과 입자의 중간
'나'도 그러하다

法我見者, 依二乘鈍根故, 如來但爲說人無我.
법 아 견 자　의 이 승 둔 근 고　　여 래 단 위 설 인 무 아

　법아견法我見이란 이승二乘의 둔근鈍根에 의하므로 여래如來는 그들을 위하여 인무아人無我만을 설했다.

　보통의 사람들은 '나'가 있다고 믿고 살아가지만, 그 '나'라는 것이 임시적인 존재임을 알고 수행해 나가는 사람이 이승二乘입니다. 이승 중에 성문승聲聞乘은 설법을 듣고 깨달음의 길로 가는 사람들이고, 연각승緣覺乘은 내면과 외면의 모든 현상이 인연에 의해 생겨나고 사라짐을 깨달은 사람입니다. 이승은 사람에게 '나'가 없다는 것은 보지만, 불변의 진리가 있다고 여기고 수행하기 때문에 둔한 근기라고 표현했습니다. 일반인보다는 예리하지만 진리에 고정된 실체가 있다고 믿는 것이 이승의 둔근鈍根입니다. 물론 진리가 있을 수 있습니다. 그러나 진리에 대한 '믿음'은 마음이 무언가를 붙잡아서 머무는 것입니다. 이렇

게 진리가 있다는 견해가 법아견法我見인데, 이때의 '아我'는 고정된 변치 않는 진리를 말합니다. 이승이 법法에 변치 않는 진리가 있다고 여기는 것은 둔한 마음에 의한 것이므로, 진리를 직접 설하면 또 그것을 붙잡는 어리석음을 범할까 하여 여래는 오직 사람에게 고정된 실체인 '나'가 없다는 것만을 설했습니다. 인무아人無我가 분명하면 법法을 지키고 주장하려는 '나'도 허망한 것임이 드러나므로 저절로 법아견法我見은 해결될 것이기 때문입니다. 그렇다면 인무아人無我란 무엇인지 간단하게 되짚어보겠습니다.

첫째, 모든 문제는 '무언가가 있다'고 여기는 마음에 있습니다. '무언가'는 전체에서 떨어져 나온 부분을 말합니다. 여기 컵 뚜껑이 있습니다. '컵 뚜껑이 있다'고 믿는 마음은 전체로부터 분리되어 분별되는 무엇이 있다고 여기는 마음입니다. 이것이 컵 위에 있을 때는 합해서 컵이지만 컵 뚜껑이라고 이름 붙여 놓으면 뭔가 따로 있는 것처럼 여겨집니다. 또 사람의 몸에서 위장만 꺼내면 위장이 따로 있다고 여겨집니다. 이렇게 무언가를 분별해서 이름붙이면 독립된 개체가 있다고 생각하게 됩니다. 원시시대에는 가족 전체가 하나의 무리였습니다. 초유기체superorganism인 흰개미그룹이 한 덩어리로 살아가는 것처럼 오래 전 초기의 인간사회도 한 그룹으로 살아갔습니다. 너와 나를 구분하지도 못하고 살았는데 의식이 점차 발전하면서 개별적 특성이 분리된 가족구성원이 개별적으로 존재하는 것처럼 의식되기 시작했습니다. 분별되는 무엇이 있다는 생각이 모든 문제의 시작입니다. 한편으로는 다양한 우주적 현상을 일으키는 원인이 되기도 하죠. 모든 현상은 하나로 얽혀서 돌아갑니다. 사실 하나도 아닌 불이不二의 세상으로 돌아가는데, 그것을 이것과 저것으로 경계 지어 분별하고 이름을 붙여 나누기 시작하면 전체와 동떨어져 독립적으로 존재하는 것처럼 느껴집니다. 그렇지만 그런 존재는 영원하지 않으며, 나타났다가 스러져서 전체로 돌아가는 일시적인 모습일 뿐입니

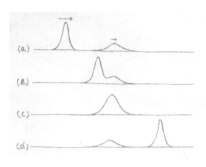

[그림 5] 입자적 특성을 가진 파동. 해일파

다. 파도가 잠시 물에서 빠져나와 존재하는 것과 같습니다.

파도는 나타났다 사라지니까 우리는 그것이 현상임을 압니다. 그런데 파도 중에 그 모습이 계속 유지되는 해일파가 있습니다. 솔리톤 soliton의 대표적인 형태입니다. 영어에서 -on이 붙으면 입자적인 특성을 가집니다. 포톤photon은 광자, 일렉트론electron은 전자인데 입자적인 특성을 가지기 때문에 변하지 않습니다. 해일파는 고립파여서 파동이지만 사라지지 않고 유지되면서 똑같은 모습으로 밀려옵니다. 다른 파도에 부딪혀도 그 순간 잠시 모습이 변했다가 파도가 지나가면 다시 모습을 회복하여 유지되기 때문에 일반적인 파도와 입자의 중간 지점에 있다고 보면 됩니다. 파도-솔리톤-입자의 순서입니다. 모든 세계의 현상에는 이 솔리톤 같은 중간 단계가 있습니다. 처음과 끝이 명확하게 분리되지 않고 그라데이션되어 연결됩니다. 이 연필도 연필심 부분을 머리, 반대쪽 끝을 꼬리라고 표현할 수 있지만 그것은 양끝에 초점을 맞춰 나눈 것일 뿐 실제로 연필은 하나입니다. 이처럼 분리할 수 없는 것을 나누고 분별하여 전체와 동떨어진 독립적인 존재로 여기는 데서 모든 문제가 시작됩니다.

'나'라는 것도 일시적인 모습입니다. 친구나 후배를 만날 때, 아버지를 만날 때, 자녀를 대할 때 나의 태도는 모두 다릅니다. 외부에서 친구들을 만날 때는 말이 많고, 집에서는 말이 없을 수 있지만 우리는 이 모두를 같은 '나'라고 여깁니다. 항구적이고 독립적인 '나'라고 착각하지만 엄밀히 들여다보면 '나'는 대상, 상황, 조건에 따라 나타났다가 사라지는 일시적인 모습이에요. 진짜 변하지 않는 것이 있다면 '존재한다는 느낌'이죠. 그것은 눈뜨고 있는 한 항상 있습니다. 그 '존재하는 것 같은 느낌'과 각각의 대상에 따라 나타나는 '임시적인 느낌'이 합해져서 매순간 '이게 나야'라고 여깁니다. 존재한다는 그 느낌이, 다른 개별적인 느낌들을 이어주는 실타래 역할을 하는데, 그 존재한다는 느낌도 잘 들여다보면 사라지고 나타나고 합니다. 매순간 '내가 있다'고 여기는 마음을 잘 들여다보면 나타났다 사라지는 임시적 현상과, '늘 존재한다'는 '느낌'이 합쳐져서 일시적으로 드러날 뿐임을 알 수 있고, 그렇게 되면 사람에게 '나'라는 것이 존재한다는 믿음인 인아견人我見은 흔들리기 시작합니다.

둘째, 여래 또는 부처를 경험하는 '나'가 있다고 믿지만, 사실 모든 경험은 본성을 일시적으로 떠난 한 모습인 개별적인 '나'에게 일어나기 때문에 모든 경험은 결코 본질 자체라고 볼 수 없습니다. '깨우침을 얻었다', '본질을 경험했다'는 말은 매우 모순적입니다. 부처나 여래는 개별적인 '나'가 없다는 걸 깨친 사람이에요. 그런데 "저 사람은 깨달았어."라고 한다면 그를 깨우친 경험을 한 개인이라고 여긴다는 것입니다. 그러나 진정한 본질의 경험은 개별적인 '나'에게 일어나는 '경험'이 아닙니다. 그러므로 그 어떤 경험, 여래가 얻은 열반의 경험이라 할지라도 결코 그것은 본질이라 할 수 없습니다. 그런데 여래를 하나의 개별체로 이해하는 중생은 여래의 경험도 하나의 경험으로 알고서 그 경험에 시작이 있다고 여깁니다. 즉 여래가 되는 어떤 경험이 '시작'된다고 여기는 것인데, 모든 경험에는 시작과 끝이 있기 때문입니다. 만약 부처가 되는 시점부터 깨달음이 시작된 것이라면 그것은 결국 시작이 있는 '경험'에 불과한 것이지, 결코 언제나 변함없는 본질은 아닌 것입니다. 시작이 있다면 본질적이지 않습니다. 어느 시점 이후로 본질을 경험했다면 그것은 개인의 경험이고, 시작된 경험은 끝이 있기 때문에 본질적이지도 않습니다. 여기에는 미묘한 복잡함이 있으므로 잘 살펴봐야 하는 말입니다. 그렇지 않으면 뭔가 '이뤘다'고 생각하는 함정에 들기 쉽습니다. 그런 마음이 털끝만큼이라도 있다면 여전히 개인으로 있으며 본질을 보지 못한 하나의 경험 속에 있는 것입니다. 우리 공부의 핵심은 개인이 독립적으로 존재하는 것이 아니라 임시적인 현상이라는 것을 발견하는 것입니다. 시작이 있거나 끝이 있는 그 어떤 것도 본질이 될 수 없습니다. 본질은 늘 있어왔고(이것은 물론 표현일 뿐입니다) 영원합니다. 본질을 아는 것은 본질 그 자체와는 다릅니다. 안다고 여긴다면 여전히 하나의 앎 속에 들어있는 상태입니다.

중생 또는 인간이란 어떤 조건, 어떤 마음의 상태 하에서 생겨난 합성물입니다. 오디오 세트는 스피커, 앰프, 이퀄라이저, CD 등으로 이루어져 있는데 우리는 그것을 오디오라고 부릅니다. 개별적인 오디오가 있는 것이 아니라 여러 가지의 합성물이고, 그중의 한 가지인 앰프역시 여러 부품의 합성물일 뿐입니다. 앰프를 구성하는 부품 역시 또다른 것의 합성물이죠. '나'라고 여겨지는 것도 똑같습니다. 생각, 감정, 경험적 기억, 느낌의 흔적들이 어떤 대상과 조건 하에서 반응하여 생겨나는 것인데, 우리는 고정적인 자아가 있다는 환상을 가지고 있습니다.

눈을 감고 지금 느낌이 어떤지 느껴보세요. 이 순간 '나'라고 여겨지는 느낌이 있다면 그것이 독립적인 실체가 아닌 여러 조건에 의해 지금 임시적으로 형성된 현상이라는 것이 보입니까? 여전히 독립적인 실체로 느껴진다면, 그 느낌은 어떻게 생겨났고 무엇을 기반으로 하는지 살펴보세요. 내가 존재한다는 느낌은 몸 때문일 수도 있고, 마음속의 여러 느낌 때문일 수도 있습니다. 그 느낌이 일어나는 밑바탕이 무엇인지 살펴보세요. '내가 존재한다'는 느낌이 늘 변함없는 '느낌'이라 해도, 여전히 그 '느낌'은 내가 찾지 않으면 잊기 쉽습니다. 늘 관찰하는 마음으로 들여다보지 않으면 잊힙니다. 지금 이 순간의 느낌도 아래 구조들의 합성물이며, 임시적인 조건과 대상에 따라 생겨나는 임시적인 현상임을 봄으로써 인아견人我見을 대치할 수 있습니다.

지켜보는 '나'는 어디서 느껴지고 있는가?

以說不究竟, 見有五陰生滅之法, 怖畏生死, 妄取涅槃.
이 설 불 구 경 　 견 유 오 음 생 멸 지 법 　 포 외 생 사 　 망 취 열 반

이 설함이 궁극적이지 않기에 오음생멸五陰生滅의 법이 있음을 보고 생사生死를 두려워하여 망령되이 열반을 취하는 것이다.

열반을 추구하는 것조차 망妄이라고 했습니다. 열반은 생사生死가 있음을 전제로 합니다. 대승기신론 강의를 시작할 때 수행과정 3단계에 대해 설명했습니다. 첫 번째 단계는 중생과 부처가 다르지 않다는 믿

음을 가진 일원론─元論입니다. 두 번째 단계는 그런 믿음을 가지고 중생인 내가 부처가 되기 위해 수행을 하는 이원론二元論입니다. 중생인 나와 깨우친 부처로 나눠놓고서 수행을 시작합니다. 맨 처음은 중생인 나와 부처가 다르지 않다는 불교의 교리에 대한 믿음입니다. 부처는 깨달은 중생이고, 중생은 깨닫지 못한 부처라고 믿는 것이죠. 그러나 수행에 들어가면 중생과 부처가 완전히 분리됩니다. 수행을 시작하면 난 아직 부처가 아니라는 것이 명확해지고 부처가 되기 위해 노력합니다. 마지막 세 번째 단계는 중생과 부처가 애초에 없었다는 불이론不二論입니다. 중생이 부처가 되는 것이 아니에요. 일원론─元論과 불이론不二論은 비슷하지만 다릅니다. 불이론不二論은 하나마저도 아니라는 의미입니다.

이승二乘의 열반에 대한 추구가 망령된 것이라고 말하고 있습니다. 이런 말들은 이원론의 수행 단계에 있는 사람들에게 '공부할 필요가 없는 것인가?'라는 오해를 불러일으킬 수 있지만, 본인에게 생사가 있다고 여겨진다면 분리 없음과 열반을 향해 가야 합니다. 그러나 궁극적으로는 열반과 생사가 망령된 개념이라는 점을 깨달아야 합니다. 그것마저도 마음의 분별작용임을 알게 되면 내 마음에 일어나는 모든 것은 분별임이 파악됩니다. 분별하기 때문에 존재하는 것이지, 그 무엇이 따로 존재하지 않습니다. 바람 때문에 잠시 파도가 생겨났다가 다시 바다로 돌아가 하나가 되듯이, 임시적으로 생겨난 마음의 움직임에 의해 경계와 분별이 생겨납니다. 벡터와 스칼라로도 설명했습니다. 벡터는 움직이는 방향을 가진 에너지이고, 스칼라는 방향이 없는 에너지, 즉 현상으로 드러나지 않은 에너지입니다. 마음을 들여다보면 어떤 느낌이 있고, 지켜보는 내가 있고, 들여다보는 의도가 있습니다. 그것들이 느껴지는 이유는 움직이는 벡터이기 때문입니다. 움직이는 마음들은 모두 쌍을 이루어 생겨나는데 생사와 열반이 한 쌍이 됩니다. 마음이 처음 움직여 가장 기본적인 쌍인 주체와 대상이 생겨나고, 대상들의 수많은 분별, 대상들에 대한 호오好惡, 그리고 끌림과 밀침이 생겨납니다. 나누고 분별하는 마음은 큰 문제가 되지 않습니다. 대상들에 대한 분별까지는 괜찮지만 비교를 통해 호오好惡를 분별할 때부터 집착의 씨앗이 뿌려지기 시작합니다. 좋고 나쁨을 나누는 마음이 모든 괴로움의 시발점이에요. 물론 가장 근본적인 것은 나와 대상으로 나뉘어졌기 때문입니다.

생사를 두려워하기 때문에 망령되이 열반을 취한다고 했습니다. 수련을 하고 공부하는 이승조차도 여전히 열반을 향하려 한다는 것은, 그들이 여전히 생사와 열반을 나누는 마음, 분별된 개념 속에 있다는 의미입니다.

> 云何對治. 以五陰法自性不生, 則無有滅, 本來涅槃故.
> 운 하 대 치   이 오 음 법 자 성 불 생   즉 무 유 멸   본 래 열 반 고
>
> 어떻게 대치하는가? 오음법五陰法은 그 본성이 나지 않는 것이며, 따라서 멸함도 없이 본래 열반이기 때문이다.

그렇다면 어떻게 대치할 것인가? 오음五陰, 즉 색수상행식色受想行識은 자성自性이 있지 않으므로 나타나지도 않고 사라지지도 않는다는 것을 보아야 합니다. 이 말은 우리는 이미 열반으로 있음을 의미합니다. 이미 완전한데 무엇을 더 추구하겠습니까? 이 뜻을 오해하면 노력하고 애쓰지 않아도 된다는 말로 받아들이기 쉬운데, 이런 깨침은 마지막에야 일어납니다. '이미 완전하다'는 말은 수행의 세 번째 단계인

불이론不二論에 가까운 말입니다. 이원론二元論 속에 있을 때는 뭐라도 해야 합니다. '나는 아직 부처가 아니다'라는 생각에 빠져있는 마음을 깊숙하게 들여다보기 시작하면, 생명의 에너지가 분별된 어떤 감지(느낌) 속에 머물고 있음을 알게 됩니다.

'오음五陰의 법은 본성적으로 나타나지 않는다(五陰法自性不生)'는 말은 무슨 뜻일까요? 오음은 색수상행식色受想行識인데, 그중에서 색色을 살펴보겠습니다. 색色은 우리가 눈으로 보는 모든 것입니다. 우리 눈에 보이는 것은 사실 사물이 아니라 색깔이에요. 이 휴대폰과 저 연필이 구별되는 것은 색깔이 다르기 때문입니다. 사물을 본다는 것은 휴대폰의 검은색과 검은색 아닌 것을 구별하고, 연필의 금색과 금색 아닌 것을 구별한다는 의미입니다. 그래서 눈에 보이는 것을 색色이라고 합니다. 눈은 다른 감각기관보다 굉장히 세밀하기 때문에 눈에 보이는 것에 사물이라고 이름 붙였습니다. 만약 눈이 없고 귀만 있다면 돌고래처럼 초음파를 쏘아서 반향되는 파波에 의해 물체를 파악하겠죠. 그 정보를 전달하면 내 경험을 다른 돌고래도 경험할 수 있습니다. 눈이 없다면 그런 식으로 사물을 파악할 것입니다. 인간의 귀는 20~20,000Hz의 한정된 범위에서 작용하고, 눈은 450THz~790THz에서 작용합니다. 1THz는 1Hz의 1조배입니다. 눈이 귀보다 1조배 이상 예민해요. 그래서 사물을 보는 것은 실제로는 색을 구별하는 것입니다. 색을 대변해서 사물이라고 말하는 것이죠. 색色은 만물을 상징하고 공空은 만물의 본질은 비어있음을 상징합니다. 이때의 색色은 눈에 보이는 색깔뿐만 아니라 사물을 통칭하는 의미입니다.

그렇다면 색色이라는 것이 진짜 있는 것일까요? 다시 말해 눈에 보이는 만물이 실제로 있느냐는 물음입니다. 앞에 놓인 컵을 보세요. 지금 여러분이 보고 느끼는 '컵'은 여러분 안의 '감지'입니다. 그것은 실체가 아닙니다. 여러분의 감각기관의 작용에 의해 여러분의 눈과 마음에 비쳐든 '모습'입니다. 광자가 사물에 부딪혀서 내 눈에 들어와 망막을 자극해서 그 광자를 '느끼고' 있는 것이지, 사물을 보는 것이 아니에요. 냄새 분자가 밖에 있을 때는 안 느껴지지만 코 안에 들어오면 느껴집니다. 내가 느끼는 것은 저 밖의 냄새가 아니라 내 코 안에 들어온 냄새분자입니다. 마찬가지로 나는 저 사물을 보는 것이 아니라 저 것에 부딪혀 들어온 빛을 느끼고 있습니다. 내 육체 안에서 일어나는 일이지, 저 밖에 있는 것이 아닙니다. 물론 연관은 있습니다. 그러므로 색色이라는 것은 밖에 있지 않고, 마음의 작용에 의해 생겨난 '모습'일 뿐입니다.

그러나 여기서 한 가지 짚고 넘어가야 할 점이 있습니다. 그것은 이 작용에 의해 경험되는 사물의 세계가 아주 아름답고 신기한 현상이라는 것입니다. 우리는 매일 아침 일어나면 새로운 세계를 경험합니다. 이건 굉장히 멋진 일입니다. 어릴 때는 모든 자극이 신기합니다. 그래서 어린아이를 심부름 보내면 하루를 다 보내고 돌아오죠. 개미떼를 구경하고, 흘러가는 시냇물을 보고, 풀벌레 소리를 들으면서 끝없는 자극에 풍부한 경험을 하고 옵니다. 그때와 마찬가지로 매일 아침 우리는 새로운 세계에 자극받고 있지만 스무 살이 넘어가면 지루해집니다. 축적된 마음의 지도를 가져와서 즉각 대치하기 때문입니다. 지금 들어오는 자극을 새롭게 경험하지 않고, 이미 알고 있는 지도로 대치해버립니다. 눈을 뜨는 순간 '내가 방에 누워있지' 이러고 맙니다. 마음은 이름 붙여놓으면 안다고 여겨서 경험의 문을 닫아버립니다. 다 알기 때문에 새로 쳐다볼 필요가 없는 거예요. 우리는 감각 기관을 통해서 풍부한 세계를 느끼고 있지만, 안다고 여기면 감각기관을 닫아 마음의 문을 닫아버립니다. 마음의 문을 열고 닫는 것은 주의를 보내느냐, 마느냐인데 안다고 여겨서 주의를 끊어버리면 감각의 문이 닫힙니다. 지금 자신의 엉덩이에 의자가 닿아있는 것이 느껴지나요? 좀 전에는 느끼지 못했습니다. 주의가 끊어져 있었으니까요. 그런데 지금은 다시 주의가 가니까 느껴지죠? 자극은 늘 있지만 감각의 문을 닫고 여는 것은 '주의의 흐름'의 여부입니다. 그런데 주의는 가치 있거나 중요하다고 여겨야만 그것으로 향합니다. 생존에 도움이 되거나 위협이 되지 않으면 잘 가지 않아요. 주입된 신념, 옳다고 여기는 마음, 무의식적인 배움 등이 주의를 조절합니다. 마음의 감각의 문을 여닫는 주의가 스스로에게서 유래하지 않고 외부의 사회적인 조건과 학습, 부모로부터의 주입과 교육에 의해 결정됩니다.

매일 아침 시작되는 변화무쌍한 세상을 새롭게 감각하고 경험해보세요. 고정불변하지 않고, 매번 나타났다 사라지는 것에 대한 경험은 정말 중요하고 멋진 일입니다. 결코 허무하지 않아요. 아주 아름다운 현상이니 충분히 즐기되, 그것이 실체라고 착각하여 집착하지만 않으면 됩니다. 모든 집착에는 집착하는 내가 있습니다. 그것이 인아견人我見입니다. '나'가 있다는 인아견人我見과 고정불변의 진리가 있다는 법아견法我見, 이 두 가지의 잘못된 집착에서 벗어나는 것이 본질로 가는 지름길입니다. 그냥 집착에서 벗어나기만 하면 됩니다. 내 마음에 올라오는 어떤 현상에도 집착하지 않으면 그것이 바로 '머물지 않음'입니다. 말은 단순한데 쉽지는 않죠. 신기하게 나도 모르게 머물게 됩니다. 스스로를 로봇이라고 생각해본 적이 없겠지만, 사실 사람들은 마음에서 올라오는 것들에 로봇처럼 반응하여 머물게 됩니다. 뭘 얻으려고 애쓰지 말고 재밌게 즐기면서 하세요. 어차피 우리는 본질이니까 그 본질을 발견하면 끝입니다. 이 과정을 순수하게 관찰하면서 살펴보는 것이 여러분이 해야 할 전부입니다. 그래서 '아무것도 얻을 것이 없다'고 말하는 거예요. 정말 아무런 얻을 것이 없다면 여러분의 마음은 즉시 정지할 것입니다. 여러분이 놀이공원에 왔다면 무언가를 얻으려고 집착하거나 싫다고 저항하지 않고 그저 즐기기만 하겠죠? 그래서 인도에서 삶은 유희라고 합니다. 그렇다고 해서 아무것도 아닌 것은 아닙니다. 마음이 집착하지 않도록 하기 위한 방편적인 말입니다.

원과 직선은 하나이다

復次究竟離妄執者. 當知染法淨法皆悉相待, 無有自相可說.
부 차 구 경 리 망 집 자   당 지 염 법 정 법 개 실 상 대   무 유 자 상 가 설

망집妄執을 끝까지 다 여읜다는 것은 염법染法과 정법淨法이 모두 서로 의지하는 것이어서 말할 만한 자상自相이 없음을 알아야 한다.

염법染法은 마음이 물들어 오염된 현상이고, 정법淨法은 마음이 깨끗하여 어떤 현상에도 물들지 않은 것을 말합니다. 이런 염법과 정법은 스스로 존재하지 않고 서로에게 의지하므로 의존적이며 상대적으로 존재합니다. 물듦은 물들지 않음을 전제로 하고, 물들지 않음은 물듦을 전제로 하는 것이어서 독자적으로 가지고 있는 상相이 없습니다. 모든 상相은 의타적입니다. 둥글다는 감지는 사각이나 직선 같은 둥글지 않음을 배경으로 일어납니다. 하나의 실에는 이 끝과 저 끝이 있고 그 사이가 연결되어 있습니다. 예를 들어 한쪽 끝을 둥근 원이라 하고

다른 쪽 끝을 곧은 직선이라고 한다면, 둥근 원에서 차차 곡선을 거쳐 완만한 선이 되고 다른 끝에 이르러서는 직선이 된다고 할 수 있습니다. 원과 곡선, 그리고 직선이 서로에게 의존하며 하나라는 말입니다. 원과 직선이 떨어져 있는 것이 아니라 동전의 양면처럼 하나라는 것이죠. 내 마음에 둥근 원이 떠올랐다면 그것은 배경에 직선을 달고 나온 것입니다. 배경이 되는 직선이 없다면 우리는 원을 원으로 느낄 수 없어요. 원에서 타원, 곡선, 직선에 이르기까지 모두 연결되어 있어서 같이 끌려 나오는 것입니다. 다만 마음의 표면에는 둥근 원만 나타나기 때문에 우리는 원만 의식하지만, 그 원이 의식되기 위해서는 보이지 않는 배경에 다른 곡선이나 직선이 있어야 합니다. 상相은 의존적이며 절대로 혼자서 존재할 수 없습니다. 이처럼 스스로 독립적으로 존재하는 상自相이란 있을 수 없고, 모두 상대적으로 존재한다는 점을 발견하면 그에 대한 집착을 버릴 수 있습니다. 염법染法과 정법淨法은 사실 집착을 벗어버리기 위해서 사용되는 상호의존적인 개념일 뿐입니다.

是故一切法從本已來, 非色非心, 非智非識, 非有非無,
시 고 일 체 법 종 본 이 래 비 색 비 심   비 지 비 식   비 유 비 무

畢竟不可說相.
필 경 불 가 설 상

그러므로 일체의 법이 본래 색色도 심心도 아니고, 지智도 식識도 아니며, 유有도 무無도 아니어서 필경 그 모양을 말할 수 없다.

일체의 현상이 본래는 색色도 심心도 아닙니다. 창밖의 은행나무 잎이 흔들리는 것을 보세요. 실제로는 저 색色, 사물이라 여겨지는 나뭇잎의 흔들림도 아니고, 그렇다고 마음속 감지(깨어있기™ 용어)의 흔들림도 아닙니다. 지금까지는 마음속 감지가 흔들린다고 했었지만 한

걸음 더 들어간 얘기를 해보겠습니다. 감지란 것은 의타적으로 존재하는 임시적인 현상입니다. 그래서 느낌 속으로 깊이 들어가면 아무런 느낌도 나지 않습니다. 느낌의 허구성, 의존성 때문입니다. 따라서 감지 자체가 존재하지 않으므로 감지의 흔들림이라는 것은 있을 수 없습니다. '흔들리는 느낌'은 '흔들리지 않음'이라는 다른 상相을 배경삼아 의존해야만 나타날 수 있으므로 독립적이지 않습니다. 이처럼 마음속 감지의 흔들림도 임시적인 나타남입니다. 따라서 흔들림이라는 현상은 사물에게서 일어나는 것도 아니요, 마음에서 일어나는 것도 아닙니다. 이것이 색色도 심心도 아니라는 말의 의미입니다.

흔들리는 현상에는 전 우주적인 연결성만 있습니다. 흔들림이라는 마음의 상相은 흔들리지 않음에 대한 경험이 전제되어야만 흔들림으로 느껴질 수 있습니다. 어린아이는 흔들림을 모릅니다. 그냥 눈으로 들어오는 자극만이 있을 뿐이죠. 이처럼 마음에 상相이 없으면 흔들림도 흔들리지 않음도 없는데, 이것이 바로 개념을 떠난 것입니다. 개념은 그 자체로 존재하지 않고, 서로가 서로에게 의존합니다. '흔들림'이라는 이름과 생각은 당연히 개념입니다. 그리고 그 느낌마저도 의타적인 상相입니다. 흔들리지 않는 느낌이 있어야만 그것에 대비되어 비로소 흔들림이 느껴지고 의식되는 것처럼 의식되기 위해서는 어떤 기준이 있어야 합니다. 고요한 곳에 있다가 시장에 가면 시끄럽다고 느껴지지만, 고요한 곳에 있다가 다른 고요한 곳으로 가면 느껴지는 것이 별로 없습니다. 이렇게 기준이 되는 배경과 사뭇 다른 것이 새로 접해졌을 때 느낌이 생겨나고 의식이라는 현상이 일어납니다.

그 다음으로 일체의 현상이 지智도 아니고 식識도 아니라고 했습니다. 지智는 분별하는 마음이며, 식識은 그 분별을 통해 쌓이는 '앎'입니다. 색色은 지智를 기반으로 삼습니다. 색色은 만물萬物, 만상萬象을 의미합니다. '색즉시공色卽是空 공즉시색空卽是色'에서 마음에 나타난 개별적 존재의 총합인 만물이 색色이고, 그것이 다 사라진 것이 공空입니다. 색色이란 이것과 저것을 나누는 분별을 기반으로 합니다. 전식轉識을 통해 나와 대상이 나눠지고, 대상들 간의 분별이 일어나면 드디어 만물이 나타나기 때문에, 만물이라는 색色은 본질적으로 분별이라는 지智를 기반으로 합니다. 지智를 기반한 분별의 차이가 없다면 의자도 책상도 없을 것이고, 바위도 나무도 없을 것입니다. 따라서 분별된 사물인 색色의 본질은 지智입니다.

식識이란 근根과 경境이 만나 생겨나는 것으로, 앎이나 느낌이 일어나는 과정과 같습니다. 감각기관인 근根과 환경 또는 대상인 경境이 만나서 식識이 이루어지는데, 그래서 근경식根境識은 항상 동시에 일어납니다. 주체와 대상, 그 사이의 '느낌'이 동시에 일어나는 것과 같습니다. 여러분이 어떤 사물에 주의를 줄 때면 주의가 시작되는 지점인 주체, 주의가 도착하는 지점인 대상, 주체와 대상 사이의 주의의 흐름인 앎은 동시에 생겨납니다. 손(근)을 탁자(경)에 대면 어떤 '느낌'이 일어나는데, 그 느낌이 이미 쌓여있던 것이기에 '앎' 즉 식識이 일어납니다. 대상인 경境은 곧 색色이며 만물입니다. 그런데 색色은 분별에 의해 생겨나기 때문에 본질적으로 없는 것이니, 대상인 색色이 뿌리 없는 허상이라면 감각기관도 만나 반응할 것이 없고, 그 사이의 반응도 허구적인 것이 됩니다. 경境에 해당되는 색色이 본질적으로 허구이기 때문에 그것에 의해 일어나는 식識 또한 당연히 허상이라는 말입니다. 따라서 색色이나 식識이 있는 것 같지만 본질적으로는 없는 것이고, 없는 것 같지만 또 그것을 바탕으로 어떤 현상들이 일어나므로 없다고도 할 수 없으니, 유有도 아니고 무無도 아닙니다.

자유의지와 운명론

창밖을 보면 집 앞에 있는 은행나무는 흔들리는데 멀리 산에 있는 나무는 안 흔들립니다. 지금 이렇게 바람이 세차게 부는데 그 나무들이 안 흔들릴까요? 여기서 보기에는 흔들림이 느껴지지 않지만 가까이 가서 보면 바람 따라 움직이겠죠. 멀리서 보니까 흔들리지 않는 것처럼 '느껴질' 뿐입니다. 이렇게 눈의 한계로 인해 느껴짐과 느껴지지 않음이 있습니다. 흔들림을 느끼려면 흔들림 자체가 내 눈의 한계 안에 들어와야 합니다. 눈의 한계를 벗어난 나무의 흔들림은 내게 흔들림으로 느껴지지 않는데, 그렇다면 '흔들림'이란 정말 있는 것일까요? 아니면 눈과 대상 사이의 관계일 뿐일까요? 또, 지구는 계속 요란스러운 소리를 내며 자전하고 있지만 우리는 그 움직임을 전혀 느끼지 못합니다. 지구가 돌아가는 소리는 가청 주파수를 넘어서 있기 때문에 들리지 않고, 그 거대한 진동은 우리가 지구와 동일시되어 있기 때문에 느껴지지 않습니다. 이처럼 느낌이나 앎은 '관계' 속에서 생겨납니다.

모든 분별되는 색色은 의타적이어서 관계에 의해 생겨납니다. 본질적이고 독립적으로 존재하지 않아요. 식識은 감각기관과 색色이 만나서 일어나는데, 색色이 기본적으로 뿌리 없는 현상이기 때문에 식識 또한 없는 것과 같습니다. 그렇지만 또 전혀 없다고 할 수도 없기 때문에 있는 것도 아니고 없는 것도 아닙니다. 관계맺음에 따라 나타났다 사라지는 현상일 뿐이어서 유有도 아니고, 무無도 아니라고 말합니다. 그런데 유무有無 또한 우리의 개념일 뿐입니다. 치밀하게 들여다보면 '있다' 또는 '없다'는 우리 마음이 한계지은 개념입니다. 어제 월요모임에서 자유의지와 결정론에 대한 얘기가 나왔습니다. 우리는 우리에게 자유의지가 있다고 생각합니다. '내가 무엇을 한다'고 여겨요. 자, 이제 손에 든 이 휴대폰을 바닥에 내려놓겠습니다. 지금 내려놓았는데 그걸 '내'가 한 걸까요? 자유의지에 대해 설명하면서 적당한 예를 찾다가 휴대폰이 눈에 뜨여서 손에 들었다가 내려놓았는데, 이것을 내가 한 것일까요? 이 '상황과 조건' 속에서 '일어난 일'일 뿐입니다. 만약 강의를 하지 않는 시간이거나 이런 예를 들 상황이 아니라면 휴대폰을 들었다 내려놓을 이유가 없습니다. 그런데 휴대폰 말고 이렇게 마우스를 들어 보였을 선택의 여지가 있었으니까 그런 의미에서 '자유의지가 있다'고 말하는 사람도 있을 수 있습니다. 그러나 이 또한 '휴대폰 대신 마우스를 예로 들 수도 있었다.'를 설명하려는 이유 때문에 마우스를 손에 든 것입니다. 휴대폰이나 마우스를 손에 드는 그 어떤 이유가 있다는 말입니다. 아무런 이유 없이 들었다면 그것은 자유의지입니다. 그러나 어떤 행동에 이유가 있다면 그 이유가 원인이 되므로 그것은 선택이 아닙니다. 이유 없는 행동이 있는지 자신의 모든 행동을 살펴보세요. 무의식적인 이유라도 있을 것입니다. 자다가 뒤척이는 행동도 몸이 불편하기 때문입니다. 이유 없는 행동이 있다면 그런 것이 자유의지겠지만 그런 건 필요도 없을 것입니다. 진정한 의미의 '자유'라는 말은 '아무 이유 없이 무작위적'이라는 의미일 수 있습니다. 그런데 한편으로 그것은 자유가 아니라 운명론이라고 할 수 있습니다.

　뉴턴의 고전물리학에서는 모든 물건이 만들어진 원인을 파악할 수 있다면 앞으로 어떻게 될지 예견할 수 있다고 했습니다. 이런 기계론적인 우주관에서 상대성원리와 양자물리학 시대로 넘어와서 양자는 언제 어떻게 나타날지 예측할 수 없고, 속도와 위치는 서로 상보적이어서 둘 다 동시에 알 수 없다는 이론이 나왔습니다. 소립자나 양자는 언제 나타나거나 언제 사라질지 모르고, 서로 떨어진 두 개가 연결된 것처럼 보이고, 입자인 것 같은데 파동인 것도 같습니다. 이렇게 애매한 세계가 과연 자유의지의 세계일까요? '자유'와 '운명'도 개념입니다. 자유가 무엇인지 운명이 무엇인지 우리가 정의 내려놓고서, 어떤 범위에 들어가면 자유의지이고 그 범위를 벗어나면 운명이라고 말합니다. 그런데 자유와 운명의 개념을 누가 정했습니까? 그것은 마치 빨강과 주황 사이의 경계선이 모호한 것과 같습니다. 빨강과 주황을 구분해 놨지만 무지개를 보면 빨강에서 주황으로 이어지는 경계가 애매모호합니다. 그런 애매모호함을 자유냐, 운명이냐 따지기 시작하면 미궁에 빠지게 됩니다. 따라서 자유와 운명이라는 것도 실의 연속선상의 양 끝이라고 설명할 수 있는 정도이지, 분리된 별개의 것은 아니란 말입니다. 모두 연결되어서 하나처럼 돌아가는 우주에 줄을 그어서 이것은 자유, 저것은 운명이라고 이름 붙였을 뿐입니다. 유有와 무無, 지智와 식識도 마찬가지입니다.

而有言說者, 當知如來善巧方便, 假以言說引導衆生.
이 유 언 설 자　당 지 여 래 선 교 방 편　가 이 언 설 인 도 중 생

그럼에도 말하는 것은 여래如來가 교묘한 방편으로 언설을 빌어 중생을 인도하는 것임을 알아야한다.

일체의 법, 즉 현상은 말로 설명할 수 없는 것이지만, 중생을 인도하

기 위해 여래如來는 말을 사용합니다. 다만 부정적으로 사용해요. 이것
도 아니고 저것도 아니라고 말합니다. 그 이유는 '이것이다'라고 하면
사람들이 말의 함정에 빠지기 때문입니다. 아닌 것들을 제거하다 보면
본질이 나타난다고 말하지만, 사실 본질은 발견될 수 없습니다. '발견
된다'는 말 자체가 발견하는 자가 있다는 뜻을 내포합니다. 본질은 발
견될 수 없음을 나중에 체득하게 될 뿐입니다. 그것을 알게 되면 발견
되는 모든 것은 본질이 아닌 것이 되고, 그러면서 넘어가게 됩니다. 내
가 발 딛고 서 있는 땅을 떠나 하늘로 가게 되는 것입니다. 내가 딛고
서 있는 모든 것은 현상입니다.

　그러면 이 모든 언설의 취지는 무엇일까요?

동념動念, 방향을 가진 힘(vector)

其旨趣者, 皆爲離念歸於眞如. 以念一切法令心生滅,
기 지 취 자　개 위 리 념 귀 어 진 여　이 념 일 체 법 령 심 생 멸

不入實智故.
불 입 실 지 고

그 취지는 모두 망념妄念을 떠나 진여眞如에 돌아가게 하기 위함이니, 일
체법을 생각하면 마음을 생멸케 하여 참된 지혜에 들어가지 못하기 때문
이다.

　말로 할 수 없는 것을 굳이 말로 표현하는 취지는 망념妄念을 떠나
게 하기 위함입니다. 망념이란 기본적으로 '마음의 움직임'에서 일어납
니다. 마음은 한번 움직이면 주체와 대상, 그 사이의 느낌을 동반합니
다. 일종의 벡터vector이고 동념動念, 즉 움직이는 생각입니다. 지금 눈
을 감고 집의 안방을 떠올려 보세요. 이때 의식적으로 '힘을 쓰고 있다'

는 것이 느껴지나요? 이제 안방을 지우고 어릴 적 초등학교 건물을 떠올려보세요. 담임선생님 얼굴도 떠올려 봅니다. 마음을 써야하고 힘을 써야 하죠? 오래전 기억일수록 떠올리려면 힘을 많이 써야합니다. 어제 만난 친구 얼굴은 떠올리기 쉽지만 여전히 그것을 향해 힘이 가고 있습니다. 그와 같이 마음에 느껴지는 모든 생각, 감정, 느낌은 '방향을 가진 힘'인 벡터입니다. 그래서 무언가를 향해 가고 있는 주의력, 에너지인 그것을 동념動念이라고 합니다.

반면에 진여眞如는 움직이지 않는 마음입니다. 그렇다고 해서 움직임이 전혀 없다면 그것은 죽음일 것입니다. 따라서 진여는 '움직이지만 전혀 움직이지 않은 마음'이라고 할 수 있습니다. 멍해지면 마음이 움직이지 않는 것 같습니다. 삼매三昧에 들거나 무심無心, 텅 빈 마음이 되면 어딘가로 향하는 에너지가 없어요. 그런데 텅 빈 마음이 되기를 의도하면 되려고 하는 그 의도 자체에 힘이 쓰이기 때문에 텅 빈 마음이 되지 않습니다. 텅 빈 마음이 되려는 의도가 마음을 움직여서 텅 빈 마음이 되지 않게 하니 아이러니합니다. 오히려 텅 빈 마음이 되려는 의도조차 내려놓으면 저절로 텅 빈 마음이 되죠. 이 상태가 방향이 없는 에너지, 힘은 있지만 움직이지 않는 스칼라입니다. 그러나 진여는 이것도 아닙니다. 진여는 '상태'가 아니기 때문입니다.

진정한 진여는 움직이지만 전혀 움직이지 않는 마음이에요. 이를 맛보기 위해서 우리는 '주의에 주의 기울이기'를 연습했습니다. 주의에 주의를 기울이면 처음에는 주의가 움직이는 것 같지만, 점차 주의가 멀리 갈 필요가 없어, 있는 그 자리에 주의가 쏟아집니다. 굳이 움직일 필요는 없지만 주의는 살아있습니다. 살아있는 주의지만 움직이지 않는 주의에요. 움직임과 움직이지 않음은 감각기관의 한계와 대상 사이의 일이라고 했습니다. 주의에 주의를 기울이면 처음에는 '대상인 주의'와 '기울이는 주의'가 별개인 것 같아서 그 사이의 움직임이 있는 것 같지만, 점차 주의를 기울이면서도 움직이지 않는 상태가 됩니다. 그것이 바로 주체와 대상이 사라진 상태입니다. 주체와 대상 사이의 간격이 없기 때문입니다. 주의에 주의 기울이기는 주체와 대상, 그 사이를 흐르는 주의인 근경식根境識이 모두 주의입니다. 그렇게 일체화되면 분열이 없어지면서 '느낀다', '안다'는 현상도 사라집니다. 움직이지 않을 때와 같은 일이 벌어지지만 여전히 주의에 주의를 기울이고 있기 때문에 미묘한 살아있음이 있습니다. 움직이지만 움직이지 않는다는 말이 이런 것입니다.

움직이지 않는 진여로 돌아가게 하기 위함이 부처님 설법의 목적입니다. 망념의 내용과 이유를 설득하고 설명하려는 것이 아니라, 그 모든 망념을 떠나게 하려는 것입니다. 사실 마음을 정지시키기 위한 거예요. 움직이는 마음을 통해 '멈춰있는 모습'을 그려내려는 것이 아닙니다. 그렇지만 마음 자체를 정지하면 마음이 쓰이지 못하니까 죽음이죠. 언제든지 쓰일 수 있는 준비가 되어 있지만 정지되어 있는 마음이라고 이해하면 됩니다.

생멸이란 '있는 것'이 아니라 '나타난' 현상

'일체법을 생각하면 마음을 생멸케 하여 참된 지혜에 들어가지 못한다'고 했습니다. 일체의 현상이 '있다'고 여기면, 생겨나고 소멸하는 '실체가 있다'고 여기는 것이니 지혜가 일어나지 않는다는 것입니다. 나뭇잎의 흔들림이 '있다'고 여기면 흔들림은 생生이고 흔들리지 않음은 멸滅이 되어 '생멸'이 나타납니다. 나뭇잎의 흔들림은 어디서 생겨 납니까? 감각기관의 반응에서 생겨난 것이지 흔들림 자체가 있지는 않습니다. 일체법—切法, 즉 현상은 상대적이고 가변적인 것인데 그것 이 '존재한다'고 생각하면 생멸이 있게 되고, 그래서 사물과 현상에서 생멸이 있다고 보게 되면 참된 지혜로부터 멀어집니다.

오늘의 핵심내용은, 마음에서 일어나는 모든 현상과 밖의 만물이 '있다'고 여기는 마음은 움직이는 마음에 불과하며, 움직이는 마음은 망념이고, 그 망념을 떠나서 움직이지 않는 마음으로 돌아가게 하기 위해 부처님이 설법을 했다는 것입니다. 그러므로 법法에 변치 않는 진 리나 옳음이 있는 것이 아니므로 팔만대장경의 구절을 붙들고 옳다고 주장한다면 법아견法我見에 빠진 것입니다. '진리라고 여기는 마음'이 하나의 '현상'에 불과함을 깨우쳐주기 위해서 사용된 방편이지, 그 말 자체가 진리는 아닙니다. 그 설법을 통해서 이해하고 알게 되었으나 '이게 진리야'라고 주장하기 시작하면 그것은 현상의 생멸 속에 빠진 법 아견입니다. 옳고 그름이 아무런 쓸모가 없다는 말이 아닙니다. 다만 거기에 묶이는 것이 문제입니다. 사회의 정의와 법은 중요하고 질서를 유지하는 데 필요하지만 그것에 묶인다면 문제가 됩니다. 그것들은 사 용되고 작용되는 것일 뿐, 본질적으로 붙들 것은 아무것도 없습니다. '붙들 수 있는 모든 것은 현상'이라는 것만 붙들어야 합니다. 헤라클레 이토스의 "만물은 유전한다. 변한다는 사실만 빼고."와 비슷하죠.

색色에 대해 잘 생각해보세요. 은행나무의 흔들림을 잘 살펴보면 흔 들림과 흔들리지 않음이 동시에 있습니다. 저 먼산의 소나무는 내 눈 에는 움직이지 않는 것처럼 보이지만 가까이 가보면 소나무도 움직이 고 있습니다. 그러나 내 눈의 한계 때문에 그 움직임이 보이지 않습니다. 또 더 가까이 현미경으로 소나무 세포를 들여다 보면 거기 흔들림은 없습니다. 지구 위의 우리가 지구의 움직임을 느끼지 못하듯 소나무 세포 수준으로 내려가면 전혀 흔들리거나 움직이지 않습니다. 움직인다고 느끼는 것은 흔들림을 포착할 수 있는 눈의 능력 한계 안에 있을 때만 가능하지 그 한계를 넘어서면 움직인다고 느껴지지 않습니다. 어떤 사람이 "내가 보기에는 밤하늘에 별이 많지 않은데, 왜 그렇게 별이 많다고 하는지 이해가 안 된다."고 했습니다. 은하수를 본 적이 없다고 했는데, 나중에 안과에 갔더니 시력이 많이 안 좋더라고 했답니다. 그 사람한테는 은하수가 없는 겁니다. 안경을 쓰지 않는다면 그 사람은 일생동안 은하수를 못 보는 것이고, 그에게는 하늘에 별이 많지 않은 것입니다. 거친 비유지만 자기 마음에 엄밀하게 적용해보십시오. 내 마음에 움직임, 흔들림, 끄달림이 있다는 것은 그렇게 느끼게 하는 민감성이 있기 때문입니다. 어떤 사람은 같은 일에 꿈쩍도 안 한다면 그는 의식적인 감각기관이 둔하기 때문입니다. 또는 민감하여 느끼긴 하지만 그것에 개의치 않는 것이죠. 어떤 사람은 누군가의 말 한마디에도 크게 상처받고, 다른 사람은 열 마디를 들어도 아무렇지 않습니다. 피부가 약한 사람은 누가 팔을 잡기만 해도 아프지만, 피부가 두껍고 강한 사람은 힘 센 사람이 꽉 잡아도 아무렇지 않습니다. 감각기관의 차이에 따라서 전혀 다른 세계에 살고 있는 것입니다. 그래서 색色은 상대적입니다. 상대적인 색色, 마음의 분별, 마음이 지어놓은 경계 속에서 '나의 세계'가 만들어집니다. 그러니 얼마나 가변적이고 뿌리가 없는 허상의 세계입니까? 우리 각자가 느끼는 세계는 모두 미묘하게 다릅니다. 그러므로 진리를 말한다 하더라도 듣는 사람이 처한 환경과 조건에 따라 다르게 받아들여집니다. 그런데 그것을 붙들고 진리라고 우기는 것이 법아견法我見입니다. 여래가 언설을 방편삼아 중생을 인도한 취지는, 망념妄念을 떠나서 진여眞如에 들게 하기 위함이지 말 자체에는 진리가 없습니다. 흔들리는 마음을 자기라고 여기는 그 마음을 떠나게 하기 위한 도구일 뿐이니 여러분도 경전의 글을 진리라고 여기지 말고, 그 말이 무엇을 벗어나게 하려는지를 잘 살피세요. 붙잡고 있는 무엇을 놓게 만든다면 그 말이 잘 쓰였다고 할 수 있습니다.

7. 도에 발심하여 나아가는 모양을 분별함

分別發趣道相者. 謂一切諸佛所證之道,
분 별 발 취 도 상 자   위 일 체 제 불 소 증 지 도

一切菩薩發心修行趣向義故.
일 체 보 살 발 심 수 행 취 향 의 고

분별발취도상分別發趣道相이란 모든 부처가 증득한 도道에 모든 보살이 발심, 수행하여 나아가는 뜻을 말하는 것이다.

도道는 본질인데, 본질은 직접 보지 못하고 증거삼아 발견하게 됩니다. 본질은 우리 자신이어서 자기가 자신을 알 수는 없기 때문입니다.

略說發心有三種. 云何爲三.
약 설 발 심 유 삼 종   운 하 위 삼

대략 발심發心에는 세 가지가 있으니 무엇인가?

발심發心이란 도道를 증득하기 위해 수행하는 마음을 내는 것인데 세 가지 종류가 있습니다.

一者信成就發心. 二者解行發心. 三者證發心.
일 자 신 성 취 발 심   이 자 해 행 발 심   삼 자 증 발 심

첫째는 신성취발심信成就發心이요, 둘째는 해행발심解行發心이요, 셋째는 증발심證發心이다.

신성취발심信成就發心은 이 길을 가면 도道에 이를 수 있다는 믿음이 성취되어 발심하는 것입니다. 신성취발심信成就發心은 중생이 내는 발심인데, 가르침에 대한 믿음이 있어야 드디어 가르침이 시작됩니다. 믿지 않으면 배울 수 없어요. 믿음이 있기 때문에 그 사람한테 배우기 시작하는 것이고, 믿음이 있기 때문에 그 책을 보고 도道에 이르는 방법을 수행합니다. 믿음이 이루어진 것도 일종의 성취인데 세 가지가 있습니다. 첫째는 완벽하게 성취되어 더 이상 물러서지 않는 믿음이고, 두 번째는 왔다 갔다 하며 미적대는 믿음이며, 세 번째는 잘못되어 엉뚱한 곳으로 타락하는 믿음입니다. 이 경우에는 자기가 강화되어 다른 사람까지 잘못된 곳으로 이끌기도 합니다.

해행발심解行發心하는 사람은 법法이 공空하다는 것을 아는 사람입니다. 일체 현상이 공空하여 뿌리가 없다는 것을 발견한 것입니다. 단순하게 머리로 이해한 것이 아니라 깊은 이해로 해오解悟하는 발심입니다.

증발심證發心은 법신法身, 즉 진리의 몸을 증득證得하여 진정한 본질을 발견하고 진심眞心을 일으켜 발심한 것이니 증오證悟한 발심發心입니다.

신성취발심信成就發心, 해행발심解行發心, 증발심證發心이 순서대로 일어납니다.

8. 신성취발심

신심信心이 성취되었을 때
비로소 부처와 보살이 가르친다

信成就發心者, 依何等人, 修何等行, 得信成就, 堪能發心.
신 성 취 발 심 자　의 하 등 인　수 하 등 행　득 신 성 취　감 능 발 심

신성취발심信成就發心이란 어떤 사람이 어떤 행실을 닦아 믿음이 성취되
어 발심發心한다는 것인가?

발심發心은 본질을 찾기 위해서 마음을 내는 것을 말합니다. 그중 처
음 제대로 발심하는 것이 신성취발심信成就發心입니다. 중생에는 세 종
류가 있습니다. 정정취正定聚, 사정취邪定聚, 부정취不定聚이니 이를 삼
정취三定聚라고 합니다. 정정취중생正定聚衆生은 항상 전진하여 성불成
佛이 결정된 사람입니다. 자기 스스로를 속이지 않으며 멈추지 않고 가
는 사람이에요. 스스로를 속이지 않으면 올바르게 가고, 멈추지 않으
면 끝까지 갑니다. 사정취중생邪定聚衆生은 성불할 소질이 없으며 잘못
되어 자기가 더 강화되어 나락으로 떨어지는 사람입니다. 자신도 아직
안 됐으면서, 어느 정도 마음을 알기 때문에 다른 사람을 흔들 수도 있
는 사람입니다. 부정취중생不定聚衆生은 자기 수행에 따라서 정정취正定
聚로 갈 수도 있고 사정취邪定聚로 갈 수도 있는 사람입니다. 아직 결정
되지 않은 사람이죠.

所謂依不定聚衆生, 有熏習善根力故, 信業果報, 能起十善,
소 위 의 부 정 취 중 생　유 훈 습 선 근 력 고　신 업 과 보　능 기 십 선

厭生死苦, 欲求無上菩提. 得値諸佛, 親承供養, 修行信心.
염 생 사 고　욕 구 무 상 보 리　득 치 제 불　친 승 공 양　수 행 신 심

소위 부정취중생不定聚衆生에 의해 훈습薰習과 선근善根의 힘이 있어,
업業의 과보를 믿고 십선+善을 일으키며, 생사의 고통을 싫어하고 무상
보리無上菩提를 구하고자 하며, 여러 부처를 만나 직접 받들어 공양하고
신심信心을 수행한다.

맑고 강한 사람과 오래 함께 있으면 그에게 물들듯 훈습薰習은 물들
어서 성숙해지는 것입니다. 선근善根은 근본적으로 힘 있게 타고난 근
기입니다. 정정취중생正定聚衆生은 향상 진보하여 이상경지에 도달할
때까지 멈추지 않으며, 사정취중생邪定聚衆生은 타락하고 퇴보하여 잘
못된 길로 떨어지기 쉬운 중생이고, 부정취중생不定聚衆生은 향상 진보
하여 이상경지에 도달할지, 타락 퇴보하여 악도에 떨어질지 결정되지
않아 갈림길에 있는 중생으로 보면 됩니다.

무상보리無上菩提는 위가 없는 보리, 즉 최상의 보리를 말합니다.

經一萬劫, 信心成就故, 諸佛菩薩敎令發心.
경 일 만 겁　 신 심 성 취 고 　제 불 보 살 교 령 발 심

이렇게 하여 일만 겁劫을 지나 신심信心이 성취되기 때문에 모든 부처와
보살이 가르쳐서 발심케 한다.

믿는 마음이 쉽게 성취되지 않음을 보여주고 있습니다. 공부를 시
작하다 그만두고, 멈추고 돌아서기를 일만 겁劫을 지나와서 드디어 신
심信心이 생긴다는 말입니다. 신심信心이 성취되었을 때 비로소 모든
부처와 보살이 가르친다고 했습니다. 이는 믿음이 없는 사람에게는 가
르칠 수 없다는 의미입니다. 왜 그럴까요? 사실 본질에 이르는 길이나
방법은 없습니다. 왜냐하면 우리는 이미 본질이고 그 자리에 있기 때
문입니다. 지구 위에 서 있는 여러분에게 지구를 향해 가는 길을 가르

쳐 줄 수 있을까요? 지금 서 있는 곳이 지구이기 때문에 서있는 그 자리를 발견시키기 위해서 여기저기 끌고 다닐 필요가 없습니다. 그럼에도 불구하고 여러 방법을 보여주는 것은 착각과 왜곡을 깨트리기 위함입니다. 착각되고 왜곡된 마음에 머물러 있는 자신의 생명의 힘을 머묾 없는 무한함 그 자체로 되돌리기 위해서 일단 집착하는 마음을 버리게 하는 것입니다. 이미 땅 위에 서 있으면서 땅을 찾고 있는 것과 같기 때문에 본질에 이르게 하는 길이나 방법은 없는데, 누군가 방법이나 길을 제시한다면 그건 자기가 아닌 '현상'을 가리키기 위해서입니다. 현상에 대해서는 길이나 방법이 있어요. 그렇기에 현상을 제거하는 길을 얘기합니다. 우리는 마음에 일어난 상相을 통해 말하고 듣고 배웁니다. 그러므로 말로 할 수 있는 것은 마음의 상相을 도구 삼을 때만 가능합니다. 그런데 우리는 마음의 본질을 발견하려고 하기 때문에 상相을 가지고 본질을 가르칠 수는 없습니다. 본질은 상相을 넘어서 있기 때문에 그렇습니다. 그러니 어떻게 상相을 통한 도구나 방법으로 본질에 다가설 수 있겠습니까? 알고 싶어 하고 발견하려고 하는 그 마음 자체가 상相입니다. 마음에 일어난 어떤 움직임이에요. 움직임 없는 마음의 본질을 발견하려고 하는데, 발견하려는 그 마음 자체가 마음에 일어난 움직임이고 현상이니 아주 아이러니합니다. 움직임 없는 마음을 발견하려는 "의도는 벡터인데, 우리는 움직임 없는 에너지인 스칼라를 발견하려고 합니다. 모든 의도는 방향을 가진 마음인데 이 벡터가 어떻게 스칼라를 발견할 수 있겠어요? 움직이는 마음으로 움직임 없는 마음을 발견할 수는 없습니다. 이미 자기 자신이 움직임 없는 마음이고, 거기서 벡터가 일어날 뿐입니다. 그런데 벡터를 쫓아다니면서 스칼라를 발견하려고 애씁니다. 벡터를 쫓아다니지 않고 벡터를 사용하는 입장에 서면 이미 자기는 스칼라이고, 벡터에 머물거나 끌려 다니면 벡터로서 사는 삶입니다. 그래서 자꾸 마음에서 일어나는 모든 현상들로부터 떠나라고 말하는 것입니다. 현상은 나타나 보이기 때문에 그 현상으로부터 우리는 떠날 수 있습니다. 그중 미묘한 현상은 '나'라는 '느낌'이나 '주체감'[9]이고 그보다 더 최종적인 것은 존재감인데, 그것들도 모두 현상이니까 거기에 머물지 않고 자유롭다면 모든 마음의 현상으로부터 자유로울 수 있습니다. 본질에 이르는 길은 마음의 상相을 모두 내려놓아야 이를 수 있습니다. 이 말은 여러분이 하는 모든 노력이 내려놓아졌을 때 본질이 저절로 드러난다는 말이기도 합니다.

공부를 이제 막 시작한 사람에게 공부하려는 의도마저 내려놓으라고 하면 안 되지만, 이제 여러분은 공부가 무엇인지 알았으니 공부하려는 의도 자체가 하나의 현상임을 발견해야 할 때입니다. 애를 쓰면 쓸수록 벡터를 발생시킨다는 것을 알아채세요. 결코 어떤 마음의 상相으로도 접근할 수 없는 것이 본질입니다. 그러므로 상相을 통한 모든 '노력'은 오직 '자기를 강화'시킬 뿐입니다. '자기'라는 것 자체가 하나의 벡터입니다. 우리가 이유 없는 정성에 대해 말하는 까닭은, 이유 있는 정성은 그 이유가 자기여서 그 이유를 강화시키기 때문입니다. 예를 들어 '착하게 살아야지' 하는 마음으로 누군가를 돕는다면, 그것은 착해야 하는 자기를 강화시킵니다. 착해야 하는 자기도 자기에요. '내가 잘 돼야지', '내가 잘 먹고 잘 살아야지' 하는 자기도 자기이지만 '착해야 해', '인류를 위해 살아야지.' 하는 것도 자기를 위한 이유가 됩

---

9) 주체감: 지금 눈 앞의 사물을 하나 봅니다. 그러면서 그것을 보는 '자신'을 느껴봅니다. 이때 사물은 '대상', 그것을 보는 '자신'은 주체감, 그 주체감을 알고 느끼는 것은 '주체'입니다.

니다. 그런 자기가 강화되면 어느 순간 방향이 바뀌어 악한 자기가 되기 쉽습니다. 자기라는 것은 강도가 중요하지 방향은 크게 중요하지 않습니다. 강하게 악한 사람이 어떤 계기로 확 돌아서면 강하게 선한 사람이 되기도 합니다.

이유 있는 정성은 자기를 강화하지만, 이유 없는 정성은 무한한 생명력 자체를 발견하게 합니다. 무엇을 얻기 위해서도 아니고 정의를 위해서도 아니고, 아무 이유 없이 눈앞의 일에 모든 정성을 기울이면 생명력이 잘 쓰이고 있는 것입니다. 그렇게 생명력 자체가 발견되면 그 다음에는 무엇이든 필요한 곳에 생명력을 사용하면 됩니다. 사회를 위해 정의로운 일을 하지 말라는 말이 아닙니다. 사회는 정의로워야 하고, 모든 인간은 존엄하니 존중받아야 합니다. 자신만을 위해 살지 않고 전체를 위해 사는 것은 훌륭합니다. 하지만 '전체를 위해서 살아야지' 하는 모토를 위해 행동하는 것은 미묘하게 자기를 강화시키고, 그렇게 강화된 자기는 또 다른 이유나 논리가 들어서면 또 강한 자기를 발휘합니다. 그 강한 자기에 생명의 에너지가 머물게 되죠. 생명의 에너지가 그 어떤 것에도 머물지 않는 것이 응무소주이생기심應無所住而生其心입니다. 어떤 것에도 머물지 않는다는 것은 이유가 없다는 의미입니다. 상相을 통한 모든 노력은 자기를 강화시킬 뿐임을 잊지 마세요.

그렇다면 길은 없을까요? 믿음을 통한 길이 있는데, 믿음 있는 사람만이 배울 수 있다는 것이 신성취발심信成就發心입니다. 믿음이 성취된 사람만이 배울 수 있는 이유는, 그 믿음이 그에게 영향을 미치기 때문입니다. 우리가 어떤 생각을 갖고 있더라도 그것을 믿지 않으면 그 생각이 나를 끌고 다니지 못하지만, 그 생각을 믿으면 그 생각이 나를 끌고 다닙니다. 믿음이 우리를 움직여요. 사실 중생이 중생인 이유도 믿음 속에 있기 때문입니다. 다만 하나 혹은 몇 가지 믿음 속에 자신의 에너지를 머물게 하여 거기에서 빠져나오지 못하는 것이 중생이라고 보면 됩니다. 어렵지 않습니다. 어떤 믿음 또는 감정이나 느낌 속에 머물고 있는 것이 바로 중생이라는 의미입니다. 마음에 어떤 현상이 일어나면 그 현상에서 벗어나지 못하고 그것을 붙들고 있는 것이 그가 중생임을 증거합니다. 애써 무엇으로부터 벗어나려고 하는 그 마음에 머물러 있는 것도 마찬가지입니다. 마지막에는 벗어나려고 애쓰는 그 마음 자체가 거기에 머물게 함을 알아채야 합니다. 이처럼 중생이 중생인 것은 매순간 하나의 믿음 속에 있기 때문인데, 그 믿음을 깨기 위해서는 더 강력한 믿음이 필요합니다. 그것이 바로 '모든 중생은 곧 부처이며 수행에 의해 깨칠 수 있다는 믿음'이고, 그것을 통해 불퇴전不退轉의 수행을 시작하게 됩니다. 이런 사람이 신성취발심信成就發心을 일으킨 사람입니다.

신성취발심信成就發心이 초기에 일원론一元論에서 이원론二元論으로, 결국 불이론不二論으로 가는 수행의 첫 여정입니다. 모든 중생은 부처와 다르지 않다는 일원론一元論의 믿음으로 발심을 일으킨 사람은, 수행을 시작하여 부처가 되기 위해 노력하는 이원론二元論으로 들어섭니다. 마지막에 깨치고 나면 일원론一元論으로 돌아가는 것이 아니라, 중생과 부처가 따로 있지 않다는 불이론不二論으로 들어갑니다. 모든 것이 개념이었음을 발견하는 것입니다. 불이론不二論은 자기 마음이라는 개념의 세계를 떠나는 것입니다. 우리 마음은 항상 이것과 저것으로 나누는데, 이 분별과 나눔의 세계를 떠나는 것이 불이론不二論입니다.

강력한 불퇴전不退轉의 신심信心을 얻게 된 사람을 모든 부처와 보살이 가르쳐서 발심하게 하는데, 인간의 모습을 띤 부처와 보살도 있지만 모든 감각적인 터치, 우리가 접하는 모든 것이 다 스승이 될 수 있습니다.

새가 공중을 가로질러 날아가면
허공에 그 날아감이 느껴진다

或以大悲故, 能自發心. 或因正法欲滅, 以護法因緣,
혹 이 대 비 고　능 자 발 심　혹 인 정 법 욕 멸　이 호 법 인 연
能自發心.
능 자 발 심

혹은 대비大悲에 의해 스스로 발심케 하고, 혹은 정법正法이 없어지려할
때 호법護法의 인연으로 스스로 발심케 한다.

대승은 소승처럼 자기 자신을 위해 발심發心하지 않습니다. 다른 사람에 대한 큰 사랑과 연민을 일으키는 사람은 그것을 통해 발심하게 합니다. 또 어떤 사람은 정법正法, 곧 진리가 무너져 갈 때 진리를 지켜 끊임없이 이어지도록 하기 위해서 발심합니다.

벡터는 마음에서 일어나는 어떤 현상입니다. 그 방향으로 마음이 움직인다는 것이고 그럴 때 '느낌'이 일어납니다. 공중에 새 한마리가 있는데 그 새가 한 곳에 고정되어 있으면 새가 있는지 없는지 잘 모르지만 날아서 움직이면 새가 있음을 알 수 있습니다. 허공이 우리 마음이라 해보면, 새가 공중을 가로질러 날아가면 허공에 그 날아감이 느껴지겠죠. 마음에 생각, 느낌, 감정이 일어나는 것도 마찬가지입니다. 이렇게 움직임이 있을 때만 우리는 느낄 수 있습니다. 움직임에는 항상

목적지와 에너지가 있고, 그럴 때 어떤 느낌이 일어납니다. 마음이 어떤 방향으로 향하는 것을 벡터라고 하면 그 방향으로 에너지가 쓰이고 있는 것입니다. 현재 여러분의 마음에는 어떤 벡터가 있습니까? 내 말을 듣고 있다면 내 말에 집중하는 '느낌'이 있어요. 내 말을 향해 움직이고 있는 것입니다. 이렇게 어느 한 방향에 집중하면 그 외의 다른 방향은 잊힌 것입니다. 다시 말해 다른 방향을 억압하는 것입니다. 어느 방향을 향해 나아가고 있다면 다른 방향에 대해서는 문 닫고 있다는 의미에요. 마음을 억압해서는 결코 자유에 이를 수 없습니다. 마음의 본질은 모든 방향에 대해서 자유롭고 막혀있지 않습니다. 자유란 어느 방향도 억압하지 않으면서 어떤 방향에도 묶이지 않는 것입니다. 어느 한 방향이 아니라 전 방향이 되는 것이에요. 만약 마음의 한 가지 방향 또는 여러 방향으로 가는 데 내 에너지가 다 쓰이고 있다면 나는 거기에 머물고 있는 것입니다. 그런데 벡터가 마음에서 일어나서 움직임이 있지만 거기에 집중하지도 머물지도 억압하지도 않고, 그것만 있다고 여기지도 않는다면 내 마음이 전 방향이 된 것입니다. 마음의 느낌을 억압하지 않는다는 것은 그것을 그대로 느낀다는 의미입니다. 그리고 거기에 묶이지 않는다는 것은 그것이 전부가 아니라는 의미입니다. 보통은 마음에 하나의 현상이 떠오르면 그것 하나에 집중하고, 그것이 내 마음의 전부가 됩니다. 그것이 기분 좋은 것이라면 붙잡아서 유지하려는 데에, 기분 나쁜 것이라면 밀어내어 보내버리는 데에 에너지가 집중됩니다.

우리의 본질은 이 텅 빈 공간과 모든 것들입니다. 이 공간에 무한한 에너지가 있는데 어떤 방향으로 움직이면 무언가가 나타납니다. 물로 가득찬 방이 있는데, 물이 어떤 형상을 띠고 느껴지려면 움직임이 생겨야 합니다. 과거에 있었던 좋은 일, 또는 기분 나쁜 일이 생각나면 그것을 향해 가는 물줄기가 생겨나는데, 모두 물로 만들어진 모습입니다. 그 물줄기가 움직이기 때문에 전체에 의해 느껴지고 다른 물과 구별됩니다. 마음의 본질은 이와 다르지 않습니다. 마음의 슬픈 느낌은 슬픔에 물든 모습의 패턴으로 움직이는 물과 같습니다. 그 패턴과 색깔을 띠지 않는다면 이미 물 자체입니다. 에너지 자체, 생명 자체에요. 보통은 슬픈 모습을 띤 물을 없애거나 가라앉혀서 사라지게 하려고 합니다. 그러면 그런 의도를 가진 다른 물줄기가 생겨납니다. 그런데 억압한다고 해서 없어지지도 않습니다. 표면에서는 사라질 수 있어도 무의식의 밑바닥에서는 자꾸 올라오려고 합니다. 살아있다는 것은 이런 끊임없는 움직임과 출렁임입니다. 그렇지만 이 움직임과 출렁임은 물의 모습이지 물 자체는 아닙니다. 그렇기에 끊임없는 출렁임이 있더라도 물은 변함없음을 발견하는 것이 공부의 핵심입니다.

대자대비大慈大悲, 즉 '나'를 위하는 것이 아니라 커다란 사랑과 연민을 기반으로 한 마음은 생각이나 느낌을 기준으로 한 호오好惡의 판단이나 비교를 떠나게 합니다. 마치 관찰과도 같습니다. 좋은 것을 취하고 나쁜 것을 밀어내는 것이 어느 하나에 묶인 마음이라면, 관찰은 '마음에서 이런 것이 일어나네.' 하고 모든 것에 열려있습니다. 이것이 진정한 관찰입니다. 나를 위하면 에너지가 한 방향으로 가지만, 대자대비大慈大悲는 전 방향으로 열리게 만듭니다. 우리의 본질은 부분이 아니라 전체이기 때문에 그렇습니다. 그래서 대비大悲에 의해 발심하게 한다는 말이 나오는 것입니다. 내가 자유로워지기 위해서가 아니라 대자대비大慈大悲를 통해서 발심하게 하는 것이 대승기신론에서 제시하는 두 가지 방법 중의 하나입니다.

두 번째는 정법正法이 없어지려 할 때 호법護法정신으로 발심케 합니다. 호법護法 역시 '나'를 위해서가 아닌 진리를 지키려는 발심으로 나아가는 것입니다. 다시 관찰과 비교해보겠습니다. 관찰이란 어느 한 생각이나 비교에 의한 분별과 판단에 동일시되지 않고, 침묵 속에서 전체를 살펴보는 것입니다. 살펴보는 자는, 침묵 속에서 나타나는 모든 소리들을 듣습니다. 이 과정에서 자신의 본질이 그 어떤 나타나는 소리도 아님을 보게 됩니다. 하나의 소리는 그저 하나의 소리일 뿐, 다른 모든 소리를 문 닫게 합니다. 침묵은 모든 소리이면서 어떤 소리도 아니니, 바로 방향 없는 깨어있음과 같습니다. 전체주의(깨어있기 용어) 할 때 우리는 모든 것에 열려있습니다. 어느 한 곳에 주의를 줄 때는 주의를 주는 '나'가 있다고 느껴지는데, 전체주의를 하면 한 곳에 주의를 주는 내가 있다고 느껴지지 않습니다. 그저 소리가 들리고 어떤 일들이 일어나고 있죠. 의식한다는 것은 '무언가'를 의식한다는 것인데, 그것은 어느 방향으로 움직이고 있으며, 따라서 다른 방향에 대해서는 어둡게 된다는 의미입니다. 방향 없는 깨어있음은 본질과 닮아서, 모든 것을 알아채지만 그 어느 하나와도 동일시되지 않습니다. 어느 한 방향에 묶이지 않고 전 방향의 마음이 되는 것은 본질과 순수의식, 삼매와 그런 측면에서 비슷합니다. 거기에서 본질로의 도약이 일어날 수 있습니다. 유사하니까요. 대자대비大慈大悲와 호법護法을 통한 발심도 이와 비슷합니다. '나'에 묶이지 않고 전 방향이 되는 것입니다.

상근기, 마음의 전체 그림이 핵심골격으로 자리잡다

如是信心成就得發心者, 入正定聚, 畢竟不退. 名住如來種中,
여 시 신 심 성 취 득 발 심 자　입 정 정 취　필 경 불 퇴　명 주 여 래 종 중

正因相應.
정 인 상 응

이같이 신심이 성취되어 발심하게 된 사람은 정정취正定聚에 들어 결코
물러서지 않으니 이를 이름하여 여래종如來種 중에 머물러 정인正因과 상
응한다고 한다.

정정취중생正定聚衆生은 중생이지만 이미 부처나 다름없습니다. 멈추
지 않을 것이기 때문입니다. 인디언 기우제와 비슷해요. 인디언이 기
우제를 지내면 꼭 비가 온다고 합니다. 왜냐하면 비가 올 때까지 기우
제를 지내기 때문에 그렇습니다. 그런 의미에서 정정취중생은 부처나
다름없는데, 부처가 될 때까지 멈추지 않을 것이기 때문입니다.

여래종如來種은 여래가 될 만한 씨앗을 말합니다. 신심이 생겨나서
평생을 수련하는 사람은 이런 저런 생각 없이 그냥 계속 가는 사람입
니다. 딱히 된 것도 없기 때문에 계속 갑니다. 힘들고 괴로움이 일어나
고 의심이나 슬픔이 일어나도 상관없이 계속 수련합니다. 흔들리지 않
아요. 흔들리지 않는 사람은 각도만 바꾸면 끝난 사람입니다. 신심이
형성된 사람은 어떤 마음의 갈등이 일어도 끝까지 가는데 그 과정에서
흔들리지 않는 힘이 생겨납니다. 그 힘이 깨우침으로 바뀌면 됩니다.
마음에서 일어나는 갈등이 현상임을 쳐다보면 끝나는 거예요. 단순합
니다. 여러분이 갈등에 빠지는 이유는 갈등의 일부와 동일시되어 그
갈등 속에 머물기 때문입니다. 갈등은 마음이 둘로 나뉘어 싸우는 것
입니다. 두 가지의 마음에 에너지를 줘서 두 개에 머물고 있다는 거예
요. 본질을 발견한다는 것은 마음에 일어나는 그 어떤 것에도 머물지
않는다는 의미입니다. 벡터는 벡터일 뿐이라 여기면 언제든지 스칼라
로 돌아갈 수 있습니다. 그런데 우리는 벡터가 일어나면 그 벡터에 묶

여서 쫓아다니잖아요. 그 어떤 마음의 움직임에도 개의치 않는다면 그 사람은 이미 끝난 사람입니다. 모든 것이 현상에 불과함을 알고 머무르지 않으며 벡터를 정지시킬 수 있다면 이미 스칼라로 사는 사람입니다. 현상임을 보지 못하면 마음대로 안 됩니다. 그것 중 한 벡터를 자기라고 여기는 것이 문제입니다. 이 방의 공간이 여러분의 마음이라고 생각해보세요. 여러 등장인물이 마음에 다 비춰져 있는데, 여러분은 그중에 어떤 특성을 가진 사람을 '나'라고 여기고 앉아있습니다. 방 안에 있는 그 어느 누구도 내가 아니고 하나의 역할을 가진 등장인물이라고 여긴다면 이미 본질로 있는 것입니다.

정정취正定聚에 들어서 결코 물러서지 않는 사람은 이미 제주도 갈 배표를 사놓은 사람입니다. 이제 배를 타면 제주도에 도착한 거나 다름없습니다.

若有衆生善根微少. 久遠已來煩惱深厚. 雖値於佛亦得供養.
약 유 중 생 선 근 미 소　　구 원 이 래 번 뇌 심 후　　수 치 어 불 역 득 공 양

然起人天種子. 或起二乘種子.
연 기 인 천 종 자　　혹 기 이 승 종 자

만약 어떤 중생이 선근善根이 미소微少하여 아득히 먼 옛날부터 번뇌가 매우 깊고 두텁다면 비록 부처를 만나 공양하게 되더라도 인천人天의 종자를 일으키고, 혹은 이승二乘의 종자를 일으킨다.

크게 노력하지 않아도 그 길로 가는 사람은 선근善根을 가진 사람입니다. 인천人天은 인간계와 천상계의 중생을 말합니다.

設有求大乘者, 根則不定, 若進若退.
설 유 구 대 승 자　　근 즉 부 정　　약 진 약 퇴

或有供養諸佛未經一萬劫, 於中遇緣亦有發心.
혹 유 공 양 제 불 미 경 일 만 겁　　어 중 우 연 역 유 발 심

설사 대승大乘을 구하는 사람이 있더라도 근기根器가 결정되지 아니하여 어떤 때는 나아가고 어떤 때는 물러나며, 혹 여러 부처에게 공양함이 있더라도 아직 일만 겁劫을 지나지 않아 중도에 연緣을 만나 또한 발심함이 있다.

근기根器가 결정되지 않았다는 것은 무엇을 말하는 것일까요? 미켈란젤로가 다비드상을 조각할 때 마음에 전체모습의 상이 그려져서 그 상이 아닌 부분만 쳐냈다고 합니다. 그런데 전체상이 마음에 그려졌다고 해서 아주 구체적으로 그려져 있다는 의미는 아닙니다. 얼굴은 여기, 팔은 저기. 이런 식의 전체 얼개죠. 이렇게 전체적인 균형이 잡혀있어서 아닌 부분의 돌만 쳐가면서 떼어낸 것입니다. 근기가 결정되지 않았다는 것은 전체 얼개가 마음에 그려지지 않은 것입니다. 그래서 끝까지 가지 못합니다. 전체의 모습이 희미하게라도 보이질 않아 조각을 하더라도 불균형한 모습으로 가거나 멈추거나 다시 돌아가게 될 것이니, 부정취중생不定聚衆生이 이와 비슷합니다. 그러나 마음의 전체상이 분명해지면, 흔들리지 않고 마음에 새겨진 전체상에 기반하여 현실이라는 시공간 속에서 행위하며 조각해나갈 것입니다. 현실의 시공간은 마음의 청사진이 투사된 모습이니, 전체상이 있는 사람은 현실을 청사진에 따라 조각해갈 수 있습니다. 그러나 전체상이 없으면 손가락이라는 현실을 조각하다가 균형이 안 맞으면 하다 말고 다른 곳으로 가거나 헤매게 됩니다. 근기가 결정되었다는 것은 바로 이와 같이 마음의 전체 그림이 핵심골격으로 자리 잡아 더 이상 흔들리지 않고 수행해 나갈 토대가 마련된 것을 말합니다. 끝까지 가는 사람 중에는 왜 가는지 모르고 가는 사람도 많습니다. 누가 뭐라고 해도 끝까지 갑니다. 이는 무의식에 전체상이 깔려 있기 때문에 그렇습니다. 신심이 형성되면 그 힘으로 무의식에 토대가 깔리게 됩니다. 그 토대는 무의식에 전체상으로, 직관적으로 자리 잡아 결코 샛길로 빠지지 않고 끊임없이 그것을 향해 나아가게 합니다. 그에게는 더 이상 갈등이 없으니 이것이 정정취중생正定聚衆生입니다.

그런데 발심發心이 꼭 이렇게만 이루어지는 것은 아니고, 꼭 일만 겁劫이라는 거대한 시간을 지나야만 되는 것도 아니니, 자기한테 맞는 인연을 만나면 자기도 모르게 불퇴전의 발심이 일어날 수도 있습니다.

所謂見佛色相而發其心. 或因供養衆僧而發其心.
소 위 견 불 색 상 이 발 기 심   혹 인 공 양 중 승 이 발 기 심

或因二乘之人敎令發心. 或學他發心.
혹 인 이 승 지 인 교 령 발 심   혹 학 타 발 심

소위 부처의 색상色相을 보고 그 마음을 일으키며, 혹은 여러 스님에게 공양함에 의해 발심하며, 혹은 이승인二乘人의 가르침에 의해 마음을 일으키고, 혹은 타인에게 배워 마음을 일으킨다.

부처의 색상色相은 부처의 드러난 모습을 말하는데, 그것을 보고 마음이 일어날 수도 있습니다. 멋지고 자유로워보여서 발심을 일으킬 수 있어요. 어떤 모습에 매력을 느낄지 모르니 그것이 바로 인연입니다.

이승인二乘人은 성문승聲聞乘과 연각승緣覺乘인데, 부처님의 설법을 많이 들어서 깨우치거나, 인연법을 깨우쳐서 다른 사람에게 전달하기도 합니다. '나'라는 것이 고정되어 있지 않다는 것을 깨우쳤으나 아직 법아견法我見은 남아있는 사람들이지만, 그들의 가르침을 듣고 발심을 일으키기도 합니다.

如是等發心, 悉皆不定, 遇惡因緣, 或便退失墮二乘地.
여 시 등 발 심   실 개 부 정   우 악 인 연   혹 변 퇴 실 타 이 승 지

이와 같은 발심들은 모두 결정되지 않은 것이니, 나쁜 인연을 만나면 혹 퇴실退失하여 이승지二乘地에 떨어지기도 한다.

이런 발심들은 아직 신성취발심信成就發心이 아닙니다. 이 사람한테 좀 듣고, 부처님의 모습을 보고, 경전을 보고 좋아서, 설법을 듣고 좋아서 등의 이유로 잠깐 매력을 느껴서 이 길로 가는 것은 아직 믿음이 성취되지 않은 것입니다. 그래서 '정해지지 않은 중생'입니다. 결정되지 않은 발심이 바로 부정취중생不定聚衆生의 마음이어서 나쁜 인연을 만나면 사정취중생邪定聚衆生으로 떨어지기도 합니다. 특히나 '전체상'이 직관적으로 무의식에 자리 잡지 않은 사람은, 마음의 부분적인 것이 주인이 되면 공부하다가도 떨어지게 되니 이를 이승지二乘地에 떨어진다고 말합니다.

오늘 강의의 핵심은, '믿음이 성취'되면 이 길을 멈추지 않고 가게 되는데, 수행을 하면 분명히 이루어진다는 것을 의심 없이 믿고 간다는 것입니다. 믿는다는 것은 생각이 아니에요. 의식적인 마음으로 믿는 것이 아니라 무의식이 그 길을 가게 만드는 것입니다. '이 길이야' 하는 무의식적인 느낌이 있습니다. 나의 경우도 누가 이 길로 가라고 한 것도 아니고, 나는 답답함을 풀기 위해서 이 길을 지나왔다고 생각했는데, 가다보니 그런 답답함은 다 풀어졌습니다. 무의식적인 전체상이 잡히지 않은 사람, 즉 '이 길을 가는데 관성이 생기'지 않은 사람은 나쁜 인연을 만나면 이승지二乘地에 떨어지기도 합니다.

세 가지 발심發心의 모습은 수행의 절차

세 가지의 발심發心하는 모습은 수행의 절차 또는 단계라고 할 수 있습니다. 첫 번째 신성취발심信成就發心은 믿음이 성취된 발심이니 이때부터 가르칠 수 있습니다. 믿음이 이루어지지 않은 사람은 가르침에 대해 마음이 열려있지 않아서 좋은 말과 경험을 전하려고 해도 받아들이지 않습니다. 두 번째는 해행발심解行發心이니 깊은 이해가 일어난 상태의 발심입니다. 본질에 거의 다가간 상태라고 볼 수 있습니다. 세 번째는 증발심證發心인데 증득證得이라고도 합니다. 본질의 터득은 직접적인 만남에 의해서가 아니라 증거를 통한 만남으로 이루어집니다. 우리는 본질을 만날 수 없습니다. 만나려면 둘로 나눠져 있어야 하는데, 내가 이미 본질이어서 애초부터 떨어지지 않았기에 본질을 발견하는 어려움이 있습니다.

먼저, 믿음이 성취된 사람은 드디어 진정한 배움의 길에 들어서고, 스승은 그런 사람을 찾아다닙니다. 그런 사람을 눈여겨보고, 어울리고, 붙잡으려고 합니다. 믿음이 없는 사람에게는 일어날 것이 없으므로 관심이 없어요. 그래서 준비된 사람에게 스승이 나타난다고들 말합니다. 여기서 말하는 스승이란 인간적인 모습일 수도 있고, 통찰이나 책 한권, 기왓장 떨어지는 소리일 수도 있습니다. 모든 것이 스승이 될 수 있습니다. 믿음을 이루어 준비된 사람만이 제대로 된 발심인 신성취발심信成就發心을 이루고, 이해가 깊어지고 통찰이 일어나면 본질이라는 것이 늘 그대로 있었고 '나'라고 여겨지는 것도 하나의 나타난 모습에 불과했음을 아는 해행발심解行發心으로 가게 됩니다.

復次信成就發心者, 發何等心.
부차 신성취발심 자 발 하 등 심

略說有三種. 云何爲三.
약 설 유 삼 종   운 하 위 삼

一者直心. 正念眞如法故.
일 자 직 심   정 념 진 여 법 고

다음으로 신성취발심信成就發心은 어떤 마음을 발하는 것인가?

간략히 말하면 세 가지가 있으니 무엇인가?

첫째는 직심直心이니 진여법眞如法을 바로 생각하기 때문이다.

직심直心은 둘러가거나 곁가지에 초점을 맞추지 않고 본질에만 초점을 맞추는 마음입니다. 예를 들어 행복을 추구할 때, 어떤 사람은 집을 가지면 행복할 것이라고 생각하는 사람이 있고, 집보다는 돈을 원하는 사람이 있기도 합니다. 그런데 만약 '원하는 것을 가졌을 때 행복해진다면 행복한 마음이라는 것은 대체 무엇일까?' 하고 살펴보는 사람이 있다면 이 사람이 좀 더 근본적인 사람이겠죠. 이렇게 외부적인 대상이 아니라 그 대상이 의미하는 본질적인 부분에 초점을 맞추는 것이 직심直心입니다. 근원을 직접 바라보는 곧은 마음은 자리행自利行과 이타행利他行의 근본입니다. 자리행自利行은 자기 자신을 이롭게 하는 행위인데, 보통은 내적인 탐구를 말합니다. 이 과정 속에서 자신을 힘들고 어렵게 하는 것들로부터 벗어나게 되므로 자리행自利行이라고 합니다. 이타행利他行은 다른 사람도 어려움에서 벗어나게 도와주는 것을 말합니다. 직심直心의 의미는 본질을 향해 직접 들어가는 것이며, 자리행自利行과 이타행利他行의 근본이 됩니다.

二者深心. 樂集一切諸善行故.
이 자 심 심   낙 집 일 체 제 선 행 고

둘째는 심심深心이니 일체의 모든 선행을 이루기 좋아하기 때문이다.

심심深心은 근원을 궁구한다는 뜻인데, 모든 행위에서 선함을 이루면 근원으로 돌아가니 이것은 자리행自利行의 근본이 됩니다. 일체선행

중의 가장 근본은 스스로를 '자아'라는 굴레로부터 벗어나게 하는 것입니다. 왜냐하면 자기가 경험하는 세계는 곧 자아이기 때문에 그렇습니다. '자아'를 벗어나면 경험하는 세계는 선함으로 가득 찹니다. 무엇을 하든 자아라는 굴레에 걸리지 않으므로 선행이 되기 때문입니다. 사회적으로나 도덕적으로 옳다고 여겨지는 형식적인 선행을 하면서 속으로는 우월감을 느끼거나 남을 멸시할 수도 있는데, 이런 외적인 선행을 말하는 것이 아닙니다. 내면의 어떤 일에도 상관없이 자신으로부터 자유로울 수 있는 마음을 터득하려는 마음이 바로 심심深心이고, 이렇게 되면 일체의 모든 선행이 이루어진다는 말입니다. 그래서 심심深心은 자리행自利行의 근본이 됩니다.

무언가를 '얻기 위해서'가 아니라
'마음이 흘러가는 과정'을 그저 관찰하라

三者大悲心. 欲拔一切衆生苦故.
삼 자 대 비 심   욕 발 일 체 중 생 고 고

셋째는 대비심大悲心이니 모든 중생의 고통을 덜어주고자 하기 때문이다.

대승불교는 대비심大悲心과 호법심護法心을 통해 수행하니 기본적으로 이타행利他行입니다. 대비심大悲心은 대자대비大慈大悲한 마음이니 모두를 사랑하고 연민하는 마음이고, 호법심은 진리가 사라지지 않고 계속 이어지도록 법法을 지키는 마음입니다. 대비심과 호법심을 통한 발심이 대승의 가장 중요한 길이라면, 소승은 자기 자신의 해탈에 초점을 맞춥니다. 그런데 자리행自利行을 계속 하다보면 '자기'라는 것이 내 몸과 마음에 한정되지 않고 넓어져서 내 주변과 사회, 크게는 인류와 생명 전체, 그리고 유기체 전체로 범위가 확대되어 결국 자리自利가 곧 이타利他가 됩니다. 그렇기에 소승은 '나'라는 것에서 벗어나야만 전체에 이로움이 된다고 말합니다. 그렇지만 처음 시작은 자기 자신에 초점이 맞춰져 작은 자기라는 굴레와 테두리를 갖고 있기 때문에 속 좁고 이기적으로 보이기 쉽습니다. 작은 자기의 해탈과 자유로움을 위해서만 행동하기 때문에 그렇습니다. 그렇지만 진정한 의미에서 보면 깊은 자리自利는 이타利他를 포함합니다. 왜냐하면 타他가 따로 없기 때문입니다. 그러나 소승은 그것을 향해 가는 과정 중에 있으므로 여전히 나와 타인이 있고, 그런 상태 하의 자리행自利行은 이기적이라고 말할 수도 있습니다. 반면에 대승은 애초부터 자신을 위해서가 아니라 커다란 연민심으로 타인을 위해 수행해나갑니다. 힘들고 아파하는 사람을 괴로움으로부터 벗어나게 하는 데 초점이 맞춰져 있으면 그는 이미 자기로부터 벗어난 사람입니다. 그래서 진정한 대비심大悲心은 자기로부터 벗어나게 만들기 때문에 대승의 길이 더 직접적이고 빠를 수 있습니다. 소승은 아파하는 자기 마음에 초점이 맞춰져 있습니다.

자리행自利行과 이타행利他行은 상당히 역동적인 관계에 있습니다. 우선 자리행自利行은 내 마음의 괴로움에 초점을 맞춘 것인데, 그로부터 벗어나려고 애쓰다보면 타인도 나와 똑같이 괴로움 속에 있음을 이해하게 되고, 내가 나로부터 벗어나고 싶은 만큼 타인도 그렇다는 걸 느끼고 이해하게 됩니다. 그래도 여전히 자리행自利行에 초점이 맞춰진 사람은 자신의 괴로움에 주의와 에너지를 더 쏟고 있기 때문에 오히려 그 괴로움을 키우거나 유지하는 함정에 빠지게 됩니다. 모든 현상은 주의와 에너지가 쏟아져 들어가는 쪽이 활성화되기 때문입니다. 자신의 괴로움으로부터 벗어나기 위해 자기한테 계속 에너지를 쏟기 때문에, 엄밀하게 들여다보지 못하면 애쓰면 애쓸수록 자기로부터 벗어나지 못하게 됩니다. 자신의 괴로움으로부터 벗어나기 위해 공부를 시작할 수 있습니다. 그렇지만 그 과정에서는, 괴로움으로부터 벗어나 자유롭고 행복하려면 어떻게 해야 할지에 초점을 맞추지 말고, 마음이 어떻게 흘러가는지를 객관적이고 투명하게 바라봐야 합니다. 무언가를 '얻기 위해서'가 아니라 마음이 흘러가는 '과정을 그저 관찰할 때', 즉 관찰을 위한 관찰을 할 때 진정한 자기 관찰이 일어납니다. 그렇지 않고 무엇을 얻기 위해 수행하면 결과적으로 밑바닥에는 '얻으려는 자기'가 계속 남게 됩니다.

대승의 이타행利他行은 미리 이런 함정을 벗어나서 시작합니다. 남을 위한 대비심大悲心에서 시작하므로 괴로워하는 타인에게 모든 주의가 쏟아집니다. 주의가 나를 떠나 밖을 향하는 것이 대승의 장점이고 강점입니다. 다만 자기 마음의 과정을 명확하게 못 보기 때문에, 밖이라고 여기는 곳의 현상에 주의가 쏠렸다가 자기에게 돌아오면 혼돈이 다시 시작될 수 있다는 약점이 있습니다. 믿음의 종교들이 대체로 그렇듯이 마음의 원리에 대한 이해가 명확하지 않다는 약점이 있어요. 자기 자신을 내려놓고 헌신할 때, 자기를 내려놓는다는 것이 무엇인지 명료하게 알고서 헌신의 길을 가는 사람은 물러서지 않지만, 제대로 알지 못하고 헌신만 하게 되면 다시 자기라는 함정에 빠질 수도 있습니다. 자리행自利行과 이타행利他行의 함정이 무엇인지 알면서 가는 것이 좋습니다. 자신의 초점에 맞춰 장단점을 보는 것이 중요합니다.

사회운동가들은 이타행利他行에 초점이 맞춰져 있는 경우가 많습니다. '사회가 이 모양인데 나 혼자 잘 먹고 잘 사는 것이 무슨 의미인가?' 이러는데 마음의 과정을 보지 못하면 함정에 빠지게 됩니다. 그래서 사회운동 하는 사람이 공동체를 이루면 대의를 위해서는 공감을 이루고 합심하지만, 개별적이고 세세한 항목에서는 자기주장을 꺾지 않고 싸우기 시작합니다. 자기가 강해져있기 때문입니다. 대의를 위한다고 말하지만 자기를 숨이지 못하고 강하게 주장하는 것이 이타행利他行의 함정입니다. '나는 정의를 위해서 하는 거야.'라고 주장하는데, 그 정의를 위하는 것이 대체 '누구냐'는 거죠. 그래서 헌신적인 종교가 도리어 독단적이고 배타적이 되기 쉽습니다.

이렇게 살펴본 것처럼 신성취발심信成就發心하는 마음에 세 가지가 있습니다. 곧장 본질을 향해가는 직심直心, 깊이 근원을 궁구하는 심심深心, 중생의 고통을 덜어주고자 하는 대비심大悲心입니다.

모든 선행의 근본에는 자리행自利行이 있습니다. 자기 자신을 살필 수 있으므로 진짜 선행을 할 수 있는 것입니다. 자기 자신을 발견하지 못한 사람은 선행이라고 생각하고 행하지만 자기와 남들에게는 도리어 악행이 될 수도 있습니다. 선행을 한다며 장님이 남을 이끌어 진흙탕으로 데려간다면 그건 선행이 아닙니다. 자신의 눈이 밝아져야 진정으로 타인에게 선행을 베풀 수 있습니다. 자리행自利行이 밑바닥에 명확히 깔려있으면 그의 선행이 진정한 선행이 될 수 있습니다. 대비심大悲心은 타인을 연민의 마음으로 바라보며 중생의 고통을 덜어주고자 하는 마음이므로 이타행利他行의 근본이 됩니다.

본질을 직접 뚫고 들어가는 직심直心, 자신의 마음을 깊이 살펴봄으로써 진정한 선행을 이루는 심심深心, 타인의 고통에 연민을 갖고 그들의 고통을 없애주려는 대비심大悲心이 신성취발심이 구체적으로 나타난 모습입니다. 이처럼 설명하니 누군가가 의문을 갖고 질문하는 내용이 이어집니다.

본질은 평범하다

問曰. 上說法界一相, 佛體無二. 何故不唯念眞如.
문 왈 　상설법계일상 　불체무이 　하고불유념진여

復假求學諸善之行.
부가구학제선지행

묻기를, "위에서 법계法界는 하나의 상相이며 불체佛體(본질)는 둘이 없다
했는데, 어떤 이유로 진여만 생각지 않고 다시 모든 선행을 배우려고 하
는가?"

법法이란 단어는 현상, 진리, 부처님의 설법 이렇게 세 가지 의미로
쓰인다고 했습니다. 현상계이면서 진리의 세계이기도 하다는 거예요.
우리는 현상계와 진리계를 나누지만, 법계法界라는 한 단어가 두 세계
를 모두 지칭하는 말로 쓰입니다. 왜 그럴까요? 진리는 결국 현상계
를 통해서만 터득되기 때문입니다. 현상이 없는 곳에 진리는 없습니
다. 진리가 '한쪽으로 치우쳐 드러난 모습'이 현상계이고, 치우침이 없
는 것이 진리입니다. 건강과 질병을 통해 비유하자면, 질병이 없는 것
이 건강이라는 의미입니다. 우리는 건강함이라는 것을 질병을 통해서
만 알 수 있습니다. 건강이라는 것 자체는 알 수 없어요. 그래서 현상
을 떠난 것이 진리라고 하며, '현상'과 '현상을 통해 드러나는 진리'를
다같이 법法으로 표현합니다.

질문을 살펴봅시다. 법계法界는 오직 하나인데 이것과 저것을 또 분
별해서 갈 필요가 있는가? 본질에는 둘이 없다 했으니 오직 진여만을
생각하여 진여 자체로 들어가면 되는데, 이런 저런 선행을 배울 필요

가 있는가? 이런 질문입니다.

答曰. 譬如大摩尼寶, 體性明淨, 而有鑛穢之垢.
답 왈   비 여 대 마 니 보   체 성 명 정   이 유 광 예 지 구

若人雖念寶性, 不以方便種種磨治, 終無得淨.
약 인 수 념 보 성   불 이 방 편 종 종 마 치   종 무 득 정

답하기를, "비유하자면 큰 마니보摩尼寶가 그 체성體性은 맑고 깨끗한 것
이지만 거친 광석의 때를 가지고 있어 만일 사람이 보석의 깨끗한 본성
을 생각하면서도 여러 방편으로 갈고 닦지 않으면 끝내 깨끗해질 수 없
는 것과 같다."

마니보는 귀한 보석을 말합니다. 체성體性이 텅 비고 맑고 깨끗하다
는 것을 보기 위해서는 전체를 한 번에 보아야 합니다. 그래서 법계法
界는 하나의 상相인데 왜 이런 저런 선행을 배우고 행하는지 질문을 한
것이니 이 질문이 옳은 말입니다. 질문에 대해 보석의 비유를 들어 답
했습니다. 보석의 본질은 맑고 투명한 것인데 그것이 제대로 드러나려
면 전체성이어야 합니다. 보석에 때가 묻었다는 것은, 의식적인 측면
에서 보자면 늘 분별한다는 의미입니다. 분별은 벡터vector이고, 한 곳
을 향해 가는 마음은 그것을 제외한 다른 벡터에 대해서는 문을 닫은
마음입니다. 즉 분별하는 마음은 전체가 아니라 조각난 마음입니다.
그림을 맞추는 직소 퍼즐jigsaw puzzle을 할 때, 하나의 파편을 보면 다
른 파편을 보지 못하는 것과 같습니다. 다 맞춰진 전체를 볼 때는 맑
고 명징하게 커다란 그림을 볼 수 있지만, 하나의 조각을 보고 있으면
전체를 볼 수 없으니 다른 것에 대해 장님이 된 상태라고 할 수 있습니
다. 하나의 생각은 그 생각 외의 다른 것에 대해서 마음의 문을 닫게
합니다. 왜냐하면 생각이란 '경계 지어 분열시켜 내부와 외부를 나누

는 것'이어서, 편린에 초점을 맞추고 집착하게 하기 때문입니다. 그래서 생각으로 하는 공부는 부분적일 수밖에 없습니다. 자신의 감지感知™를 다 내려놓고 생각으로 경계 지어진 부분을 흐리게 만들어야 전체가 제대로 보입니다. 펭귄 그림의 퍼즐을 다 맞추고 나면 전체적인 펭귄의 모습이 잘 보이면서도 조각들 사이의 갈라짐도 분명히 보입니다. 그런데 만약 갈라짐에만 초점을 맞춘다면 펭귄이 보이지 않을 것입니다. 이와 마찬가지로 생각 속에 있으면 전체를 볼 수 없어서 명징하지 못합니다. 이렇게 생각이라는 것은 파편만을 보게 하기 때문에 경계선을 깨끗이 닦고 지워야 합니다. 이는 부분으로 경계 짓는 마음을 내려놓고 흐리게 하기 위해서입니다. 생각 차원으로 한계 지어진 내가 자신의 한계를 인식하기 위해 계속해서 닦아 나가야 합니다. 본질을 얻기 위해서가 아니라 파편인 생각에 휩싸인 자아의 한계를 벗기 위해 닦는다고 보면 됩니다.

본질에 있어서는 닦을 필요가 없습니다. 생각에 빠지는 것만 닦아내면 본질은 이미 드러납니다. 새로이 얻는 것이 아니에요. 본질은 만들거나 이루는 것이 아니라 이미 이루어져 있습니다. 생각과 감정에 빠지지 않음으로써, 그것들이 현상이라는 걸 파악하는 것이 닦아내는 겁니다. 마음에서 올라오는 생각이나 감정에 휩싸이지 않고 '이건 느낌이고 생각이지' 하며 계속해서 '대상'으로 인식하다보면 그것들은 지나간다는 것을 확인하게 되고, 언젠가는 그것들이 '잠깐 경계 지어진 느낌'일 뿐이지 본질이 아님을 깨닫게 됩니다.

깨달음이란 이미 있던 것을 깨우치고 알아채는 것입니다. 어떤 사람들은 두 시간 동안 호흡을 한 번만 하면 어떤 단계이고 기타 등등 말하는데 그것은 초능력에 관한 것이지 본질을 깨우치는 것과는 상관없습니다. 신기한 이야기에 끌려가면 안 됩니다. 본질은 어렵거나 신기하지 않습니다. 본질은 평범합니다. 다만 평범한 본질이 발견되면 신기한 일이 벌어지죠. '내'가 '경험하는 세계'가 달라집니다. 이상하게 달라지는 것은 아니고, 내가 경험하는 세계가 느낌에서 일어나기 때문에 그런 것들에 휘둘리지 않게 됩니다. 사실 그것이 제일 신기한 일입니다.

본성을 발견하지 못했을 때는 그에 대한 생각만으로 본성의 깨끗함을 유지할 수 없으니, 그 이유는 생각 자체가 분리의 오염을 발하는 것이기 때문입니다. 따라서 생각의 차원에 머물 때는 늘 갈고 닦음을 염두에 두어야 합니다.

그것은 마치 연극배우가 연극의 역할에 열중하느라 자신의 본질이 이 역할과는 상관없다는 것을 잊은 것과 같습니다. 그의 본질은 역할을 연기하는 동안에 일어나는 희로애락喜怒哀樂과는 아무 상관이 없지만 역할에 깊이 빠져 언뜻 언뜻 본질이 잊혀지는 것입니다. 그러다 결국 역할이 자신의 전부가 되어버린 사람은, 그 역할에서 빠져나오기 위해 역할이 주는 '느낌'들에 대해 감각상태로 가는 것이 필요합니다. 그가 본질이 아니어서가 아니라 '느낌'에 젖어버렸기 때문에 그것을 잊기 위해 감각연습이 필요한 것입니다.

더러운 유리창이 아니라 유리창이 '나'이다

如是衆生眞如之法體性空淨, 而有無量煩惱染垢.
여 시 중 생 진 여 지 법 체 성 공 정   이 유 무 량 번 뇌 염 구

若人雖念眞如, 不以方便種種熏修, 亦無得淨.
약 인 수 념 진 여   불 이 방 편 종 종 훈 수   역 무 득 정

이와 같이 중생의 진여법眞如法도 그 체성體性이 텅 비고 깨끗하나 한량

없는 번뇌의 더러운 때가 있으니, 만일 사람이 비록 진여를 생각하지만 방편으로 갖가지로 훈습하여 닦지 않으면 또한 깨끗해질 수가 없는 것이다.

대승기신론에 나오는 염念은 대부분 망념妄念을 의미합니다. 최초의 망념은 전식轉識으로 '너와 내'가 나눠지는 것입니다. 모든 분별하는 마음이 망념妄念이니, 염念이란 것은 기본적으로 경계 짓고 나누는 마음입니다.

신성취발심信成就發心을 이루긴 했지만 아직 생각의 차원, 즉 분별의 차원에 있어서 생각에 초점을 맞추고 살기 때문에 염念을 이루는 경계선을 닦으라고 말합니다. 염念의 차원을 넘어간 사람한테는 닦아내라고 하지 않습니다. 알아채라고 하죠. 닦으라는 말은 이제 막 믿음이 생긴 사람에게 하는 말입니다. 그러니까 경전을 잘 읽어야 합니다. 처음 믿음이 생긴 사람에게 하는 말이 있고, 깊은 이해인 해오解悟를 이룬 사람에게 하는 말이 있고, 증오證悟를 이룬 사람에게 하는 말이 있습니다. 예를 들어 금강경은 해오解悟와 증오證悟 사이에 있는 사람을 위한 것입니다. 경전을 모든 사람에게 똑같이 적용하면 안 됩니다.

훈습薰習은 자기보다 강하고 깨끗한 것에 물드는 것입니다. 내가 군에 복무할 때 한 사람에게 배운 것이 있습니다. 직업군인인 상사였는데 군대생활을 오래한 사람이고 지혜로웠습니다. 장교들보다 나이와 경험은 많은 사람이지만 전쟁이 나면 소위나 중위 같은 장교들에게 명령을 받아야 합니다. 작전 때도 전쟁 때와 마찬가지로 장교들이 지휘권을 갖고 있어서 절대 복종해야 합니다. 어느 날 작전을 갔는데, 다른 부대 내에 잠시 머무르게 되었습니다. 병사들은 부대 내이니 야간 보초를 서지 않고 편안하게 자고 싶어 하고, 소대장은 전시상황과 마찬가지니 보초를 서야 한다고 했습니다. 그런데 이 두 입장 사이에서 그 갈등을 해결해야 하는 상사는 아주 골치 아픈 상황인데도 너무 평안해서, 나는 이 사람이 대체 어떻게 대처할지 지켜보고 있었습니다. 오후 5시가 넘어가고 별다른 대책이 없는데도 이 사람은 평상심을 유지합니다. 그는 고민하거나 두려워하거나 초조해하지 않고 방법을 찾고 있었어요. 그때 병사 중에 한 명이 누군가 분실한 총을 들고 찾아왔습니다. 그러자 그 상사는 혼잣말로 "아 이제 해결됐다." 하면서 병사들을 소집하여 총기 분실한 사람을 찾아내고, 병사들의 기강이 해이해져서 안 되겠다며 원칙대로 야간 보초를 서게 했습니다. 그때 나는 그 사람을 보면서 에너지를 쓰는 방법을 배웠고, 그 이후로 고민苦悶(괴로워하고 초조해함)하고 번뇌하는 대신 문제 해결을 위한 염려念慮(생각하고 고려하여 방법을 찾아냄) 쪽으로 에너지를 사용하게 됐습니다. 그 상사를 보면서 나도 모르게 닮아간 것입니다. 같이 지내다 보면 그런 사람의 삶의 방식에 물드는 것이 바로 훈습薰習입니다.

수修는 스스로가 닦아 나가는 것을 말합니다. 좀 전에 말한 대로 이치를 봄으로써 마음의 경계선을 흐리게 하고, 그 경계에 빠지지 않으면 원래 있던 전체가 드러남을 깨치는 그런 것이 바로 수修입니다.

여러 가지로 훈습하여 닦지 않으면 깨끗해질 수 없다고 했습니다. 신성취발심자는 아직 생각이 분리시키는 경계선을 중심으로 살아가는 사람입니다. 그래서 훈습의 닦음을 통해 오해와 착각, 잘못된 경계선을 지워나가는 작업을 해야 합니다. 유리에 경계선이 그려져 있다 해도 유리 자체에는 아무 변화가 없습니다. 경계선이 지워지면 그냥 깨끗한 유리일 뿐이죠. 그래서 통찰이 중요합니다. 닦아내면 내가 더 맑아지고 넓어진다고 생각한다면 그 사람은 '어두운 것'이 '자기'라고 믿고 있는 사람입니다. 더러운 유리창을 자기라고 믿고 있는 사람은 유리창을 닦으면 내가 맑아진다고 생각해요. 그러나 나는 이미 맑습니다. '진흙 속의 연꽃'은 진흙 속에 있지만 진흙에 물들지 않음을 의미하는데, 여기에는 함정이 있습니다. 닦으면 더 나아지고 성장하고 높아진다고 느끼고 경험하고 믿는다면, 그 사람은 오염되고 물든 어떤 것을 자기라고 여기는 것입니다. 옛날에는 누가 나에게 욕을 하면 화가났었는데 이젠 괜찮아요. 그래서 자신이 성장했다고 뿌듯해합니다. 이사람은 욕을 들으면 짜증나고 화나던 자기를 자신이라고 여겼었는데, 지금은 짜증나고 화나지 않는 자기를 자신으로 여기는 것입니다. 여기에 묘한 함정이 있습니다. 자신이 변했다고 여기는 것입니다. 자신의본질이 나아진 것은 아무것도 없습니다. 본질이 아닌 것이 떨어져 나갔을 뿐이에요. 하나씩 떨어져나갈 때마다 본질 아닌 것이 떨어져나감에 초점을 맞출 수 있다면 그는 모든 것이 완전히 떨어져나가지 않아도 본질을 발견할 수 있는 사람입니다. 그런데 떨어져나감에만 초점이맞춰진 사람은 완전히 떨어져나가도 본질이 파악될까말까 하는 사람입니다. 이것이 혜능과 신수의 차이입니다.

그리고 그 유리창마저 아니다

5조 홍인대사가 6조 혜능을 받아들일 때의 일화가 있습니다. 혜능은 글도 모르는 젊은이였는데 우연히 장터에서 금강경의 한구절(응무소주이생기심應無所住而生其心)을 듣고 발심해서 홍인대사를 찾아갔습니다. 홍인대사는 그가 큰 그릇임을 첫눈에 알았지만 주변의 시선을느껴 방앗간에서 방아를 찧게 했습니다. 어느 날 홍인대사는 자신을 이을 제자를 선출하기 위해서 제자들에게 깨달은 진리를 써보라고 합니다. 당시에 수제자였던 신수는 벽에 '우리의 몸은 보리수와 같고 마음은 깨끗한 거울과 같으니, 계속해서 먼지를 털어내고 닦아내서 청정한 지대에 이른다(身是菩提樹 心如明鏡臺 時時勤拂拭 勿使惹塵埃)'는 글귀를 자신이 없어 몰래 써놓았습니다. 그러자 글자도 모르는 혜능이 옆 사람이 읽어주는 신수의 시를 듣고서 그 옆에 자기 시를 써달라고 부탁했습니다. '보리菩提는 본래 나무가 아니고 거울 또한 틀이 아니네. 본래 한 물건도 없는데 어느 곳에 먼지가 쌓이겠는가(菩提本無樹 明鏡亦非坮 本來無一物 何處惹塵埃).' 신수보다 한층 탁월한 이 시를 홍인대사가 보고 혜능에게 위해가 있을 것을 염려해 그의 계송을 지워버리고, 그날 밤 혜능을 몰래 불러 금강경을 한번 강의하고 달마대사로부터 전해 받은 가사와 발우를 전수하여 선종 제6조 대사로 인가하였습니다.

혜능은 잡을 것이 없음을 즉각적으로 철저하게 보고 모든 것을 태워버린 사람입니다. 그렇지 못하고 관성이 남은 사람들은 자꾸 닦아내고 수련해야 합니다. 이것은 철저하게 봤느냐, 그렇지 못했느냐의 차이입니다. 예전에는 자신을 비난하는 소리를 들으면 화가 났었는데 이제는 그렇지 않다면 많이 닦아진 것입니다. 그때 '많이 편하고 좋아졌으니 나는 이제 본질을 향해 가고 있구나.'라고 생각한다면, 그 사람은 신수 같은 사람입니다. 그 사람은 마음이 전혀 흔들리지 않아야만 본질을 터득했다고 여길 것입니다. 혜능 같은 사람은 자기가 나아진 부분에 초점을 맞추는 것이 아니라 내 마음이 예전과 다르다면 무엇이 달라진 것인지, 마음의 초점이 어떻게 달라졌는지를 살핍니다. 그래서 마음의 초점이 가있는 곳, 즉 동일시된 것이 나를 좌지우지한다는 것을 통찰해 냅니다. 그 사람은 끝까지 가지 않아도, 완전히 닦이지 않아도 자신이 거울마저 아니라는 것을 압니다. 그러니까 나아지는 것에 초점을 맞추면 안 됩니다. 여러분은 좋아진 것이 아무것도 없고, 앞으로도 좋아질 것은 없습니다. 왜냐하면 이전에도 본질이었고 지금도 본질이기 때문입니다. 무언가 달라지고 좋아졌다면 그것은 현상입니다. 마음의 현상이 달라지는 것이지 본질은 한 치의 변함도 없습니다. 좋아진 것에 초점을 맞추면 거기에 머물게 됩니다. 그때와 지금의 내 마음은 다른데, 달라지지 않은 것은 무엇인지에 초점을 맞춰야 본질에 초점을 맞춘 것입니다. 물론 신수 같은 사람이 돼도 괜찮습니다. 조금 더 시간이 걸릴 뿐이죠. 혜능 같은 사람은 직심直心을 사용하는 사람입니다.

중생의 본질은 여전히 깨끗한데, 분별하는 마음이 분별없는 마음을 가리고 있습니다. 예를 들어 본연의 마음에는 탁자도 컵도 없고 오직 감각적 자극만이 있으며, 더 깊이 들어가면 전체 우주가 하나로 돌아가는 흐름이 있을 뿐입니다. 살아있다는 것, 현상화되었다는 것은 끊임없는 움직임을 의미합니다. 컵은 움직이지 않는 것처럼 보이지만 소립자 단위로 내려가면 어떤 유사한 패턴대로 끊임없이 움직이고 있습니다. '나'라고 여겨지는 것도 마찬가지입니다. 늘 비슷한 패턴대로 생각과 감정과 느낌이 발현되기 때문에 늘 같은 '나'로 여겨지지만, 사실 어제의 나와 오늘의 나는 다릅니다. 그러나 마음은 그 차이를 알지 못합니다. 그래서 감지™ 연습이 중요합니다. 감지라는 것을 한번 발견하고 꾸준히 감지 연습을 하면 점차 섬세한 감지도 구별해낼 수 있어서 어제의 나와 오늘의 나, 이 사람을 대할 때의 나와 저 사람을 대할 때의 나가 끊임없이 달라지고 있다는 것을 파악할 수 있습니다.

以垢無量遍一切法故, 修一切善行以爲對治.
이 구 무 량 편 일 체 법 고   수 일 체 선 행 이 위 대 치

若人修行一切善法, 自然歸順眞如法故.
약 인 수 행 일 체 선 법　　자 연 귀 순 진 여 법 고

왜냐하면 때가 한량없어 모든 법에 두루하기에 모든 선행을 닦아 대치하는 것이니, 만일 사람이 모든 착한 법을 수행하면 절로 진여법眞如法에 귀순하기 때문이다.

우리가 아는 모든 현상은 감지입니다. 즉, '느낌'으로 경험되는 마음의 때, 경험의 흔적들이에요. 그렇기에 이 감지를 닦아내어 감각으로 가는 것입니다. 여기서 말하는 선행은 자기 자신을 엄밀히 바라볼 수 있는 눈이 뜨인 선행입니다. 도덕적으로 착하고 선한 일을 의미하는 것이 아니에요. 눈을 뜨고 길을 가면서 자신이 할 수 있는 모든 선행을 해나가면 자리自利와 이타利他를 같이 닦아가는 것입니다. 자리행自利行만 하는 소승이 이기적으로 보이는 이유는 자기를 닦는 것에만 집중하기 때문입니다. 명상이나 자기수행에 관심 있는 대부분의 사람들은 이기적으로 보이잖아요. 남들이 나를 어떻게 보는지도 신경 쓰지 않습니다. 자리自利만 하는 사람은 사랑이 부족하고 남의 아픔을 잘 모릅니다. 큰 아픔이 있었던 사람은 남의 아픔도 알 수 있겠지만, 그 사람도 자기의 고통 이상은 잘 모를 수 있습니다. 그래서 사랑을 중요하게 생각하는 사람들은 명상하는 사람들이 배려가 없고 사랑이 없다고 말하기도 합니다. 핵심을 보지 못하고 겉만 보면 그렇게 말할 수 있습니다. 소승은 자리自利를 먼저 해야 남을 이끌 수 있다 하고, 대승은 눈 뜬 만큼 같이 가라고 합니다. 소승은 내가 해탈해야 다른 사람을 도울 수 있다고 하지만, 진정 눈뜬 사람에게는 너와 내가 없습니다. 자自와 타他가 둘이 아니기 때문입니다.

다른 사람이 눈감고 있음으로 인해 생겨나는 아픔을 자신이 눈뜬 만

큼 도우면서 같이 가는 것이 일체의 선법善法을 수행하는 것입니다. 그 과정 속에 관계에서 오는 사랑과 너와 나가 없음을 체득하게 됩니다. 불교에 불법승佛法僧이 있습니다. 불佛은 불교의 진리, 법法은 그 진리가 드러난 현상적인 측면, 승僧은 진리를 추구하는 사람의 집단을 말하는데, 이것이 삼보三寶로서 대승의 기초입니다. 승僧은 승려이기도 하지만 모여서 함께 간다는 의미이기도 합니다. 혼자 가는 것보다 같이 가는 편이 더 쉽습니다. 물론 같이 가는 것에 함정도 있긴 합니다. 본질이 터득되지 않았지만 기가 센 사람에게 끌려갈 수도 있다는 점인데, 그럼에도 같이 가는 것이 좋습니다.

개념을 가진 모든 이에게 생사生死의 현상이 보인다

오늘은 신성취발심信成就發心 세 번째 강의입니다. 지난 시간에는 신성취발심의 세 가지 마음인 직심直心, 심심深心, 대비심大悲心에 대해 설명했고, 오늘은 구체적인 연습방법인 방편에 대해 이야기합니다.

略說方便有四種. 云何爲四.
약 설 방 편 유 사 종   운 하 위 사

一者行根本方便. 謂觀一切法自性無生, 離於妄見, 不住生死.
일 자 행 근 본 방 편   위 관 일 체 법 자 성 무 생   이 어 망 견   부 주 생 사

대략 방편을 설명하자면 네 가지가 있으니 무엇인가?
첫째는 행근본방편行根本方便이다. 일체의 법法은 자성自性이 생기지 않음을 보아 망견妄見을 떠나고 생사生死에 머물지 않음을 말한다.

일체의 현상에 자성自性이 없음을 명확히 보면 생사生死에 머물지 않게 되니, 이것이 근본을 행하는 연습입니다. 현상은 독립적으로 생겨

난 그 무엇이 아니라는 말이지요. 망견妄見은 망령된 견해인데 주체와 대상으로의 분열과 그 이후를 말합니다. 생사生死라는 것은 마음에서 일어나는 여러 가지 현상들을 의미합니다. 마음에 나타나면 생生이고, 마음에서 사라지면 사死입니다. 사람의 탄생과 죽음 또한 마음이 그렇게 여기는 것이니 결국은 마음의 생사이고, 마음의 인식입니다. 그러한 생사가 있다는 망견妄見을 떠나는 것이 근본을 행하는 연습이 됩니다. 생사에 '머물지 않음(不住生死)'이라고 했습니다. 개념을 가진 모든 사람에게는 생사의 현상이 보입니다. 그 개념을 떠나서, 생사 없는 무심無心의 상태로 살아간다는 말이 아니라, 생사에 머물지 않는다고 말했습니다. 뭔가 태어났다거나 내 것이 되었다는 '마음에 머물면', 그 마음이 생겨나면 기뻐하고, 그 마음이 사라지면 상실감에 아파합니다. 생사라는 현상이 없다는 것이 아니라 거기에 머물지 않는다는 것입니다.

觀一切法因緣和合, 業果不失, 起於大悲, 修諸福德,
관 일 체 법 인 연 화 합　　업 과 부 실　　기 어 대 비　　수 제 복 덕

攝化衆生, 不住涅槃. 以隨順法性無住故.
섭 화 중 생　　부 주 열 반　　이 수 순 법 성 무 주 고

모든 법이 인연因緣으로 화합하여 업과業果를 잃지 않음을 보고 대비大悲를 일으켜 여러 복덕福德을 닦아 중생을 섭화攝化하여 열반에 머물지 않음을 말하니, 이는 법성法性의 주착함이 없음에 수순하기 때문이다.

업業이란, A가 생겨나면 B가 일어나고, B가 일어나면 C가 생겨나는 A-B-C의 관계를 말합니다. A가 생겨나면 B를 거쳐 C가 생겨나는 것이 바로 업과業果인데, 원인과 결과의 과정이 엄밀하게 진행됨을 의미합니다. 현상은 무작위로 일어나지 않습니다. 인因과 연緣이 만나 어떤

현상이 일어나는 것이 인과因果 관계인데, 이러한 '현상'이 '실재'라고 믿게 되면 업業의 지배를 받을 수밖에 없습니다. 마음에 뭔가 올라왔을 때 그것이 '탄생'했다고 여기면 그것이 사라질 때 슬플 것입니다. 탄생을 믿으면 당연히 죽음은 그 결과로 오게 되니, 탄생을 믿는 마음이 죽음을 슬퍼하는 업業으로 이어집니다. 실재한다고 믿는 마음이 업業을 실현시킨 것입니다. 그러한 삶을 사는 중생을 위해 보살은 대승大乘을 일으켜 중생을 가르치고 변화시킵니다. 대승의 수행방법은 대비심大悲心과 호법심護法心을 기본으로 합니다. 다른 존재를 위해 큰 사랑과 연민을 일으키는 것이 대비심大悲心이고, 진리를 지키려는 마음이 호법심護法心이라고 했습니다. 대승의 수련법은 소아小我를 깨치는 데 초점이 맞춰진 것이 아니라, 타인과 진리를 위해 '헌신하는 방법'입니다. '나'에 초점을 맞추지 않기 때문에 이 수련방법이 빠를 수 있습니다. 남을 위하다 보면 자기 문제가 걸리게 되는데, 그것을 지켜보면서 여전히 대비심과 호법심을 실천하는 수행을 해나갑니다.

중생을 섭화하고 열반에 머무르지 않는다고 했습니다(攝化衆生 不住涅槃). 수련을 통해 번뜩이는 통찰이 일어나 자기로부터 자유로워졌다고 해서 자신의 열반에만 머무르지 않고, 대비심과 호법심을 일으켜 생명의 에너지를 사용합니다. 부처님도 중생을 공경하는 대비심을 가지고 살았다고 합니다.

법성法性은 진리의 특성을 말하는데, 그중에서 머물지 않음을 따르는 수련법인 행근본방편行根本方便을 설명했습니다. 법의 본성은 그 어디에도 머물지 않기에 열반에도 머물지 않습니다.

참회와 전적으로 수용하기

二者能止方便. 謂慚愧悔過, 能止一切惡法不令增長.
이 자 능 지 방 편　위 참 괴 회 과　능 지 일 체 악 법 불 령 증 장

以隨順法性離諸過故.
이 수 순 법 성 리 제 과 고

둘째는 능지방편能止方便이다. 자기의 허물을 부끄러워하고 뉘우쳐 모든
악법을 그치게 하여 증장하지 않게 함을 말하니, 이는 법성法性의 모든
허물을 여의는 것에 수순하기 때문이다.

두 번째는 참회와 멈춤의 방법입니다. 참회란 카르마(業)가 무의식에
쌓이지 않게 하는 방법입니다. 카르마는 불완전 연소된 나무와 같아서
다 타지 못한 것이 덩어리로 남고 불연소된 열기는 연기로 뿜어져 나
옵니다. 어제 누군가에게 욕을 먹었습니다. 화가 끓어 올랐지만 표현
하지 못했습니다. 그것이 무의식에 쌓입니다. 오늘은 누군가에게 화를
냈습니다. 집에 돌아오니 그러지 않아도 되었을 일이라 후회가 됩니
다. 다음날 그에게 자존심 상 잘못했다고 말하지 못합니다. 그 마음은
덩어리로 무의식에 저장됩니다. 이렇게 쌓이고 저장된 것들이 심층을
형성하여 작은 일에도 화가 납니다. 이때 그가 화를 냈던 것을 깊이 들
여다보고 잘못을 참회하면 쌓인 것은 사라집니다. 또 욕먹은 일을 깊
이 살펴보아 자신이 잘못한 것을 부끄러워하며 참회합니다. 그러면 그
에 대한 화도 사라져 심층은 깨끗합니다.
　일본의 내관법은 참회를 주로 하는 수련법입니다. 어느날 한 수련생
이 왔는데 2박 3일을 어머니에 대해 참회하라니 자신은 할 것이 없다
고 했습니다. 그의 어머니는 알콜 중독자로 자신을 돌보지 않았기 때
문입니다. 그래도 안내자가 계속 어릴 때부터 하나하나 살펴보라 했습

니다. 어쩔 수 없이 지나온 삶을 자세히 살펴보던 그는 사흘째 되는 날 오열하게 됩니다. 어머니가 늘 술에 취해 살았지만 학교에 갔다 오면 한 번도 빠지지 않고 밥상을 차려줬다는 것이 기억난 것입니다. 그에 비해 자신은 술냄새 나는 어머니를 미워만 했지 어머니께 해준 것이 아무것도 없다는 것을 깨달은 것입니다. 이때부터 그의 마음에 남아있던 분노가 눈녹듯 사라지고 마음은 평온하게 되었다고 합니다. 이같이 참회는 마음을 자유롭게 하는 기능이 있습니다.

다음으로, 백일학교[10]에서는 '전적으로 수용하기' 연습을 합니다. 마음에서 무엇인가 올라올 때 아무 이유 없이 즉각 내 마음을 숙이고 전적으로 상대방을 수용하는 것입니다. 상대가 수용되려면 마음을 막고 있는 '내'가 숙여져야 합니다. 이와 마찬가지로 내 마음에서 일어나는 모든 허물과 악법을 멈춰서 즉각적으로 현상을 사라지게 하는 것입니다. 현상에 끌려 다니는 자신의 마음을 부끄러워하며, 끊임없이 자신의 내면을 살핌으로써 자아의 '일어섬'을 즉각 내려놓는 연습입니다. 이 행동은 새로운 '힘'을 키워줍니다. 허물이란 마음에서 올라오는 수많은 나쁜 마음들입니다. 여러 순간에 분노, 두려움, 이기심 등이 마음에서 올라와 힘을 얻어 주인 노릇을 합니다. 그 순간 그런 것들이 '내가 되어' 있는 거예요. 마음속에서 뭔가 올라와서 힘을 얻고 있음을 알아차리면, 즉각 거기에서 힘을 빼고 '나'를 숙이는 것입니다. '이건 나쁜 짓이야' 이런 설명 없이도 내 마음에서 올라오는 현상을 숙일 수 있다면, 그 사람은 마음의 '현상'보다 '큰 사람'입니다. 그 사람의 몸과 마음에서 일어나는 생명현상이 마음의 현상보다 커지기 때문입니다.

---

10) 백일학교: 홀로스 공동체에서 깨어있기™를 수행한 사람들이 어떤 통찰이 왔다 해도 관성적으로 끌려가는 습관을 바꾸기 위해 100일동안 참여하는 수련 과정.

마음에서 올라오는 모든 '대상'들을 멈춰 점차 '대상이 없는 주체', 또는 대상 없는 관찰만 남은 것이 바로 순수의식이라고 불리는 것입니다. 마음을 관찰할 때는 관찰하는 자가 있습니다. 위빠사나를 할 때 처음에는 몸에서 일어나는 현상을 관찰하고, 그 다음에는 마음에서 일어나는 느낌을 관찰하고, 마지막에는 관찰하는 자기 자신을 관찰합니다. 관찰하려면 그 대상이 있어야 하는데 점차 대상이 사라지는 쪽으로 옮겨가기 때문에 마지막에는 대상 없는 관찰, 즉 '있음'[11]의 상태와 비슷해집니다. 그러면서도 깨어있어요. 무슨 일이 벌어지면 즉각 알아챌 수 있지만 대상은 없는 상태입니다. '생각 없애기' 연습을 해보면 최종적으로는 올라오는 생각을 '지우는 내'가 있습니다. 생각이 떠오른 것을 발견하면 지우고, 또 발견해서 지우다 보면 맨 나중에는 생각이 없습니다. 사실 생각은 계속 떠오르지만 생각을 지우는 속도가 빨라진 것이고, 내 온 에너지가 생각을 지우는 데 초점 맞춰진 것입니다. 마찬가지로 관찰을 철저히 하다보면 대상에 에너지가 가지 않고 관찰 자체에 에너지가 더 많이 가게 되어서, 대상이 사라지고 관찰 자체만 남는 상태가 됩니다. 이것이 바로 '봄'만 남은 상태입니다. 텅 빈 허공이란 느낌마저도 없습니다. 그것도 하나의 대상이니까요. 더 깊어지면 '순수의식', '있음', '존재감'만 남는 상태가 됩니다. 무슨 일이 일어나면 즉각 알아차릴 수 있지만 대상은 없는 상태입니다. 주체는 결코 대상 없이 존재할 수 없지만, 대상이 사라지는 과정에서 여전히 남아있는 깨어있는 마음이 바로 순수의식입니다. 순수의식은 내용 없는 의식이며, 대상 없는 관찰입니다. 관찰대상이 마음에서 점차 사라지면 마지막에

---

11) '있음': 깨어있기™ 용어. 의식이 '존재감'만 있는 상태. '내가 있다'가 아니라 '있다'만 있는 상태.

는 대상은 없고 관찰만 남는 상태가 됩니다. 보는 자가 있을 거라고 상상하기 쉽지만 보는 자도 없습니다. '봄'만 남습니다. 그것은 일종의 마음의 순수한 기능입니다.

진리, 진리를 본 사람, 진리를 추구하는 사람을 가까이 하라

三者發起善根增長方便.
삼 자 발 기 선 근 증 장 방 편

謂勤供養禮拜三寶, 讚歎隨喜, 勸請諸佛.
위 근 공 양 예 배 삼 보   찬 탄 수 희   권 청 제 불

以愛敬三寶淳厚心故, 信得增長, 乃能志求無上之道.
이 애 경 삼 보 순 후 심 고   신 득 증 장   내 능 지 구 무 상 지 도

셋째는 선근善根을 일으켜 증장시키는 방편이다.
삼보三寶에 부지런히 공양하고 예배하며, 모든 부처를 찬탄하고 따라 기뻐하며 권청하여 삼보를 애경하는 순후한 마음 덕에 믿음이 증장되어 위가 없는 도道를 구하는 데 뜻을 두며,

삼보三寶는 불법승佛法僧이니 '진리를 본 사람', '진리', '진리를 추구하는 사람들의 모임'을 말합니다. 삼보三寶를 공양하고 예배하며, 부처를 찬탄하고 기뻐하는 것은 진리를 사모하는 마음을 증장시킵니다. 그들을 가까이 함으로써 거기에 스스로 물들게 되는 좋은 방편이 됩니다.

상대를 공경하면 '자아는 낮아'집니다. 그래서 매사에 감사하면 자기가 낮아져서 기분이 좋아지고, 누가 뭐라 한다 해도 마음에 여유가 있습니다. 마음은 넓은데 '나'는 작으니 마음의 여유가 생기는 것입니다. 마음에 내가 가득 차 있을 때는 누가 뭐라고 하면 잘난 '나'가 크게 반응합니다. 공양과 예배와 찬탄은 '나'라는 것을 낮추고 가볍게 하는 역

할을 합니다. 사실은 상대방만을 위한 것이 아니라 자기를 수련하는 방법이기도 합니다. 양무제梁武帝가 달마대사에게 "나는 그동안 불교를 위해 수많은 사찰을 짓고 스님들에게 많은 보시를 하였는데 그 공덕은 얼마나 크겠는가?"라고 물으니 달마대사가 "무無."라고 대답했습니다. 헛일했다고 했어요. 자기 마음을 보지 않고 '내가 뭘 해줬어.'라고 여기면 도리어 자기를 키운 것이지요. 양무제는 자기 마음에 독을 만든 것입니다. 그래서 달마대사는 진정한 진리의 입장에서는 한 일이 없다고 말한 것입니다. 진정으로 누군가를 공경하면 자기는 작아집니다. 그렇게 낮아지고 작아진 '나'의 느낌을 느껴보세요. 누군가를 가르치면 자기는 커집니다. 그래서 가르친다는 것은 위험한 일이고 잘못하면 독이 될 수도 있어서, 견성見性한 후에 몇 년을 보이지 않는 곳에서 썩으라고 했습니다. 그 다음에 세상으로 나와서 사람들이 청하면 가르치는 것이죠. 그렇지 않고 곧바로 가르치면 자기가 커져 도리어 힘들어집니다.

신념과 신뢰

위와 같은 방편을 행하면 믿음이 증장되어 무상지도無上之道, 즉 최고의 진리를 구하는 데 뜻을 둔다고 했습니다. 여기서 우리가 잘 살펴야 하는 것은 '믿음'이라는 단어입니다. 믿음에는 두 가지 종류가 있으니 신념信念과 신뢰信賴입니다. 신념과 신뢰는 같은 '믿음'이라 여겨져도 커다란 차이가 있습니다. 신념信念은 무언가를 믿는 마음을 말하는데, 자기가 믿는 것 외에는 마음을 닫아서 자신을 강하게 만듭니다. 신뢰信賴는 무언가에 의지하고 기대어 믿는 마음입니다. 의존하게 된다는 부정적 느낌도 있지만, 신뢰는 기본적으로 자기를 낮추어 마음이 열리게 합니다. 믿음이 증장된다는 말은 열린 마음이 증장됨을 의미합니다. '이게 진리야' 주장한다면 신념이 커진 것이고, 강한 에너지가 붙은 믿음으로 자기를 강화시켜 굴레에 속박되게 만듭니다. 신뢰는 순수하게 열린 마음입니다. 이는 무언가를 받아들이거나 거부하지 않고 그저 열린 통로가 되는 것입니다. 내 의식이 열린 통로가 되어 마음을 비워두고 있으면 배운 내용이나 느낌, 직관이 저절로 내 마음속에 들어와 왜곡된 부분을 수정하거나 부족한 부분을 채우게 됩니다.

이는 기氣 수련 중에 일어나는 자발동공自發動功과 비슷합니다. 자발동공이란 저절로 몸이 움직이거나 아픈 곳을 두드리는 것인데, 기운이 저절로 아픈 부위로 흘러가서 스스로를 치유합니다. 순수하게 신뢰하며 배우는 사람에게는 마음의 자발동공自發動功 같은 작용이 일어납니다. '이 말은 옳으니까 받아들여야지' 또는 '저것은 옳지 않으니까 안 받아들여야지' 한다면 이것은 '자아'가 수용을 결정하는 것이니 신뢰가 아닙니다. 마음의 필터를 가지고 배우는 사람은 결국 자기가 자기를 배우는 것뿐입니다. 사실 배우는 것도 아니고 자기가 자기를 반복하는 것이지요. 배우는 사람은 마음이 열린 신뢰로 가야하고, 그때 많은 가능성이 열립니다. 그저 마음을 열어두고 배우거나 들으면 그 '순수한 들음'이 마음의 부족한 부분을 채우고, 왜곡을 바로잡으며, 온전하게 만들 것입니다. 그것이 진정한 신뢰입니다. 무조건 진리를 받아들여서 믿는다면 그것은 신념이 되어 자기를 강화시켜 속박하고, 마음속에 말뚝을 만듭니다. 그리고 언젠가는 불쑥 튀어 올라 '내가 옳아'라며 주장합니다. 여기서 말하는 믿음의 증장은 신뢰가 증장되는 것이며, 그렇게 되면 점차 무상지도無上之道를 구하게 됩니다.

又因佛法僧力所護故, 能消業障善根不退.
우 인 불 법 승 력 소 호 고　　능 소 업 장 선 근 불 퇴

以隨順法性離癡障故.
이 수 순 법 성 리 치 장 고

또 불법승佛法僧의 힘으로 보호되어 업장業障을 녹이고 선근善根이 물러
서지 않으니, 이는 법성法性의 어리석음의 장애를 떠나는 것에 따르기 때
문이다.

불법승佛法僧은 힘이 있습니다. 부처는 본질을 보았기에 힘이 있고,
승僧은 진리를 추구하는 사람들의 모임이니 힘이 있습니다. 자기를 내
세우지 않기 때문입니다. 공동체를 이룰 때 '신념이 올바른' 사람들이
모이면 제일 잘 깨지는 것을 볼 수 있습니다. 함께 모여서 협력하여 일
을 하다보면 부딪힘이 생깁니다. 모든 개별화된 부분들은 서로 만나면
부딪히게 되어 있어요. 그럴 때 옳은 뜻을 위해 자신을 숙이면 하나를
이룰 수 있지만, 서로 자신의 옳은 뜻을 내세우면 공동체는 깨질 수밖
에 없습니다. 그래서 신념으로 뭉친 공동체가 아니라 신뢰로 뭉친 공
동체가 되어야 합니다.
　수행하는 과정에서 점차 자신도 모르게 불법승佛法僧에 물들어 가는
데, 이는 깨끗한 마음이 물든 마음에 영향을 주어 변화시키는 것과 같
습니다. 중생의 마음이 불법승의 흔들리지 않는 모습을 보면, 그도 점
차 흔들리지 않게 되는 것입니다. 그리고 중생의 업業을 녹이고, 불퇴
전不退轉의 용기를 불러일으켜서, 드디어 진리를 추구하는 마음이 일어
나면 이제 스승을 찾아 나서게 됩니다. 수많은 여행을 하고 경험을 얻
게 되는데, 이때 진정한 성숙한 얻음이 생겨나면 신뢰가 생겨납니다.
신념이 믿음을 붙잡는 말뚝이라면, 신뢰는 점차 그런 믿음들이 깨져
나가고 사라지며 마음이 열리는 과정입니다. 옳고 그름이 없고 마음

의 왜곡된 부분, 습관에 찌든 부분, 아픈 부분이 수정되고 치유되고 초월되면서 마음이 점차 텅 빈 통로가 되어가는 과정입니다. 이것이 성숙도를 증명하는 과정이라고 할 수 있습니다. 충분히 성숙하고 마음이 열리면 드디어 스승이 나타날 가능성이 생깁니다. 스승의 역할을 하는 사람이나 사물, 책, 사건 등과 만나게 되는 것이지요. 처음 추구를 시작할 때는 스승이 나타나지 않습니다. 사실 스승은 항상 주변에 있지만 자신의 필터 때문에 보지 못합니다. 그에게는 '스승은 어떠할 것이다'라는 자기 관념이 있고, 그것에 매여 있기 때문입니다. 그러나 마음의 추구가 절실해지고, 자기 관념이 내려놓아지며, 모든 진정한 가르침에 순수하게 마음이 열리게 되면, 진정한 스승이 나타났을 때 그는 거부하지 않게 됩니다. 사실 스승이 나타나지 않는 이유는 자신이 거부했기 때문입니다. 저런 사람 또는 저런 책의 내용을 배우고 싶지 않은 거예요. 스승은 어디에나 있지만 그의 관념이 스승이 다가오는 것을 막고 있었던 것입니다.

불법승佛法僧이 그를 보호하게 되고, 진리가 영향을 미치게 되면 업장業障이 녹기 시작합니다. 업장業障은 자신도 모르는 에너지가 몰려있는 어떤 믿음이나 느낌인데, 마음을 열어놓고 있으면 진정한 가르침이 들어와서 그것들을 흔들어 깨트립니다. 처음에는 자기라고 믿고 있는 것들에 혼란이 오지만, 계속 열어두고 있으면 흔들리고 아프면서도 계속 믿고 갈 수 있습니다. 무상지도無上之道를 구하는 길은 휘황찬란하고 아름다운 길이 아니라, 아프고 힘든 길일 수 있습니다. 왜냐하면 '나'라고 믿는 것들을 모두 깨트리면서 가기 때문입니다. 이 길은 무언가를 얻어서 채우고 키우는 길이 아니라, 깨트리고 부수어 내버리고 사라지게 하는 길입니다. 그래서 자기를 붙잡고 있을수록 더 혼란스럽고 힘듭니다. 붙잡고 있던 것을 내려놓고 마음을 투명하게 열면, 진리와 우주적인 메커니즘이 들어와 나를 보호하는 벽과 나의 패턴이 깨지기 시작하며 업장이 녹아내립니다.

불퇴전不退轉의 용기에 대해 대승기신론 강의 초반에 말한 적이 있습니다. 여러 종류의 사람이 있다고 했어요. 첫 번째는 진리를 들어도 무시하는 사람, 두 번째는 진리를 배울 만하다고 여기는 사람, 세 번째는 진리를 좋아하지만 배우기를 미루는 사람입니다. 네 번째는 삶의 모든 것을 바쳐 발견하기를 원하는 사람인데, 이런 마지막 사람이 불퇴전의 용기를 발견한 사람입니다.

삼보三寶에 봉사하고, 예를 다하고, 찬탄하고 기뻐하면 '나'라는 것이 작아지는데, 이것이 바로 어리석음이라는 장애를 떠나는 수련법입니다. 어리석음을 떠나는 것은 본성의 특성 중에 하나이니, 각성覺醒을 말합니다. 우리의 기본적인 어리석음이란 무엇일까요? 그것은 "우리 의식의 본성은 '깨어있음' 그 자체인데 그것을 추구하려 한다"는 데 있습니다. 각성이란 이미 깨어있는 본성을 깨닫는 것이지 새로운 것을 깨닫는 것이 아닙니다. 우리의 본성은 늘 깨어있는데 이것저것이 덧붙여져 모르고 있을 뿐입니다.

'사용되는' 공간은 '벽'이 있기 때문이다
이 벽이 보이지 않는 주체이다

깨어있음은 정적으로는 공간과 같이 비어있지만 언제나 사용되는 것입니다. 여러분이 앉아있는 방을 보세요. 방의 공간을 차지하고 있는 사물들의 종류와 위치가 이리 저리 변화해도 그 공간 자체는 변하지 않습니다. 마찬가지로 마음의 공간도 늘 그대로 있으면서 여러 현상이 나타났다가 사라집니다. 방의 공간을 이루는 벽은 사라지지 않고 늘 있는데 그것을 투명한 자아라고 해봅시다. 방안에 사물이 들어오면 공간을 유지시키는 벽이 주체가 되고 사물은 대상이 됩니다. 탁자가 새로 들어오면 '이건 탁자야' 하면서 벽이 주인노릇을 하기 시작해요. 탁자를 밖으로 내보내면 대상이 없어지니까 벽이 고요한 침묵에 들면서 나를 주장하지 않습니다. '있음' 속으로 들어가는 것입니다. 사물이 사라지면 벽은 남아있지만 대상이 없기에 그저 '있음'이라는 느낌만 남습니다. 벽은 비개인적인 주체도 되고 '있음'도 됩니다. 대상의 유무에 따라 그 느낌이 달라지는 것이지요. 그 벽에는 살아오면서 겪은 여러 경험의 흔적들이 쌓여있는데, 그것이 '나'를 이루는 내용입니다. 거기에 맞는 것이 들어오면 그것에 맞는 경험이 나와서 반응합니다. '대상'이 나타났을 때 벽이라는 '주체감'과 벽에 그려진 대상에 대한 '내용'이 합해져 '나'를 구성합니다.

방안은 여러 물건들로 가득 차 있고, 그 물건들은 모두 공간을 차지하고 있습니다. 그 물건들을 하나하나 치운다고 해서 물건들이 차지한 공간이 새로 생겨나는 것은 아닙니다. 그와 같이 우리 마음속 여러 현상들은 내적인 '나'라고 여겨지는 공간 속에 있으면서 그 공간을 다 쓰고 있어요. 그런 물건들, 즉 내적인 상相들을 다 치우면 물건들이 차지했던 공간들은 그대로 살아남아서 나를 이룹니다. 만약 물건이 가득 차 있으면 공간에 여유가 없어지고, 물건이 내가 되어버려서 물건이 상처받으면 내가 상처받는다고 여깁니다. 그런데 공간이 많으면 많을수록 여유가 있기 때문에 상처받아도 괜찮습니다. 내 마음속의 현상에 동일시되어 '나'라고 믿지 않으면 누가 나를 쳐도 괜찮아요. 그런데 에너지가 너무 많이 몰려서 공간을 가득 채우면, 누가 '나'를 치면 그것이 자기라고 느껴져서 반발이 일어납니다. 그러나 통찰이 일어나면 공간이 가득 차 있고, 누가 '나'를 쳐도 괜찮습니다. 그래서 감정은 감정대로 있고 나는 나대로 있다는 말이 가능합니다.

공간은 늘 그대로인데 마음의 현상들이 나타나면 공간을 차지하고서 그것이 주인이 됩니다. 그러나 현상이 사라지고 나면 언제나 비어 있는데, 그것이 열려있는 깨어있음입니다. 컵이 들어오면 컵을 의식하는 내가 됩니다. 내용으로 물든 의식이 되는 것이지요. 그런데 컵도 탁자도 다 사라지면 텅 비어버리는데 그런 상태의 마음이 열려있는 깨어있음입니다. 마음의 모든 것들이 사라졌지만 깨어있음은 남아있는 상태가 바로 각성을 이루는 첫 번째 길입니다. 그 공간은 언제나 있는데도, 그 공간을 추구해야 한다고 믿는 것이 최초의 어리석음입니다. 추구하고 얻을 일이 아니라 하나하나 버리면 됩니다. 사실 통찰은 그 안의 것들을 빼내지 않고도 알아차리는 것이에요. 물건을 다 빼내는 것은 수련이고, 닦음입니다. 그러나 수련은 마지막 단계를 해결할 수 없습니다. 그 이유는 닦아내고 물건을 들어내는 '자아'가 남아있기 때문입니다. 다 들어내고도 마음이 불편한데, '텅 비었는데 왜 내 마음은 아직도 불편하지?' 이러고 있는 거예요. 컵이 없어진 그 빈자리는 원래 있던 것이지 컵 때문에 생기거나 없어지는 것이 아님을, 방 안의 모든 물건과 공간은 늘 같이 있음을 아는 것이 통찰입니다. 컵 하나만 가지고도 공간이라는 본질을 통찰해내는 것이지요. 수련의 길은 방을 깨끗하게 비워도 답답함이 남습니다. 물론 수련을 하면 감정에 휘둘리지 않고 여러 모로 좋아지지만 본질적인 답답함은 사라지지 않아요. 왜냐하면 닦는 자기가 남아있기 때문입니다. 그래서 마지막엔 통찰로 가야 합니다. 모든 수련은 마지막 하나만 남겨놓고 다 치우는 데 의미가 있습니다. 우리가 하는 감지나 감각연습도 마찬가지로 마지막 하나만을 남기기 위한 연습방법입니다. 마지막 하나는 수련함으로써 사라지는 것이 아니라 스스로 사라져야 하므로 통찰이 필요합니다.

또 깨어있음은 동적으로 비유하면, 벽으로 나눠지지 않은 전체 공간과 같이, 없는 듯 비어있는 듯하지만 벽으로 경계 지어 사용될 수 있는데, 사물이 나타나고 변화될 때 공간은 이미 거기에 사용되는 것과 같습니다.

'자기로부터 벗어나려' 하기에 자기에게 초점이 맺힌다

四者大願平等方便.
사 자 대 원 평 등 방 편

所謂發願盡於未來, 化度一切衆生使無有餘皆令究竟無餘涅槃.
소 위 발 원 진 어 미 래   화 도 일 체 중 생 사 무 유 여 개 령 구 경 무 여 열 반

以隨順法性無斷絕故.
이 수 순 법 성 무 단 절 고

넷째는 대원평등방편大願平等方便이다.
미래에 다하도록 모든 중생을 교화, 제도하여 남음이 없게 하여 모두 결국에는 무여열반無餘涅槃을 이루도록 발원하는 것을 말하니, 이는 법성法性의 단절됨이 없음을 따르기 때문이다.

발원發願은 원願을 세우는 것입니다. 불교에 사홍서원四弘誓願이 있습니다. 중생무변서원도衆生無邊誓願度는 중생의 수가 한없이 많지만 모두를 교화하여 생사해탈의 열반涅槃에 이르게 하겠다는 것이고, 번뇌무진서원단煩惱無盡誓願斷은 다함이 없는 번뇌를 반드시 끊어서 생사를 벗

어나겠다는 것이며, 법문무량서원학法門無量誓願學은 한량없는 법문을 남김없이 배워 마치겠다는 것이고, 불도무상서원성佛道無上誓願成은 위없는 최상의 불도를 마침내 이루겠다는 맹세입니다. 이런 원願을 세우는 것이 발원發願입니다.

소승은 자기의 깨달음만을 위해 수행하지만, 대승은 타인에 대한 대비심과 진리를 지키기 위한 호법심을 사용하여 수행합니다. '나'만을 위하지 않고 모든 중생의 해탈을 발원하는 것은, 그것 자체가 이미 '나'를 벗어나는 하나의 연습이 됩니다. 우리의 자아는 끊임없이 '나'를 중심으로 생각하고 느끼며 행동하는 습관에 배어있는데, 그 자동패턴의 고리를 끊는 것이 바로 이 연습입니다. 대승은 시작부터 '나'에 주의가 머물지 않고 '타'에 가도록 함으로써, 자연히 자신에게로 쏠리던 주의를 밖으로 가게 하여 '나'에게 묶이는 것을 옅어지게 합니다. 이 길을 가는 사람은 '자기에게서 벗어나려고' 하기 때문에 오히려 '초점'이 자기에게 가서 자아로 더 뭉쳐질 수밖에 없습니다. 이상하게도 '나'라는 것으로부터 벗어나려고 하면 할수록 내가 강해집니다. '도대체 나라는 것이 뭐지?' 하면서 끊임없이 관심을 기울이는 자기 탐구는 자기 강화가 같이 되는 길이기도 합니다. 마지막 유리창을 깨트리지 않는 이상, 자아만 아주 강해진 이상한 인간이 될 수도 있습니다.

경전을 읽을 때는 주의해야 합니다. '이런 연습의 효과는 이러하다'고 경전에서 말하면, 이해만 하고 실제로 그대로 하지 않으며 자기 나름대로 하려고 합니다. 모른 채 받아들여 무조건 하다보면 그 효과가 자기에게 스미게 되고, 그럴 때 진짜 자기 없이 하게 되는데, 효과를 알려주며 하라고 하면 결국 자기를 위해서 하게 되는 부작용이 있습니다. 그래서 경전은 다 해석해주면 그때부터 쓸모가 없어집니다. 결국은 자기를 가지고 하게 되기 때문입니다.

진리의 특성 중 하나가 무단절無斷絕입니다. 끊임이 없어요. 이런 길을 가면 진리가 끝없이 이어집니다. 이 연습은 대비심大悲心이기도 하지만 동시에 진리가 한없이 이어지게 하려는 호법심護法心이기도 합니다. 진리의 법이 단절됨이 없도록 하는 발원을 통해 '나'에서 벗어나게 하는 연습입니다. 이런 것을 황금률이라 합니다. 나를 위하는 일이 곧 나를 포함한 사회를 위한 일이 될 때 사회적 황금률이라고 합니다. 예를 들면 나는 자전거 타기를 좋아하는데, 사회에서는 이 마을에서 저 마을까지 누군가를 태워주는 도움이 필요해요. 그러면 누군가를 태우고서 자전거를 탄다면, 나도 재밌고 사회에도 도움이 되는 일이 되겠지요. 개인만을 위한 것도 아니고 사회만을 위한 것도 아니에요. 개인도 위하고 전체를 위하는 것이 황금률입니다. 이런 수행방편이 '나'를 떠난 진리를 유지시키면서 내가 진리를 터득하도록 하는 황금률적인 방법입니다.

法性廣大, 遍一切衆生, 平等無二, 不念彼此, 究竟寂滅故.
법 성 광 대   편 일 체 중 생   평 등 무 이   불 념 피 차   구 경 적 멸 고

법성法性이 광대하여 모든 중생에 두루 평등하여 둘이 없으며, 피차彼此를 생각하지 아니하여 구경究竟에 적멸하기 때문이다.

진리는 어느 누구에게나 차이 없이 평등하게 들어있습니다. 이미 그 진리를 통해서 우리 의식이 발현되고 있기 때문에 모든 중생이 두루 평등하며, 너와 나라는 것이 없습니다. 이 연습은 너와 나라는 최초의 분열인 전식을 넘어가게 합니다.

법신法身을 보는 네 가지 방법

오늘은 신성취발심信成就發心 네 번째 강의입니다.

신성취발심信成就發心은 믿음이 성취된 발심입니다. 모든 경험의 전달과 가르침은 전하는 사람과 받는 사람 사이에 믿음이 이루어진 상태에서 시작됩니다. 도의 길에 들어선 사람은 믿음이 성취되어야만 물러서지 않는 용맹정진이 가능합니다.

지난 시간에 강의한 네 가지 수행방법에 대해 간단히 정리해보겠습니다.

첫 번째는 근본을 연습하는 행근본방편行根本方便이니, 마음의 현상에는 독립적인 자성自性이 없음을 철저히 살펴보는 것입니다. 모든 것은 서로 연관되어 있음을 알아서 어느 하나가 독립되어 존재한다는 착각에서 벗어나는 것이 근본을 연습하는 방법입니다. 다시 말해 인연법因緣法을 파악하는 것입니다. 모든 현상은 나타났다가 사라지므로 없애야 할 것이 아닙니다. 그것이 뿌리가 없는 상호의존적인 현상에 불과함을 파악하면 그만입니다. '나'라는 것도 그런 현상 중의 하나입니다. 컵을 만지는 느낌은 컵과 손이 만나서 일어나는 느낌이듯이, 이 순간 '나'라고 여겨지는 느낌도 과거의 경험과 현재의 조건과 대상이 만나서 일어나는 일종의 느낌입니다. 특별히 다른 것이 아니라 컵을 만지는 느낌과 유사한 현상이어서 고정불변으로 존재하지 않고 나타났다 사라집니다. 내적인 작용에 의해 만들어진 독특한 내적인 느낌이며 인연에 의해 나타났다 사라지는 느낌일 뿐이에요.

두 번째는 마음속에 올라오는 모든 현상들을 즉각 정지하는 능지방편能止方便입니다. 그렇게 되면 그 어떤 것도 자기라고 여기지 않게 됩니다. 지금은 마음속에서 뭔가 올라오면 자기라고 여겨서 멈추지 못합니다. 마음속의 그 어떤 것에 대해서도 이유 없이 전적으로 수용해서 즉각 멈출 수 있을 때, 올라오는 것이 자기가 아님을 발견할 수 있습니다. 두려움이나 슬픔, 기쁨이나 즐거움 또는 자만심과 우월감 등이 자기라고 여겨지는 이유는, 강렬하게 올라와서 내 마음을 모두 차지하기 때문입니다. 그런데 그것이 현상이라는 것은 분명하지요. 좀 전까지는 없던 것이 새로이 '나타났으니' 현상이고, 또 금방 사라지니까 현상입니다. 그런데 그것이 올라와있는 동안에 우리는 어쩌지 못하고 그것의 노예가 되어버립니다. 그럴 때 힘들어도 한번 멈춰보세요. 능지방편能止方便은 자기의 허물을 부끄러워하고 뉘우쳐서 모든 악법을 멈추게 하니 모든 허물을 떠나는 것을 따르는 수행방법입니다.

세 번째는 발기선근증장방편發起善根增長方便이니, 불법승佛法僧에 공양하고, 예배하고 따르며 진리를 애경하고 믿음을 증장시키는 것입니다. 상대를 높이는 것에 초점을 맞추는 것이 아니라 그 과정 속에서 자기를 낮아지도록 하는 방법인데, 그것이 선근善根을 증장시키는 방법이 됩니다. 봉사를 하면서 내가 누군가를 위한다는 마음을 가지고 있으면 스스로에게 도움이 되지 않습니다. 오히려 자기를 해치는 독을 품는 것과 같습니다. 왜냐하면 적절한 대가가 없으면 화가 나기 때문인데, 그것은 자기를 괴롭히는 일입니다. 그러니 봉사를 하려면 뭔가를 바라는 마음 없이 깨끗하게 하면서 자신의 마음을 관찰하면, 그 자체가 자신을 낮추는 좋은 기회가 됩니다.

네 번째는 모두의 열반을 위해 발원하고 진리가 이어지도록 하는 대원평등방편大願平等方便입니다. 이 연습은 대비심大悲心과 호법심護法心을 통해 진리를 추구하는 것입니다. 진리가 이어지도록 지키는 마음과 나 아닌 다른 존재를 커다란 연민으로 대하는 마음은, '나'에게 머물던 에너지가 밖을 향해 흘러가도록 함으로써 '나'라는 것에서 벗어나게 해줍니다. 대비심과 호법심을 잘못 적용하여 '내'가 진리를 지키고 '내'가 대자대비한 마음을 낸다고 여기면 함정에 빠질 수 있습니다. '나'를 잊고 오직 진리를 지키고 자비를 행하는 데 에너지가 쓰이도록 해야 '나'에게서 벗어날 수 있습니다.

　이 네 가지 방법은 본질적인 방법부터 표면적이고 현상적인 방법 순으로 설명되어 있습니다. 무엇이 더 낫다는 것이 없으니 자신에게 잘 맞는 방법을 찾아서 자기로부터 벗어나도록 사용하면 됩니다. 오늘 강의할 원문 보겠습니다.

菩薩發是心故, 則得少分見於法身. 以見法身故,
보 살 발 시 심 고　즉 득 소 분 견 어 법 신　이 견 법 신 고
隨其願力能現八種利益衆生.
수 기 원 력 능 현 팔 종 리 익 중 생

보살이 이 마음을 내기에 조금이나마 법신法身을 보게 되며, 법신을 보기
에 그 원력願力에 따라 8종으로 나타내어 중생을 이롭게 하니,

　보살은 수행을 시작한 사람을 지칭하기도 하고 육바라밀六波羅蜜을 터득한 사람을 지칭하기도 하는데, 여기서는 수행을 시작한 사람을 말합니다. 법신法身을 본다는 것은 '아무것도 아님'을 보는 것을 의미합니다. 근본행根本行을 통해 내적인 모든 현상이 상호의존적임을 보고, 능

지행能止行을 통해 마음에서 일어나는 모든 것에 대해 즉각적으로 숙이며 내려놓을 줄 알게 되고, 선근증장행善根增長行을 통해 불·보살을 공경하고 예배함으로써 '나'를 낮추고, 대원평등의 원을 통해 진리를 지키고, 큰 연민심을 내어 이타행利他行을 하여 '나'를 잊어버리는 행위를 합니다. 이런 방법으로 수행하면 생명력 그 자체를 발견하게 되니 이것이 바로 법신을 보는 것입니다. 법신法身은 보이지 않는 진리의 몸입니다. 현상화된 것이 아니에요. 볼 수 없는 법신을 보았다고 하는 것은 터득했다는 의미입니다.

所謂從兜率天退, 入胎, 住胎, 出胎, 出家, 成道, 轉法輪,
소 위 종 도 솔 천 퇴   입 태   주 태   출 태   출 가   성 도   전 법 륜

入於涅槃.
입 어 열 반

소위 도솔천에서 나와 모태에 들고, 모태에 머물고, 모태에서 나오고, 출가하고, 성도成道하며, 법륜法輪을 굴리며, 열반에 듦을 말하는 것이다.

불·보살의 8상相은 불·보살이 이 세상에 출현하여 중생을 제도하려고 일생 동안에 나타내 보이는 8종의 모습을 말하니, 강도솔상降兜率相, 입태상入胎相, 주태상住胎相, 출태상出胎相, 출가상出家相, 성도상成道相, 전법륜상轉法輪相, 입열반상入涅槃相입니다.

우리의 근본적 평상 상태는 깊은 만족감

然是菩薩未名法身. 以其過去無量世來有漏之業未能決斷.
연 시 보 살 미 명 법 신   이 기 과 거 무 량 세 래 유 루 지 업 미 능 결 단

隨其所生與微苦相應.
수 기 소 생 여 미 고 상 응

그러나 이 보살을 아직 법신法身이라 하지 않는 것은, 그가 과거 한량없는 때로부터 유루有漏의 업業을 끊지 못하고 그 나는 바에 따라 미세한 고통과 상응하기 때문이다.

보살을 아직 법신法身이라고 하지 않는 이유는 미묘한 고통의 일어남에 상응하기 때문입니다. 유전적으로 물려받은 육체적인 특질과 성격이 있고, 환경을 경험하면서 생겨난 습관적인 패턴들이 쌓여있는데, 이것들과 어떤 조건, 상황이 만나 부딪혀 발생하는 미묘한 소리에 상응한다는 말입니다. 상응하지 않으면 그것이 있어도 상관없습니다. '두려움이 있어도 괜찮다'거나 '두려움은 두려움대로 있고 나는 나대로 있다'는 말은 그에 상응하지 않는다는 의미입니다. 상응하지 않아 공명이 일어나지 않으면 즉각 멈춰버리지만, 상응하면 나라고 여겨서 더 증폭하게 됩니다. 진동을 타고 같이 파동을 일으키면 공명파가 증폭되어 파괴를 일으켜요. 1940년, 미국 타코마 해협에 있던 다리가 바람에 공명하여 붕괴된 적이 있습니다. 쇠로 된 줄 지지대가 바람과 상응해서 흔들리면서 진동이 증폭되어 다리가 끊어졌어요. 상응하지 않으면 고통은 증폭되지 않습니다. 내 고통이라고 여겨서 상응한다는 것은 그것을 받아들여 인정하는 것이고, 그렇게 되면 그 흐름은 증폭됩니다. 상응하지 않으면 분노도 90초 이상 지속되지 않습니다. 그런데 상응하여 생각이 자꾸 불을 지피고 에너지를 주면 자기 자신도 어찌할 수 없을 만큼 커지게 됩니다.

유루有漏의 업業은 불교의 사성제四聖諦인 고苦·집集·멸滅·도道 중에서 고제苦諦와 집제集諦인 번뇌를 말합니다. 번뇌를 끊지 못한다는 것은 아직 카르마가 끊어진 자리를 발견하지 못했다는 의미도 됩니다. 쇼윈도에 걸린 멋지고 예쁜 옷을 갖고 싶어요. 그 옷을 갖기 위해 무진

애를 써서 돈을 모아서 마침내 옷을 사러갈 때까지 우리는 카르마의 지배 아래에 있습니다. 무언가 부족감을 느끼며 그것을 채우기 위한 내적인 에너지 흐름이 생겨나 있어요. 이같이 카르마는 어떤 것을 향해 흐르는 움직임입니다. 그런데 그 옷을 사서 입고 만족하며 가게 문을 나서는 순간, 그 모든 카르마는 사라지고 나의 마음은 그 어디로도 흐르지 않습니다. 오직 지금 이 순간 속에서 새로 산 그 옷도 그 옷을 갖고 싶었던 세월도 잊고, 앞으로 다가올 일도 모두 잊은 채 깊은 만족 속에 있게 됩니다.

사실 우리의 근본적인 평상상태는 바로 이 깊은 만족감입니다. 원하는 것을 만들거나 부족한 것을 만들지 않는 이상 늘 근본적인 평상상태에 있습니다. 우리는 깨어 있으려고 애써 노력하지만 사실 그럴 필요가 없습니다. 다른 곳으로 빠져드는 마음만 멈추면 이미 우리는 깨어있는 상태이기 때문입니다. 이런 저런 마음에 끌려 다니지 않으면 우리는 이미 마음이 멈춘 상태에 있으니, 그 멈춘 자리가 바로 카르마가 정지된 상태입니다. 아무것도 필요치 않고 부족하지 않으며 어떤 걱정도 없는, 들꽃이 오직 현존하여 바람에 하늘거리며 존재하는 것과 같은 상태입니다. 그 순간 마음은 어디로도 가지 않고 완벽한 고요함에 이를 수 있습니다. 여러분이 정말 원하던 것을 얻었을 때의 마음을 살펴보세요. 그때 마음은 어디로도 가지 않습니다. 마음이 정지되어 있을 때가 바로 가장 온전한 상태이며, 부족감을 채우려고 무언가를 찾아 달려갈 때나 싫은 것에서 벗어나려고 할 때는 카르마의 지배를 받고 있는 상태입니다. 카르마는 뭔가 특별한 것이 아니에요.

그러나 아무것도 필요치 않고 아무 일도 없는 순간은 금방 지나갑니다. 다시 미세한 욕망과 문제들에 휩싸여 에너지는 흐르기 시작하고,

그에 따른 미세한 고통에서 커다란 고통에 이르는 것들을 경험하며 뭔가를 향해 내닫게 됩니다. 그것은 그가 움직이지 않는 '아무도 아닌 자'에서 어딘가로 움직이는 '어떤 자'로 존재하기 시작했기 때문입니다. 마음이 움직이지 않으면 '아무도 아닌 자'인데, 마음이 움직이면 '어떤 자', '누군가'가 됩니다. 무엇이 되기 위해서, 무엇을 얻기 위해서, 무엇으로부터 도망가기 위해서 마음이 움직이는 '어떤 자'입니다. 그 움직임 속에는 저항이 있게 마련이고 그 저항은 미세한 고통을 낳습니다. 움직이지 말라는 것이 아니라 움직이되 움직이지 않음을 발견하라는 말입니다. 몸과 마음에 쌓여있는 밀침과 끌림의 요소를 다 없앨 필요가 없습니다. 그러려면 아승기겁阿僧祇劫의 생애를 지나도 해결할 수 없어요. 그것들은 그것들대로 있고 나는 나대로 있으면 됩니다. 진흙을 다 가라앉혀서 긁어내야만 맑은 물이 되는 것이 아니라, 진흙탕에 있어도 물은 물이고 흙은 흙임을 보게 되면, 즉 아픔은 아픔대로 있고 나는 나대로 있으면 그 자리가 바로 마음이 멈춘 자리입니다.

亦非業繫. 以有大願自在力故.
역 비 업 계   이 유 대 원 자 재 력 고

그러나 이는 업業의 계박이 아닌 것이니, 대원大願의 자재력自在力을 가졌기 때문이다.

보살을 아직 법신法身이라고 말하지는 못하지만 그렇다고 그들이 업業에 묶인 사람들도 아닙니다. 왜냐하면 이들은 카르마를 믿는 마음에서 중생이 곧 부처임을 믿는 신성취발심信成就發心으로 돌아섰기 때문입니다. 믿음이 성취된 사람이 신성취信成就입니다. 아직 통찰하지는 못했지만 대승을 믿는 마음으로 불퇴전의 믿음을 일으킨 사람이에요. 이 사람들만이 진짜 길을 가기 시작합니다. 생각과 감정을 '나'라고 동일시해서 믿는 마음이, 지금 이 순간 나는 이미 부처인데 알지 못할 뿐이라는 믿음으로 바뀌었어요. 중생이 곧 부처임을 철저히 믿으면 그는 이미 카르마로부터 벗어나 걷고 있는 중입니다. 왜냐하면 그 길을 가는 중에 카르마로 인한 습관적인 패턴에 다시 빠진다 해도, 부처임을 믿는 마음이 더 커서 즉각 또는 조금 시간이 걸려도 패턴으로부터 벗어날 수 있기 때문입니다. 그것이 바로 불퇴전의 용맹입니다. 물러서지 않아요. 그렇게 벗어날 수 있는 이유는 호법심과 대비심이라는 커다란 원願을 세워 생명의 힘을 '나'가 아닌 곳에 사용하기 때문인데, 그것이 바로 대원大願의 자재력自在力입니다.

보살은 '나'로부터 완벽히 벗어나는 통찰을 일으키지는 못했지만 커다란 믿음을 갖고 있기 때문에 자기 에너지를 밖을 향해 사용합니다. 공경하고 예배함으로써 스스로를 낮추고 그 과정에서 올라오는 감정, 생각, 느낌에서 즉각 힘을 뺄 수 있고, 마음에서 일어나는 모든 것은 인연에 의해 일어남을 보아 현상에는 근본적인 실체가 있지 않음을 발견해나가는 과정 속에 있습니다. 그러면서도 진리가 끊어지지 않도록 하는 일에 매진하고 큰 연민심으로 타인을 바라보면서 돕는 일을 해나갑니다. 자재력自在力은 그런 대원을 품은 사람만이 사용할 수 있는 힘입니다

如修多羅中, 或說有退墮惡趣者, 非其實退.
여 수 다 라 중   혹 설 유 퇴 타 악 취 자   비 기 실 퇴

但爲初學菩薩未入正位而懈怠者恐怖, 令彼勇猛故.
단 위 초 학 보 살 미 입 정 위 이 해 태 자 공 포   영 피 용 맹 고

경전에 '혹 악취惡趣에 물러나 떨어짐이 있다'라 한 것은 실제 물러남이 아니니, 다만 초학보살初學菩薩로 아직 정위正位에 들지 못하고 게으른 자

를 위해 두려워하게 하여 저로 하여금 용맹정진하게 하기 위함이다.

　자신이 습관에 빠져있음을 모르면 거기에서 헤어 나오지 못하지만, 그 속에 빠져있음을 알면 얼마간의 시간이 걸릴 뿐 나올 수 있습니다. 그래서 겉으로 보기에는 악취惡趣에 빠져서 물러서는 것으로 보이지만, 빠져나올 수 있기 때문에 실제로 빠진 것은 아니라는 말입니다. 다만 이따금 게으름이 몰려오면 옛 습관에 떨어지기 쉬우니 그것을 경계하여 애씀에 빠지지 않는 애씀, 용맹정진에 빠지지 않는 용맹정진을 하라고 권하는 것입니다. 애쓰면 애쓰는 자기가 강화됩니다. 애쓰는 자기가 없는 애씀이 진정한 용맹정진입니다. 내가 열심히 하고 있다고 여기면 기대가 생깁니다. '이렇게 열심히 하는데 왜 안 되지?'라면서 좌절하거나, 조금 나아지면 '이제 내가 좀 돼가는구나.'라고 여기는데, 이것은 애씀이 있는 애씀입니다. 옆길로 샌 거예요. 왜냐하면 초점이 '나'에게 있기 때문입니다. 탐구 자체와 호법심, 대비심 자체에 초점이 맞춰진 사람은 결코 밑바닥에 자기를 깔아놓지 않습니다. 그런 용맹정진을 하라고 권하고 있습니다.

又是菩薩一發心後, 遠離怯弱, 畢竟不畏墮二乘地.
우 시 보 살 일 발 심 후　　원 리 겁 약　　필 경 불 외 타 이 승 지

若聞無量無邊阿僧祇劫, 勤苦難行乃得涅槃, 亦不怯弱.
약 문 무 량 무 변 아 승 기 겁　　근 고 난 행 내 득 열 반　　역 불 겁 약

以信知一切法從本已來自涅槃故.
이 신 지 일 체 법 종 본 이 래 자 열 반 고

또 이 보살이 한번 발심한 후에는 겁약에서 멀리 떠나 이승지二乘地에 떨어짐을 필경 두려워하지 않으며, 무량무변한 아승기겁阿僧祇劫에 어려운 행실을 부지런히 애써야만 열반을 얻는다는 것을 들어도 겁내어 좌절하지 않으니, 일체법이 본래부터 스스로 열반임을 믿어 알기 때문이다.

신성취발심信成就發心을 한 사람은 이미 믿음이 이루어졌기에 결코 두려움 때문에 물러서지 않습니다. 두렵고 겁나서 못하는 것은 '나'입니다.

이승지二乘地는 성문聲聞과 연각緣覺을 말하는데, 여전히 인아견人我見과 법아견法我見에 빠지기도 합니다. 진리의 있고 없음은 중요하지 않습니다. 진리가 있다고 집착하는 마음에 빠져있는 것인데, 신성취발심이 이루어진 사람은 그런 이승지二乘地에 떨어지는 것을 두려워하지 않습니다. 가다가 약간 머뭇거리거나 어긋나기도 하지만 자기를 속이지는 않기 때문에 결코 멈추지 않습니다. 마음이 흔들린다고 느껴지면 왜 흔들리는지 살펴보고 흔들리지 않음을 위해서 다시 길을 떠나는 사람이 자신을 속이지 않는 사람입니다. 신성취발심을 한 사람은 '아주 오랜 시간 부지런히 애써야만 열반을 얻는다'는 말을 들어도 겁내어 좌절하지 않습니다. 왜냐하면 일체 현상이 이미 스스로 열반임을 믿어서 알기 때문이에요. 신지信知는 믿어서 아는 것입니다. 통찰을 통해 아는 것이 아니에요. 그러나 강한 믿음을 가진 사람은 이미 아는 것과 비슷합니다. 무조건 맹목적으로 따르지 않고, 믿음을 알고 행하는 사람이기 때문에 수많은 고행을 닦아야만 겨우 열반을 얻는다고 해도 겁내지 않습니다. 나는 이미 이 자리에서 부처와 다르지 않음을 믿어서 알기 때문입니다. 대승기신론은 본질에 대한 믿음을 일으키는 경전입니다. 이 길을 가다보면 힘들고, 바뀌는 것 같지도 않고, 제자리에 돌아온 것 같을 때도 있지만 좌절할 필요가 없습니다. 여러분은 이미 그 자리에 있습니다. 본질을 발견한다 해도 특별히 바뀌는 것은 없습니다. 눈을 가리고 있던 것을 걷어내는 것뿐입니다. 그에 따르는 효과는 있지요. 마음의 흔들림에 시달리지 않고, 두려움이나 집착 없이 타고난 생명력을 사용하게 되지만, 이는 현상이 달라지는 것이지 본질이 달라지는 것은 아닙니다. 우리가 집착에 끌려 다니는 이유는, 마음의 흔적들에 의한 에너지 흐름을 자기라고 믿기 때문입니다. 거기서 잠깐 비켜서서 치닫는 에너지 흐름을 옆에서 기다릴 수 있으면 흐름은 흘러가고 사라집니다. 잠깐만 멈추고 물러서면 그 흐름과 상관없는 절대가 그 흐름과 동시에 있다는 것을 발견할 수 있습니다.

8. 해행발심

'나'라는 것을 늘 확인하려는 무의식적 습관

발심發心에는 세 가지가 있으니 신성취발심信成就發心, 해행발심解行發心, 증발심證發心입니다. 신성취발심信成就發心은 믿음이 성취된 것이며 불퇴전의 믿음이 생기면 끝까지 가게 되는데, 그 길에서 깊은 이해가 일어난 것이 해행발심解行發心입니다.

> 解行發心者. 當知轉勝.
> 해행발심자 당지전승
>
> 以是菩薩從初正信已來, 於第一阿僧祇劫將欲滿故.
> 이시보살종초정신이래 어제일아승기겁장욕만고
>
> 於眞如法中, 深解現前, 所修離相.
> 어진여법중 심해현전 소수리상

해행발심解行發心이란 더욱 나은 것임을 알아야 한다.
왜냐하면 이 보살은 처음 정신正信으로부터 제일 아승기겁阿僧祇劫이 다 차려고 할 때이므로, 진여법眞如法에 대한 깊은 이해가 앞에 나타나 닦는 것이 상相을 여의기 때문이다.

아승기겁阿僧祇劫은 헤아릴 수 없이 아득하게 긴 시간을 말하는데, 여기서 말하는 오랜 시간은 심리적인 시간일 수 있습니다. 훈련과 수행을 하는 닦음의 시간이 오래 지나면 드디어 상相을 떠나서 닦게 됩니다. 닦음에 있어서 상相이 없다는 것은 무엇을 의미할까요? 우리는 수련을 할 때 무언가를 위해서 또는 무언가를 이루거나 얻으려는 마음으로 시작합니다. 그 무언가가 바로 상相입니다. 마음에 어떤 상相이 있다는 말이지요. 그런데 우리가 하는 공부는 모든 마음의 상相을 떠나려는 것입니다. 떠난다는 말은 없앤다는 의미가 아니라 상相이 주인이 아님을 발견한다는 말입니다. 그런데 무엇을 위해서 수련한다면 그것을 주인으로 만들어 놓는 것이니 참으로 아이러니합니다. 맨 처음에는 어쩔 수 없이 상相을 가지고 시작할 수밖에 없지만, 가면 갈수록 그 상相이 사라져야 합니다. 여러분이 아직도 무언가를 얻으려 한다면 그 무언가가 무엇인지, 그것을 왜 얻으려고 하는지 잘 살펴보고, 그 무언가가 마음의 상相임을 알아야 합니다. 우리가 도달하려는 곳, 또는 얻으려는 것은 아이러니하게도 '아무것도 아님'입니다. 거기에는 어떤 상相도 없어요. 그런데 우리는 '어떤 상相도 없음'을 얻으려고 합니다. '아무런 상相도 없음' 자체를 상相으로 만들어 놓고 있어요. 결국은 얻을 게 없는데, 얻을 것이 없음을 모르기 때문에 얻으려고 애쓰고 있습니다.

우리는 자라나면서 '나'라는 것을 늘 확인하려는 무의식적 습관에 붙잡혀있습니다. 왜냐하면 무한한 생명력이 무한한 방향으로 움직이려 하면 부모와 사회, 환경에 의해 제지받기 때문입니다. 그래서 생명의 힘이 제지받지 않고 제대로 된 방향을 찾아 자유롭게 움직이려는 의도를 갖고 자신이 설 자리를 찾으려고 합니다. 자동차 운전에 비유해 보겠습니다. 차를 타고 마음대로 마구 달리면 도로를 벗어나거나 다른 차에 부딪혀 멈추게 되고, 커브를 돌다 다치기도 합니다. 이렇게 되면 무한한 에너지가 막히고 멈추며 혼돈에 빠지게 됩니다. 그러면서 제대로 자리 잡아야 한다는 점을 배워가기 시작합니다. 생명의 힘이 제대로 흘러가기 위해서는 설 자리를 찾아야 하는데, 한정된 몸과 마음의 모습 속에서 운전해야 하기 때문입니다. 이 과정에서 스스로가 아직 제자리에 있지 못하다는 상相을 갖기 때문에 늘 자신이 있을 자리를 찾게 됩니다. 방해받지 않음을 넘어서 무한한 생명의 힘을 펼쳐내기 위해 자기 자리를 찾으려는 의도가 '나'라는 것을 형성하는데, 그러한 모습은 가상의 임시적인 모습임을 발견하고, 받아들이고, 넘어가야 합니다. 길과 차에 대해서 그리고 교통 법규와 신호를 알고 난 후에는 자동차를 자유롭게 운전하는 것처럼, 자기 자리를 잡으려는 힘이 임시적인 '나'를 형성했음을 발견하면 생명의 힘을 무한히 자유롭게 사용할 수 있습니다. 몸과 마음, 주변 사람과 사회의 움직임을 잘 보고 그에 맞춰서 생명의 힘을 자유롭게 쓰기 위해서, 임시적으로 만들어진 조정관인 '나'의 제자리를 잡으려는 습관을 잘 사용하면 됩니다. 그런데 그것을 주인으로 만들어놓으면 문제가 됩니다. 누가 그 습관을 공격하면 화가 나지요. 습관은 언제든지 바꿀 수 있으며, 자아는 필요에 따라 바뀝니다. 한 가지 방식을 늘 고집하는 것이 습관이고 관성입니다.

자유롭게 발휘되고자 하는 생명의 무한한 힘이 이런 저런 것들에 의해 방해를 받으니, 그것을 넘어서려는 의도가 '나'가 되어 부자유를 느끼게 됩니다. 자유롭지 못함을 느끼는 '나'는 늘 자유를 향한 욕망을 갖게 되는데, 이는 한계 지어진 느낌 속에 있기 때문입니다. 그 한계 지어진 느낌으로 밖을 잘 살피고, 몸과 마음의 조건을 살펴서 생명 에너지를 잘 사용하면 됩니다. 무조건적으로 튀어나오는 생명의 힘은 무한한 자유입니다. 그리고 무한한 자유는 무한한 혼돈이기도 합니다. 무한한 힘을 그냥 두면 혼돈스럽게 표출되기 때문에 일단은 자아自我라는 틀이 필요합니다. 물리적인 세계의 규칙과 사회와 인간의식의 규칙에 맞게 틀을 배워가는 시기가 자아 형성기입니다. 그 이후에는 꼭 틀에 맞출 필요는 없습니다. 틀은 배울 때 필요한 것이죠. 탁구를 배울 때 처음에는 공을 받아치는 한 가지 동작만 반복하지만, 그 동작이 숙달된 후에는 모든 공을 자유롭게 여러 동작으로 받아치게 됩니다. 이와 마찬가지로 몸과 마음을 잘 사용하기 위한 습관적인 틀인 자아를 익히고 나면 그것을 벗어나서 자유롭게 사용해야 합니다. 그런데 그 틀에 갇혀있으면, 누군가 틀을 자극했을 때 그 틀이 자기인 줄 알고 또는 생명의 힘을 방해하려는 줄 알고서 과도하게 반응하고 방어합니다. 그 틀을 넘어가지 않고 그 틀 속에만 있으려고 하는 것이 문제이고, 그렇게 되면 항상 한계 지어진 느낌 속에 있게 됩니다. 우리는 절대 이 틀 속에 있지 않습니다. 처음도 지금도 앞으로도 무한한 생명의 힘이 우리의 본질이니, 우리는 아무런 한계도 지니지 않은 존재입니다.

그저 자유로운 움직임의 방향을 찾아가려는 의도가 '자아'라는 습관, 즉 자기 자리를 찾아 방해받지 않으려는 모습을 지니게 된 것뿐입니다. 그 모습이 가상의 임시적인 모습임을 지금 즉시 파악한다면 우리는 이미 무한입니다. 무한은 발견되는 무엇이 아니라 모든 것에서 벗어나는 것입니다. 어떤 틀에도 갇히지 않고, '마음의 현상'이 자신이 아님을 발견하면 이미 우리는 무한입니다. 그것이 바로 모름 속, 신비 속에 자기 존재의 뿌리를 박고 살아가는 것과 같습니다. 우리는 그저 삶이라는 환경에 맞추어 무한한 생명력을 운전하는 법을 배우면 됩니다. 무언가에 부딪힌다고 해도 그 부딪힘은 내가 아닙니다. 물질인 육체의 삶에 들어와 그것에 맞게 움직이는 법을 배울 때 생겨나는 부딪힘은, 이 삶의 규칙에 맞지 않으니 조정하라는 신호일 뿐입니다. 그리고 그 신호를 빨리 배우기 위해 희로애락喜怒哀樂이라는 감정적 도구를 물려받았습니다. 그런 도구와 지혜의 통찰로 강한 생명에너지를 잘 사용하면 되는 것이니, 자아의 잘못된 습관을 알아채는 방법이 바로 육바라밀六波羅蜜 수행법입니다. 바라밀은 '건너간다'는 뜻입니다. 저쪽 언덕인 피안彼岸으로 넘어가려면 인생의 고해苦海를 건너야 하는데, 육바라밀六波羅蜜은 그 바다를 건너는 여섯 가지의 법이니, 보시布施·지계持戒·인욕忍辱·정진精進·선정禪定·지혜智慧를 말합니다. 육바라밀은 좋은 일의 실천이라기보다는 자기 수행방법입니다.

보시, 부족감을 넘어가다

以知法性體無慳貪故, 隨順修行檀波羅蜜.
이 지 법 성 체 무 간 탐 고   수 순 수 행 단 바 라 밀

법성法性의 체體는 간탐慳貪이 없는 줄 알기에 그에 수순하여 보시布施바라밀을 수행하며,

단바라밀檀波羅蜜은 보시布施바라밀입니다. 단檀은 빨리어인 다나 Dana의 음을 표현한 한자입니다. 보시布施의 기능은 나누어 줌으로써 사물에 대한 집착을 제거하는 데 있습니다. 이는 나누어 주는 집착 없음으로 표현되고 그것을 일으키는 작용인 근접원인은 시물施物입니다.
부족함이 느껴질 때는 무언가를 얻기 위해 탐하게 됩니다. 물질物

質과 반물질反物質이 있는데, 드러난 물질계의 원자, 전자, 양성자들과 전하가 반대인 것이 반물질입니다. 예를 들어 물질계에서 양성자는 양전하를 가지고 있고 전자는 음전하를 가지고 있지만, 반물질계에서는 양성자가 음전하를 가지고 있고 전자가 양전하를 가지고 있습니다. 이렇게 물질계와 반물질계가 서로 대칭하여 존재하고 있습니다. 우리가 드러난 반의 세계에 존재할 수 있는 이유는 보이지 않는 세계가 대칭으로 받치고 있기 때문입니다. 마치 땅 속에서 뿌리가 단단하게 붙잡고 있기 때문에 지상에서 햇빛을 향해 나무기둥이 솟을 수 있는 것과 같습니다. 보이지 않는 땅 속 뿌리의 세계와 지상에 드러난 나무기둥과 가지의 세계가 대칭하여 존재하는 것처럼 물질과 반물질도 마찬가지로 대칭하여 존재합니다. 그와 똑같이 내가 원하는 것이 드러나 있다면 마음속 밑바닥에는 부족한 마음이 있습니다. 큰 업적을 이루는 사람의 마음 깊은 곳에는 큰 부족감이 있습니다. 그렇지 않다면 자신의 에너지를 다 쏟아 부을 수 없을 것입니다. 본질에는 부족함이 없음을 발견하기 위해서 내가 가진 것을 끝없이 베푸는 것이 바로 보시布施입니다. 보시布施는 간탐慳貪, 인색과 탐욕을 없애는 수련법입니다. 우리 생명의 본질은 인색하거나 탐하는 특성이 없이 오직 만족하고 원만하고 가득 차 있습니다. 자신의 본질이 아닌 것, 즉 부족한 느낌과 동일시되어 있기에 자신을 한계 지어진 무엇으로 느끼고, 그로부터 벗어나고자 무언가를 갈망하는 것이 탐貪입니다. 보살이 보시를 베푸는 이유는, 아무리 주어도 나는 부족감이 없음을 느끼기 위한 것이지 남에게 좋은 일을 하기 위함이 아닙니다.

여러분은 언제부터 부족감을 느꼈습니까? 어릴 때는 부족감을 느끼지 않습니다. 그런데 자라나면서 생명의 힘을 무한하게 펼쳐내는 과정에서 제지받지 않기 위해 내가 설 자리를 찾으며 '나'라는 습관인 자아가 만들어지고, 그 안에서 우리는 늘 제한된 느낌을 갖습니다. 하고 싶은 대로 내버려두면 자아가 형성되지 않아 이 세상에서 몸과 마음을 제대로 운전할 수 없습니다. 우리가 근본적으로 불안정하고 부족해서가 아니라, 이 삶에서 자아라는 틀을 가지고 규칙을 배우는 과정에서 느끼는 것이 부족감입니다. '부족감'을 느끼는 것이지 부족한 것이 아닙니다. 우리는 본질적으로 부족하지 않기 때문에 언제든지 생명의 힘을 사용하여 무엇이든지 할 수 있습니다. "못해, 안 돼, 어려워."라고 말하는 사람은 자아를 자신이라고 믿고 있는 사람입니다. '못한다'는 것은 막히는 느낌을 받는 것인데, 그것은 다른 곳으로 가라는 신호이며 배움의 과정에서 느껴지는 느낌일 뿐입니다. 자아라는 틀을 사용하며 생명의 힘을 어떻게 써야하는지 대충 배우고 나면 그 틀을 넘어서 생명의 힘을 사용해야 합니다. 안전하게 가려고만 하면 그 속에 갇히게 됩니다. 이제는 충분히 자기를 쓸 수 있는 힘이 있고 길도 발견했으면 '못한다'는 느낌을 뚫고 지나가며 갇혀있다는 느낌과 부족감을 넘어서야 합니다. 그러면서 그 틀을 함부로 사용하지도 않습니다. 틀이란 일종의 질서와 같습니다. 그래서 질서를 지키는 것과 질서에 묶이지 않는 것, 두 가지를 다 파악하는 것과 같습니다. 질서를 발견하는 것은 교통질서를 지키는 것과 같습니다. 그래야 도로의 혼란이 없듯 이 세계가 혼돈으로 가득차지 않겠지요. 혼돈은 서로 부딪혀서 결국 파괴로 이어집니다. 질서와 조화로움이 있다는 것은 서로가 지켜야 될 틀과 같은 막힌 느낌을 조금씩은 가지고 있다는 뜻입니다. 그렇지만 안전한 틀인 질서를 지키는 것이 생명의 힘을 제한해서는 안 됩니다. 하나의 틀인 자아의 형성 과정에서 늘 제한받았기 때문에 제한 자체가 자아의 속성이 되었습니다. 제한받은 자아라는 틀은 자신을 함부로 낭비하지 않고 효율적으로 쓰게 하는 좋은 도구지만 잘못하면 그 틀 안에 갇힐 수도 있으니, 우리는 이 틀이 아니라는 것을 발견해야 합니다. 우리는 이 틀을 넘어서 있어요. '나'는 틀 속에 있고 한계 지어져 있지만, 무아無我는 무한한 생명입니다. 무아無我는 아무것도 아니라는 의미가 아니에요. 우리의 본질이 무한 그 자체임이 발견되면 인색함과 탐욕에 빠지지 않습니다. 육바라밀의 첫 번째인 보시布施는 내가 가진 모든 것을 무한정 베풀어도 나는 결코 부족하지 않음을 발견하는 것입니다.

지계, 희로애락은 자아를 운전하는 좋은 도구

以知法性無染, 離五欲過故, 隨順修行尸波羅蜜.
이 지 법 성 무 염   리 오 욕 과 고   수 순 수 행 시 바 라 밀

법성은 물들어 더럽혀짐이 없어 오욕五欲의 허물을 여읜 줄 알기에 그에 수순하여 지계持戒바라밀을 수행하며,

시바라밀尸波羅蜜은 지계持戒바라밀이니, 시尸는 빨리어의 시라Sila를 표현한 한자입니다. 지계持戒는 몸과 말의 선한 행위를 유지하는 것입니다. 불선不善하거나 제멋대로 구는 몸이나 말의 행동을 제어함으로써 청정해진 언행으로 표현됩니다. 근접원인은 양심hiri(히리)과 수치심 ottappa(오땁빠)입니다.

지계持戒의 진정한 의미는 선한 행동을 하는 것인데, 주변과 전체에 어울려 사는 것이 바로 선善입니다. 선함은 정해져 있지 않습니다. 시골 사람과 서울 사람의 착함의 개념이 다르고, 미국인과 한국인의 착

함에 대한 개념도 다릅니다. 한국에서는 겸손하면 착하다고 말하지만, 미국에서는 자기를 정당하게 내세우고 주장해야 전체의 선에 이른다고 합니다. 이처럼 선善의 개념은 문화, 조건, 상황에 따라 달라질 수 있지만, 불선不善은 개인을 우선시하고 주변을 신경 쓰지 않는 것을 기본으로 합니다. 선할수록 주변을 더 넓게 보고 행동하니, 주변의 상황에 맞게 행동하는 것이 지계持戒입니다. 물론 그렇게 하면서 내가 괴로울 필요는 없으니, 나도 좋고 주변도 좋은 것이 바로 사회적인 황금률입니다. 밖을 볼 줄 아는 눈이 있어야 계戒가 지켜집니다. 그렇지 않고 무조건 지켜야 된다는 생각으로 응급환자를 병원으로 이송하면서도 모든 교통신호를 지킨다면 이것은 선善이 아닙니다. 상황과 조건에 따라 융통성을 발휘해야 합니다. 규칙은 질서를 만드는 도구이지만 주변 상황에 따라 규칙을 지키지 않을 수도 있으니, 이는 규칙을 깨는 게 아니라 넘어가는 것입니다. 주변 전체를 보는 안목이 있어야 진정으로 계戒를 지킬 수 있습니다. '살생하지 말라'는 계가 있지만, 티베트 고산지대의 승려는 고기를 먹습니다. 너무 추우니까 고기를 먹어야 몸이 견딜 수 있는 것이지요. 이처럼 전체 관점에서 이 선善이 중요하지, 규칙 자체에 속박되는 것은 아무런 의미가 없습니다.

지계持戒는 몸과 마음이 제멋대로 행동하려는 것에 물들거나 더럽혀짐을 없애는 수련법입니다. 전체를 보는 눈은 적당한 때에 멈추게 합니다. 〈중용中庸〉에 '군자이시중君子而時中'이라는 문구가 나옵니다. 군자만이 적절한 때에 맞출 수 있다고 했으니, 적당한 때를 아는 것은 중요합니다. 또한 전체의 조화에 맞추어 자신의 즐거움과 분노를 즐기고 사용해야 합니다. 전체를 보지 못하면 몸과 마음은 자신에게 쌓인 관성대로 행동하여 결국 자신도 망치고 전체도 망치게 됩니다. 이처럼 자신과 전체를 해하는지도 모르고 제멋대로 행동하는 것은 물들어 오염된 마음이고, 그 더럽혀진 오염을 떠나게 하는 연습이 지계바라밀입니다.

관성에 지면 관성에 끌려 다니게 됩니다. 희로애락은 자아를 운전해 가는 좋은 도구가 됩니다. 그런데 신호를 주는 도구로 감정을 사용하지 못하고, 누군가에게 나쁜 말을 들으면 기분이 상해 예민하게 반응한다면 그 도구에 매여 있는 것입니다. 전체를 보는 눈이 있으면 화를 내야하는 상황인지 아닌지가 보입니다. 주의가 밖을 향해 쏠려있으면 감정은 좋은 도구가 되지만, 나에게 주의의 초점이 맞춰져있으면 상처받기 쉽습니다. 주의를 온통 밖에 쏟아서 자신을 잊는 것이 헌신입니다.

요가에는 세 가지 수련방법이 있습니다. 첫째는 지혜의 요가이니, 분석하고 철저하게 실험하는 탐구의 길입니다. 즈나나 요가Jnana Yoga라고 합니다. 요가Yoga라는 말은 '신과의 합일'이라는 의미인데, 지혜를 통해서 신과의 합일로 가는 것이 즈나나 요가입니다. 두 번째는 헌신의 요가 또는 박티 요가Bhakti Yoga입니다. 무조건적으로 믿고, 자기를 숙이고, 바치는 것이 헌신이니 믿음의 종교가 이에 해당합니다. 예수가 "수고하고 무거운 짐 진 자들아, 다 내게로 오라. 내가 너희를 쉬게 하리라."라고 말했었죠. 정말로 믿게 되면 내 마음에서 올라오는 모든 분노나 두려움, 괴로움과 이익을 취하려는 마음, 미워하는 마음 같은 것들을 다 무시할 수 있어서 아무런 문제가 되지 않고, 그것들로부터 자유로워질 수 있습니다. 세 번째는 무위無爲의 길인 카르마 요가Karma Yoga입니다. 일하고 행동하면서 생명력을 쓰되 '내가 한다'는 생각 없이 하는 것입니다. 만약 '내가 한다'고 여긴다면 틀 속에 갇힌 거예요. 사람들은 열심히 일할 때 '자기'라는 생각을 갖지 않습니다. 몰입할 때 '나'라는 느낌이나 생각이 없어요. 그런데 다 하고 나서는 '이건 내가 했어'라는 이름표를 붙이고 기억에 담아둡니다. 그렇기 때문에 그 일의 좋은 성과를 다른 사람이 받아 가면 화가 나지요.

종교는 이 세 가지 틀을 벗어나지 않습니다. 불교나 자이나교는 즈나나 요가, 기독교나 이슬람은 박티 요가, 바하이교는 카르마요가에 해당하는데, 지금 시대는 카르마요가가 잘 맞습니다. 요즘 사람들은 머리가 똑똑해서 남을 위해 헌신하기 힘들고, 또 자아가 강해져서 통찰도 힘듭니다. 그래서 일과 관련하여 행할 수 있는 카르마 요가가 적합하다고 합니다. 대부분의 사람들이 일을 하며 살아가고 있으니까요. 일에 몰두하면 즐겁습니다. 정성을 기울이면 기뻐져요. 어떤 일을 하든지 그 결과에 상관없이 정성을 기울이는 기쁨을 발견한다면 그것이 바로 카르마요가이고, 진인사대천명盡人事待天命이지요. 할 수 있는 모든 것에 최선을 다하고 결과는 하늘에 맡겨 수용합니다. 그런데 진인사盡人事는 어찌하여 한다 해도 대천명待天命은 쉽지 않은데, 정성을 기울이면 애착이 생겨나기 때문입니다. 대부분의 사람들은 내 것, 내 일이기 때문에 정성을 기울이죠. 진인사盡人事와 대천명待天命이 둘 다 된다면 카르마요가를 한 사람입니다.

우리의 법성法性은 물들어 더럽혀짐이 없습니다. 아무리 물들이려 해도 물들지 않는 이유는, 오욕五欲으로부터 이미 떨어져있기 때문입니다. 또 언제든지 오욕을 멈출 수 있습니다. '물든다'란, 관성에 물듦을 말합니다. 오욕은 타고난 관성이지만 우리의 법성은 오욕에서 떠나있기 때문에 지계바라밀을 따라서 수행하면 그 틀을 넘어갈 수 있습니다.

인욕, 겪어내며 느끼기

以知法性無苦, 離瞋惱故, 隨順修行羼提波羅蜜.
이 지 법 성 무 고   이 진 뇌 고   수 순 수 행 찬 제 바 라 밀

법성은 고苦가 없어 성내고 괴로워함을 여읜 줄 알기 때문에 그에 수순하
여 인욕忍辱바라밀을 수행하며,

찬제바라밀羼提波羅蜜은 인욕忍辱바라밀이니, 찬제羼提는 빨리어로
칸띠Khanti입니다. 참을성이 특징이며, 기능은 싫어함이나 좋아함에
흔들리지 않는 것입니다. 극도로 성을 돋우는 상황에 처해서도 참는
것으로 표출되고, 근접원인은 사물을 있는 그대로 보는 것입니다.

인욕忍辱은 성냄과 번뇌를 참아서 없애는 수련법인데, 이 참음은 억
압이 아니고 그저 '겪어내며 느끼는 것'을 의미합니다. 내 몸과 마음에
서 일어나는 현상을 그대로 겪어내는 거예요. 어떤 감정이나 느낌 등
마음의 현상이 일어났는데, 표출하지 못할 상황이거나 표출해도 별 의
미가 없는 상황이라면 그것을 느끼면서 함께 가는 것이 인욕忍辱입니
다. 욕구는 단순하게 표현하자면 무언가를 향해 달려가는 에너지입니
다. 마음에 두려움이 일어났다면 무언가를 피해 달아나려는 에너지가
형성된 것인데, 마음의 그 벡터vector를 없애려 하지 않고 '느끼면서'
가면, 나는 그 느낌이 아니고 그 느낌보다 더 큰 무한한 존재임을 발
견하게 됩니다. 그 느낌을 없애지도 않고 그 느낌에 빠지지도 않으면
서 함께 가는 것이 처음에는 힘듭니다. 그렇지만 어느 정도 시간이 지
나면 그 느낌은 약해집니다. 무엇을 없애려 한다면 그것을 항상 생각

해야 하므로 그것에 에너지를 줄 수밖에 없고 그렇게 되면 그것은 없어지지 않습니다. 무언가를 피하려는 마음도 마찬가지입니다. 싫으면 그냥 무시하면 되는데 그것을 피하려고 하면 계속해서 그것을 염두에 둘 수밖에 없어요. 이처럼 내가 저항하는 것은 끊임없이 내 인생에 나타나서 끝까지 나를 물고 늘어집니다. 오히려 그것에 무심해지면 점차 떨어져나가죠.

불안과 초조는 에너지 수집장치

두려움, 분노, 초조가 느껴질 때 그 내용 속으로 들어가는 것은 과거나 미래로 들어가는 것입니다. 항상 지금 여기로 돌아와서 현재 나의 몸과 마음에서 무슨 일이 벌어지고 있는지를 그대로 바라보세요. 느끼고 겪어내기는 주의가 지금 이 순간에 있습니다. 불안과 초조는 미래에, 비통과 회한은 과거에 주의가 가 있는 것입니다. 미래를 계획하거나 해결책 찾기를 하지 말라는 말이 아닙니다. 생각을 사용해서 미래를 위해 일하는 것은 제대로 된 에너지 사용이지만, 불안과 초조는 에너지 낭비입니다. 그런데 불안, 초조, 걱정은 왜 생기는 걸까요? 자신에게 무슨 일이 생기면 누구나 불안과 초조를 느끼게 되는데, 우주가 우리에게 이런 특성을 부여한 이유가 있을 것입니다. 초조하고 불안하면 에너지가 급속히 몰려서 강하게 느껴집니다. 그래서 다른 생각을 모두 잊고, 생명의 힘을 오직 여기에 쏟게 만듭니다. 이처럼 불안과 초조는 에너지를 끌어오는 역할을 하고, 그렇게 집중된 에너지는 문제 해결에 쓰이게 됩니다. 다시 말해 불안과 초조는 에너지 수집 장치입니다. 숲속에서 무서운 곰을 만난다면 도주와 투쟁 반응이 일어납니다. 피가 가슴과 얼굴에 몰리고 팔의 근육을 강화하여 싸울 준비를 하는 것이 투쟁반응입니다. 도주 반응은 얼굴이 창백해지고 하체로 피가 쏠려 다리 근육이 도망갈 준비를 하게 합니다. 심리적인 두려움도 이와 마찬가지여서 불안과 초조를 느끼면 의식적인 에너지를 모아서 문제를 해결하는 데 사용합니다. 두려움, 분노, 초조가 느껴지면 그것을 억누르지 말고 드러나도록 해방시켜 그대로 '느끼고' 지켜보세요. 그러면 지금 여기로 돌아오게 됩니다. 인욕忍辱의 수행법은 '지금 여기에 있기', '현재를 살아가기'라고 할 수 있습니다.

정진, 관성에서 풀려나다

以知法性無身心相, 離懈怠故, 隨順修行毘梨耶波羅蜜.
이 지 법 성 무 신 심 상   이 해 태 고   수 순 수 행 비 리 야 바 라 밀

법성法性은 신심身心의 상相이 없어 게으름을 여읜 줄 알기 때문에 그에 수순하여 정진精進 바라밀을 수행하며,

비리야바라밀毘梨耶波羅蜜은 정진精進바라밀입니다. 비리야毘梨耶는 빨리어로 위리야Viriya입니다. 정진精進은 부지런함이 특징이고, 이 기능은 분발하게 하는 것입니다. 끈질김으로 표출되고, 근접원인은 태어남, 늙음, 병듦, 죽음과 부수적으로 수반하는 모든 괴로움에 대한 사려 깊은 두려움에서 일어나는 긴박감입니다.

법성法性에는 신심身心의 상相이 없다고 했습니다. 커다란 정신적 충격은 몸에도 각인되죠. 트라우마라고 하는데 이것은 마음대로 안 됩니다. 저절로 느낌이 일어나는데 어떻게 하겠어요. 그런데 우리의 본질에는 그러한 상相이 없습니다. 몸과 마음에 일어난 상相은 본질에 나

타난 현상입니다. 우리의 본질은 게으름에서 떠나있습니다. 앉아있으면 일어서기 싫어지는데, 앉아있는 느낌이 내 몸의 기준이 되어서 일어나려면 에너지를 많이 써야 하기 때문입니다. 그러니까 일어나기 싫어지는데 이것은 관성에 묶여있는 것입니다. 관성은 일종의 패턴이고, 패턴은 몸에 남겨진 상相입니다. 아침에 일어나기 싫지만, 일단 일어나서 움직이다 보면 일어나기 싫었던 마음은 떠나고 없으니 이것은 상相입니다. 본질은 몸의 패턴, 상相을 떠나있습니다.

몸과 마음에 쌓인 관성이 게으름을 느끼게 합니다. 게으름은 현재의 관성에 머물고자 하는 마음인데, 즉각 일어나 필요한 움직임을 하는 것이 바로 정진精進이니 게으름을 없애는 수련입니다. 게으름은 현재 상태를 그대로 유지하려는 마음입니다. 간단히 말하면 변화를 싫어하여 관성, 패턴 속에 있는 것입니다. 움직인다고 게으르지 않은 사람이 아닙니다. 중요한 일이 생기면, 재밌게 몰두하던 일이 있더라도 멈추고 중요한 일을 해야 하는데, 그렇지 않은 것도 게으름입니다. 지금 빠져있는 관성에서 방향 전환을 하지 않는 것이죠. 우리 마음도 관성에 걸려 있으면 즉각적인 반응을 하지 않습니다. 이 세계는 관성의 세계입니다. 눈에도 관성이 있어서 뭔가를 보다가 다른 곳을 보면 잔상이 남습니다. 우리의 존재도 관성입니다. 우리는 대략 80년 동안 움직이는 관성을 가지고 있습니다.

선정, 어떤 대상도 없는 마음

以知法性常定, 體無亂故, 隨順修行禪波羅蜜.
이 지 법 성 상 정   체 무 란 고   수 순 수 행 선 바 라 밀

법성은 항상 안정하여 있어 그 체體에 어지러움이 없는 줄 알기 때문에

그에 수순하여 선정禪定 바라밀을 수행하며,

　선바라밀禪波羅蜜은 선정禪定 바라밀이니, 빨리어로 디야나dhyana입니다. 불안정하여 혼돈된 것을 없애는 연습방법이 선정 바라밀입니다. 혼돈과 혼란이 없는 고요함에 드는 것이 선정禪定, 명상입니다.

　모든 불안정은 하나의 현상에 의식이 머물기 때문입니다. 컵에 의식이 머물면 우리는 '의식이 있다'고 여깁니다. 컵에서 천정으로 의식이 옮겨가면 이제 천정에 의식이 머물죠. 현대의 심리학자들은 이럴 경우에 컵과 천정을 의식하는 마음만 의식이라고 합니다. 즉 대상이 있어서 그것을 의식하는 마음만 의식이라고 하며, 컵에서 천정으로 가는 그 중간의 '어떤 대상도 없는 마음'에는 큰 관심을 기울이지 않습니다. 그래서 선禪이 처음 들어왔을 때 서양인들은 '텅 빈 의식'을 이해할 수 없었습니다. 이 텅 빈 의식이 바로 어떤 대상도 없는 태극과 같은 의식인데, 이 선정이 깊어지면 무극無極의 삼매로 깊이 들어가게 됩니다. 깨어있기에서 '있음'과 '존재감' 연습이 선정 연습이라고 할 수 있습니다.

지혜, 통찰을 통해 붙잡고 있던 것에서 풀려나다

以知法性體明, 離無明故, 隨順修行般若波羅蜜.
이 지 법 성 체 명　　이 무 명 고　　수 순 수 행 반 야 바 라 밀

　법성은 체體가 밝아서 무명無明을 여읜 줄 알기에 그에 수순하여 반야般若 바라밀을 수행하는 것이다.

　반야般若는 빨리어로 빤야Panna입니다. 참된 성질로 사물을 보는 것

이 특징이며, 이 기능은 감각의 모든 대상에 빛을 비추어 보는 것입니다. 혼동하지 않음으로 표출되고, 근접원인은 삼매samadhi입니다.

반야바라밀은 무명無明을 떠나게 하는 수련법입니다. 우리의 본질은 어리석거나 어둡지 않고 항상 밝아서 모든 것을 알아채니, 그런 본성의 특성을 닮아서 반야지혜바라밀을 수행합니다. 지혜는 통찰과 같습니다. 반야바라밀은 끊임없이 어떤 주제를 가지고 스스로를 살펴봄으로써 마음에서 일어나는 그 어떤 것에도 머물지 않는 것이니, 통찰을 수행하는 것입니다.

인도의 어느 왕이 스승에게 물었습니다. "나는 어제 거지가 되는 꿈을 꾸었는데 그것은 실제적인 느낌이 있었다. 그런데 지금 나는 왕이라고 실제적으로 느끼고 있다. 그렇다면 나는 거지가 왕의 꿈을 꾸고 있는 것인가? 아니면 왕이 거지가 된 꿈을 꾸는 것인가?" 스승이 대답했습니다. "당신은 왕도 거지도 아니라 한정 없는 대아大我입니다." 그러자 왕은 기뻐하며 말했습니다. "아, 그렇구나. 나는 그 어느 것도 아닌 대아이구나." 그러자 스승이 "바로 그 대아가 이제 오직 남은 하나의 문제거리입니다."라고 말했습니다.

이같이 자아는 항상 그 어떤 것이라도 붙잡으려 합니다. 자신이 '무엇'이라고 여기고 싶어 하기 때문입니다. 자신이 서있을 자리가 필요한 거예요. 이렇게 항상 의존할 그 무엇을 찾는 것이 바로 반야입니다.

'나는 알았어.' 하는 순간의 나는 누구입니까? 그때가 바로 자기의 말뚝을 걸고 있는 때입니다. 마음에서 일어나는 그 어떤 것도 마음에 나타난 한 모습임을 발견할 때 우리는 모습 아닌 것에 자리잡습니다. 모습 아닌 것을 붙잡으려 하지 말고 모습을 모습으로 보면 됩니다. 마음에 일어나는 모든 것은 마음에 잡힙니다. 다만 자신이 잡고 있다

는 것을 모를 뿐이에요. 예전에 여러분은 '나'라는 느낌이 뭔지 몰랐는
데, 지금은 매순간 다른 '나'라는 느낌이 느껴지잖아요. '나'라는 느낌
도 마음에 의해 잡히는 모습입니다. 그러니까 '나'라는 것이 있음을 알
수 있습니다. 그렇지만 본질은 모습이 아니므로 마음이 잡을 수 없습
니다. 마음에 나타난 어떤 모습도 자기라고 여기지 않으면 그 사람은
이미 무한으로 가고 있습니다. '아! 알겠어.' 하는 마음은 일종의 통찰
이고, 그 통찰은 내가 붙잡고 있던 무엇에서 나를 풀려나게 합니다. 그
렇지만 알았다는 자기를 내세우면 다시 붙잡는 것이에요. 무언가를 경
험하고 아는 '나'가 생겨나 마음에 잡힌 것인데, 그것과 동일시되어 있
어서 보이지 않습니다. 동일시된 자기를 바라보고 느낄 수 있으면 우
리는 무한, 신비, 모름에 뿌리박은 것입니다. 그렇지 않고 한정된 무엇
을 자기라고 여기면 항상 답답함과 제한된 느낌이 있어 부족감이 느껴
집니다. 원래부터 부족감이 있는 것이 아니라 한정된 느낌을 자기라고
여기기 때문에 느껴지는 느낌일 뿐입니다. 부족감이 있으면 항상 무언
가를 얻기 위해 추구합니다. 부족감으로 시작한 추구는 마지막까지 갈
수는 있지만 마지막 벽을 넘어갈 수 없습니다. 순수한 호기심과 궁금
함이 있어야 마지막 벽을 넘을 수 있어요. '나는 왜 안 되지?' 하는 마
음으로는 결코 그 끝을 넘어갈 수 없습니다. 무언가를 얻으려는 마음
은 언제나 그에 대한 상相을 갖고 있고, 상相에 묶인 마음은 자유로울
수 없습니다. 여러분은 이미 완전하므로 찾을 게 없으니, 마지막엔 찾
으려는 마음만 떼어내면 그걸로 끝입니다. 이렇게 말하면 '그래? 공부
할 필요가 없군.' 이럴 수 있지만 일상으로 돌아가면 여전히 괴롭습니
다. 괴롭지 않고 늘 자유롭다면 공부할 필요가 없어요. 부처님이 설법
을 펼친 이유는 중생을 괴로움에서 구해주기 위해서입니다. 여러분이

여전히 '나는 안 됐어.'라고 한다면 마음이 무언가를 붙잡고 있다는 것이니, 이 상相마저도 없는 곳에 도달하면 우리는 그때 무한이 됩니다.

9. 증발심

본성에는 단계가 없다

깊은 이해가 일어난 해행발심解行發心에 이어 오늘은 증득證得이 일어나는 증발심證發心에 대해 강의합니다.

> 證發心者. 從淨心地, 乃至菩薩究竟地, 證何境界.
> 증 발 심 자　종 정 심 지　내 지 보 살 구 경 지　증 하 경 계
>
> 증발심證發心이란 정심지淨心地로부터 보살구경지菩薩究竟地에 이르기까지 어떤 경계를 증득하는가?

지地는 보살의 단계를 말합니다. 정심지淨心地는 번뇌를 떠나 마음이 청정하게 된 단계로 십지十地 가운데 초지初地인 환희지歡喜地에 해당합니다. 이 질문에서 말하는 경계는 단계를 말합니다. 다시 말해서 초지初地인 정심지淨心地에서 십지十地인 구경지究竟地까지 분별된 무엇을 증득한다는 것인지 묻는 것입니다. 공부를 하다보면 내가 어떤 단계에 있는지, 본질에 얼마나 가까이 와 있는지, 혹시 옆으로 새서 엉뚱한 길로 가고 있는 것은 아닌지 궁금할 수 있습니다.

> 所謂眞如. 以依轉識說爲境界. 而此證者無有境界. 唯眞如智.
> 소 위 진 여　이 의 전 식 설 위 경 계　이 차 증 자 무 유 경 계　유 진 여 지
>
> 名爲法身.
> 명 위 법 신

소위 진여니, 전식轉識에 의해 경계라고 말하지만 이 증득證得은 경계가 없다. 오직 진여지眞如智이므로 법신法身이라 하는 것이다.

전식轉識은 능견能見, 보는 것과 소견所見, 보여지는 것, 즉 주체와 대상으로 나뉘지는 최초의 분별입니다. 맨 처음 업식業識이 있습니다. 유전적으로 타고난 것과 배우고 경험하며 쌓인 것을 통해서 생겨난 어떤 미묘한 흐름이 바로 업식業識인데 아직 분별이 일어나지 않은 상태입니다. 여기에서 전식轉識에 의해 너와 나로 나뉘어 분열되며 드디어 경계라는 것이 생겨나기 시작합니다.

증득證得에는 경계가 없다고 했습니다. 태권도의 수련과정에서 9급과 9단은 실력에 있어 큰 차이가 있지만, 본성에는 그런 단계가 없습니다. 본성에 가까이 다가가는 단계라는 것은 마음이 지어놓은 경계일 뿐입니다. 경계란 전식轉識 이하의 식識에 의해 마음에 나타난 것이며, 그것을 빌어 보살이 중생을 돕는 것이기도 하지만, 근본적으로 경계는 허상입니다. 진짜 있는 것이 아니라 마음이 움직였기 때문에 생겨나는 분별입니다. 초지보살初地菩薩에서 시작해서 십지보살十地菩薩까지 갔다하더라도 본성에 더 가까이 간 것이 아닙니다. 증득證得이란 무언가를 얻은 것이 아니라 그저 자신이 이미 본성임을 보는 것입니다. 다만 모든 현상을 증거삼아 본성을 볼 뿐입니다. 본성 자체는 볼 수 없습니다. '본성을 본다'는 것 자체가 '본성을 보는 나'를 만들어서 도리어 본성을 보지 못하게 하는 그런 작용입니다. 우리가 이미 본성 자체입니다. 'I am That.'이 바로 그런 의미죠. 그런데도 우리는 찾고 있습니다. 마음에 일어난 일부분과 자신을 동일시하기 때문에 찾아 헤매는데, 그 동일시만 멈추면 이미 나는 '그것'입니다.

우리는 몸과 마음, 시간과 공간을 분별해서 의식합니다. 그 인식과 의식 작용을 '나'라는 것이 하고 있습니다. 그러니까 눈에 보이는 장소와 시간, 몸과 마음이 '있다'고 여겨진다면 '나'에 동일시되어 있는 상태입니다. 물론 '나'라는 것이 없다는 말은 아닙니다. 관계 맺는 현상으로서 분명히 '나'라는 것이 있어요. 그런데 그 '나'를 마음에 나타났다 사라지는 임시적인 현상이 아니라 지속적이고 고정불변된 것이라고 믿고 살아간다면, 그것이 바로 동일시되어 있는 것입니다. '나'를 느낌으로 붙잡으면 나타났다 사라지는 임시적인 것임을 알 수 있습니다. 그런데 '나'를 느낌으로 보지 않고, '나'라는 생각에 빠져있기 때문에 변함없는 '나'가 존재한다고 믿게 됩니다. '나'를 느끼면서 잘 파악해보세요. 몸이 있고, 시간과 장소가 있는 이 세계에 내가 존재한다고 여기는 마음을 잘 들여다보면, 존재하는 모든 현상이 마음의 분별작용과 관련 있음을 알게 됩니다.

조금 전에 차를 컵에 받아 마실 때, 눈앞의 컵을 보고 있었지만 '내가 본다'는 생각과 느낌을 가지고서 보지는 않았을 것입니다. 내가 보고 있는 게 아니라면 누가 보고 있었을까요? '본다'는 작용이 자동으로 일어난 것입니다. 내 안에 쌓인 지식과 경험에 의식의 빛이 비치면 특별한 '나' 없이도 자동으로 어떤 일이 일어납니다. '내가 이 컵을 보고 있어.'라고 한다면 분명히 나와 컵이 나뉜 것 같지만, 그냥 컵을 볼 때는 컵을 본다는 생각도, 보고 있는 나도 특별히 없습니다. 특히 감지상태에서 보고 있었다면 전체 과정이 하나처럼 어우러져 있을 뿐입니다. '나'라는 느낌과 생각이 사라지고 이름도 없는 감지로만 있으면 모든 현상이 얽히고설켜 하나의 장이 형성되어 자연스럽게 돌아갑니다. 자연은 그렇게 돌아가고 있어요. 태양과 지구가 개별적으로 존재하지 않고 서로 어울려 존재합니다. 지금 여러분은 너와 나를 구분해서 생각하지만, 조금 전 그냥 컵을 보고 있었을 때에는 특별한 '나'라는 것 없이 경험이 지나갑니다. 별다른 일이 있지 않는 한 분리나 나눔 없이 하나처럼 의식이 움직입니다. 우리는 늘 분별하는 의식 속에 있다고 여기지만, 실제 대부분은 분별없는 의식 속에 있습니다.

그런데 마음속 상相의 세계에, 생명의 의식적 표현인 주의력이 집중되어 분별이 일어나면, 내 주의가 특정한 부분에 한정되고 다른 것은 잊게 됩니다. 전체주의(깨어있기™ 용어)를 하면 특정한 것에 주의가 가지 않기 때문에 특정한 것에 주의를 주는 '나'도 희미하게 느껴집니다. 그런데 어느 한 가지를 집중해서 보면, 예를 들어 컵을 집중해서 보면 그 컵을 보는 내가 생겨납니다. 평소에는 그냥 컵을 의식하는 정도의 분별만 있습니다. 컵이 바닥으로 떨어진다거나 하는 때를 제외하고는 강한 분별이 일어나지 않아요. 그런데 컵에 금이 가서 물이 샌다면 컵에 주의가 집중되겠죠. 에너지가 퍼지는 것이 주의라면, 집중은 에너지가 한 곳에 모아지는 것입니다. 의식은 대부분 집중력을 사용하는데, 그렇게 되면 분별이 강하게 일어나 너와 내가 나눠집니다. 반면에 전체주의를 할 때처럼 주의를 쓰면 분별이 일어나지 않아 모두가 하나로 어울린 전체를 감각하게 됩니다. 전체주의를 하면 분별이 없기 때문에 몰두해서 집중해야 하는 일은 할 수 없습니다.

우리는 주의와 집중을 잘 써야 하는데, 모든 분별은 다소간 이 집중을 사용합니다. 집중해서 분별력을 사용하여 일하고 나서 자유롭게 빠져나오면 문제될 것이 없습니다. 그런데 너무 강렬하게 집중해서 다시 주의로 돌아오지 못할 때 '빠졌다'고 말합니다. '희로애락喜怒哀樂에 빠진다'는 것은 그 감정에 들어가서 나오지 못하는 것인데, 그런 집중은 의도적인 것은 아닙니다. 나도 모르게 에너지가 훅 빠져드는 관성적이고, 습관적인 집중입니다. 에너지가 많이 모일수록 그것이 존재의 중심이 됩니다. 지구에 생명이 살 수 있는 이유는, 지구 중심을 향하는 힘인 중력이 강하기 때문입니다. 에너지가 한 곳에 뭉칠수록 그 자체의 중력이 생겨나기 때문에 그것에 더 집중되는데, 주의도 마찬가지입니다. 주의가 뭔가에 집중될수록 거기에 더 빨려 들어가 빠져나오기 힘들어집니다.

집중은 모든 분별을 일으킵니다. 그런데 전체에 주의를 주면 모든 것이 다 분별되지만 어느 특정한 하나는 잘 보이지 않듯이, 주의가 전체적으로 사용되면 분별이 희미해집니다. 하지만 집중을 하면 어느 하나가 선명하게 보입니다. 즉 주의가 하나의 상相에 집중되고 거기에 한정지어지며, 매우 제한되게 사용되고 있다는 의미입니다. 이렇게 마음에 나타난 모든 상相은 우리의 생명력을 특정한 것에 한정시키게 됩니다. 즉, 뭔가 '나타났다'는 것은 '생명력이 제한되었다'라는 의미이기도 합니다. 그렇게 생명력이 제한된 상태에서 언제든지 전체로 돌아올 수 있는 것이 바로 자유입니다. 어떤 집중된 상태에 있더라도 언제고 주의의 상태로 돌아올 수 있으면 자유로운 거예요. '나'라는 생각이나 옳다는 생각, 분노의 감정에서 빠져나와서 주의로 돌아올 수 있다면 자유로운 상태이지만 그렇지 못하다면 빠져있는 것입니다. 집중은 강한 힘을 발휘하므로 강한 신념의 힘은 죽음을 불사하고 일을 이루어낼 수 있게 합니다. 하지만 그 사람은 신념을 맹신하는 것일 수도 있습니다. 집중력을 사용하되 언제든지 자유롭게 돌아올 수 있다면 에너지를 잘 사용하는 것인데, 그런 일은 어떨 때 가능할까요? 제한된 것을 '나'라고 여기지 않을 때입니다. '나'라고 여기면 집착과 애착이 생겨서 더 강력한 제한 속에 빠지게 됩니다.

증득證得에는 경계가 없고, 오직 진여지이므로 법신이라고 했습니다 (此證者無有境界. 唯眞如智. 名爲法身). 오직 본질의 지혜만 있을 뿐, 다른 경계 지어져 나눠진 무엇이 따로 있지 않습니다. 초지보살初地菩薩부터 십지보살十地菩薩까지의 단계가 있어서 점점 나아지는 것처럼 보이지만, 그렇게 보이는 것은 본질이 아니라 현상입니다. 본질에는 그 어떤 변화도 없습니다. 단지 본질을 가리고 있는 포장지에 약간의 차이가 있을 뿐이지만, 초지初地라는 포장지를 통해서 진리를 발견하는 것과 십지十地라는 포장지를 통해 진리를 발견하는 것은 아무런 차이가 없습니다. 그래서 본질을 증득證得하는 데 경계가 없다고 말하는 것입니다. 모든 경계는 전식轉識(주객을 나누는 마음)을 통한 마음의 분별일 뿐, 실제로 경계란 것은 없습니다.

선사들의 깨침, 불가사의한 방편들

是菩薩於一念頃, 能至十方無餘世界, 供養諸佛, 請轉法輪.
시 보 살 어 일 념 경 능 지 십 방 무 여 세 계 공 양 제 불 청 전 법 륜

唯爲開導利益衆生, 不依文字.
유 위 개 도 리 익 중 생 불 의 문 자

이 보살이 일념一念에 시방十方의 남김없는 세계에 이르러 모든 부처에게 공양하여 법륜法輪을 굴리기를 청하니, 그것은 오직 중생을 개도開導하여 이익되게 하기 위함이지 문자에 의하는 것은 아니다.

법륜法輪, 즉 진리의 수레바퀴를 돌리기를 청한다는 것은 진리를 전달해달라는 말입니다.

或示超地速成正覺, 以爲怯弱衆生故.
혹 시 초 지 속 성 정 각 이 위 겁 약 중 생 고

혹은 지地를 초월하여 빨리 정각正覺을 이루는 것을 보이니 이는 겁약한 중생을 위한 것이기 때문이며,

일지一地부터 십지十地까지의 각 단계를 차근차근 밟아가지 않고 초월하여 빠르게 이루는 것을 보여주는 것은 겁내고 힘들게 여기는 중생을 위해서입니다. '내가 저걸 해낼 수 있을까?', '내가 저렇게 긴 시간 동안 수련할 수 있을까?' 하는 겁 많은 중생을 위해 혜능 같은 선사들은 속성으로 정각正覺을 이루었음을 말해줍니다. 각 단계를 다 밟을 필요는 없다고 말하는 거예요.

或說我於無量阿僧祇劫當成佛道, 以爲懈慢衆生故.
혹 설 아 어 무 량 아 승 기 겁 당 성 불 도　　이 위 해 만 중 생 고

혹은 내가 무량한 아승기겁阿僧祇劫의 기간에 불도佛道를 이룬다고 설하였으니 이는 게으르고 교만한 중생을 위한 것이기 때문이다.

또는 게으르고 교만한 중생들을 위해서는 불도佛道를 이루는 데 오랜 시간이 걸리며, 쉬운 일이 아님을 보여줌으로써 애써 노력하게 합니다. 여러분도 자기 마음을 잘 보아서 스스로가 나태한 사람인지 겁약한 사람인지를 살피고, 어떤 말들을 받아들여야 하는지를 보세요.

能示如是無數方便, 不可思議. 而實菩薩種性根等, 發心則等,
능 시 여 시 무 수 방 편　 불 가 사 의　　이 실 보 살 종 성 근 등　 발 심 즉 등

所證亦等, 無有超過之法. 以一切菩薩皆經三阿僧祇劫故.
소 증 역 등　 무 유 초 과 지 법　　이 일 체 보 살 개 경 삼 아 승 기 겁 고

이런 무수한 방편의 불가사의를 보이지만 실로 보살은 종성種性의 근이 같으며 발심發心이 같고 증득證得한 것도 같아서 초과하는 법이 없으니, 모든 보살이 모두 세 아승기겁阿僧祇劫을 거치기 때문이다.

선사들의 깨우침을 보면 각각의 상황과 조건 속에서 다양한 방편을 통해 불가사의하게 깨어납니다. 이렇게 방편들의 차이가 있어 보이지만, 이는 보살들의 차이는 아니며 보살의 뿌리는 모두 같습니다. 발심發心도 같고 증득證得도 같아 넘고 모자라는 것 없이 모두 같습니다. 발심發心의 과정을 살펴보면, 일단 믿음이 이루어지는 신성취발심信成就發心을 보입니다. 마음을 살피는 길을 가면 내 마음을 통찰할 수 있고 그 마음으로부터 자유로울 수 있다는 것을 믿습니다. 100% 믿게 되면 불퇴전의 정신으로 끝까지 가게 되어 마음의 움직임에 대한 깊은 이해와 통찰이 일어나서 그 위에 올라설 수 있으니 이것이 해행발심解行發心입니다. 증발심證發心은 현상을 증거삼아 메커니즘을 파악한 것입니다. 메커니즘을 바로 볼 수는 없어요. 만유인력을 바로 볼 수는 없지만 사과가 떨어지는 것을 보고 만유인력을 알 수 있듯이, 마음에서 일어나는 현상을 보아 마음의 메커니즘을 알 수 있습니다. 그리고 그런 메커니즘을 일으키는 본질이 현상 밑바닥에 있음도 알게 됩니다. 보다 정확히 말하자면, 본질은 개념을 떠나있기 때문에 현상과 함께 '본질이 있다'고 표현할 수도 없음을 발견하게 됩니다.

무유초과지법無有超過之法은 모든 보살이 세 가지 발심의 과정을 거친다는 말입니다. 아승기겁은 경험의 시간의 표현일 수도 있습니다. 하여간 그 모든 경험들을 오랜 시간에 걸쳐 거치게 된다는 의미입니다.

但隨衆生世界不同. 所見所聞根欲性異. 故示所行亦有差別.
단 수 중 생 세 계 부 동   소 견 소 문 근 욕 성 이   고 시 소 행 역 유 차 별

단지 중생세계가 다르고, 보고 듣는 바 근根(능력)과 욕欲(바람), 성질이
다름에 따라 행하는 것을 보이는 것도 차별이 있는 것이다.

모든 차이는 중생의 능력과 바람, 특성이 다르기 때문에 오는 것입니다. 본성이 현상으로 나타나기 위해 취하는 모습들은 모두 다릅니다. 그렇기에 이 현상계가 다양하게 존재하지요. 드러나는 모습에 차이가 없다면 현상계가 존재하지 않을 것입니다. 본질은 차별이 없는 세계이지만 현상계는 차이가 있는 세계인 것처럼, 중생 속의 진여는 아무런 차이도 없지만 그 본질이 드러난 중생의 모습에는 차이가 있습니다. 그 차이는 바로 능력과 바람과 성질의 차이입니다. 우리는 그 차이의 밑바닥에 있는 본질을 발견하려고 노력하는데, 드러난 모습의 차이에 따라 여러 가지 방편들을 사용합니다. 그래서 경전을 읽을 때 경전에 있는 말이 모두 나한테 해당된다고 여겨서는 안 됩니다. 물론 누구에게나 통하는 설법도 있겠지만, 많은 부분이 그 당시의 특정한 상황에서 특정한 제자한테 한 얘기들입니다. 그것을 모두에게 적용되는 불변의 진리라고 여기면 안 된다는 점을 감안하고 경전을 읽어야 합니다.

又是菩薩發心相者, 有三種心微細之相. 云何爲三.
우 시 보 살 발 심 상 자   유 삼 종 심 미 세 지 상   운 하 위 삼

또 이 보살의 발심상發心相이란 세 가지 마음의 미세한 상相이 있으니 무엇인가?

발심상發心相이라고 했습니다. 이렇게 상相을 붙이는 이유는, 모든 것을 마음이 나누어 분별했기 때문입니다. 대승기신론에서는 진여마저도 하나의 상相이라고 말합니다. 대승기신론에 나오는 말을 진리라고 여겨서 붙드는 우를 범하지 말라고 계속해서 상相을 붙여 설명하는 것입니다.

'분별 없는 지혜', 모순을 뛰어넘다

一者眞心. 無分別故.
일 자 진 심　　무 분 별 고

첫째는 진심眞心이니 분별이 없기 때문이다.

고려의 보조국사普照國師 지눌知訥이 지은 《진심직설眞心直說》이라는 책이 있습니다. 그 책에 표현된 '진심眞心'도 생각으로 분별해서 말로 표현된 진심眞心이지, 진정한 본질로서의 진심이 아님을 염두에 두고 읽어야 합니다. 자신의 마음을 해체하고 통찰하여 자기를 일깨우는 도구로 그 말을 사용해야지, 진심을 풀어놓은 말을 붙들어 진리로 삼아서는 안 됩니다.

진심眞心이란 무분별지無分別智를 말합니다. 그런데 '분별이 없는 지혜'는 모순된 말이에요. 왜냐하면 모든 지혜는 분별을 기반으로 하기 때문입니다. 이것과 저것을 나누어 분별하고 비교해서 좋고 나쁨, 멀고 가까움 등을 판단하는 것이 지혜입니다. 그런데 분별없는 지혜라고 했으니 이게 말이 됩니까? 무분별지無分別智는 분별을 못하는 것이 아니라, 분별에 걸리지 않는 지혜를 말합니다. 철저하게 분별을 넘어선 사람만이 분별에 걸리지 않고 지혜를 사용할 수 있다는 의미입니다.

二者方便心. 自然遍行利益衆生故.
이 자 방 편 심　　자 연 편 행 리 익 중 생 고

둘째는 방편심方便心이니 자연히 두루 행하여 중생을 이익되게 하기 때문이다.

방편심方便心은 여러 가지 방편을 사용하는 마음이니 후득지後得智를 의미합니다. 방편을 통해 중생을 이익되게 한다고 했는데, 사실 본질에는 중생도 없고 부처도 없습니다. 중생이라고 말하는 것 자체가 이미 분별 속에 빠져있는 것이지요. 만약 '중생에게 이익이 되도록 나는 무엇을 하겠다.'라고 말하는 보살이 있다면 그는 분별 속에 빠져있는 보살입니다. 진정한 본질을 발견한 보살에게는 중생이 따로 없기 때문에 중생을 이롭게 하기 위해 할 일도 없습니다. 그러나 여전히 고통 받는 마음들이 있으니 그 마음을 위해 분별 속에 나와서 방편을 쓰는 것입니다. 우리가 하는 연습들도 모두 방편의 일종입니다. 철저히 지키고 고집해야 할 진리로서의 무엇이 아니라, 다만 쓸모 있는 방법이에요. 여러분은 내 말에 묶여서는 안 됩니다. 최종적으로는 내가 하는 말에서 자유로울 때, 또 다른 그 누구의 말로부터도 자유로울 때 정말로 자유로워집니다. 사실 이 강의를 통해서도 내 말을 듣는 것이 아니라 결국 자기가 자기 말을 듣고 있는 거예요. 내 말을 듣고 내 말을 믿는 그 마음을 듣고 있는 것입니다. 그래서 자기 마음으로부터 자유로워진 사람은 기본적으로 내가 하는 말로부터도 자유로워진 사람입니다. 무언가를 믿는 그 마음으로부터 벗어나야 합니다. 그렇다고 혼자서 이 길을 가면 자기 마음에 더 묶이게 됩니다. 내가 하는 참고용 멘트에 묶일 필요도 없고, 그렇다고 무시할 필요도 없으니 도구로 잘 이용하시기 바랍니다.

三者業識心. 微細起滅故.
삼 자 업 식 심   미 세 기 멸 고

셋째는 업식심業識心이니, 미세하게 생멸하기 때문이다.

대승기신론 소疏에서는 업식심業識心이란 무분별지無分別智와 후득지後得智가 근거를 삼는 알라야식을 말한다고 했습니다. 다시 말하면 저장식貯藏識 또는 여래장如來藏입니다. 여기서 무명無明이라는 미세한 마음의 움직임이 일어나고, 그것이 분별을 일으키며 전식轉識이 되고, 전식으로부터 모든 삼라만상이 생겨납니다. 이를 노자老子의 도덕경道德經에서는 '道生一 一生二 二生三 三生萬物(도생일 일생이 이생삼 삼생만물)'이라 표현했습니다. 아직 경계 지어지지 않은 무無에서 1, 즉 미묘한 흐름인 업식이 탄생하고, 1에서 2 즉 '나와 대상'인 전식이 탄생하며, '나와 대상'인 2에서 만상, 즉 모든 대상을 분별하는 현식이 탄생합니다. 일단 '나와 나 아닌 것'의 2분열이 한번 일어나면 수많은 분별이 생겨날 준비가 된 것입니다. 대상들이 다 달라져 보이기 시작하면 마음에 만상이 생겨난 것이니, 모든 경계는 '나와 대상'을 나누는 전식에 의해 마음에 일어난 분별로 생겨납니다.

오늘 강의의 핵심은, 증득證得에는 경계가 없다는 것입니다. 방편을 삼기 위해 초지初地에서 십지十地까지 보살의 단계를 나누었으므로 다르게 보일 수는 있지만, 근본에 있어서 변하는 것은 아무것도 없습니다. 초지初地에서도 근본에 대한 통찰이 일어날 수 있습니다. 근본은 어느 상태에서나 있기 때문이지요. 그렇지만 게으른 사람들을 위해 다양한 단계를 만들어 열심히 가라고 말하고, 또 겁이 많은 사람들을 위해서는 혜능처럼 순식간에 깨달을 수도 있다고 말하는 것입니다.

거울이 거울 속에 거울의 모습을 비추다

지난 시간에 이어 증발심證發心의 마지막 부분을 강의합니다.

又是菩薩功德成滿, 於色究竟處示一切世間最高大身.
우 시 보 살 공 덕 성 만　어 색 구 경 처 시 일 체 세 간 최 고 대 신

謂以一念相應慧, 無明頓盡, 名一切種智. 自然而有不思議業,
위 이 일 념 상 응 혜　무 명 돈 진　명 일 체 종 지　자 연 이 유 불 사 의 업

能現十方利益衆生.
능 현 시 방 이 익 중 생

또한 이 보살은 공덕이 다 이루어져 색구경처色究竟處에서 모든 세간 중
가장 높고 큰 몸을 보인다.
이는 일념一念과 상응하는 지혜로써 무명無明이 단번에 없어지는 것을 일
체종지一切種智라 하며, 자연히 불가사의한 작용이 있어 시방十方에 나타
내 중생을 이익되게 함을 말하는 것이다.

일체종지一切種智란 일체 만법의 상相을 낱낱이 정밀하게 아는 지혜
를 말합니다. 모든 것을 전체적으로 아는 뿌리 깊은 지혜입니다. 마음
에 일어나는 모든 것은 상相입니다. 편안한 느낌이 들면 사람들은 '내
가 편안하다'고 하지만, 사실 나에게 편안한 느낌이 나타나는 것입니
다. 때론 불편함, 두려움, 슬픔, 기쁨 등의 다른 느낌을 느끼기도 하는
데 그런 느낌들 중에 지금은 편안한 느낌을 느끼는 것이에요. 그러니
까 '내가 편안한 느낌'이 아니라 나한테 편안한 느낌이 일어났다는 점
이 명확해져야 하는데, 그것이 바로 거울과 상의 관계입니다.

나한테 떠오르는 느낌은 거울 속에 비친 상과 같습니다. 거울 속의
상은 거울이 있다는 증거인 것과 마찬가지로, 마음의 상相은 그것을 비
추는 본체가 있다는 증거입니다. 그러나 마음의 본체는 볼 수도 없고,
느낄 수도 없고, 건드릴 수도 없습니다. 만약 거울 속의 상相이 거울을
알려고 한다면 거울 속에 거울이라는 또 다른 상을 그려서 비추겠지
요. 이것이 바로 마음으로 마음의 본질을 잡으려 할 때 나타나는 현상
입니다. 자신을 잡기 위해 마음이 할 수 있는 일은, 거울이 자신을 비

추기 위해 거울 하나를 거울에 넣는 것과 비슷해요. 지금까지 우리가 무언가를 '안다'거나 '본다'거나 '느낀다'고 하는 방식은 마음에 떠오르는 무언가를 붙잡는 것입니다. 바로 거울 속에 상이 비춰진 상태인데, 우리가 찾으려는 것은 이런 상이 아니라 마음의 본질 자체입니다. 그렇지만 마음이 어떻게 마음 자체를 잡을 수 있겠어요? 늘 하던 대로 잡아서 알려고 하니, 거울이 거울 속에 거울의 모습을 비추는 격입니다. 그렇지만 그것 역시 거울 속의 상이지 거울 자체는 아닙니다. 마찬가지로 마음의 텅 빈 느낌, 지켜보는 느낌, 관찰자의 느낌도 하나의 느낌일 뿐인 마음의 상相입니다. 거울 속의 상을 붙잡는 방법으로는 거울이 거울 자신을 알 수 없습니다. 거울이 만들 수 있는 상은 모두 거울 속에 들어있으니 거울 자신이 아니에요. 그렇다면 알 수 있는 방법은 무엇일까요? 거울 속의 상을 거울이 있다는 증거로 삼아 알 수 있습니다. 마음에 일어나는 어떤 느낌은, 그 느낌을 일으키는 바탕[12]이 있다는 증거입니다. 만약 거울이 없다면 거울 속의 상이 어떻게 나타날 수 있겠어요. 마음에 떠오르는 '알겠어, 경험했어, 내가 지금 여기 있어.' 이런 것들도 모두 마음에 떠오른 느낌이고 상相입니다. 너무 오랫동안 '나'라는 느낌을 자기라고 여기고 살아와서 그것을 자기라고 여기는 것일 뿐, 그것은 거울 속의 상과 같다는 점이 분명해져야 합니다.

그렇다면 부분인 내가 전체인 나의 본질을 알려면 어떻게 해야 할까요? 내가 부분에 불과함을 파악하면 훨씬 더 본질에 가까워지게 됩니다. '나'라는 느낌에는 부인하기 힘든 존재감이 있습니다. 우리가 그

---

12) 바탕: 사실 이 바탕을 우리는 '거울'로 여기기 쉽다. 그러나 순수의식을 체험했다는 이는 모두 이 텅 빈 '거울'을 체험한 것이다. 그리고 바탕은 이 거울마저 아니다.

것을 중심삼아 살아왔기 때문인데, 그 '나'가 일종의 상相이고 부분임을 명확하게 파악하면 '모든 것이 상相'이라는 점이 분명해지고, 그런 상相을 나타나게 하는 거울 자체를 파악하기 쉬워집니다. 이처럼 직접 아는 것이 아니라 상相을 통해 파악하게 되므로 증득證得이라고 합니다. 이렇게 증거를 통한 마음 자체의 발견이 한 번 이루어지면 그 이후에는 즉각적으로 알게 됩니다. 그것이 마음을 바로 가리키는 직지인심直指人心입니다.

우리는 마음에 '떠오르는 것'을 '나'라고 믿으며 그것을 중심삼아 살아왔어요. 답답한 느낌이 들면 '난 답답해.'라면서 그것을 자기의 중심으로 삼아요. 그런데 다른 일에 몰두하다 보면 조금 전의 답답함은 더 이상 나의 중심이 아닙니다. 그렇지만 답답함 속에 있을 때는 그것이 주인이고 전부처럼 느껴집니다. 마음에 나타나는 느낌은 아무리 중요하고, 고귀하며, 황홀하더라도 머지않아 사라집니다. 그래서 현상이에요. 마음이라는 거울에 비쳐서 잠깐 나타났다 사라지는 일종의 모습입니다. 그런데 우리가 발견하려는 것은 거울 자체에요. 그리곤 그 거울마저 넘어갈 것입니다.

답답한 느낌이 일어나면, 그 답답함이 풀어지고 이해가 되어야만 편해지는 것이 우리가 지금껏 살아온 마음의 패턴입니다. 그러나 그런 느낌과 생각이 일어나고 있는 장場을 발견하는 것이 핵심입니다. 우리는 하루 일과 속에서 수많은 느낌을 느낍니다. 아침 출근길의 상쾌함, 지하철 부대낌 속의 불쾌함, 직장에서의 바쁜 느낌, 퇴근길의 즐거움, 이런 수많은 느낌의 변화를 거쳐 가는데, 그것을 느낌으로 파악하지 않고 '나'로 여기며 살아갑니다. 그런 느낌들을 '나에게 나타난 느낌'으로 파악하는 것이 우선 필요하기 때문에 우리는 감지 연습을 해 왔습니다. 지금 느껴지는 느낌이 하나의 상相임을 알고, 매순간의 느낌을 느낌으로 파악하면 공부는 끝난 것이나 마찬가지입니다. 모든 마음의 느낌이 현상임을 파악하다 보면 '나'라는 것도 마음에 잡히고, 자기 자신마저도 상相임을 알면 본질이 무엇인지 파악할 수 있는 가능성이 생기게 되는 것입니다.

이어지는 문장은 일체종지一切種智에 대한 어느 치밀한 사람의 질문입니다.

마음의 경계가 없으면 우리는 안팎을 분리하지 못한다

問曰. 虛空無邊故, 世界無邊. 世界無邊故, 衆生無邊.
문 왈 허공무변고 세계무변 세계무변고 중생무변

衆生無邊故, 心行差別亦復無邊.
중생무변고 심행차별역부무변

如是境界, 不可分齊, 難知難解. 若無明斷無有心想,
여시경계 불가분제 난지난해 약무명단무유심상

云何能了名一切種智.
운하능료명일체종지

묻기를, 허공이 무변無邊하기에 세계가 무변하고, 세계가 무변하기에 중생이 무변하며, 중생이 무변하기에 심행心行의 차별 역시 무변하다.
이같이 경계를 한계지을 수 없어 알기 어렵다. 만약 무명無明이 단절되면 심상心想이 없는데 어떻게 알아 일체종지一切種智라 이름하는가?

무변無邊에는 두 가지 의미가 있습니다. 첫째는 한도 끝도 없다는 것이고, 둘째는 경계가 없다는 것인데, 여기서는 경계없음의 의미로 보시면 됩니다. '경계를 나눌 수 없기 때문에 알기 어렵다(如是境界, 不可分齊, 難知難解).'라고 했습니다. '안다'는 것은 분별과 경계를 통해서 이루어지기 때문입니다. 우리가 안경집과 컵이 다르다고 여기는 이유는 두 가지를 분별해서 구별하기 때문입니다. 만약 안경집과 컵의 형태와 질감을 구별하지 못하는 눈을 가지고 있다면 이들을 두 가지 물건으로 알지 못할 것입니다. 이처럼 경계지어 나눌 수 있고 분별해내기 때문에 우리의 '앎'이 있습니다. 질문자는 "무명無明이 단절되면 심상心想 또한 없는데 어떻게 알기에 일체종지一切種智라는 이름을 붙이는가?"라고 묻고 있습니다.

 여러분이 앉아있는 방을 보세요. 이제 눈을 감고 무엇을 봤는지 떠올려 보세요. 방 전체를 봤나요? 우리 눈은 한 번에 전체를 볼 수 없습니다. 아무리 넓게 봐도 전방 180도밖에 볼 수 없습니다. 이렇게 부분밖에 볼 수 없는데도 전체를 다 보고 있다고 '생각'합니다. 여러분도 방의 어느 부분만을 보고서는 방 전체를 다 보았다고 믿었을 것입니다. 마찬가지로 우리 마음도 전체를 '볼 수' 없습니다. 그것은 불가능해요. 또 '전체를 본다'는 것은 분별하지 못한다는 의미도 됩니다. 마음이 뭔가를 보고 분별하는 것은 부분으로 나누었기 때문이고, 그렇게 나누어진 한 부분을 보고서 '이것이 무엇이다'라고 분별하는 작용이 바로 '앎'입니다. 그러나 진정으로 '한 부분'이라는 것이 있나요? 우리가 마음으로 경계를 지어 분별한 것이지, 진짜 부분이라는 것은 따로 없습니다. 엄지손가락은 어디서부터 어디까지인가요? 명확한 경계가 없잖아요. 만약에 엄지손가락이 약지나 중지와 별개로 존재한다면 독립적으로 따로 떼어 낼 수 있어야 하는데 다 붙어 있잖아요. 나무를 나에게서 모든 측면에서 완전히 떼어낼 수 있을까요? 눈으로 분별되는 것만 보아서 '나무는 나무이고, 나는 나'라고 생각합니다. 그러나 나무가 뿜어내는 산소가 없다면 우리는 살 수 없습니다. 그런데도 우리는 나무와 자신이 별개의 것이고 나무 없이도 살 수 있다고 생각합니다. 우리는 지구상에 미국과 중국, 한국이 따로 있다고 믿습니다. 철책을 세우고, 지도에 금을 그어 국경선을 만들지만 땅덩어리의 관점에서 보면 모두 연결되어 있습니다. 이처럼 온 우주에 존재하는 것은 어느 한 가지도 진정으로 분리되어 떨어져있지 않습니다. 그럼에도 개별적으로 느껴지는 것은 우리가 감각에 기반하여 경계지어놓은 개념 때문입니다. 저 사람과 내가 서로 다른 사람이라고 여겨지는 것은 마음속의 경계가 있기 때문입니다. '마음의 경계가 없으면 우리는 밖에 있는 것과 자신을 따로 떼어서 분리해내지 못합니다.'

어떤 '부분'이라는 것은 없습니다. 우리의 시각은 한정되어 있고, 이러한 한계로 인해 한 부분만을 볼 수밖에 없어서 경계를 짓는 것일 뿐입니다. 지금 이 순간 우리는 방의 일부밖에 볼 수 없지만 나머지를 기억에서 불러와 전체를 보고 있다고 '믿습니다'. 방 전체는 생각과 기억 속에서 만들어지고 추론하여 조합되는 어떤 '현상'일 뿐이에요. 그러므로 '방을 방으로 보는 것'은 이미 개념화이고 상념입니다. 이 질문자는 한계지을 수 없는 방을 어떻게 알 수 있는지 묻고 있습니다. 어리석은 무명이 멈추면 무명의 원인인 마음의 그림인 심상도 없고, 심상心想이 없으면 알 수도 없고, 안다 하더라도 부분일 뿐인데, 이 분리된 '앎'을 어떻게 '일체를 아는' 뿌리가 되는 지혜라 할 수 있는지 물어보는 것입니다.

答曰. 一切境界, 本來一心, 離於想念. 以衆生妄見境界,
답왈 일체경계 본래일심 이어상념 이중생망견경계

故心有分齊. 以妄起想念, 不稱法性, 故不能決了.
고심유분제 이망기상념 불칭법성 고불능결료

답하기를, 일체경계는 본래 일심一心으로 상념想念을 떠나있으나, 중생이

경계를 잘못보아 마음에 한정이 있고, 상념을 잘못 일으켜 법성法性과 일
치하지 않기 때문에 분명히 알지 못하는 것이다.

일체의 경계는 마음속에서 일어나는 경계입니다. 즉 바다의 파도 같
은 것이에요. 수없이 파도가 쳐도 그 모든 파도는 바닷물에서 일어나
니 바닷물을 벗어나지 않아요. 그와 같이 마음속의 모든 경계도 마음
자체를 떠나지 않아 본래 일심一心이므로 상념想念을 떠나있습니다. 상
념想念은 나누고 분별지어진 모습입니다. 일심一心은 모든 것을 끌어안
고 있는 분별없는 차원이기 때문에 상념想念이 아무리 경계 지었다 하
더라도 그것은 일심의 영역에 벗어나지 못합니다. 즉 우주는 나눌 수
없는 불이不二의 세계이기 때문에 너와 내가 따로 없습니다. '우주는 하
나이며 너와 나는 하나'라는 것은, 아직 분별 속에 있음을 의미합니다.
'내가 우주와 합일이 된 느낌'은 그 속에 이미 나와 우주를 나눠놓았다
는 말입니다. 그래야 합일이 될 수 있지요. 합일감 자체가 분리를 전제
하니, 모두 상념 속의 일입니다. 그러나 우주 자체에는 어떠한 개념도
분리도 상념도 없습니다. 그렇게 모든 경계를 떠난 곳에는 오직 일심一
心만 있고, 그 한 마음에서 수많은 파도들이 일어나서 개별적인 자기가
있다고 주장하는 것이 바로 자아自我입니다.

결료決了는 명료하게 아는 것을 말합니다. '무언가를 안다'는 것은 중
생의 마음이 한계를 지은 것이니 그 한계지은 마음, 즉 방의 일부만 보
고서 방 전체를 본다고 믿는 마음, 그리고 당연히 방의 전체가 있고 부
분이 있다고 믿는 마음, 그것은 법法의 본성과 일치하지 않는 것이니
진정한 앎은 아닙니다. 법法의 본성은 바닷물과 같아 분별이 없습니
다. 그런데 독립적이고 개별적인 파도가 존재한다고 믿는 마음은 상념
을 잘못 일으킨 마음이니, 그것은 법성과 일심에 일치하지 않습니다.

무지개는 일곱색도 아니요, 세 가지 색도 아니다

諸佛如來離於見想, 無所不遍. 心眞實故, 卽是諸法之性.
제 불 여 래 리 어 견 상 　무 소 불 편 　심 진 실 고 　즉 시 제 법 지 성

모든 부처와 여래는 망견妄見, 망상妄想을 여의어 두루하지 않는 바가 없
으며, 마음이 진실하니 즉 이는 모든 법의 본성인 것이다.

　망견妄見은 기본적으로 나와 대상을 나눠서 보는 것입니다. '보는 자'
와 '보이는 대상'으로 나눠져야 '본다(見)'는 현상이 생겨납니다. 망상妄
想은 그렇게 주체와 대상이 나뉘어져 수많은 대상이 나타난 것입니다.
　보는 자가 없으면 현상도 없습니다. 현대의 양자물리학에서도 '관찰
자 없이는 관찰대상도 없다'고 말합니다. 양성자 주변에 전자가 구름
처럼 확률로 존재합니다. 전자가 없으면 양성자도 존재할 수 없어요.
음전하와 양전하가 팽팽하게 맞서고 있는 것이 원자덩어리인데, 전자
가 확률로 존재한다면 당연히 양성자도 확률도 존재해야겠죠. 그렇다
면 물질의 가장 기본원소인 원자는 확률로 존재하는 애매한 존재입니
다. 전자가 어떻게 존재하는지 관찰하면 그때 파동함수가 붕괴되면서
전자가 하나의 현상으로 드러나게 됩니다. 이와 마찬가지로 의식의 파
도가 한번 치면 '나와 나 아닌 대상'을 나누는 전식轉識이 일어나고, 이
후에 수많은 대상들을 다 구분하는 현식現識이 일어납니다. 견상見想을
떠나 있다는 것은, 능견(보는 자와 보여지는 대상으로 나뉘는 전식 단
계의 분리)과 상 분리를 기반으로 하는 모든 상념을 떠나있음을 말합
니다. 대상들이 나타나는 것은 보는 자가 있기 때문입니다. 보는 자가
없으면 대상도 나타날 수 없어요. 안이비설신眼耳鼻舌身의 다섯 가지 감
각기관이 '보는 자'로서 대상을 구분해냅니다. 우리는 빨주노초파남보

의 일곱 색으로 무지개가 존재한다고 여기지만, 남태평양의 원시부족은 빨노파의 세 가지 색으로만 구분한다고 합니다. 빨강과 노랑 사이의 주황을 구분하지 못해요. 무지개를 일곱 가지 색으로 나눠서 보는 눈이 있을 때만 무지개는 일곱 가지 색을 띱니다. 사실 무지개는 일곱 색도 아니고 세 가지 색도 아니에요. 시각이 아주 예민해서 무지개의 색깔을 100개로 나눠보는 사람이 있을 수도 있습니다. 일곱 가지 색으로 보는 관찰자한테만 무지개가 일곱 색으로 존재하는 것과 마찬가지로, 컵이 보이는 것은 우리의 눈을 자극하는 스펙트럼 안에 컵이 있기 때문입니다. 촉각도 마찬가지입니다. 내 손에 이 마우스가 반응하기 때문에 존재합니다. '견見'은 눈의 시각만을 말하는 것이 아닙니다. 주체와 대상 간의 관계 속에서 일어나는 모든 현상을 '본다'고 표현한 것이에요. 만지는 것은 촉각적인 측면에서 대상을 보는 것이고, 냄새를 맡는 것은 후각적인 측면에서 대상을 보는 것입니다. 냄새를 맡는 '나'와 '향기' 사이의 관계가 후嗅입니다. 그래서 항상 근경식根境識이 동시에 일어난다고 말했습니다.

우주 전체는 하나도 아닌 불이不二의 그 무엇입니다. 존재라고도 할 수 없어요. 존재라는 것은 전체에서 떨어져 나와 분리되었을 때의 얘기입니다. 그런 우주를 우리의 감각기관과 의식이 나눠서 분별하고 있습니다. '견상見想을 떠난다'는 것은 주체로서의 나와 대상과의 관계도 떠나고, 대상을 세세하게 나누는 개념과 분별의 작업도 떠나는 것입니다. 부처와 여래는 주객 분열에 의한 앎과 심상心想을 사용하지만 그것이 진실이 아님을 알기에 '그것을 떠나있다'고 말하는 것입니다. 심상을 사용하지 못하는 어린아이는 떠나있는 것이 아니라 아직 심상 자체가 개발되지 않은 것입니다. '심상을 떠난다'는 것은 심상이 모두 지워졌다는 의미가 아닙니다. 심상은 그대로 있지만 그것은 잠시 나타난 파도와 같아서 물 자체가 아님을 안다는 의미입니다. 부처라고 마음에 불편한 느낌이 없겠습니까? 없으면 목석이에요. 부처는 사람들의 마음을 세밀하게 느끼고 잘 분별합니다. 그 사람의 아픔이 모두 느껴지기 때문에 자비로울 수 있어요. 분별을 보지만 분별을 떠나있기에 진실하고, 법의 본성은 분별이 있어도 전혀 흔들리지 않음을 알기에 이미 본성 속에 있는 것입니다.

본성을 발견하기 위해 어디로 가야 하는 것이 아니다

自體顯照一切妄法. 有大智用無量方便. 隨諸衆生所應得解.
자 체 현 조 일 체 망 법   유 대 지 용 무 량 방 편   수 제 중 생 소 응 득 해

皆能開示種種法義. 是故得名一切種智.
개 능 개 시 종 종 법 의   시 고 득 명 일 체 종 지

그 자체가 모든 망법妄法을 환하게 비추어 대지大智의 작용이 있어 무량한 방편으로 모든 중생의 응당 알아야할 바를 따라서 여러 가지 법의法義를 모두 열어 보이기에 일체종지一切種智라 이름하게 된 것이다.

망법妄法은 물 위에 그은 금과 같아서 좀 있으면 사라집니다. 우리의 마음에 나타난 모든 느낌들과 희로애락喜怒哀樂도 그와 같습니다. 그리고 '나'라는 느낌도 마찬가지여서 강하게 느껴지다가도 일에 집중하면 이미 사라지고 없습니다. 늘 '나는 존재한다'고 믿고 느끼면서 에너지를 주고 있을 뿐, 실제로는 고정불변의 존재가 아니에요. 변함없이 영원하다면 진법眞法이라고 할 텐데, 나타났다 사라질 것을 '존재한다'고 여기니까 망법妄法이라고 합니다. 망법을 망법으로 알면 그것이 큰 지혜입니다. 마음속 경험의 흔적들을 상황과 조건에 따라 잘 사용하면

그것이 바로 지혜이고, 훌륭한 방편입니다. 그런데 상황과 조건이 맞지 않는데도 늘 같은 방편을 고집한다면 그것은 어리석은 일이에요. 값비싼 벤츠를 타고 잘 닦인 고속도로를 달리다가도 사막을 만나면 재빨리 낙타로 바꿔 타야 합니다. 벤츠가 비싸다고 해서 버리지 못하고 모래사막을 벤츠를 타고 건넌다면 방편이 망법으로 바뀌게 됩니다.

심상心想이 없어 분별하지 못하는 세계에서 어떻게 일체종지一切種智를 말할 수 있는지, 그리고 분별을 가지고 일체종지一切種智를 말한다면 분별의 세계는 전체를 구현할 수 없고 부분만을 논할 수 있는데 어떻게 일체종지一切種智라고 할 수 있는가라고 질문했어요.

본성에 기반한 심상心想을 사용하는 앎이라는 것은, 망법妄法 즉 분별된 모습이 진실이라고 믿는 마음을 환하게 비추어 중생의 어두운 분별심을 깨뜨리기에, 그것을 일체의 뿌리가 되는 지혜라고 한다고 답했습니다. 분별된 마음에 집착하고 묶이지 않으면, 내 마음에 떠오른 그어떤 상相도 언제든지 떠나보낼 수 있다면, 그 사람은 이미 본성의 자리에 있습니다. 본성을 발견하기 위해 어디로 가야 하는 게 아니에요. 일단 '느낌'은 자기가 아니라는 점이 분명하게 파악되면, 그 사람은 차차 무의식적인 느낌에서도 떠날 수 있습니다. 이것이 관성을 통해 가는 길입니다. 통찰을 하면 의식적인 측면은 완벽하게 해결될 수 있지만, 무의식적인 측면은 아주 오랜 습관과 그 밑에 깔린 뿌리가 있기 때문에 잘 안 보일 수 있습니다. 그렇지만 감지 연습을 오래 하다보면 그것도 '보이고 느껴지고', 느껴지면 그것은 '내가 아니라고' 말할 수 있게 됩니다. 대승기신론을 보면 시비를 거는 질문이 나오고 그것에 대한 대답이 나옵니다. 이런 질문을 할까봐 마명이 먼저 선수를 쳐서 자기가 질문하고 자기가 대답하면서 질문의 요지를 깨트려 버려요. 좀 알아야 질문도 할 수 있기 때문에 아무나 하지 못합니다. 어느 정도 공부가 됐기 때문에 '무변無邊하여 심상心想이 없는데 거기에 무슨 지혜가 있느냐'라는 질문을 할 수 있습니다. 지혜라는 것은 심상이 있는 분별된 마음에 있음을 질문자는 알고 있습니다. 심상이 없는, 경계가 없는 무심삼매 속에 어떻게 지혜가 있는지, 동시에 만약에 지혜가 있다면 그것은 분별된 세계의 지혜인데 그것이 어떻게 본성을 파악해내는 지혜가 되는지 따지고 있습니다. 그 질문에 대해 '분별 속에 있지만 분별을 떠나있기 때문에 지혜가 있으면서도 그것에 묶이지 않을 수 있다'고 답합니다. 분별과 분별없음을 합했어요. 질문자는 분별과 분별없음을 나눠놓고 물었습니다. 분별심은 심상心想을 사용하는 세계이고 분별없음은 무심無心의 세계여서 서로 다른 세계라고 보는 것이죠. 대답하는 사람은 그 둘이 다르지 않다고 보고 있습니다. 분별 속에 있으면서 분별없음이 파악된 사람만이 이런 대답을 할 수 있습니다.

사람들이 흔히 말하는 명상이라는 것은 고요하게 가라앉은 마음이나 우주와의 합일감 같은 것을 추구합니다. 그렇지만 정말 통찰한 사람은 그러한 것도 기쁨, 슬픔, 공포와 마찬가지인 하나의 느낌이라는 것을 파악합니다. 보통의 명상은 진흙물을 가라앉히고 '나는 맑아졌어.'라고 합니다. 그러나 그 사람의 마음이 맑아진 것이지 그 사람이 맑아진 것이 아닙니다. 마음이 맑아진 사람은 편할 수는 있겠지만 통찰이 일어난 것은 아니에요. 통찰이 일어난 사람은 흙탕물 속에서도 자신은 물들지 않음을 알기에 흙탕물 속에 들어가도 괜찮습니다. 그래서 원효는 산 속에 있지 않고 대중 속으로 들어갔습니다. 그것이 바로 대승大乘입니다. 대승은 속세, 시장 속으로 들어가서 희로애락喜怒哀樂에 괴로워하는 사람들과 부대끼면서 삽니다. 그들과 같이 기뻐하고 슬퍼하며 살다가 점차 그들을 데리고 나옵니다. 이렇게 중생의 마음상태로 같이 지내다가 서서히 그들을 데리고 나오는 작업을 하기 위해서는 본질에 기반한 현상을 사용해야 합니다. 현상을 떠나 본질로만 가지도 않고, 현상에만 빠져 본질을 잊지도 않습니다. 본질과 현상이 함께 있어요. 그래서 '진흙탕 속의 연꽃'이라는 표현을 합니다. 연꽃은 진흙 속에 피어나 있으면서도 진흙에 물들지 않아요. 청정한 일급수에만 존재하는 도롱뇽 같은 존재가 아닙니다.

지혜는 분별심으로부터 옵니다. 분별심은 결국 부분이고 현상이기 때문에 결코 본질을 일깨울 수 없습니다. 그래서 질문자가 그런 모순점을 지적한 것입니다. 그러나 이는 경험이 없는 자의 모순입니다. 경험이 있는 사람은 현상과 본질이 다르지 않음을 알기 때문에 결코 모순되지 않아서 모든 만물의 뿌리가 되는 지혜인 일체종지一切種智는 본질을 일깨울 수 있는 지혜라고 대답할 수 있습니다.

자연업, 부분의 행동으로 인한 업이 전체로 돌아가는 것

又問曰. 若諸佛有自然業能現一切處利益衆生者.
우 문 왈 약 제 불 유 자 연 업 능 현 일 체 처 이 익 중 생 자

一切衆生, 若見其身, 若觀神變, 若聞其說, 無不得利.
일 체 중 생 약 견 기 신 약 도 신 변 약 문 기 설 무 부 득 리

云何世間多不能見.
운 하 세 간 다 불 능 견

또 묻기를, 만약 모든 부처에게 자연업自然業이 있어서 모든 곳에 나타나 중생을 이익되게 한다면, 모든 중생이 혹은 그 부처의 몸을 보거나, 혹은 신비한 변화를 보거나, 혹은 그 말씀을 들어 이익되지 않음이 없을 텐데 어찌하여 세간에서 보지 못하는 이가 많은가?

자연업自然業이라는 단어를 관심 있게 봐야 합니다. 보통 업業이라고 하면 나도 모르게 쌓여서 그것에 묶여 끌려 다니게 하는 것입니다. 카르마죠. 내가 한 행위에 대한 결과를 내가 받습니다. 그렇다면 부처에게는 '나'라고 할 만한 것이 없는데, 업業이 있을 수 있을까요? 부처도 어떤 행위를 하니까 업業이 쌓입니다. 그것을 자연스러운 업이라고 말합니다. 자연업自然業은 '내가 한다'는 생각 없이 행한 일의 결과가 전체에게 돌아오는 것을 말합니다. 즉, 내가 한다는 생각이 없었더라도 어떤 행동이 일어나면 결과가 생겨나고, 그 결과가 자신한테 돌아온다기보다는 전체로 돌아가는 거예요. 전체가 하나로 굴러가는 속에서 한 행동이기 때문입니다. 그래서 자연업은 한 개인의 업業이라고 볼 수 없습니다. 부처에게도 이런 자연업이 있어서 중생들에게 이익이 되게 하는데, 즉 중생에게 도움을 주는 행동을 하는데, 왜 부처를 알아보는 사람이 많지 않은지 질문자는 묻고 있습니다. 부처를 알아보려면 부처와 같은 눈을 가져야 합니다. 명철히 보려면 맑은 마음을 지녀야 한다는 말인데, 그렇게 명철하게 보지 못하는 것은 움직이는 마음 때문입니다. 움직인다는 것은 '무언가를 향해' 움직이는 것입니다. 그런데 움직이는 마음에는 두 가지 종류가 있습니다. 지금 현재에 와있는 순수한 관찰의 마음과, 늘 과거나 미래에 가있어 목적을 가지고 결과를 추구하며 어떤 상相을 상정해두고 그것을 기준으로 움직이는 중생의 마음이 그것입니다. 어떤 것을 얻으려는 마음을 가진 사람은 그 목적이 되는 상相을 중심으로 마음이 달려가기 때문에 그 외의 것은 잘 안 보입니다. 자신의 목표에만 에너지가 집중되고 다른 것에는 눈감은 상태에요. 그런 마음이 바로 목적에 물든 마음이죠. 앞만 보게 하는 말의 눈가리개처럼 블라인드를 친 것입니다. 깨어있음은 어떤 목적과 결과를 얻으려는 마음이 아니라 그것과 상관없이 지금 이 순간을 바라보는 마음입니다. 우리의 마음은 항상 무언가를 하거나 문제를 해결하는 데 쓰이고, 고민하고 불안해하고 무언가를 피하기 위해 쓰입니다. 일어나고 있는 것을 그대로 보는 데 쓰이지 않아요. 이상하죠? 기본적으로 우리의 마음은 무언가를 얻기 위해 쓰이게 되어있습니다. 그래서 그것 외에는 문을 닫아서 다른 것을 볼 수가 없습니다.

어떤 결과를 추구하지 않고 명료하게 바라만 보는 마음은 고요한 마음인데, 이렇게 모든 것을 보고 있지만 스스로는 움직이지 않는 그런 마음에게만 부처가 보입니다. 끊임없이 움직이는 마음은 자신 내부의 목표 외에는 다른 것이 보이지 않아요. 내가 무언가를 바라고 있을 때는 그것과 관계되는 것만 눈에 들어옵니다. 자기 목적과 결과를 추구하는 중생의 움직이는 마음은, 어떤 결과와 목적을 추구하지 않고 명료하게 바라만 보는 마음을 가진 부처를 알아보지 못합니다. 움직이는 마음을 가진 사람은 고요한 마음을 가진 사람을 결코 볼 수 없어요. 왜냐하면 자기의 움직임 속에 빠져 있기 때문입니다.

答曰. 諸佛如來法身平等, 遍一切處, 無有作意故, 而說自然.
답 왈   제 불 여 래 법 신 평 등   편 일 체 처   무 유 작 의 고   이 설 자 연

但依衆生心現.
단 의 중 생 심 현

답하기를, 모든 부처와 여래의 법신法身이 평등하여 모든 곳에 두루하며 작의作意가 없기에 자연自然이라 한 것이니 단지 중생심에 의해 나타날 뿐이다.

법신이 평등하다는 것은 분별을 넘어서 있다는 말입니다.
작의作意라는 것은 무언가를 한다는 뜻입니다. 위爲라고 할 수 있어

요. '무엇을 한다'는 의미의 행동行動과 행위行爲를 구분해보겠습니다. 행위行爲는 '누군가가 무엇을 하는' 것이고, 행동은 '움직임이 일어나는 것'입니다. 조금 더 자세히 설명해보겠습니다. 행동은 자연 전체, 우주 전체가 하나로 엮여져서 조화로운 가운데 자신의 역할로 인해 자연스럽게 움직임이 일어나는 것이고, 행위는 '나'를 위해 무엇을 얻기 위한 움직임입니다. 여기서 말하는 작의作意는 바로 행위를 말하고, 자연업의 움직임은 행동이라고 할 수 있습니다. 따라서 작의作意가 없다는 것은 바로 '내가 한다'는 것이 없음을 의미합니다.

모든 곳에 두루하며 작의作意가 없기 때문에 그는 나타나지 않습니다. 하나로 엮여서 돌아가는 우주에는 부분이라 할 것이 없기 때문에 특별히 나타날 것이 없습니다. 나타난다면 그것은 분별하는 마음 때문입니다. 만약 여러분의 마음이 컵과 마우스를 구분하지 않는다면, 그 두 가지는 특별히 사물로 나타나지 않습니다. 분별이 없는 곳에는 따로 떨어진 사물이라는 것은 없습니다. 현상화되지 않아요. 자연업自然業은 특별히 분별하는 마음이 아니고, 우주가 하나로 돌아가는 전체의 움직임 속에서 부분이 하는 행동이기 때문에 특별히 한 부분이라고 할 수 없습니다.

예를 들면, 사람의 장기 중의 하나인 간肝이 하는 기능은 간 자신을 위한 것만이 아닙니다. 우리는 간, 심장, 위, 신장 등을 별개의 것으로 나누지만 그것은 개념상의 이름일 뿐, 실제로 이 장기들은 독립적으로 존재하는 것이 아닙니다. 간肝만 따로 떼어놓으면 존재할 수 있을까요? 몸 안에서 전체적으로 작용할 때만 그 존재 의미가 있기 때문에 간이 따로 있다고 말할 수 없습니다. 그러니까 간肝이 하는 행동의 결과가 간 자신에게만 돌아오는 것이 아니라 몸 전체에 돌아가고, 또 몸 전체 또는 다른 곳에서 일어난 일이 간肝에 영향을 미칩니다. 술은 입으로 마셨는데 간이 해독해야 하잖아요. 이름만 간이라고 붙여놓았을 뿐, 간이라는 개별적인 존재가 따로 있지 않습니다. 그런 것처럼 부분이 따로 있는 것이 아니라 전체로서의 부분이기 때문에 부분의 행동으로 인한 업業이 전체로 돌아가는 것이 바로 자연업自然業입니다. 반면에 중생의 마음은 '내가 존재한다'고 생각하니까 내가 한 행동의 결과를 내가 받는데, 이것이 일반적인 카르마입니다.

모든 작의作意는 중생심에 의해 일어나는데, 누군가 무엇을 할 때는 항상 결과를 추구하는 마음이 있습니다. 목표지점이 있어요. 그래서 진리의 추구도 중생심으로 한다면 왜곡되어 결국 중생으로 남을 수밖에 없습니다. 왜냐하면 '내가 무언가를 얻고자 추구하는 것'은 곧 결과를 얻고자 하는 마음이며, 그렇게 결과를 얻고자 하는 마음에는 이미 목표인 개인적인 상相이 들어있고, 그 상相을 통해 판단, 평가가 늘 행해지므로 결과를 전체의 과정으로 보지 못하고 자신이 받는다고 여기는 개인적 괴로움으로 이어지므로 중생심이 되는 것입니다. '내가 이것을 이뤄야 하는데 아직도 안 되네. 언제 되지? 힘들다.' 이러면서 자신을 괴롭힌다면 그것은 중생심의 추구입니다. 얻고자 하는 마음 없이 탐구하는 마음은 결과에 대한 기대가 없습니다. 그저 지금 이 순간을 탐구할 뿐이에요. '마음은 이렇게 돌아가는구나. 마음의 구조가 이렇게 생겼구나.' 그대로 관찰하면 명확하게 마음이 보이고, 마음이 보이면 그냥 저절로 마음에서 떨어져 나와 자유로워집니다. 자연스럽게 돼야 해요. 그러나 결과를 기대하는 마음에는 항상 어떤 기준이 있어서 그에 맞으면 좋고, 맞지 않으면 좋지 않다는 판단을 하게 됩니다. 자유를 얻기 '위해' 무언가를 '한다'면 그 사람은 항상 초조할 수밖에 없습니다. '내가 이것을 했는데도 왜 자유롭지 않을까?' 초조하지요. 그런데 순수하게 관찰하는 사람은, 불편함이 일어나면 '이 불편함이 왜 일어나지?' 이렇게 순수하게 묻습니다. 이것이 지금 이 순간에 살아있는 목적 없는 마음입니다. 자유를 얻겠다는 목표가 있는 사람은 자신의 마음속에 자유라는 상징이 있어서 어떤 것에도 걸림이 없는 것을 자유라고 생각합니다. 모든 것에 걸려도 상관없는 마음이 진짜 자유에요. 이렇게 말하면 여러분은 마음속에 또 상相을 만들겠죠.

핵심은 지금 '이 순간에 살아있는 마음'을 사용하라는 것입니다. 과거에 들은 말을 가지고 '정말 통찰을 얻은 마음은 이런 거야. 통찰을 얻었을 때 이렇게 되는구나.'라고 상정해놓고 그것을 얻기 위해 애쓴다면 목표지점이 마음속에 들어있기 때문에 자기가 판단합니다. '이건 내 목표를 향해 가는 길이 아니야.', '이건 맞는 얘기네.' 아직 모르면서 이렇게 스스로 판단합니다. 마음속에 목표를 지녔다는 것은, 자기가 배우고 듣고 경험한 것을 토대로 비교판단하는 중이라는 것입니다. 그러면 절대로 자유가 일어날 수 없어요. 지금 거기에 묶여 있기 때문입니다. 순수하게 살펴보는 마음에는 목표지점이 없습니다. 맨 처음에는 목표지점이 있을 수 있어요. 깨달음이라는 것이 있다니까, 지금 불편하니까 자유로워지고 싶어서 시작할 때는 목표지점이 필요해요. 그러나 일단 시작하고 나면 그때부터는 지금 이 순간에 열려있는 마음으로 순수한 관찰을 해야 합니다. 목표를 가진 마음은 항상 과거와 미래를 왔다 갔다 하며 만족하지 못하기 때문입니다.

깨어있으라! 원하는 것이 없는 자만이 깨어있을 수 있나니

만족을 얻는 것은 아주 단순합니다. 지금 이 순간의 느낌을 추구한다고 해봅시다. 만약 여러분이 진실을 탐구하기 위해서 같은 추구를 하는 사람들과 함께 모여앉아 진리에 대한 얘기를 듣기를 원한다면 여러분은 원하는 것을 이미 성취했습니다. 그렇게 '지금 자신이 처해있는 상황이나 느낌'을 원하면, 그는 이미 원하던 것이 이루어졌으니 만족 속에 있게 됩니다. 그런데 우리는 항상 자신이 현재 처해있는 상황이 아닌 다른 것을 원합니다.

만족감을 철저히 느껴보기 위해 다른 연습을 해보죠. 여러분이 살아온 지난 과정 중에서 절실히 원했던 것이 이루어졌던 때를 떠올려보세요. 간단하게는 원하던 물건을 얻었을 때도 좋습니다. 아주 좋은 컴퓨터를 사고 싶었는데 그것을 샀을 때의 느낌을 떠올려보세요. 그 순간에는 더 이상 원하는 게 없지요? 원하던 것이 모두 이루어졌다는 느낌 속에 있어보는 것입니다. 그렇게 더 이상의 원함이 없는 순간의 느낌을 우리는 수없이 경험합니다. 그런데 즉시 또 다른 것을 원하니까 그 느낌이 사라지는 거예요. 너무 배고파서 '밥 한 그릇 먹으면 정말 좋겠어.'라는 생각이 간절했는데 밥을 배부르게 먹게 되면 이제 그 만족된 순간은 '더 이상 원하는 것이 없는 상태'입니다. 그러나 그 느낌은 오래가지 않습니다. 결국 우리는 더 이상 원할 것 없는 그 만족감을 다시 느끼기 위해 자꾸 새로운 목표를 세우고, 성취하고, 만족감을 느끼기를 반복하고 있는 것입니다.

따라서 아직 이루어지지 않은 무언가를 목표로 삼고, 그 결과를 얻기 위해 늘 고군분투하기 때문에 항상 마음은 불행 속에 있게 됩니다.

그러므로 지금 이 순간 이미 이루어져있는 것에 주의를 주고 그것을 원해보세요. 예를 들면 '따뜻한 햇볕 아래 앉아서 책이나 읽으면 참 좋겠다.' 이런 원을 세우고 밖에 앉아서 책을 보고 있으면 됩니다. 지금 하려는 행동을 '원하고' 그대로 하는 것입니다. 그럼 이미 이루어졌으니 만족감이 느껴집니다. 그렇게 원하던 것이 이루어지는 순간 마음은 명민하게 깨어있을 수 있습니다. 더 이상 원하는 것이 없고, 할 일이 없기 때문에 마음은 열려있고 깨어있을 수 있어요. 목표가 있어서 할 일이 있고, 결과를 추구하는 사람은 깨어있을 수 없습니다. 그 사람은 목표에 맹목적이기 때문에 그 외의 것에 대해서는 눈감고 있기 때문입니다. 충분히 만족한 사람만이 정말 이 순간에 깨어있을 수 있어요. 더 이상 할 일이 없는 사람만이 더 이상 바라는 것이 없기 때문에 마음이 열려서 모든 것에 생생하게 반응할 수 있습니다.

개별적인 자기 존재의 유지가
곧 전체를 위한 것이 됨을 알 때

衆生心者, 猶如於鏡. 鏡若有垢, 色像不現.
중 생 심 자　 유 여 어 경　 경 약 유 구　 색 상 불 현

如是衆生心若有垢, 法身不現故.
여 시 중 생 심 약 유 구　 법 신 불 현 고

중생심衆生心이란 마치 거울과 같으니, 거울에 때가 끼었다면 색상色像이 나타나지 않는 것처럼 중생심에도 때가 있다면 법신法身이 나타나지 않기 때문이다.

거울에 낀 때라는 것은 기본적으로 경험의 흔적이며, 그것이 기준 역할을 하여 어떤 결과를 추구하게 만들므로 지금 이 순간에 있지 못

하게 합니다. 그러한 경험의 흔적과 기억에 좌우되는 마음이 바로 중생심입니다. '이래야 돼. 이것이 옳아, 이것이 훌륭해. 저것은 틀렸어. 당신은 이래야 해'라는 기준이 있어서 항상 그 기준에 따라 비교·판단·평가하기 때문에 그것과 상관없는 맑은 마음을 유지할 수가 없습니다. 기준이 있으면 그 기준에 맞추려는 마음이 자연스럽게 생겨나기 때문에 어떤 결과를 추구하게 만듭니다. 이래야 하는데 상황이 그렇지 않으면 화가 나고 짜증이 나죠. 희로애락喜怒哀樂에 물든 것은 어떤 기준을 꽉 붙잡고 있어서 헤어나지 못하고 있다는 의미입니다. 나도 모르게 습관적으로 붙잡게 되어있습니다. 어린아이 때는 그런 기준이 없다가 스무 살 넘으니까 이런 저런 기준이 생겼는데, 그것은 주입된 것이지 내가 끌어온 것이 아닙니다. 그런데 그렇게 주입된 것들을 자기라고 믿고 있으니, 그것이 바로 거울에 끼인 때입니다.

물론 그 경험의 흔적은 아주 유용하고 쓸모 있습니다. 지성을 사용할 수 있고 비교판단해서 좋고 나쁨을 가릴 수 있게 해줍니다. 그런데 좋고 나쁨을 가리는 판단의 기준이 바로 '나'라는 개인이지요. 주변사람과 전체를 위한 기준이 세워지지 않았습니다. 자아自我라는 것은 자기 몸과 마음을 유지하고, 확대하고, 향상시키고, 방어하는 데 주로 쓰이는 개별적인 기준입니다. 지금은 개인주의가 넘쳐나는 시대이니까 내 몸과 마음이라는 기준이 아주 확고합니다. 원시시대에는 가족 구성원 중에 너와 내가 따로 없었는데, 의식이 분화됨에 따라 개체를 구분하기 시작했습니다. 초기 원시사회에는 마치 흰개미 초유기체처럼 가족이 한 덩어리였습니다. 흰개미는 수백만 마리가 한 덩어리로 움직입니다. 집을 짓고, 알을 지키고, 먹을 것을 구해오는 각자의 역할이 있지만, 개별적으로 움직인다기보다는 전체가 하나의 파장 속에서 자신의 역할대로 움직입니다. 눈으로 보기에는 하나하나 떨어져있는 것 같지만 우리 몸의 60조 개의 세포가 함께 움직이는 것처럼 움직입니다. 개별체가 아니에요. 그런 상태에서는 너와 나의 구분이 없습니다. 우리 몸의 세포들이 너와 나를 구분하지 않는 것과 같아요. 사실은 세포 각각의 개별적인 의식도 있기 때문에 완벽하게 개별성이 없는 것은 아닙니다. 그런데 엄밀히 말하자면, 개별성과 전체성 자체가 개념이기 때문에 따로 의미가 없습니다. 말로 설명하기 위해서 어쩔 수 없이 나눈 것뿐이에요. 어쨌든 개별성이 전혀 없지는 않지만 항상 전체와 어울려서 함께 움직이기 때문에 한 몸이라고 합니다. 그런데 암세포는 개별적으로 행동하죠. 위胃의 정상세포는 손상을 입었을 때 원래대로 회복되면 성장이 멈추지만, 암세포는 자기 한계를 모릅니다. '이제 너는 성장을 멈춰야 해' 이런 정보를 전체로부터 못 받기 때문에 멈추지 않고 끊임없이 자기를 확대하며 자기성장만 하려고 합니다. 이렇게 끊임없이 자기확대를 하는 것은 위협에 민감하여 지키려는 힘이 강해졌기 때문이에요. 암세포는 자기 자신이 살기 위해 계속해서 자기 확대와 자기 생산에만 치중하다 보니까 주변 기관이나 장기가 망가지든 말든 상관이 없습니다. 결국 몸이 망가지면 자기도 죽는다는 것을 모르는 거예요. 전체로부터 '너도 결국 죽는다'는 정보를 못 받아서 그렇습니다. 전에 독일 바이오포톤 연구소를 방문해 연구원으로부터 설명을 들었는데, 모든 인체의 세포는 적절한 간격을 유지하며 서로 생체광자 Biophoton의 정보를 전달해서 전체가 한 덩어리처럼 움직인다고 합니다. 그런데 암세포들은 자기들끼리 똘똘 뭉쳐서 주변과의 대화가 단절되어 자기밖에 모릅니다. 그래서 암세포에게서는 빛이 나오지 않습니다. 오직 자기에게 들어오는 영양분이 중요하기 때문에 혈관을 뚫어서 혈액을 확보하는 데 치중해 다른 세포들과 단절되어 있습니다. 다른 세포들처럼 빛을 통해 소통하지 않습니다. 그래서 차갑습니다. 빛을 통해 열려있으면 따뜻한데, 암세포는 딱딱하게 뭉쳐서 차갑기 때문에 온열요법으로 따뜻하게 해주면 좀 나아진다고 합니다. 그렇게 주변은 전혀 생각하지 않고 오직 자기만 생각하다 보니 그렇게 된 것인데, 그렇게 고립되고 차가운 암세포도 좀 안됐어요. 그렇게 행동하고 살면 결국 자기도 죽는다는 것을 모릅니다.

다시 거울 얘기로 돌아가서, 자아自我를 구성하는 '기준'이 확고하게 경험적으로 남아서 그것이 최고인 양 느끼고 그것을 이루기 위해서만 매진하고 애쓴다면, 이것이 바로 거울에 낀 때와 같은 상태입니다. 그렇지만 개별적인 기준으로 인한 자기를 위한 행동이 전체를 위하는 것도 된다면 개별적 자아를 넘어서게 됩니다. 간肝이 스스로를 유지하기 위한 일을 하지 않아서 간 자신을 보호하지 못한다면 몸 전체에 이상이 생깁니다. 그와 같이 건강한 개개인이 모여야 건강한 사회가 되기 때문에 자기 몸과 마음을 잘 보존하고 건강하고 즐겁게 살아야 합니다. 자기 스스로를 잘 보호하는 것이 자기뿐만 아니라 사회 전체를 활성화시키는 것이죠. 그렇게 전체를 보는 눈을 가진 개인이, '자신을 위한 행동이 그 개인과 사회전체에 이익이 된다'는 것을 알고 행동하는 것이 바로 사회 황금률입니다. 그렇게 되면 개별적인 기준에 묶였던 마음에 전체를 보는 안목이 생겨서, 전체를 유지하는 기준에 맞춰 에너지가 쓰이기 시작합니다. 기준이 없으면 결국 현상도 없습니다. 컵이 컵으로 존재하기 위해서 소립자들이 끊임없이 움직이며 컵의 모양을 이루는 패턴대로 진동하고 있습니다. 고정되어 있지 않고 패턴대로 움직이는 에너지끈이에요. 더 들어가면 있는지 없는지도 모르는 양자적 관계망 속에서 움직이는 패턴입니다. 이 패턴이라는 것이 바로 기준입니다. 패턴의 기준대로 유지하려는 힘이 없다면, 만물이 스스로를 유지하는 진동의 힘이 없다면, 결국 이 다양한 현상세계는 존재할 수 없습니다. 기준이라는 것은 개별적인 존재를 유지하는 중요한 모티브에요. 다만 그 기준이 개별적인 존재를 유지하는 데만 급급하다면 암세포와 같은 존재가 되는 것입니다. 개별적인 자기존재의 유지가 전체를 위해 도움이 될 때 부분과 전체로서의 조화로운 삶이 현상으로 드러나게 됩니다.

중생의 마음은 때가 낀 거울과 같아서, 경험의 흔적과 옳다고 여기는 기준을 스스로도 모르게 붙잡고서 결과를 추구하며, 지금 이 순간에 있지 못합니다. 그런데 이것이 쉽지는 않습니다. 예를 들어 나는 함양에서 잔디를 깎고 나무를 합니다. 이때 지금 이 순간에만 있는다고 오직 눈앞의 발걸음 닿는 곳만 집중하여 잔디를 깎는다면 나중에 다 깎았을 때 전체 잔디밭은 삐뚤삐뚤 하여 보기가 싫을 것입니다. 그러나 전체 잔디밭을 염두에 두고 깎아나간다면 보기가 좋아지겠지요.

반면 너무 전체 그림에만 주의를 주어 지금 깎아나가는 잔디밭은 신경 쓰지 않는다면 잔디밭은 말끔하지 않고 거친 모습을 띨 것입니다. 이렇게 전체그림이라는 마음속 미래에만 주의가 가 있거나, 또는 눈앞의 당장 맞닥뜨린 현재만 관심둔다면 조화로운 현상이 일어나지 않습니다. 그렇다면 과거도, 미래도, 현재도 아닌 '지금'에 산다는 것은 무엇일까요? 그것은 잘 안 되었던 과거의 후회에서 주의를 거두고, 잘 깎아진 미래의 결과에 대한 기대에서 마음을 지금으로 가져와, '확대된 지금'인 전체 잔디밭을 염두에 두고 '축소된 지금'인 눈앞의 잔디에 집중하는 것입니다. 이렇게 경험의 흔적과 기억에 좌우되는 허물과 그로 인한 미래의 기대 즉, 거울에 낀 때를 벗어난 것이 부처의 마음입니다. 부처의 마음을 이미 우리 모두가 갖고 있습니다. 다만 거기에 낀 때를 자기라고 믿는 마음이 바로 중생의 마음이에요. 여러분의 마음속에서 일어나는 좋고 싫은 느낌, 화나거나 슬픈 감정, 만족감이나 상실감 등이 바로 마음에 낀 때입니다. 경험의 흔적이라는 기준에 의해 부딪혀서 생겨난 때예요. 그러나 그 때를 다 없애야만 부처의 마음이 되는 것은 아닙니다. 부처의 마음은 아주 청정하고 어떤 흔들림도 없는 마음이라고 사람들은 생각합니다. 사실 그렇긴 합니다. 그 마음에는 전혀 동요가 없어요. 그러나 때가 묻었다고 해서 그런 고요한 마음이 없는 것은 아닙니다. 여러분의 마음에 '느낌'이 일어났을 때 그 느낌을 주인삼지 않으면, 그 느낌이 하늘에 떠가는 구름과 같은 나타난 현상임을 안다면, 그 사람은 맑은 거울이 되어있는 것입니다. 아주 단순해요. 중생과 부처의 차이는 별게 아닙니다. 먼지를 다 닦아내야만 맑은 거울이 드러나는 것이 아니라, 먼지가 끼여 있어도 거울은 그에 영향 받지 않고 맑다는 것을 깨우치는 것이 바로 통찰입니다. 일상을 살아가는 희로애락에 물든 마음과 절대적인 맑음이 함께 있습니다. 일상의 마음은 늘 비교하고, 판단하고, 평가할 수밖에 없습니다. 방문을 열 때 함부로 소리내어 확 여는 것이 낫겠어요, 다른 사람에게 방해되지 않게 살짝 열고 닫는 편이 낫겠어요? 이처럼 우리의 일상에서 비교하고 판단해야 사물도 잘 사용할 수 있습니다. 경험의 기준에 의해 비교하고 판단하는 것은 당연한 일이지만, 그 속에 빠져버리면 그때부터 묶인 삶이 되어버립니다. 비교의 기준도 지금 이 순간 잠시 나타난 마음의 '현상'이니, 그 기준을 잘 사용하면 그만입니다. 그런데 기준을 자기화하면 그 기준에 의해 생겨난 모든 감정을 자기라고 여기게 됩니다.

대승기신론 강의 초반에 중생심 속에는 여래의 씨앗이 들어있다고 했습니다. 그래서 대승에서는 '중생의 마음이 곧 부처의 마음'이라고 말합니다. 중생의 마음과 부처의 마음을 구분 짓는 마음에 빠져있는 것이 바로 중생의 마음입니다. 중생의 마음이나 부처의 마음이라고 할 만한 것이 따로 없어요. 물든 마음과 물들지 않은 마음, 때가 낀 거울과 끼지 않은 거울이 있을 뿐입니다. 그리고 때가 끼어도 상관이 없습니다. 흙탕물의 비유도 들었었죠. 흙과 분리된 깨끗한 물일 때나 흙탕물일 때나 똑같이 흙은 흙이고 물은 물이듯, 일상의 상대적인 마음속에 절대가 늘 함께 있습니다.

마음에 불편하거나 싫은 느낌이 떠오르면 없애거나 가라앉히려 하고, 기분 좋은 느낌만 끌어당기려고 한다면 절대 원하는 대로 되지 않습니다. 기분 좋은 느낌과 기분 나쁜 느낌은 색깔만 다를 뿐 느낌이라는 차원은 같기 때문에, 어느 하나의 느낌에 끌려 다니면 다른 느낌에도 끌려 다닐 수밖에 없습니다. 기분 좋은 느낌에 끌려 다닌다는 것은 그 느낌을 믿는 것입니다. 그러면 느낌을 '믿는다'는 것은 변함이 없기 때문에 나쁜 느낌이 들면 그 기분 나쁜 느낌도 믿어버리게 됩니다. 그렇다고 기분 좋아하지도 말고, 기분 나빠하지도 말라는 말이 아니에요. 기분이 좋으면 기분 좋게 느끼세요. 또, 기분이 나빠도 됩니다. 다만 그것은 내 마음에 '나타난' 일시적인 현상임을 잊지 말아야 해요. 왜냐하면 다음 순간에 금방 느낌이 달라지니까요. 계속 변한다는 것은 그 느낌이 자기의 본질이 아니라는 의미인데도 우리는 자꾸 잊고서, 어느 순간 느낌이 강하게 다가오면 그것이 전부인 양 믿어버립니다.

끊임없이 변하는 과정 속에서 '변하지 않는 것'을 발견하는 것이 바로 진실을 추구하는 마음입니다.

법신法身이라는 것은 따로 있지 않습니다. 변하는 것을 변하는 것으로 보는 마음이 바로 법신입니다. '법신이 나타났다'는 것도 현상인데, 어떤 법신이라는 진리 자체가 우리가 파악할 수 있는 '모습'으로 '나타났다'는 의미가 아니고, 변하고 움직이는 일시적인 현상을 현상으로 볼 때 이미 법신法身이 드러난 것이라고 볼 수 있습니다. 어떤 기준에 에너지가 머물러 헤어나지 못하는 것이 평상시의 우리 마음의 상태입니다. 마음에 때가 낀 것과 마찬가지인데, 그럴 때는 법신이 드러나지 않습니다. 마음이 어떤 것에도 묶이지 않아서 언제든지 전체주의로 풀어질 수 있다면 그것이 바로 머물지 않는 마음입니다.

V. 정종분正宗分: 수행신심분修行信心分

오늘부터 수행신심분修行信心分을 강의합니다. 수행신심분修行信心分은 수행방법이에요. 신성취발심信成就發心에도 수행방법 네 가지가 있었습니다. 첫 번째는 근본을 행하는 방법인 행근본방편行根本方便이고, 두 번째는 마음에서 올라오는 그 어떤 현상에 대해서도 멈추는 연습인 능지방편能止方便입니다. 우리는 '전적으로 수용하기'라는 이름으로 능지방편能止方便을 연습하고 있습니다. 내 마음에서 뭔가 툭 올라올 때 그것대로 행하지 않고 멈춥니다. 그것이 올라오는 것을 '느끼지' 못해서 자기도 모르게 그 느낌대로 행한다면 멈추지 못하는 것입니다. 그래서 화가 올라오면 그냥 화가 폭발되어 버리죠. 세 번째는 발기선근증장방편發起善根增長方便으로 불법승佛法僧을 공경하고, 예배하고, 찬탄함으로써 선善한 근기根機를 증장시키는 방법입니다. 사실 예배와 공경이 중요한 것이 아니고, 그렇게 함으로써 '자아를 낮추는' 효과가 있습니다. 자아가 높아지는 데서 많은 문제가 발생합니다. 자아를 내세우고 싶은 마음이 있어서라기보다는, 대부분은 마음에 일어나는 '느낌'에 지기 때문에 어쩔 수 없이 자아를 내세우게 됩니다. 네 번째 대원평등방편大願平等方便은 모두의 열반을 위해 발원하고 진리가 이어지도록 하는 것입니다. 이런 네 가지 방법과 유사하게 수행신심분에도 연습이 있으니 살펴보겠습니다.

已說解釋分. 次說修行信心分.
이 설 해 석 분   차 설 수 행 신 심 분

이미 해석분解釋分을 말하였으니, 이제 수행신심분修行信心分을 말하겠다.

신심信心은 믿는 마음인데, 신심信心을 수행한다는 것은 어떤 의미일까요? '진리와 본질에 대한 믿음'이 성취된 사람(信成就發心)은 그 길을 멈추지 않고 갈 사람이므로 이미 이루어진 사람이나 마찬가지입니다. 그러나 그런 믿음이 이루어지지 않은 사람은 회의가 들어서 자꾸 멈추게 되고, 옆길로 샙니다. 먼저 신심信心이 이루어져야 멈추지 않고 본질을 향한 길을 가기 때문에 수행신심분을 설說하는 것입니다.

是中依未入正定衆生, 故說修行信心.
시 중 의 미 입 정 정 중 생   고 설 수 행 신 심

이 중에 아직 정정취正定聚에 들어가지 못한 중생에 의거하기 때문에 신심信心을 수행함을 말하는 것이다.

정정正定은 올바른 믿음의 길입니다. 신성취발심 강의할 때 이런 길에 들어선 사람을 정정취正定聚라고 했는데, 항상 진전하여 반드시 성불成佛하기로 되어 있는 부류를 말합니다. 이런 정정취에 들어서지 못한 사람을 위해 신심을 수행하는 것이죠. 정정취에 도달한 사람은 이미 신심이 확고한 사람입니다.

분별을 통해 분별없음으로 넘어가다

何等信心. 云何修行. 略說信心有四種. 云何爲四.
하 등 신 심   운 하 수 행   약 설 신 심 유 사 종   운 하 위 사

一者信根本. 所謂樂念眞如法故.
일 자 신 근 본   소 위 악 념 진 여 법 고

어떠한 신심信心들이며, 어떻게 수행하는 것인가? 대략 말하자면 신심에 네 가지가 있으니, 어떤 것이 네 가지인가?
첫째는 근본을 믿는 것이니 소위 진여법眞如法을 즐겨 생각하기 때문이다.

현상 너머에 있는 근본을 믿는 것이 신근본信根本인데, 이것은 진여법眞如法을 즐겨 생각하는 데서 이루어집니다. 근본은 알 수도 없고 건드릴 수도 없다는데, 근본이라는 것이 대체 있기나 한 건지 알지도 못하면서 어떻게 그것을 향해 갈까요? 이 길로 가면 부산에 갈 수 있다는 것을 알면 그것을 믿을 필요도 없이 그냥 가면 됩니다. 그런데 근본을 향한 길은 알지도 못하면서 믿고 가야 하는 길입니다. 믿음이 성취된 사람은 '부처가 이러이러한 길을 통해 근본에 도달했'고 하니 그것을 믿고 행합니다. 사실은 도박입니다. 자기가 알지도 못하는 것을 믿고 가는 거예요. 여러분들 지금 나한테 속고 있을지도 모릅니다. 나를 어떻게 믿습니까? 내가 경험했다고 하는데 그 말이 맞는지 어떻게 알아요? 그럼에도 초점이 근본에 방향지워진 사람은 무의식적으로 어떤 길이 옳은 길인지 직관하게 됩니다. 그렇게 근본이 있고, 어떻게든 이 길을 가면 본질을 발견할 것을 믿고 가는 사람은 정정취正定聚에 든 사람입니다. 그렇지 않은 사람들이 믿는 마음을 수행하는데, 그 방법이 진여법眞如法을 즐겨 생각하는 것입니다. 즉, 진리와 연관된 것, 진리를 탐구하는 길을 즐겨 생각한다는 말입니다.

군대에 있을 때 일요일이면 다른 장병들은 밖에 나가는데, 나는 침대에 누워 천장을 보면서 '이 느낌은 뭐지?' 이러고 있었습니다. 다른 사람들은 "답답한 군대에 있는데 일요일이라도 나가서 놀지 뭐하는 거냐?"고 말하지만, 나가서 노는 것보다 이게 더 재미있는데 어떡해요? 이렇게 탐구가 재밌어지면 여러분은 이미 신성취信成就가 된 것입니다. 마음 관찰하기가 재밌어지면 그 어떤 것보다 중독성이 있는데, 그렇게 되려면 미묘한 마음의 느낌들에 대한 감지가 좀 쌓여야 합니다. 그래야 감지의 일종인 주의를 가지고 실험을 할 수 있어요. '주의라는 느낌을 잡는 것'과 '주의를 사용하는 것'은 다릅니다. 주의라는 느낌은 일종의 상相입니다. '주의에 주의 기울이기'(깨어있기 용어)를 하면 주의라는 느낌에 주의를 쏟게 되는데, 주의라는 투명한 상相과 주의의 기울임은 미묘하게 다르게 구별이 됩니다. 이런 내적인 실험을 하기 위해 실험도구와 재료가 있어야 됩니다. 실험도구는 주의이고, 실험재료는 주의라는 상相과 생각, 감정, 그리고 여러 가지 느낌과 감지들입니다. 마음을 들여다본다는 것은 이런 도구와 재료를 가지고 자기 내면에서 실험하는 마음의 과학입니다. 과학은 너무 세분하여 나누기만 하니까 별로 좋아하지는 않지만요. 사실 이것은 분별이 아닌 통합과 통찰로 가는 길이지만 처음에는 세밀하게 나눕니다. 유식삼십송唯識三十頌을 보면 마음의 과정을 아주 세밀하게 나누었습니다. 유식학唯識學은 이렇게 마음을 몇 십 가지로 나눴지만, 그에 대한 경험은 남아있지 않고 이론만 남아있습니다. 우리가 그와 유사하게 세밀하게 분별하는데, 마음을 나누고 재통합해서 통찰로 이어가기 위해서는 세밀한 분별이 필요하기 때문입니다. 분별의 멈춤이 불교의 방법이라고 말하기도 하지만, 사실은 아주 세밀한 분별을 통해 분별 멈춤, 분별없음으로 가는 것입니다. 물론 분별없이 그냥 막무가내로 가는 방법도 있고, 그런 방법이 더 잘 맞는 사람도 있지만, 이렇게 진여법을 즐겨 생각하는 사람들은 세밀한 분별을 하는 사람입니다. 염念이라는 것 자체가 분별이에요. 진리에 관한 현상들을 즐겨 생각함으로써(樂念眞如法) 근본을 믿는 마음을 수행하면 근본을 향한 끊임없는 길에 들어서게 됩니다.

탐구의 길은 일종의 오락입니다. 어떤 사람들은 자신이 도달하지 못했다고 괴로워하는데 그럴 필요가 없어요. 여러분에게 이미 타고난 것을 발견하려는 작업입니다. 생각과 감정과 느낌이라는 것을 일종의 옷으로 알면 자기 몸을 이미 아는 것과 마찬가지입니다. 내 몸은 내게 안 느껴지지만 몸 위에 옷을 입으면 옷은 느껴지잖아요. 그 느껴지는 옷이 옷이라는 것을 알면 됩니다. 감정이라는 옷, 생각이라는 옷, 느낌이라는 옷, 느껴질락 말락 하는 속옷. 니트가 생각이라면 거친 털코트는 감정이에요. 제일 거친 것이 감정인데, 그런 감정을 내가 걸치고 있음을 알면 벗을 수 있습니다. 그런데 그것이 몸에 '입혀진 옷'이 아니라 자기 자신인 줄 알기 때문에, 누가 옷을 찢으면 자기가 죽을 것처럼 난리가 납니다. 옷이 찢어져도 괜찮아요. 꿰매면 됩니다. 이렇게 '느낄 수' 있으면 벗을 수 있습니다. 감정이라는 옷을 벗고, 생각이라는 옷이 입혀져 있음을 느끼면 됩니다. 생각의 옷도 벗으면 속옷이 나타나는데 아주 얇아서 몸에 딱 달라붙어 몸인지 옷인지 잘 모릅니다. 이런 속옷과 같은 것이 바로 '미묘한 느낌'입니다. 그런데 여러분이 자신을 엄밀히 관찰하면 그런 미묘한 옷까지 느껴지고, 느껴지면 그 옷에 개의치 않을 수 있습니다. 그 속옷마저 완전히 벗으면 느껴지는 것이 없기 때문에 삼매三昧로 갑니다. 맨 몸을 바로 아는 것이 아니라, 옷이 있어야 자기 몸을 확인할 수 있기 때문에 통찰을 해야 하는 것입니다.

무감각 탱크floating tank라는 것이 있는데, 안이비설신眼耳鼻舌身의 외부 감각 입력을 차단하는 장치입니다. 그 통은 체온과 같은 온도, 체액과 같은 농도의 소금물로 채워져 있어서 그 안에 3분만 있으면 내 몸에 촉감이 있는지 없는지 모릅니다. 외부의 소리가 차단되고, 빛이 없어 캄캄하며, 냄새도 없기 때문에 청각과 시각, 후각도 차단됩니다. 안이비설신眼耳鼻舌身, 다섯 개의 감각을 완전히 차단해서 몸에 대한 느낌이 없기 때문에 몸이 있는지 없는지 모르게 됩니다.

깨어있기 기초 과정에서 텅 빈 공간을 느낀 적이 있지요? 주의 연습을 하다보면 내 몸이 텅 빈 것처럼 모든 느낌이 없어집니다. 그러면 '내가 어디 있지?'라는 생각이 들어요. 혹시라도 경비행기를 운전할 기회가 있다면 그때도 경험을 해볼 수 있습니다. 비행기가 날 수 있는 이유는 부양력 때문입니다. 일정 속도, 최소한 2900~3000rpm이 되면 비행기 날개에 가해지는 부양력 때문에 떠오르는데 2500, 2000, 1500rpm이 되면 비행기의 무게에 비해 부양력이 낮기 때문에 가라앉게 됩니다. 이것을 실속현상失速現象라고 하는데, 이렇게 순간적으로 확 떨어질 때 내 몸이 어디 있는지 모르게 됩니다.

내 몸이 있다는 것을 아는 이유는 항상 1기압 상태에 있기 때문입니다. 항상 어깨 위에 쌀 한 가마 무게를 진 것 같은 느낌을 지고 있는데, 이것이 공기압입니다. 그래서 그 중력감이 느껴져요. 손을 들면 무게감이 느껴지죠? 그 중력감이 없으면 여러분은 몸이 있는지 없는지 모릅니다. 몸이 있다고 느껴지는 것은 그런 느낌이 있기 때문인 것처럼, 여러분 마음에 이런 저런 느낌들과 생각, 감정이 있으니까 지금 자신이 있다고 느껴지는 것입니다. 텅 빈 본질을 알기 위해서는 마음속에 자꾸 파도가 일어야 합니다. 그렇지 않으면 빈 몸과 같은 텅 빈 본질을 알 수 없어요. 그렇게 분별을 통해 분별없음으로 넘어갈 수 있는데, 존재감 같은 미묘한 느낌마저 분별할 수 있을 때 나의 본질은 '느낌 없는 상태'임을 통찰할 수 있습니다. 알 수 없고, 느낄 수 없고, 생각되어지지 않는 것이 나의 본질이라는 통찰이 일어나요. 내 벌거벗은 몸이 옷을 통해 파악되듯이 느낌, 생각, 감정이라는 옷을 통해 나의 빈 본질이 파악됩니다.

그런 작업이 바로 진리와 연관된 현상들을 즐겨 분별하는 것이고,

그것이 바로 근본을 믿는 작업, 즉 근본을 믿는 신심信心을 수행하는 것입니다. 수행을 하다보면 좌절할 때가 많습니다. 해도 해도 되지 않는 것처럼 보이기 때문이에요. 그러나 이 길을 믿고 끊임없이 가는 것이 근본을 믿는 것이고 거기에서 힘이 나옵니다.

'공경'은 자아를 낮추는 훈련

二者信佛有無量功德. 常念親近供養恭敬, 發起善根,
이 자 신 불 유 무 량 공 덕   상 념 친 근 공 양 공 경   발 기 선 근

願求一切智故.
원 구 일 체 지 고

둘째는 부처에게 한량없는 공덕功德이 있다고 믿어서 항상 부처를 가까이 하고 공양하고 공경하여 선근善根을 일으켜 일체의 지혜를 구하려고 생각하기 때문이다.

사람의 근기根機를 상근기上根機, 중근기中根機, 하근기下根機로 나눕니다. 상근기는 진리가 있다는 말을 철저하게 믿어서 그 길을 갑니다. 중근기는 그 길을 따라가다가 멈추기도 하고 의심을 하기도 합니다. 하근기는 진리가 있다는 소리를 들으면 픽 웃고 말죠. 이런 근기根機 중에 선근善根, 즉 상근기를 일으켜 세우는 것이 두 번째 신심수행信心修行입니다. 부처에게 한량없는 공덕이 있음을 믿어서 그런 사람이나 보살들을 가까이 하고 공경하는 것을 통해 선근善根을 일으켜 지혜를 구합니다. 신성취발심信成就發心의 수행방법에도 불법승佛法僧을 공경하여 선근을 증장하는 방편이 나왔었죠. 불법승을 공경함이 목적이 아니고, 그렇게 함으로써 내 마음이 낮아진다는 점이 중요합니다. 세상에서 가장 문제가 되는 사람은 자아가 강한 사람입니다. 자아가 강한

사람은 항상 자기 스스로를 괴롭히기 때문에, 예를 갖추고 공경하라는 것은 자아를 낮추는 훈련법입니다.

그런데 한 가지 더, 부처에게 한량없는 공덕이 있다고 믿으라고 했습니다. 믿으면 자기도 모르게 상대를 공경하게 되고 자기 마음이 낮아지는 효과가 있어서 드디어 뭔가 배워집니다. 그렇지 않으면 자꾸 이의를 제기하죠. 자기의 괴로움을 떨쳐주려고 가르쳐 주는데도 '그건 아닌 것 같은데.' 하면서 자기 마음이 나서는 사람, 자기를 낮출 수 없는 사람은 배울 수가 없습니다. 선근善根이 일어나지 않아요. 마음에 의심이 들어 자기를 숙일 수 없다면 자기가 숙일 수 있는 사람을 찾아서 떠나는 것이 서로에게 좋습니다.

부처와 가까이 지내라는 것은 정적情的으로 가까워지라는 뜻이 아니고 공경하기 위해 가까이 하라는 말입니다. 기독교는 공경의 종교입니다. 예수를 우러름으로써 자기는 최대한으로 낮아지니 헌신의 종교, 믿음의 종교는 바로 이 두 번째 방법을 사용합니다. 그런데 이끄는 사람이 아니라 그냥 믿는 사람이 되는 것이 중요합니다. 목사는 별로 중요하지 않아요. 신도가 중요합니다. 목사도 사실 신도 아닙니까? 신도는 늘 예수를 절대적으로 믿고 따릅니다. 그럴 때 그의 모든 짐이 물러가고 자기는 최대로 낮아집니다. "네 이웃을 너 자신과 같이 사랑하라. 누가 오른쪽 뺨을 때리거든 왼쪽 뺨도 내주어라."라고 예수님이 말했는데, 욕 한 마디 들었다고 불쑥 주먹이 나온다면 그는 믿는 사람이 아니지요. 중요한 점은 예수에 대한 공경이 아니라 '자기가 낮아지는 것'인데, 많은 교인들이 다른 종교 앞에서 스스로를 높여 상대 종교를 무시하고 비난합니다. 기독교의 본질은 자기가 가장 밑바닥까지 낮아지는 데 있어요. 그래서 "낮은 데로 임하소서."라고 하는 것입니다. 지금 기독교를 비판하려는 것은 아니고 '믿음의 종교의 핵심'이 무엇인지를 말하는 것입니다. 대승기신론의 두번째 신심의 수행방법이 바로 기독교적 헌신입니다.

신심信心을 수행하는 두 번째 방법은, 부처에게 한량없는 공덕이 있다고 믿어서 부처를 가까이하여 자기의 선근善根을 일으키고, 그것을 통해 일체의 지혜를 얻으려는 것입니다. 그런데 맨 처음에는 저 사람이 정말 부처인지 어떻게 알겠어요. 스스로가 부처가 아니면 저 사람이 부처인지 아닌지 모릅니다. 20년 된 보이차를 맛본 적이 없는데, 누군가가 20년 된 보이차라고 가져오면 그것을 어떻게 믿을 수 있을까요? 그때 신뢰가 필요합니다. 간단히 말하면 사실 신뢰라는 것은 기꺼이 속는 거예요. '이 사람에게 기꺼이 속겠다.' 하면서 자기를 숙이는 것입니다. 지금 배우는 스승에게 속는다 느낀다면 내가 속아도 좋은 신뢰 가는 다른 사람에게 가는 것이 좋습니다. 이처럼 신뢰는 어린아이와 같이 마음을 모두 열어놓는 것이라면, 신념은 어떤 기준을 가진 믿음입니다. 20년 이상 살면 마음속에 여러 기준이 생기기 때문에 상대를 신뢰하기가 정말 힘들어집니다. 그런데 상대를 높이면 내가 낮아지고, 내가 낮아지면 나의 기준도 허물어져서 상대를 신뢰하게 되고, 마음이 열립니다. 그래서 그 사람의 말이 확확 와 닿게 됩니다. 여러분도 이왕 속기로 한 것이니 마음을 다 열고 1, 2년만 속아보세요. 3년 이상 속을 필요는 없습니다. 한 1, 2년 속아보고 뭔가 발견되고 나아진다고 여긴다면 그때는 전적으로 속으면 됩니다. 그런데 그 1, 2년도 안 속아보고서 마음에 이런 저런 의심이 올라오면 배워지는 것이 없습니다. 그것은 자기 방식대로 자기 컵에 물을 담고 있는 거예요. 우리는 자아라는 컵을 깨트려 컵 속의 물이 바다의 물과 다르지 않음을 경험하려 하고 있습니다. 그래서 컵은 하나의 옷과 같다는 것을 발견하려고 해요. '나'라는 주장이 내 몸에 입혀진 옷과 같은 것임을 발견하기 위해서 옷을 벗으라고 말하면 '이건 옷이 아닌데 왜 벗어야 하느냐'고 합니다. 아직 옷을 벗어본 적이 없고, 빈 몸을 본 적도 없는 사람이, 본 것이라고는 오직 옷밖에 없는 사람이 자꾸 이건 옷이 아니라고 말합니다. 그래서 속는 마음, 마음을 열고 신뢰하는 마음은 배움에 있어 아주 중요합니다. 전체 맥락이 있는 강의 내용 속에서는 이 말이 이해가 되겠지만 이 부분만 잘못 듣게 되면 참 왜곡되기 쉬운 얘기였습니다.

三者信法有大利益. 常念修行諸波羅蜜故.
삼 자 신 법 유 대 이 익   상 념 수 행 제 바 라 밀 고

셋째는 법法에 큰 이익이 있음을 믿어서, 항상 모든 바라밀波羅蜜을 수행할 것을 생각하기 때문이다.

바라밀은 보시布施 · 지계持戒 · 인욕忍辱 · 정진精進 · 선정禪定 · 지혜智慧의 육바라밀六波羅蜜입니다.

보시布施는 내가 한다는 생각 없는 베풂입니다. 누군가 이치를 물으러 온다면 이런 저런 계산 없이 여러분이 배운 것만큼 알려주는 것입니다. 다만 옳다고 믿으면서 알려주는 것이 아니라 지혜를 전해서 경험하도록 해주는 것이 중요합니다. 지식 아닌 경험을 전해야 해요. 지계持戒는 계율을 지킴으로써 바른 길로 나아가는 것입니다. 인욕忍辱은 참음인데, 억누름이나 억압이 아니라 자기 마음을 숙이는 전적인 수용이라고 할 수 있습니다. 내 마음에서 올라오는 것으로부터 즉각 힘을

빼는 거예요. 정진精進은 게으르지 않고 열심히 행하는 것입니다. 선정禪定은 주의에 주의 기울이기와 같은 무심無心으로 들어가는 것이지요. 집중력이 약한 사람은 선정을 많이 해야 하므로 사마타를 하는 것이 좋습니다. 마음을 오직 하나에 집중하고, 마지막에는 그 하나마저도 떨어져 나가게 하는 것이 사마타적인 방법입니다. 지혜智慧는 위파사나입니다. 관찰하고 분석해서 마음에 일시적으로 나타나는 것들은 나의 본질이 아님을 아는 것이지요. 나타났다 사라지는 것은, 영원하고 늘 고정화된 나의 본질이 아닙니다. 본질은 늘 존재하는 것이죠. 여기서 말하는 '존재'란 우리가 생각하는 일반적인 개념의 '있다, 없다'의 존재는 아닙니다. 자기를 관찰하면 감정과 생각이 나타났다 사라지고, 미묘한 느낌과 존재감도 나타났다 사라진다는 것을 알 수 있습니다. 이렇게 본질 아닌 것을 하나하나 떨어냄으로써 본질을 발견해나가는 작업이 바로 지혜입니다.

신심수행信心修行의 세 번째는 이런 육바라밀六波羅蜜을 수행할 것을 항상 생각하는 것인데, 진리의 법을 얻으면 수많은 이익이 있다고 믿기 때문에 수행합니다. 정정취正定聚에 들지 않은 사람, 즉 믿음이 성취되지 않은 사람에게는 진리를 발견하면 큰 이익이 생길 거라고 말하면서 믿는 마음을 수행하게 합니다. 우리 마음은 자기 자신을 위해 뭔가를 하기 때문에 신심을 기르는 데 있어서도 큰 이익이 있다고 말해요. 사실은 아무런 이익이 없습니다. 오히려 자기를 위해서는 손해만 나요. 그래서 노자老子가 손지우손損之又損이라고 했습니다. 손해보고 또 손해보고, 그래서 아무것도 없어서 이제는 손해 볼 그 무엇도 없게 될 때 도道가 찾아든다고 했어요. 그러나 아직 신심이 성취되지 않은 사람에게는 진리를 얻으면 큰 이익이 있으니 육바라밀을 수행하라고 말합니다. 이렇게 처음에는 자기라는 걸 갖고 시작할 수밖에 없습니다. 그런데 여러분, 절대 손해날 일은 없으니 멈추지 말고 가시기 바랍니다. 본질은 손해나는 것이 없습니다.

위로받기 위해서가 아니라
묻고 깨닫기 위해 친교 맺으라

四者信僧能正修行自利利他. 常樂親近諸菩薩衆,
사 자 신 승 능 정 수 행 자 리 이 타   상 락 친 근 제 보 살 중,

求學如實行故.
구 학 여 실 행 고

넷째는 승려가 바르게 수행하여 자리이타自利利他할 것을 믿어서 항상 모든 보살들을 즐겨 친근히 하여 여실한 수행을 배우려고 하기 때문이다.

승僧은 진리를 향해 가는 사람인데, 꼭 불교에만 있는 것은 아닙니다. 가톨릭이 처음 우리나라에 들어왔을 때 예배당을 승원僧院이라고 번역하기도 했습니다. 자리이타自利利他는 자기를 이롭게 하고 타인을 이롭게 하는 것입니다. 소승小乘은 자기를 이롭게 하기 위해 본질을 발견하는 수행을 합니다. 그런데 저 밑바닥까지 본질을 꿰뚫으면 나와 남이라는 구분이 없어지고 당연히 자리이타自利利他하게 되어 대승으로 저절로 넘어갑니다. 대승大乘은 아직 본질을 발견하지 못했을 때에도 자리自利와 이타利他를 동시에 행합니다. 처음부터 자기 수행을 하면서 다른 사람도 돕는 데 이것이 소승보다 더 빠릅니다. '내가 아직 안 되었는데 어떻게 남을 돕겠는가? 내가 맹인인데 다른 사람을 도와준다고 데리고 가다가 구덩이에 빠트리면 어떡하나?' 하는 것이 소승이

라면, 대승은 할 수 있는 한 남을 돕습니다. 내가 한 발짝 앞으로 갔는데 별일 없으면 거기까지는 남도 데리고 가는 거예요. 그러다가 어느 순간 나와 남이 따로 없다는 것을 발견합니다.

우리는 이렇게 자리이타自利利他하면서 서로 도와야 합니다. 미묘하게 자기를 내세우는 도움이 아니라 상대가 정말 필요로 할 때 도와야 해요. 남을 돕는다는 것은 사실 굉장히 위험합니다. 잘못하다가는 가르치게 되는데, 아는 척하고 말하다보면 내가 진짜 아는 것 같아요. 그래서 위험한 측면이 있는데, 자기 자신에게 물어보면 제일 잘 압니다. 자기를 속일 수는 없어요. 그러니까 여러분이 다른 사람을 도울 때는 자기 자신을 속이지 않으면서 도우면 됩니다. 모르는 것을 아는 척하지 말고, 스스로 철저하게 경험한 것만 설명하고 전달하면 더 많은 이들이 이 길을 더 믿고 오게 됩니다.

보살은 진리의 길을 가면서 자기의 생각이나 감정, 느낌들로부터 어느 정도 자유로워진 사람들입니다. 물론 마지막 본질이 발견되지는 않았지만 여전히 그 길을 믿고서 끊임없이 가는 사람들이지요. 그런 보살들을 즐겨 친근히 하여 여실한 수행을 배우라고 했습니다. 감정적으로 보살들과 친해지는 것이 아니라 진리를 탐구하는 마음으로 친하게 지내야 합니다. 자기의 고독감을 잠시 잊거나 위로받기 위해서가 아니라 묻고 깨달으면서 친하게 지내야 합니다. 여실한 수행을 배우려고 하기 때문(求學如實行故)이라고 했어요. 내실이 꽉 찬 수행법을 얻기 위해 친하게 지내라는 말입니다. 인간적으로 친하게 지내는 것도 괜찮지만 그런 관계는 언젠가는 멀어집니다. 우리의 마음은 끊임없이 변하기 때문에 누군가와 친해지면 언젠가는 멀어지게 마련입니다. 진리를 탐구하는 마음으로 친하게 지낼 때만 끝까지 같이 갈 수 있어요. 그리고 진리가 발견되면 더 이상 나를 내세우지도 않고, 화날 자기도 없기 때문에 계속 친하게 지낼 수 있습니다. 그렇지 않고 마음으로 친하게 지내는 것은 자기 마음을 위로받거나 기분 좋은 느낌을 유지하려고 친한 것이기 때문에, 더 이상 그런 느낌을 받지 못하면 그 관계는 깨집니다. 그런 만남은 헤어짐을 미리 생각하고 만나는 편이 낫습니다.

다섯가지 수행방법

오늘은 수행신심분修行信心分의 다섯 가지 수행 방법에 대해 설명합니다.

修行有五門, 能成此信.
수 행 유 오 문　　능 성 차 신

수행에는 오문五門이 있어 능히 이 믿음을 성취한다.

신성취발심信成就發心으로 끝까지 밀고 나가는 믿음이 이루어지면 이 믿음의 성취는 이제부터 수행을 통해 시작됩니다. 믿음과 수행을 구분하는 것입니다. 믿음을 가졌다고 해서 저절로 되는 것이 아니라 행동을 해야 합니다. 머리와 생각으로 하는 것이 아니에요. 행行하고, 그 움직임으로부터 부딪힘이 일어나면 그것을 살펴야 합니다. 무엇을 행行하면 항상 부딪힘이 일어납니다. 행行은 기타줄의 움직임과 같아서 처음에는 어긋남과 부조화가 발생하며, 조율된 소리를 내려면 많은 훈련과 움직임이 필요하니 그것이 바로 수행입니다. 기타를 잘 치는 사람을 보고서 나도 연습하면 저렇게 될 거라는 믿음을 갖는 것이 신성취발심입니다. 그런 깨지지 않는 확신이 생겼다고 해서 기타를 잘

칠 수 있는 것은 아니고 연습을 해야 하는데, 믿음을 실현시켜서 성취하기 위한 연습이 바로 오문五門, 다섯 가지 방법입니다.

云何爲五. 一者施門. 二者戒門. 三者忍門. 四者進門.
운 하 위 오   일 자 시 문   이 자 계 문   삼 자 인 문   사 자 진 문

五者止觀門.
오 자 지 관 문

어떤 것이 다섯 가지인가? 첫째는 시문施門, 둘째는 계문戒門, 셋째는 인문忍門 넷째는 진문進門, 다섯째는 지관문止觀門이다.

1. 시문施門 · 계문戒門 · 인문忍門 · 진문進門

시문施門은 베풀기, 계문戒門은 악한 일을 경계하기, 인문忍門은 참고 겪어내기, 진문進門은 부지런히 정진하기, 지관문止觀門은 사마타와 위파사나를 말하니 멈추고 관찰하기입니다. 이 다섯 가지 방법을 통해 믿음을 실현시켜나갑니다.

공부의 과정은 일원론一元論, 이원론二元論, 불이론不二論의 단계를 거친다고 했습니다. '이 훈련을 하면 나도 부처님처럼 될 수 있다'에서 시작하니 모든 중생은 이미 부처라는 것을 믿는 일원론적인 마음입니다. 이런 믿음이 성취되면 수행에 들어가는데, 이 상태는 '나는 아직 부처가 아니다'는 생각으로 수행하니 이원론적인 마음입니다. 나의 목표지점인 자유로운 상태인 부처와 아직 그렇지 않은 나로 나뉘어있지요. 그리고 마지막에는 원래 중생과 부처가 따로 없었음을 통찰한 불이론으로 들어갑니다. 하나도 아니고 둘마저 아닌 것이니, 모든 것은 마음이 만들어놓은 개념임을 파악하는 것입니다. 부처와 중생이 원래 없고, 괴로워하는 나라는 것도 원래 없습니다. 우리는 지금 힘들어하는

내가 있다고 느끼면서 훈련합니다. 그렇지만 임시적인 현상에 '나'라고 이름 붙여놓고서 괴로워하는 내가 있다고 믿고 있을 뿐입니다. 엄밀히 바라보면 '나'라는 것은 수시로 바뀌고 나타났다 사라지는데, 그것을 마음의 기억으로 붙잡아 '나'라고 이름 붙입니다. 이를 파악하면 '나'라는 것이 없음을 알게 되는데, 거기에 어디 중생과 부처가 있겠어요? '나'라는 것이 없으면 부처도 없고 중생도 없습니다.

부처와 중생은 아직 '나'에 붙잡혀 있는 사람들을 위해 사용하는 방편일 뿐입니다. 그렇다고 '나'도 중생도 부처도 없다고 하니까 '부처도 별것 아니구나.' 이렇게 생각하라는 말은 아닙니다. 일상에서 괴롭고 즐겁고 잘난 내가 있다면, 또는 관찰하는 투명한 내가 '있다'면 그 사람에게는 당연히 부처와 중생이 있습니다. 그렇지만 그 '나'가 허상임을 아는 사람에게는 부처가 없어요. 부처가 나무라면 '나'라는 것은 씨앗입니다. 씨앗이 사라져버리면 나무로 클 수가 없어요. 씨앗의 틀을 깨고 나올 때 나무로 자랍니다.

처음에 부처와 중생이 있다고 여기는 마음은 신기루를 보고 있는 마음과 같습니다. 뜨거운 사막에서 목이 너무 마르니까 저편에 오아시스가 있는 것처럼 보여요. 그런데 목이 마른 진짜 이유는 내가 뜨거운 사막 안에 있다고 믿기 때문입니다. '내'가 있어 괴로운 사람에게만 괴로움이 없는 오아시스, 즉 부처가 보입니다. 그런데 수행을 통해 '나'라는 것이 임시적인 현상임을 통찰한 사람은 더 이상 부처를 찾지 않고 나도 없고 부처도 애초부터 없었다는 불이론에 들어섭니다. 그 중간 단계인 이원론적인 수행과정에 대해 지금 말하고 있습니다. 도달해야 할 어떤 상태와 아직 그렇지 않은 나로 나누어 놓고 열심히 수행하는 거예요.

보시, 원심력의 흐름으로 '나'를 가볍게 한다

云何修行施門.
운 하 수 행 시 문

어떻게 시문을 수행하는가?

보시布施를 그냥 남한테 마음 좋게 베풀어주는 것이라 생각하기 쉽습니다. 대승에서 말하는 보시는 마음을 훈련하는 수행방법의 일종으로 '내가 베푼다'는 생각 없이 베푼다는 점이 중요합니다. 그런데 '내가 베푼다'는 말은 참 모순된 말입니다. '내가'라는 말은 구심력求心力으로 가는 흐름입니다. '나'를 중심으로 삼고 살아가요. '나'를 중심으로 삼으면 모든 것을 끌어당겨서 자기중심적으로 만듭니다. 반면에 '베푼다'는 내보내고, 확산시키고, 확장하는 원심력遠心力으로 가는 흐름입니다. 이처럼 '내가'와 '베푼다'는 방향이 서로 대치되는 용어인데, 어떻게 같이 붙여서 사용할까요? 여기서 말하는 '베푼다'는 '내가 베푼다'가 아니라 '내가 베푼다는 생각 없이 베푼다'이기 때문입니다. 바로 '무위無爲의 위爲'에요. 남을 위해 또는 무언가를 위해 행동하는데, '내가 한다'는 것 없이 하는 것이 보시의 진정한 의미입니다.

구심력求心力은 무게를 만들고, 원심력遠心力은 무게를 없애서 가볍게 합니다. 모든 질량을 가진 물체는 자신을 향해 끌어당기는 힘이 있어요. 지구와 달에도 구심력이 있는데 지구의 구심력이 더 강하니까 달을 끌어당겨서 위성으로 삼은 것처럼, 자기가 강한 사람은 자기가 덜 강한 사람을 끌어당겨 자기 안에 묶어놓습니다. 그러면 그 사람은 자꾸 강해집니다. 강함은 좋은 점도 있지만, 질량이 크기 때문에 스스로 무거운 무게를 지고 있다는 의미도 됩니다. 대기업 회장이나 사장들은 밤잠 설치면서 자기의 온 존재를 쏟아부어가며 사업을 하고 있습니다. 돈이 많고 사회적 명예가 있어 좋아 보이지만 얼마나 초조한 삶이겠어요. 그런 일을 하면서도 스트레스 받지 않을 수 있다면 그 사람은 사업을 통해 자기를 넘어가고 있다고 말할 수 있습니다. 진인사대천명盡人事待天命하는 것이지요. 자기가 할 수 있는 최대한을 다하면서 그 결과를 내 것이라고 여기지 않는 마음이라면 그것도 훈련이 되니 보시와 비슷합니다. 그러나 대부분의 사람들은 자신의 부를 늘리려는 마음으로 최선을 다하면서 사업과 자기를 동일시합니다. 그래서 사업체가 부도나면 스스로를 괴롭히고 자살도 하고 그러지요. 내가 할 수 있는 최선을 다하되 내가 한다는 생각 없이 베푸는 원심력적인 흐름이 바로 보시입니다.

세상의 모든 현상은 구심력과 원심력의 적절한 조화 위에서 존재합니다. '내가'라는 것 없이는 자기가 유지되지 않아요. 우리가 바라는 것은 그 '내가'라는 것이 있지만 거기에 묶이지 않고 원심적으로 사용하는 사람으로 살아가는 것입니다. 만약 이 지구에 구심력이 없고 원심력만 있다면 뭉쳐지지 않아서 현상으로 존재할 수 없을 것입니다. 자기를 위한 구심력을 지구가 가지고 있기 때문에 이 덩어리가 유지되고, 지구 안에서 수많은 생명들이 살아가는 원심적인 흐름도 있을 수 있습니다. 그러니 구심력을 나쁘게만 볼 일은 아니에요. 이 세상에 수많은 다채로운 현상이 존재하는 근본 원리가 구심력과 원심력인데 '내가 베푼다'는 말 속에 그 의미가 다 들어있습니다. 그런데 보시布施는 내가 한다는 것 없는 '베풂'에 초점을 맞춥니다. 구심력보다는 원심력에 초점을 맞춘 것이지요. 왜냐하면 우리가 너무 구심력에 초점을 맞춘 불균형 상태로 살아가기 때문입니다. 그런데 사람들은 보시를 하라니까 겉으로는 웃으면서 베풀지만, 마음속 깊은 곳에서는 '내가 했어'가 남아서 보상을 바랍니다. 상대가 고마워하지 않으면 기분이 나쁘고 화가 나요. 이는 진정한 보시가 아니라 구심력이 밑에 깔린 원심력이기 때문에 불균형만 더 초래합니다. '내가'로 향하는 흐름을 약화시키고 밖으로 확산하는 힘에 초점이 맞춰진 것이 보시입니다. 이어서 보시의 구체적인 예가 이어집니다.

若見一切來求索者, 所有財物隨力施與, 以自捨慳貪,
약 견 일 체 래 구 색 자   소 유 재 물 수 력 시 여   이 자 사 간 탐

令彼歡喜.
영 피 환 희

만약 일체의 와서 구하여 찾는 사람을 보거든 소유한 재물을 힘닿는 대로 주어 스스로 간탐慳貪을 버리고 그로 하여금 환희케 한다.

내 소유물을 누군가가 필요로 하면 베푼다는 생각 없이 주라고 합니다. 잘 살펴보면 보시를 하면서 내가 기뻐하는 것은 없고, 그로 하여금 기뻐하게 하라고 합니다. '내가 베푼다'는 생각은 '나'를 강화시켜서 자꾸 자기가 올라갑니다. 그런 상태에서 누가 자기를 무시하면 갑자기 괴로움에 빠집니다. 옛날 중국의 춘추전국시대에 합종연횡을 하던 책사들은 상대를 망가뜨리기 위해 칭찬하고 높여서 상대방의 자아가 커지게 한 후에 가벼운 말 하나를 던집니다. 자기가 작을 때는 대수롭지 않게 여길 말인데도 자기가 커진 상태에서는 그 말을 듣고 평정심이

무너지기 때문에 그런 방법들을 많이 사용했습니다. '나'가 강화되면 결국은 스스로를 괴롭게 만듭니다. '내가 베푼다'는 생각에는 크게 두 가지의 오류가 있습니다. 첫째는 마음에 너와 나를 나누고 있으면서도 그것을 알지 못하는 오류입니다. 나와 너를 나누고 '내가 너에게 준다'고 여기면서 그중에 '나'에 초점을 맞추고 있어요. 둘째는 '내가 한다'는 생각으로 '나'를 강화시킨다는 점입니다. 내가 강화되어 질량이 커지면 그에 따라 구심력도 커져서 무게감 때문에 지치게 됩니다.

우리는 분별을 넘어서기 위하여 감지연습을 합니다. 감지는 좋고 나쁨, 이름과 생각이 떨어져 나가 '구분만 되는 느낌'인데, 감지를 연습하다 보면 점차 좋고 나쁜 분별이 없어짐을 알아챌 수 있습니다.

예를 들어 몸을 느껴본다고 해봅시다. 손을 느낀다면 처음에는 '손'이라는 이름을 떼고 느껴봅니다. 눈으로 보지 말고, 마음속에 손의 그림을 그리지 말고 느껴보세요. 눈을 감거나 다른 곳을 보면서 주의를 손에 보내는 거죠. 손이나 손가락이라는 생각을 가지고 있으면 손가락이 느껴지는 것 같지만, 생각을 떼고 느껴보면 평상시에 이미지적인 상으로 알고 있던 다섯 개의 손가락이 있는 손이 아니라 벙어리장갑 같은 느낌이 느껴질 것입니다. 손가락으로 느껴지지 않아요. 그 느낌 자체에 더 집중해 보면 점차 손이라는 분리된 감각은 사라지고 몸의 일부를 느끼게 되고, 결국에는 몸 전체를 느끼게 될 것입니다. 주의가 하나로 엮여지는 것이 느껴지고, 몸 전체가 하나가 됩니다. 그러니까 결국 느낌의 세계에는 손이라는 것이 따로 있지 않고 몸 전체가 있을 뿐이에요. 손이라는 이름과 생각의 경계만 풀어지면, 내가 손을 느끼는 것이 아니라 내가 손인지 손이 나인지 구분이 안 가는 상태가 됩니다. 표면의식에만 손이 존재할 뿐 느낌의 차원, 심층의식의 차원으로 들어가면 몸이라는 전체가 있을 뿐입니다. 더 나아가 '나'라는 개체를 넘어 우주 전체가 오직 하나일 뿐, 또는 '하나도 아닌 하나'라는 것을 알아채게 됩니다. 이것을 사물이라 불리는 차원에서도 시도해볼 수 있습니다. 방안에 문이 있고, 천정이 있고, 바닥과 벽이 있습니다. 분리되었다고 여겨지는 그것들의 감지를 계속 보고 있으면 그 사물은 사라지고 미묘하게 구별되는 느낌만 남다가 마지막에는 그 구별되는 느낌마저 사라지고 오직 순수한 주의력이라 할 깨어있는 마음만 남게 되지요. 분별은 사라지고 감각으로 들어갑니다. 생각과 개념을 통해 분별된 것일 뿐, 우주 전체가 하나로 돌아가는 세계 속에서는 나눠진 것이 없다는 것을 감지연습을 통해 알 수 있습니다.

'두려움 없음'을 베풀라

若見厄難恐怖危逼, 隨己堪任, 施與無畏.
약 견 액 난 공 포 위 핍　수 기 감 임　시 여 무 외

만약 액난, 공포, 위핍을 받는 사람을 보거든 자기의 능력에 따라 무외無畏를 베풀어 주라.

무외無畏를 베풀라는 것은 중생에게 두려움이 없어지는 방법을 알려주라는 말입니다. 액난, 공포, 위핍을 받고 있다는 것은 그가 두려움 속에 있다는 것입니다. 그런 사람을 보면 '당신은 항상 안전 속에 있다'는 것을 알려서 중생으로 하여금 두려움을 없게 해 줍니다. 이것을 내적인 차원에서 좀 살펴보지요.

두려움을 느끼는 사람은 두렵다고 느끼는 마음속에 있는 것입니다. 나와 남을 나눠놓고 '내가 두려운 위협을 받아'라고 여기고 있는데, 이는 모두 마음속의 일입니다. 어린애나 하룻강아지는 두려움이 없습니다. 하룻강아지는 마음속에 호랑이와 자신을 나누지 않은 거예요. 그것이 아직 분별되지 않은 마음인데, 반면 나와 남의 경험이 있는 마음들은 자기를 유지하기 위해 모두 분별을 합니다. 액난이나 두려움, 위협을 느낀다는 것은 그렇게 느끼는 '누군가'가 있다는 말이니 마음의 분열이 생겨있다는 말입니다. 마음이 처음 움직여 '나와 대상'이 나뉘는 전식轉識, 대상을 세세하게 분별하는 현식現識, 그 대상 중에 위험하고 나쁜 것을 구별하여 위협적인 대상이라고 여기는 지식智識까지 마음이 전개된 것입니다. 모든 '느낌'은 '분열된 마음'이 '만나서' 일어나는 현상입니다. 두 손바닥이 마주쳐서 나는 박수소리와 같아요. 그래서 선禪의 기본적인 화두話頭가 '외손뼉이 내는 소리를 찾아라.'입니다. 손 하나로 낸 소리를 찾으라는데, 그런 소리가 있겠어요? 원래 손 하나로는 소리를 낼 수 없지요. 그런 것처럼 원래 우리는 하나입니다. '어떻게 손 하나로 소리를 내지?'라고 생각하지만, 지금 자기가 그렇게 하고 있습니다. 지금 우리 마음은 한 손으로 손뼉 소리를 내고 있어요. 마음이 스스로를 둘로 나누고서, 그 안에서 서로 부딪히면서 소리를 내고 있는데 보지 못하고 있습니다.

이처럼 액난, 공포, 위핍을 느끼는 사람의 마음은 분열되어 있는 것이니, 그런 이에게 자기가 경험한 두려움 없는 무외無畏를 전하는 과정에서 자신도 두려움 없음의 본질을 깨달을 수 있습니다. 이 수련자 자체도 아직은 두려운 느낌의 본질을 파악하지 못한 사람이에요. 그렇지만 살아오면서 느꼈던 두려움 없음이나 두려움이 지나간 상태 등에 대해 전하며 깨우쳐주는 그 과정에서 그것을 다룰 수 있는 힘을 수련자도 발견하게 되는 것입니다. 그래서 가르치면서 더 많이 배운다고 말하지요. 처음에는 몸 차원의 두렵고 핍박받는 느낌을 발견할 수 있고, 그 다음에는 그보다 미세한 마음의 차원 또는 의식적인 차원의 두려움을 느끼고 발견할 수가 있게 되는데, 그런 모든 차원의 경계가 사라져서 분리감이 떨어져 나가면 그 어떤 두려움과 아픔도 없음을 발견하게 됩니다.

'베푼다'는 의식은 자아를 강화시킨다

若有衆生來求法者, 隨己能解, 方便爲說. 不應貪求名利恭敬.
약 유 중 생 래 구 법 자   수 기 능 해   방 편 위 설   불 응 탐 구 명 리 공 경

唯念自利利他, 迴向菩提故.
유 념 자 리 이 타   회 향 보 리 고

만약 중생이 와서 법法을 구하는 사람이 있으면 자기가 아는 대로 방편으로 설하되 명리名利나 공경을 탐내어 찾지 말고, 오직 자리이타自利利他만을 생각하여 보리菩提로 돌아 향하여야 한다.

법法을 구하는 중생에게 자기가 아는 대로 설하면서 명리와 공경을 탐하고 구하는 마음에는 응하지 말라고 했습니다. 그런 마음이 올라올 수 있다는 것이지요. '저들이 나를 공경하고, 내게 이익과 명예를 주겠지.' 하는 마음을 바닥에 깔고 설법하지 말라는 말이에요. 자기를 강화시켜 문제가 되기 때문입니다. 자기가 허상임을 알면 설법할 때도 상대가 이해했는지에 초점이 맞춰지는데, 그렇지 않고 구심력이 남아 있으면 무의식적으로 내가 강해집니다.

아는 대로 방편으로 설명한다는 것은, 말과 논리로서의 설명이 아닌

경험의 전달을 말합니다. 방법을 써서 느낌을 전달하는 것이에요. 머리로 아는 것은 아무리 전해봐야 듣는 사람이 자기의 자의식대로 듣게 됩니다. 그래서 말로 배우려고 하면 안 되고, 그 사람의 경험을 배우려고 해야 합니다. 그 사람이 시키는 방법을 따라서 체득을 해야지, 이해하려고 하면 소용이 없어요. 아는 것만 많아져서 자아만 높아집니다. 머리로 이해해서 아는 것이 많은 사람은 남을 가르치려고 하고, 말싸움에서 이기려고 합니다.

경험을 전달하는 보시를 베풀 때도 그 결과에 대해 '내가 했다'는 이름표를 붙이지 않습니다. 만일 붙인다면 그것은 스스로를 구속하게 합니다. 그러니까 가르쳐주면서 자기가 강해지는 사람은 다른 사람을 이롭게 하고 자기 자신은 해롭게 하는 사람입니다. 자기가 강화되고 있는지 스스로는 잘 모르기 때문에 함부로 가르치면 안 됩니다. 이처럼 가르친다는 것은 칼날 위에 서 있는 것과 같아서 늘 조심해야 하기 때문에 '오직 자리이타自利利他만을 생각하면서 보리菩提로 돌아가라'고 했습니다. 중생이 와서 법을 구할 때 승려들은 자기를 강화시키지 말고 '내가 했다'는 생각 없이 오직 경험을 전달하는 데 초점을 맞추고 진리를 밝히는 데 초점을 맞추라는 말입니다.

무언가를 남에게 베푼다는 의식은 분별과 구분 속에 자신을 갇히게 합니다. '나'를 강화시켜 구심력을 강하게 하며, 커다란 중력을 갖게 하기 때문에 무게감을 느낍니다. 그런 자아의 무게감은 처음에는 기분 좋게 느껴지지만 점차 짐이 되어 자신을 짓누르게 될 것입니다. 왜냐하면, '나'를 무겁게 만들면 어딘가로 가볍게 움직이기가 힘들어지기 때문이에요. 그리고 자기를 높게 되어 상대적으로 다른 이들을 낮게 보게 되니 여기서 문제가 다시 생겨납니다. 그러므로 보시의 행동을 할 때는 분별과 경계를 넘어서 생명력을 사용하는 것에만 초점을 맞추면, 머지않아 넘치는 생명력으로 자신이라는 패턴을 사용하게 될 것입니다.

云何修行戒門.
운 하 수 행 계 문

所謂不殺不盜不婬, 不兩舌不惡口不妄言不綺語,
소 위 불 살 부 도 불 음 불 양 설 불 악 구 불 망 언 불 기 어

遠離貪嫉欺詐諂曲瞋恚邪見.
원 리 탐 질 기 사 첨 곡 진 에 사 견

어떻게 계문戒門을 수행하는가?
소위 살생하지 않고, 도둑질하지 않고, 음행하지 않으며, 양설兩舌하지 않고, 악구惡口하지 않고, 거짓말하지 않고, 기어綺語하지 않으며, 탐질貪嫉, 기사欺詐, 첨곡諂曲, 진에瞋恚, 사견邪見을 멀리 여의는 것이다.

모두 하지 말아야 할 것들입니다. 양설兩舌은 두 사람에게 다른 말을 해서 이간질하는 것이고, 악구惡口는 다른 사람을 성나게 하는 말, 망언妄言은 속이는 말, 기어綺語는 이상하고 신기하게 사람을 현혹하는 말입니다. 이런 것을 하지 말고, 탐욕과 질투, 사기, 아첨, 분노, 삿된 견해에서 떠나라고 했습니다.

해선 안 되고, 멀리 떠나야 할 이 모든 것들은 마음이 나눠 놓은 분별 속의 일임을 일차적으로 알아채야 합니다. 생生과 사死가 없는 곳에 무슨 살殺이 있겠어요? 생사生死는 우리 마음이 만들어놓은 개념인데, 그것이 있다고 믿으면 그때부터 살인殺人이라는 것 또한 있습니다. 힌두교 경전인 바가바드기타를 보면 크리슈나와 아르주나의 대화가 나옵니다. 신의 현현顯現인 크리슈나는 마부이지만 왕인 아르주나의 스승이에요. 사촌간 왕권쟁탈전으로 전쟁이 벌어지기 전, 같은 동

족을 적으로 삼고 죽여야 하는 고뇌를 아르주나가 말하자, 크리슈나는 "생명의 세계에 죽음이란 없다. 나가서 네 할 일을 하라."고 말합니다. 바가바드기타는 인도의 대서사시인 '마하바라타' 중의 일부인데 인도인들은 모두 그걸 듣고 배우면서 자랍니다. 힌두교 경전은 미신 같지만 사실은 세 가지 중요한 수행법이 총집결되어 있습니다. 탐구, 헌신, 생명력이라는 세 가지 수행방법을 모두 가지고 있는 것이 힌두교에요. 모든 종교들의 핵심을 다 받아들이는 흡입력이 있기 때문에 힌두교가 아직 살아있습니다. 그런 힌두교 경전 중에 가장 중요한 것이 바가바드기타인데 그 핵심은 불생불멸不生不滅입니다. 생生이 없으니까 멸滅이 없고, 따라서 살인이라는 것도 없어요. 너와 내가 없고, 생生과 사死가 없는데 누가 태어나고 누가 죽고 윤회합니까? 무아無我를 주장하는 불교인의 일부가 윤회를 말하는 것은 모순입니다. 그래서 억지로 갖다 붙여서 '경향성이 윤회한다'고 말해요. 그럼 그 경향성이 어떤 개인을 구성하느냐는 말이지요. 어떤 현상을 '나'라고 여겨서 고정화시켜놓은 사람들한테만 윤회가 의미 있습니다. 마찬가지로 여기 계문戒門에서 하지 말라는 각종의 것들은 분별 속의 일이지만, 지금 수행하는 사람이 아직 분별에 빠져있기 때문에 어쩔 수 없이 이렇게 설명하는 것입니다.

계문戒門에서 하지 말라는 것들은 모두 자아를 위한 것입니다. 자아를 위해 살인하고, 나의 이익을 취하려 도둑질하고 이간질하지요. 모든 것이 자아에 초점이 집중되어 자아를 강화시킵니다. 계戒를 지키라는 것은 '나'에 초점을 맞추지 말고 흐름을 바꾸어서 밖을 향해 원심력으로 나가라는 의미입니다. 우리 삶은 너무 자아에 초점이 맞추어져 있습니다.

'나'를 숙이면 번뇌가 꺽인다

若出家者, 爲折伏煩惱故, 亦應遠離憒鬧, 常處寂靜.
약 출 가 자　위 절 복 번 뇌 고　역 응 원 리 궤 료　상 처 적 정

修習少欲知足頭陀等行.
수 습 소 욕 지 족 두 타 등 행

만약 출가자라면 번뇌를 꺾어 굴복시키기 위한 고로 응당 시끄러운 것을
멀리하고, 항상 적정寂靜한 곳에 머물러 소욕少欲, 지족知足, 두타頭陀의
행行을 수습한다.

　출가자는 진리를 찾기 위해 집을 떠난 사람인 승려를 말합니다. 절
복折伏은 꺾어서 복종시키는 것이니 내 마음에 일어난 번뇌를 절복시
켜야 합니다. 나를 괴롭히는 수많은 생각들은 자기를 방어하고 강화시
키기 위해 생겨납니다. 산수 문제를 풀 때는 괴롭지 않은데 '내 문제'를
풀 때는 머리가 아픕니다. '내'가 개입되어 있지 않은 문제는 푸는 데
괴로움이 별로 없어요. 하지만 내가 개입되어 있으면 '내가 풀어야 해,
못 풀면 창피해, 언제까지 풀어야 되는데…' 이러면 머리가 아픕니다.
번뇌煩惱라는 한자를 보세요. 머리에 불이 있고, 심장에 불이 있으니
머리에 초조와 불안으로 열이 가득한 것이 바로 번뇌입니다. '나'를 방
어하거나 강화시키고, 나의 이익을 취하는 마음을 깔고서 일으키는 모
든 생각들은 번뇌를 일으킵니다.
　출가자라면 그런 번뇌를 꺾고 굴복시켜야 하니, 번뇌를 꺾는다는 것
은 자기를 꺾는 것입니다. 근본적으로 번뇌 자체는 꺾을 수가 없지만,
그것은 '나'를 기반으로 하고 있으니까 '나'를 꺾으면 번뇌가 꺾입니다.
그런데 내가 나를 꺾을 수 있을까요? '나'에서 떠날 때만 내가 꺾입니
다. '전적으로 수용하기'(깨어있기 연습 중 하나)는 마음에서 올라오는

것으로부터 즉각 힘을 빼서 자기를 숙이는데, 이렇게 나의 생각과 감정, 느낌을 즉각 숙일 수 있으면 자기가 그것보다 더 큰 존재임을 알게 됩니다. 그러면 그것들에 머물지 않게 되지요.

'시끄러운 것을 멀리 하여 조용한 곳에 있으라.'는 멀리 조용한 산 속으로 들어가라는 말이 아닙니다. 번뇌를 꺾고 굴복시키기 위해서 자기 마음의 고요 속으로 들어가라는 의미에요. 아무리 고요한 산 속에 홀로 있다 해도 끊임없는 생각으로 가득한 시끄러운 마음을 피할 수는 없습니다. 이미 40~50년간 경험한 과거가 들끓고 있기 때문이에요. 시끄러움을 떠난다는 말의 의미는 자기 마음을 고요하게 하는 것이고, 그렇게 하여 소욕, 지족, 두타를 행하라는 말입니다. 욕심을 적게 하고, 만족할 줄 알며, 청정하게 깨끗한 마음으로 불도를 수행합니다.

乃至小罪, 心生怖畏, 慚愧改悔, 不得輕於如來所制禁戒.
내 지 소 죄   심 생 포 외   참 괴 개 회   부 득 경 어 여 래 소 제 금 계

작은 죄라도 마음에 두려움을 내어 부끄러워하고 회개하여 여래가 만든 금계禁戒를 가벼이 여기지 아니하고,

'작은 죄라도 마음에 두려움을 내라'는 두려움을 심어주기 위한 말이 아니라 작은 죄도 '민감하게 느끼라'는 의미입니다. 마음에서 올라온 것 자체가 죄입니다. 죄책감을 느끼라는 말이 아니라, 마음에 올라와서 자기를 혼란스럽게 만든다는 의미에서 죄라는 것입니다. 느낌이 올라오면 그때부터 불균형과 부조화가 시작되니까 작은 느낌에 대해서도 민감하게 깨어 있어야 합니다. 죄책감을 느끼라는 말이 아니에요. 죄책감을 느끼는 것 자체가 마이너스적인 자기강화입니다. '아, 내가 잘못했어.'는 '내가'를 강화시킵니다. 불교 자체가 '나'라는 것을 흐

리게 하고, 약화시켜서 사라지게 하고, '나'라는 것이 허상임을 밝히려고 하는데, "작은 죄에도 죄책감을 느껴라." 이런 말을 하는 것이 자기 강화를 위한 것은 아닌 것입니다. 작은 느낌들에 민감하면 해야 할 행동과 하지 말아야 할 행동이 보이기 시작합니다. 그러나 그런 미묘한 느낌을 잡아내지 못해서, 크게 의식화될 정도로 확대되면 그 '느낌'은 '나'를 '움직이게' 만듭니다. 하기 싫은 느낌이 커지면 아침에 일어나기 싫잖아요.

當護譏嫌, 不令衆生妄起過罪故.
당 호 기 혐   불 령 중 생 망 기 과 죄 고

마땅히 기혐譏嫌을 막아 중생으로 하여금 망령되이 허물을 일으키지 않게 하기 때문이다.

기혐譏嫌은 꺼리고 혐오하는 것입니다. '이 사람 마음에 안 들어.', '저런 행동은 정말 싫어.' 하는 기혐을 막아서 중생이 망령되이 허물을 일으키지 않게 하라는 말입니다.

云何修行忍門.
운 하 수 행 인 문

所謂應忍他人之惱, 心不懷報.
소 위 응 인 타 인 지 뇌   심 불 회 보

어떻게 인문忍門을 수행하는가?
소위 응당 타인의 괴롭힘을 참아서 마음에 보복할 것을 생각지 않으며,

'다른 사람이 스스로 괴로워서 나에게 하는 일들'을 참아내어, 마음에 보복할 생각을 하지 말라고 했습니다. 누군가 자신의 번뇌를 나에게 뒤집어씌우면 그냥 그렇게 당하고 있는 거예요. 그 느낌을 그대로

느끼면서. 저 사람이 나를 미워해서 내게 눈총을 쏘는 것 같은 느낌이 들어도 그에 대해 보복할 생각을 하지 않고 그냥 느끼면서 있는 것이 바로 인문忍門입니다.

'좋은 느낌'을 멈출 수 없다면
'싫은 느낌'도 멈출 수 없다

亦當忍於利衰毀譽稱譏苦樂等法故.
역 당 인 어 리 쇠 훼 예 칭 기 고 락 등 법 고

또한 마땅히 이익과 손해, 비난과 명예, 칭찬과 기롱, 괴로움과 즐거움 등의 법을 참고 견디기 때문이다.

손해와 비난, 놀림과 괴로움을 참는 것은 이해가 되는데 이익과 명예, 칭찬과 즐거움도 참으라고 합니다. 왜 그럴까요? 이익과 손해는 둘 다 느낌이라는 측면에서는 다르지 않기 때문입니다. 손해는 밀쳐내는 느낌을 일으키고 이익은 끌어당기는 느낌을 일으키는데, 마음에서 올라온 현상이라는 측면에서는 똑같습니다. 그런데 사람들은 밀쳐내는 느낌은 애써 참아내지만 끌리는 느낌은 참지 않습니다. 참을 이유가 없지요. 기분 좋은데 왜 참겠어요? 그러나 그 좋은 느낌을 멈출 수 없으면 결국 '느낌을 멈출 수 없다'는 말이고, 그렇게 되면 싫은 느낌도 멈출 수가 없습니다. 그 어떤 느낌이든 항상 멈출 수 있어야 합니다. 마음에서 일어나는 모든 느낌에 대해서 언제라도 브레이크를 작동시킬 수가 있다면 그는 자신의 느낌으로부터 자유로운 사람입니다. 그런데 좋은 느낌은 그냥 두고 나쁜 느낌에만 브레이크를 작동시키면 처음에는 브레이크가 잘 작동하는 것 같지만 좋은 느낌을 그냥 두었기 때문에 결국 나쁜 느낌에 대해서도 브레이크가 듣지 않게 됩니다.

누군가 나를 칭찬해주면 기분이 좋아집니다. 어떤 사람은 남 앞에서 칭찬을 들으면 너무 좋아서 몸 둘 바를 몰라요. 그 사람은 그 칭찬을 자기라고 느끼기 때문에 그렇습니다. 그런 사람은 비난을 받으면 불같이 화를 냅니다. 그러니까 결국 칭찬에 흔들리는 사람은 비난에도 흔들리게 되어 있습니다. 둘이 다르지 않아요. 그래서 이익과 손해, 비난과 명예, 칭찬과 기롱, 괴로움과 즐거움 이 모든 현상에 대하여 참으라고 했습니다. 억압이 아니라 겪어내기입니다. 억압하는 것은 언젠가는 튀어 올라요. 억압은 외면하여 쳐다보지 않는 것인데, 쳐다보지 않으면 보이지 않는 곳에서 커지게 되므로 바로 쳐다보면서 있어야 합니다. 좋고 싫은 느낌을 바로 쳐다보면서 그대로 느끼세요. 그것이 인忍입니다.

'내'가 싫어하는 것은 왜 항상 '나'를 따라다니는가?

云何修行進門.
운 하 수 행 진 문

어떻게 진문進門을 수행하는가?

오늘은 진문進門에 대해 강의합니다. 부지런히 정진하라는 의미의 진進은, 게을러지는 마음을 막아 열심히 찾고 구도하며 행동하는 것입니다. 그런 진進의 수행은 어떻게 할까요? 무조건 부지런히 움직이기만 하면 되는 것이 아닙니다. 길에 피 흘리며 쓰러져있는 사람을 보고 여러 반응이 있을 수 있습니다. 어디가 아파서 저렇게 피를 흘리는지 알기 전까지는 병원에 데려갈 수 없다는 사람도 있고, 어디로 가야하는지 알지도 못하면서 일단 급하니까 들춰 업고 뛰는 사람도 있을 수 있습니다. 에니어그램Enneagram으로 따지자면 전자가 5번 유형, 후자가 8번 유형이에요. 그런데 수행에 있어서는 무조건적인 행동이 아닌, 방향을 정확히 인지하면서 하는 행동이 중요합니다. 진문進門에서는 어떤 방향을 향해 열심히 나아갈 것인가에 대한 얘기도 나옵니다.

所謂於諸善事, 心不懈退. 立志堅强, 遠離怯弱.
소 위 어 제 선 사   심 불 해 퇴   입 지 견 강   원 리 겁 약

소위 모든 선한 일에 마음이 게으르거나 주저함이 없어서 마음먹은 것이
굳세고 강하여 겁약을 멀리 여의고,

마음이 게으르거나 주저함이 없다는 말은 게을러지는 느낌이나 주저하게 되는 느낌 속에 빠지지 않고, 그것이 하나의 느낌임을 확인하여 그 느낌으로부터 자유로워진 것을 말하며, 이렇게 되면 정정진正精進은 저절로 이루어집니다. 모든 느낌을 느낌으로 파악하면 우리가 경험하는 세계가 느낌의 세계라는 것을 알게 됩니다. 그래서 우리는 감지연습을 해왔습니다. 귀찮고 게을러지는 느낌 역시 하나의 느낌이라는 것을 알면, 그런 느낌을 느끼면서도 할 일을 하는 것이 가능해집니다. 그렇지 않고 마음을 애써 누르고 그냥 열심히 하려는 것은 뿌리를 무시하는 것입니다. 법어法語를 들은 후 수행에 나서 게으름을 참고 열심히 하는 행동은 일시적일 수밖에 없습니다. 왜냐하면 귀찮고 게으른 마음을 억압하면 나중에 압력이 커져 강하게 올라와 나를 흔들고 움직이게 하기 때문입니다.

느낌을 억누른다는 것은 그 느낌에 힘을 주어 압력을 높이는 것이고, 그 느낌에 저항하는 거예요. '이 컵이 보기 싫으니 눈앞에서 치우

면 좋겠다'고 생각할수록 그 컵이 자꾸 눈에 들어옵니다. 아른아른하게 계속 머리에 들어와요. 싫어하면 싫어할수록 그것을 마음속에 담아두게 되어 있습니다. 왜 그럴까요? 그것을 떠올려야만 싫어할 수 있고, 마음으로 붙잡아야만 싫어할 수 있기 때문입니다. 마음속에 그것이 있어야 좋아할 수도, 싫어할 수도 있어요. 그리고 그때는 좋아지는 '대상'과 좋아하는 '내'가 항상 있습니다. 이 둘은 항상 동시에 나타나기 때문입니다. 싫어함도 마찬가지고, 억압도 마찬가지입니다. 대상을 억압하면 억압되는 대상과 억압하는 내가 동시발생하기 때문에 억압되는 대상이 결코 잊히지 않습니다. 그냥 잠시 의식에서 사라져서 무의식에 묶일 수는 있지만, 마음에서 완전히 풀어져서 어떤 에너지도 받지 않는 상태가 되지는 않아요. 억압할수록 압력이 자꾸 세져서 누르는 내가 약해지면 언젠가는 터져 나옵니다. 따라서 게으르고 귀찮고 주저하는 마음을 관찰 없이 내버려두고 열심히만 하는 것은 진정한 정정진正精進이 아니에요. 그 느낌을 의식하며 함께 가야 합니다. 느낌과 함께 가는 것은, 그 느낌이 있어도 할 일을 할 수 있는 큰 자기를 발견하거나, 그 느낌은 진정한 내가 아님을 발견하게 해줍니다. 내가 그느낌보다 큰 존재임을 발견하는 것은 통찰입니다. 그리고 '느낌과 함께 가기'는 그것을 '겪으면서' 가는 것이기 때문에 존재가 느낌보다 크다는 것을 깨닫게 해줍니다. 이런 것이 진정한 정진이라고 할 수 있습니다.

   하기 싫고 귀찮은 느낌과 함께 가다보면 재미없고 귀찮은 느낌은 점차 사라지고 무덤덤해지는 시기가 옵니다. 그때부터 '어떻게 하면 재미없는 일을 잘 할 수 있을까?'에 초점을 맞추면 조금씩 일을 잘하게 되고, 잘하게 되면 재미가 생깁니다. 하기 싫지만 해야 하는 일을 재미

있고 잘하는 일로 바꿀 수 있는 과정이에요. 느낌을 억압하지 않고 같이 가는 것입니다. 수행에 있어서도 게으르고 불편하고 주저하고 귀찮은 마음이 올라올 때, 느낌과 함께 가는 과정을 적용하면 제대로 진문進門을 수련하는 것입니다.

마음이 힘들면 '분리감'에서 힘을 빼라

當念過去久遠已來, 虛受一切身心大苦無有利益.
당 념 과 거 구 원 이 래　　허 수 일 체 신 심 대 고 무 유 이 익

마땅히 과거의 구원久遠한 때로부터 헛되이 일체의 몸과 마음의 큰 고통을 받아 아무런 이익이 없음을 생각하여야 하며,

오랜 옛날부터 우리는 아무런 이익도 없이 심신心身의 고통을 헛되이 받아왔어요. 헛된 고통이라고 말하는 이유는, 사실 고통이 아니기 때문입니다. 모든 고통은 마음이 너와 나를 분별한 작용 때문에 생겨났을 뿐, 실제적인 고통이라는 것은 있지 않습니다. 몸의 통증은 있을 수 있어요. 그러나 마음의 고통은 마음의 분별 때문에 생겨난 헛된 고통입니다. 분별이 마음의 작용이라는 것을 모르기 때문에 고통 받습니다. 고통 자체가 느낌으로 이루어진 마음의 시뮬레이션의 세계에서 일어난다는 점을 파악하지 못한다는 말입니다. 아침에 눈을 뜨면 천장이 보이고, 방 안의 물건들이 보이고, 내가 살아간다고 여기는 이 세계라는 느낌이 펼쳐지기 시작합니다. 그런데 지금 이 순간 '전체주의'(깨어있기 용어)나 '주의에 주의 기울이기'(깨어있기™ 용어)로 들어가면 책꽂이나 천장이 눈에 보이기는 하지만 어떤 특별한 느낌은 없잖아요. 분명히 여전히 눈앞에 보지만 초점을 자기한테 돌리거나, 주의 자체에

기울이거나, 전체주의를 해버리면 그 느낌이 흐려지고 약해지고 사라집니다. 마음작용을 어떻게 바꾸느냐에 따라 '느낌이 나타나기도 하고 사라지기도 한다'는 것은 내가 경험하는 세계가 느낌의 세계라는 의미입니다.

요즘은 건축물을 짓거나 인테리어를 하기 전에 컴퓨터로 이런 저런 시뮬레이션을 합니다. 그와 같이 우리도 밖이라고 여겨지는 세상을 바라볼 때 내면의 시뮬레이션을 구성해서 바라봅니다. 우리의 모든 경험은 시각, 촉각, 후각, 청각, 미각적 느낌으로 시뮬레이션 된 '마음의 세계'에서 일어나고 있어요. 컴퓨터 시뮬레이션과 다른 점이 있다면, 저 밖의 세계를 그대로 가져와 마음에서 시뮬레이션 하는 것이 아니라, 저 밖과 내 안의 감각 작용이 만나 이루는 관계를 시뮬레이션 세계에서 경험하는 것입니다. 컴퓨터는 저 밖에 있는 컵을 그대로 시뮬레이션 해요. 그러나 우리 마음이 보는 컵은 밖에 있는 그대로의 것이 아닙니다. 감각과 만난 '느낌'으로 시뮬레이션해요. 이 컵이 이렇게 보이는 것 자체가 내 마음속 느낌의 시뮬레이션이라는 말이에요. 만약 내 눈이 가려진다면 컵이 보이지 않겠죠? 그러니까 내가 지금 컵을 이런 모습으로 보고 느낀다는 것은, 내 감각기관의 민감도와 컵 사이의 '관계에 의해 형성된 모습'이라는 말입니다.

이처럼 우리가 경험하는 모든 것은 시뮬레이션 된 마음의 세계인데, 우리는 그런 세계를 보면서 고통스러워합니다. 즐거움마저도 고통이 되지요. 즐거움과 기분 좋음에 집착해서 그것이 사라질까봐 초조해하고, 사라지고 나면 언제 다시 올지 몰라서 허전해합니다. 한 번 즐기고 끝나버리면 괜찮은데 '집착'하기 때문에 괴롭습니다. 인생이 고해苦

海라는 말을 그래서 하는 거예요. 인생에 즐거움이 없지 않습니다. 그런데 집착하기 때문에 그 즐거움마저도 괴로움이 됩니다.

모든 고통의 이유는, 마음을 둘로 나눠놓고 그 둘 중에 하나를 자기라고 믿으면서, 밖에 있는 것과의 관계에 따라 느낌을 일으키는 작업을 하기 때문입니다. 그래서 일체의 고통이 실체가 없는 헛된 것이에요. 고통 자체가 느낌으로 이루어진 마음의 시뮬레이션 세계에서 일어납니다. 어린애는 몸의 통증이 있을 뿐, 고통이 없어요. 마음의 세계가 형성된 사람만이 마음의 고통을 받습니다. 그렇다고 해서 고통 받지 않기 위해 마음을 지워버리라는 말은 아니고, 마음을 가지고 있으면서 그 세계를 넘어가야 합니다. 항상 '주의에 주의 기울이기'(깨어있기 용어)만 하고 있을 수는 없잖아요. '주의에 주의 기울이기'가 의미 있는 이유는, 마음의 시뮬레이션이 사라진 상태, 마음의 내용이 사라진 상태가 되어 다양한 변화로 인한 느낌과 고통이 마음에서 일어나는 것임을 발견하게 해주기 때문입니다. 항상 '주의제로'(깨어있기™ 용어) 상태로 지내기 위해 연습하는 것은 아니에요. 이 실체 없는 헛된 고통을 다루기 위해서는 내가 느낌의 세계 속에서 살아가고 있음을 명확히 봐야 합니다.

모든 고통은 마음이 너와 나를 분별하는 작용 때문에 일어납니다. 손에 든 컵이 너무 뜨거우면 그냥 내려놓으면 되듯이, 마음이 힘들고 괴롭다면 마음속 너와 나의 분리감만 떨어트리면 됩니다. 그런데 분열된 것 중 일부에 자꾸 힘을 주니까 괴로워요. '나'를 강하게 방어하면 '상대'도 강하게 자신을 방어하게 되어 있습니다. 내 마음의 음陰에 힘을 주면 양陽도 강해지기 마련이에요. 이것이 음양陰陽의 세계이고 우주의 흐름입니다. 우주는 이런 법칙을 통해 밀침과 끌림 현상을 일으키고, 그런 현상이 끊임없이 생겨났다 사라짐으로써 생명력이 발현됩니다. 분별은 고통을 일으키지만 다이내믹한 생명현상을 일으키는 기틀이기도 합니다. 그래서 분별과 고통이 완전히 사라진 무심無心 상태로 있으면 생명력 또한 잠잠해집니다. 그러니까 분별과 분리의 세계를 가라앉혀 없애는 것은 진정으로 마음의 본질을 터득하는 것이 아닙니다. 너무 힘들면 잠시 가라앉혀도 되는데, 그 후에는 다시 마음의 본질이 무엇인지 봐야 합니다. 고요해진 마음에는 그 어떤 에너지도 없습니다. 끊임없는 파도의 흔들림 속에 살다가 고요 속으로 들어가면 처음에는 평화로움을 느끼지만, 그 상태가 계속되면 더 이상 평화를 느끼지 않고 지루해집니다. 지루함이 느껴지는 이유는, 다시 움직여서 변화하라고 우주가 우리에게 종용하기 때문입니다. 살아있다는 것은 움직임이에요. 끊임없이 움직이는 파도가 느낌의 세계라는 것만 파악하면 우리는 물로 있을 수 있습니다. 물에는 파도가 없습니다. 파도는 모습에만 있어요. 고통과 즐거움과 쾌락은 모습의 세계, 느낌의 세계에만 있습니다. 느낌 중의 일부를 '나'라고 여기면 그것이 일으키는 모든 자극들을 받으면서 살아가지만, 그 느낌은 나한테 일어난 현상이라는 것, 마음의 한 부분적인 모습이라는 걸 알면 나는 움직이지 않으면서 많은 움직임을 경험하게 됩니다.

여러분이 지금처럼 내 말에 집중하고 있을 때는 마음에 어떤 걸림이나 파도가 없는, 그냥 열린 마음상태입니다. 마음이 텅 비어서 내 말을 그대로 받아들이고 있어요. 마음에 걸림이 없는 이유는 '나'라는 것이 없기 때문입니다. 만약 '깨어있기'를 경험하지 않은 사람이 내 말을 들으면서 '저건 이상한데? 무슨 말도 안 되는 소리야' 하고 있다면, 그 사람의 마음에는 '나'가 올라와서 부딪힘이 생긴 것입니다. 이상한 말이라고 생각하는 것은, 스스로 이상하지 않다고 여기는 어떤 생각이나 말의 내용을 기준 삼고 있어서 그 순간 그것을 자기라고 여기고, 내가 하는 말에 저항하기 때문입니다. 여러분들이 내 말을 들으면서 마음속에 저항을 일으키지 않는다는 것은 내 말과 대치되는 그 무언가가 올라오지 않는다는 말입니다. 그런데 잘 살펴보면, 지금 내 말이 이해되는 것 같은 느낌 역시 마음의 파도입니다. 그러나 그중의 어떤 부분을 '나'라고 여기고 있지는 않기 때문에, 다시 말해서 어떤 것도 중심삼지 않고 텅 빈 마음으로 열려있기 때문에 내 말이 이해되고 받아들여지는 느낌이 들지만 걸림은 없습니다. 지금 여러분 마음속에 파도는 치고 있지만 그중의 일부를 '나'라고 여기는 마음은 없어요. 그래서 부딪힘이 느껴지지 않습니다. 그런데 내일쯤 여러분이 옳다고 믿는 것과 다른 말을 하는 사람을 만나면 그때 마음에 파도가 올라오는데, 그때의 파도는 '나'라는 것과 동일시된 상태입니다. 부딪힘이 올라온다는 것은 내가 무언가와 동일시되어 있다, 뭔가를 에너지 중심으로 삼고 있다는 것으로 보면 됩니다.

한 가지 더 살펴볼 만한 것은 '구원久遠한 때로부터'입니다. 즉 '오랜 때로부터'에요. 부모와 인류 조상으로부터 물려받은 것이 내 몸과 마음과 에너지에 패턴화되어 체體를 이루는데, 그것으로 인해 부딪침이 일어납니다. 흔히 카르마라고 하는 것이지요. 그 카르마는 정말 오래된 것일 수 있습니다. 내가 태어나서 경험한 것뿐만 아니라 인류가 경험한 것 또는 생명체 자체가 경험한 것들이 지금 우리 몸과 마음에 흔적으로 남아있어요. 그것을 하루아침에 없애거나 깨끗하게 할 수는 없습니다. 그렇게 한다면 이 몸과 마음이라는 형태도 나타날 수 없을 것입니다. 몸과 마음이 형태로 나타났다는 것 자체가 하나의 습관적인 패턴 속에 있다는 의미입니다. 아기가 태어나 인간들 사이에서 살아가면 말을 저절로 배웁니다. 말을 배우고 사고할 수 있는 가능성을 가지고 태어나는 것이죠. 이와 마찬가지로 우리는 패턴을 물려받아 마음에 시뮬레이션을 형성하는데, 이것은 너무 오래된 습관입니다. 그중에서 특히 우리를 힘들게 하는 습관은 '너와 나'를 분별하는 작용이에요. 그렇지만 이 작용이 굉장히 유용하기 때문에 물려받는 것이기도 합니다. 부작용은 분별할 수 없는 것을 분별하여 그것을 사실이라고 여기는 것입니다. 자연에는 사실 아무런 분별이 없는데 일상에서 유용하게 쓰기 위해 우리는 의식으로 경계 지어서 나눠놓습니다.

무의식적인 느낌의 세계와 의식적인 생각의 세계를 조금 나눠서 살펴보겠습니다. 무의식적인 느낌의 세계는 동물들이 경험하는 세계와 유사합니다. 전 생명계가 하나로 얽혀서 돌아가는 '시스템 속에 있는 느낌'이라고 할 수 있어요. 우리도 자연 전체가 하나로 돌아가는 큰 유기적인 생명계 속의 일부입니다. 그 세계에서는 특별한 분별이 없어도 모두 잘 살아갑니다. 특별히 생각할 필요도 없고 배우지 않아도 잘 반응합니다. 목마르면 물을 마십니다. 목이 저절로 마르는 것은 몸에 물이 필요하다는 증거에요. 또 숨을 멈추고 있으면 질식할 것 같은 느낌이 드는 것은, 산소를 받아들이고 이산화탄소를 내뿜으라는 자연계의 흐름입니다. 우리 몸도 이 자연계의 일부로서 살아가고 있는데, 만약 이 전체적인 유기체로서의 세계를 거부한다면 몸은 살지 못할 것입니다. 질식할 것 같은 느낌, 목말라서 죽을 것 같은 느낌은 우리를 움직이게 만듭니다. 우리는 거부할 수 없어요. 거부한다면 죽게 되지요.

그런데 인간의 위대한 점이 있습니다. 바로 자연의 흐름에 거부함으로써 진짜 자연으로 돌아가는 것이니, 자연의 흐름을 거부한다 해서 자연을 벗어나는 것은 아닙니다. 결국 몸은 살아있을 때나 죽었을 때나 자연의 손바닥에서 벗어날 수는 없습니다.

그런데 그 하나의 시스템인 자연의 흐름과는 표면적으로 다른, 의식의 흐름이라는 것이 있습니다. 자연의 흐름에는 분별이 없는데 의식의 흐름에는 분별이 있어요. 마음속에 시뮬레이션된 세계가 있어서 나눔 없는 자연을 나무, 물, 사람 등으로 나누어서 봅니다. 그렇게 나누어서 보는 것의 이점이 있습니다. 거칠어서 위험한 요소가 있긴 하지만 변화를 가속화시킨다는 것입니다. 지구 생명계의 역사를 살펴보세요. 현생인류 20만 년의 역사에서 최초 100여 년 간 일어난 이 급격한 변화는 놀랄 정도입니다.

그렇게 분별하는 의식으로 큰 변화를 일으키지만 나무가 모두 죽으면 더 이상 산소 공급을 받을 수가 없기 때문에 사람도 죽습니다. 또 물이 우리 몸의 70~80%를 차지하기 때문에 물이 모두 사라지면 사람도 죽습니다. 인간과 동물이 다 죽으면 나무들도 광합성을 못해서 죽겠지요. 이처럼 자연은 서로 얽혀 있는데 인간은 생각만으로 나눠놓고서 그것들이 독립적으로 존재한다고 여깁니다. 우리 의식은 분별을 사용하지만, 이 분별은 가상의 분별일 뿐 실제 세계가 분별되어 있는 것은 아닙니다. 다르다는 느낌은 마음의 분별로부터 비롯된 가상의 것임을 파악하면 그것의 뿌리 없음을 알기 때문에, 하나로 돌아가게 됩니다. 그러나 만약 그런 분별을 없앤다면 물론 내적인 가상의 시뮬레이

선 세계가 갖는 이점을 사용하지 못하고 동물처럼 살아갈 것입니다.

느낌을 다루면 헛된 고통으로부터 벗어나게 됩니다. 왜 헛된 고통인 가 하면 그것으로 인한 이점이 없기 때문입니다. 물론 이때의 고통은 성장을 위한 고통을 의미하는 것은 아닙니다. 참고 인내하며 겪어내는 고통이 아니라 마음의 헛된 분열로 인한 구조 속에 빠져있음으로 인한 소모적인 고통을 말합니다. 모든 고통이 의미 없는 것은 아닙니다. 습 관적인 패턴 속에 빠져있는 나로부터 한 단계 도약하기 위해 참고 인 내하는 고통은 의미가 있습니다. 그렇지만 마음속의 시뮬레이션 세계 로 인해 생겨나는 필요악적인 고통은 헛된 것임을 바라볼 필요가 있 고, 그 필요악은 없어져야 할 것이 아니라 초월해야 할 무엇입니다. 그 구조를 보고 함께 감을 통해 그 구조보다 커진 안목으로 구조를 바라 보는 마음으로 초월할 수 있습니다. 우리는 시뮬레이션의 세계를 넘어 가기 위한 또 다른 진화의 단계를 밟고 있으며, 이것을 넘어가면 새로 운 인류가 탄생하는 것이라고 할 수 있습니다.

습관, 효율적이지만 고통의 원인

是故應勤修諸功德, 自利利他, 速離衆苦.
시 고 응 근 수 제 공 덕   자 리 이 타   속 리 중 고

이 때문에 응당 모든 공덕을 부지런히 닦아 자리이타自利利他하여 빨리 모든 고통을 여의어야 하는 것이다.

어떤 패턴에 묶여있는 에너지가 바로 습관이며, 이 습관으로부터 모 든 고통이 발생합니다. 분별하여 그중 일부에 동일시되고, 그 동일시

가 주인이 되어 마음의 다른 부분을 비판하고 단죄하고 괴롭히는 습관이 바로 고통의 근본원인입니다. 습관적인 패턴은 에너지를 적게 쓰기 위한 도구입니다. 집에서 학교로 가는 다섯 갈래의 길이 있다면 초등학교 1학년 때는 눈이 올 때는 1번 길, 비 올 때는 2번 길, 꽃이 필 때는 3번 길, 바람 불 때는 4번 길, 볕 좋은 날은 5번 길로 다니는데 6학년 졸업할 때쯤 되면 눈이 오나 비가 오나 꽃이 피나 바람이 부나 가장 빠른 한 길로 다닙니다. 매일 그 길이 그 길이기 때문에 에너지를 적게 쓰면서 눈감고도 갈 수 있지만 전혀 새로운 것이 느껴지지 않지요. 관성에 의해 살아가는 거예요. 고속도로를 시속 100km로 관성적으로 운전하면 기름을 40% 정도 아낄 수 있습니다. 정속으로, 즉 관성적으로 달리면 에너지가 그만큼 적게 듭니다. 우리 마음도 똑같아요. 매일 하던 일 그대로 하면 힘이 안 드는데, 새로운 일을 하면 신경이 많이 쓰이고 느낌의 자극도 많아서 집에 가면 탈진합니다. 운전면허를 따고 처음 운전할 때는 한 시간만 운전해도 온몸이 아픕니다. 그런데 한 일년 타고 나면 졸면서 운전할 정도로 힘이 안 들어요. 이것이 바로 자동화된 습관, 패턴의 힘입니다. 그래서 우주는 에너지를 최소한으로 쓰면서 최대의 효과를 거두라고 우리에게 자동화되고 관성적인 특성들을 준 것입니다. 그런데 그 관성 속에서만 살아간다면 아무런 변화와 느낌 없이 기계적으로 살아가게 됩니다. 그러면 지루해요. 그 지루함이 우주가 우리에게 준 또 다른 선물입니다. 지루하면 변화하고자 하는 욕구가 생겨납니다. 우주는 우리에게 두 가지를 주었습니다. 에너지를 최소한으로 쓰고 살라며 관성을 주었고, 관성대로만 살면 변화가 없으니까 변화를 일으키라고 지겨움을 주었습니다. 이렇게 본다면 지루한 느낌이 얼마나 고맙습니까? 지루한 느낌이 날 때 감사하게 지루함을 벗어나도록 하면 됩니다.

'난 이제 마음에 걸리는 것이 없어. 모든 걸 알았어. 경험해야 될 것이 더 이상 없어.' 이런 생각과 느낌들은 지루함을 불러일으킵니다. 그러나 사실 우리는 아는 것이 하나도 없고, 우주는 신비로 가득 차 있습니다. 더 이상 경험할 것이 없다고 믿고 있는 마음은 지루함을 만들어내서 지금 느낌 속에 빠져 있다는 것을 알려줍니다. 허무함도 마찬가지에요. 인생이 의미 없다고 느낀다면 여러분은 자만하고 있는 거예요. '난 다 알고 있어'라고 생각하는 건데, 사실 여러분이 아는 것이 뭐가 있습니까? 보리 싹 하나가 커서 어떻게 개화되는지 알아요? 그 진정한 의미를 알 수 없는데도 오만에 가득 차 있을 때 우주가 한 대 치는 것입니다. 지루함이나 느껴라.

모든 공덕을 부지런히 닦아서 자리이타自利利他하여 빨리 모든 고통을 여의어야 한다고 했습니다. 고통의 뿌리에는 관성적인 패턴에 묶여 있는 에너지가 있고 그것은 습관입니다. 이 습관적 관성적 패턴에서 모든 고통이 발생합니다. 왜? 변화하지 않으니까. 변화가 없기 때문에 아이러니하게도 고통이 생겨납니다. 우주는 끊임없는 변화 속에 있거든요. 그래서 조로아스터교Zoroastrianism는 불을 숭상했습니다. 배화교拜火敎라고 하지요. 불은 끊임없이 모습이 변하면서 따뜻함을 줍니다. 불은 끊임없는 변화와 온기, 사랑을 함께 갖고 있어요. 조로아스터교가 불을 숭배하는 것은 끊임없는 변화를 숭상한다는 상징적인 의미를 갖고 있습니다.

끊임없이 변화하는 우주에서 변화하지 않으려는 자는 고통을 받습니다. 변화를 타야 합니다. 변화를 싫어하고 전혀 흔들리지 않는 마음을 원하는 것은 우주를 배신하는 것입니다. 우주는 끊임없이 변하고, 마음은 끊임없이 흔들리게 되어 있어요. 마음은 이 우주에서 태어났으니 우주를 닮아있습니다. 그런데 자꾸 마음을 가라앉혀 평화로만 가려는 것은 우주에 반하는 것이에요. 너무 흔들리면 동일시되기 때문에 처음에는 고요한 마음도 필요하지만, 공부가 깊어지고 자기 마음을 정확히 보게 되면, 흔들림과 흔들리지 않음이 동시에 있음을 발견하게 되는데, 이것이 정말 우주와 함께 가는 것입니다.

변화하지 않으려는 마음은 변화하는 것을 자기라고 여기기 때문에 생겨나기도 합니다. 사실 우주에는 변화도 변화하지 않음도 없어요. 그것을 나눈 것은 우리의 마음이에요. 지금 우리가 분별을 통해 '우주는 끊임없이 변화한다'고 말하지만 사실 우주 자체에는 변화도, 변화하지 않음도 없습니다. 변화를 보는 것은 우리 마음이에요. 그래서 **변화를 보는 것은 내 마음임을 터득하게 되면 변화 속에서 변화없음을 터득하고 있는 것과 같습니다.**

모든 흔들림 속에는 흔들리지 않음이 같이 있습니다. 흔들림은 마음속 느낌인데, 그 흔들림이 느껴지는 것은 흔들리지 않음을 기준으로 하기 때문입니다. 포토샵으로 따지면 전경은 흔들림이고 배경이 흔들리지 않음인 것이지요. 그러니까 흔들림이 흔들림으로 느껴질 수 있습니다. 흔들림과 흔들리지 않음이 서로에게 의존하고 있는 것입니다. 그렇지만 사실 세상에는 흔들림과 흔들리지 않음이란 없습니다. 뭔가를 기준 삼으면 그 기준에 대비되는 것을 우리의 감각기관이 느끼게 해주는 것인데, 우리는 그런 분별과 대비를 통해서만 세상을 지각할 수 있습니다. 세상에는 빛도 그림자도 없는데, 우리의 의식체계에는 빛과 그림자가 있습니다. 세상에는 변화와 변화 없음이 없는데, 우리의 의식체계만이 변화와 변화 없음을 의식합니다. 따라서 '우주는 변화로 가득 차 있다'는 말 자체가 분별하는 마음을 기반으로 했을 때의 이야기입니다. 말로 할 때만 가능한 이야기에요.

개성個性을 비개인적으로 사용하다

모든 공덕을 부지런히 닦으라고 했는데, 모든 공덕의 으뜸은 마음의 '이래야 한다'를 주인삼는 '습관'에서 '벗어나는 것'입니다. 이 습관이 자동적으로 늘 일어나 스스로의 생명력을 한정하고 방향 지으므로, 거기에서 벗어나면 저절로 자리이타自利利他하게 됩니다. 나의 습관적인 패턴의 고통에서 벗어나니까 자리自利입니다. 그리고 '이래야 한다'에서 벗어나면 내 중심에서 벗어나 밖이 보이기 시작합니다. 자기를 위해 할 일이 없는 사람은 자연스럽게 밖이 보이고, 밖이 보이면 전체의 조화와 균형이 깨졌을 때 그것을 다시 균형 잡으려고 에너지를 쓰게 되니 이타利他입니다. 그래서 습관적인 자아로부터 벗어나는 것이 자리이타가 되는 것입니다. 저절로 행동도 그렇게 나오게 됩니다.

마음의 '이래야 한다'에 붙어 있는 '믿음의 느낌'을 알고, 더 근본적으로는 그것이 느낌이라는 것을 파악하면, 즉 현상을 현상으로 알면 이미 현상에서 벗어나게 됩니다. 누가 벗어나죠? 아무도 아닌 자가. 즉 현상에서 벗어난 누군가가 있는 것이 아니라, 풀어지지 않던 에너지 뭉침이 풀어지는 것입니다. 그러면 머물지 않고 마음을 내어 쓰게 됩니다. '전체주의'(깨어있기 용어)를 하면 '나'라는 것이 있다고 느껴지지 않는데, 나라고 믿고 있을 때는 어떤 뭉쳐진 느낌이 있어요. 의식적인 에너지, 주의력이 몸과 마음에 머물러 있습니다. 그것이 '나'라는 느낌의 기본적인 요소입니다. 그리고는 이 머묾에서 벗어나지 못하는데, 그것은 우리의 오래된 삶의 습관일 뿐입니다. 그 머묾에서 언제든지 벗어날 수 있다면, 다시 말해 골몰히 애써 일하다가 언제든지 즉시 그 에너지 뭉침을 풀어낼 수 있다면 그것이 바로 응무소주應無所住입니다. 그런데 '나'라고 느끼기 때문에 거기에 에너지가 머물고(住), 이 에너지 뭉침을 풀지 못하는 거예요. 이 '나'라는 느낌 자체가 하나의 현상임을 발견하면, 이 느낌 자체가 거대한 텅 빈 공간에 나타난 현상이라는 것을 알면, 그리고 진정한 나는 현상이 아니라 저 무한한 신비임을 발견하면, 그 에너지 뭉침을 언제든지 풀 수 있습니다.

마음의 '이래야 한다'가 바로 자아自我입니다. 그 '이래야 한다'는 어릴 때부터 지금까지 수시로 변해왔기 때문에 자아自我는 임시적이라고 합니다. 그렇다면 왜 마음의 '이래야 한다'가 자아自我인 것일까요? 지금 이 순간 여러분은 아무런 '이래야 한다' 없이 열린 마음으로 듣고 있습니다. 그래서 특별히 '나'라는 것이 느껴지지 않습니다. 물론 미묘한 구분은 있지요. 그렇지만 마음에 걸림이 있어서 자기를 주장하지는 않습니다. 이때 마음은 순수하게 열려서 맑게 듣고 있으며, 주인 없는 마음은 알아챔만 있는 상태에 있게 됩니다. 그런데 어느 순간 자신이 믿고 있던 것과 대치되거나 상반된 것이 나타나면 '그것은 아닌데'하며 불쑥 마음의 '이래야 한다'가 올라옵니다. 그때 '나'가 생겨난 거예요. 이때 우리는 장애를 느끼게 되고 그 장애를 느끼게 하는 것, 즉 부딪힘을 만들어내는 마음속 돌부리가 바로 '나' 역할을 하게 되는 것입니다.

'나'가 기능해도 '나'에 한정되지 않을 수 있습니다. 그것이 '나'를 넘어간다고 표현되는 일이지요. '나'라는 것이 기능으로서 역할을 하지만 그 역할에 한정되지 않는 것입니다. 다시 말해 개성이 작동하지만 개인적이지 않은 거예요. 개인성이 형성되기 전에는 아직 개인적이지 않습니다. 오직 자연적이며, 본능적이고, 생존적이니 그것은 자연이 준 선물입니다. 그러나 이후에 개인성이 형성되면 개인적인 움직임에 묶이게 되는데, 현재 인류의 일반적인 움직임입니다. 자리이타自利利他를 통해 그 개인성에서 벗어나면 **개성을 발휘하되 개인적이지는 않게 됩니다.** 즉 개인적 패턴personal pattern대로 에너지가 발현되지만 비개인적impersonal인 행동으로 나오게 된다는 말입니다. 예를 들어 내가 노래를 잘 부른다고 해봅시다. 노래하는 것은 개인성이지만, 내 노래가 많은 사람들에게 기쁨을 주고 하나로 만들어주는 역할을 한다면 그것은 개인적이지 않은 행동입니다. 만약 내 이익을 위해서 노래 부르거나 잘난 체 하려고 노래한다면 이것은 개성을 개인적인 용도로 사용하는 것입니다. 그러니까 개성 자체는 아무런 문제가 안 된다는 말입니다. 개성을 개인적으로 사용하는지, 비개인적으로 사용하는지가 중요해요. 우리는 개성을 죽이려는 것이 아니고, 개성을 비개인적으로 사용하면서 살아가고자 합니다. 그럴 때에만 개성은 무한한 힘을 발휘합니다.

개성을 개인적으로만 사용하면 한정된 에너지밖에 안 나옵니다. 그럴 때는 자기 이익이 없으면 에너지가 안 나와요. 개성은 에너지가 쓰이는 통로, 사람마다 서로 다른 모양의 통로입니다. 사람에 따라 음악, 글쓰기, 미술 등의 여러 통로를 통해 에너지가 다채롭게 쓰이고 있습니다. 그런데 그 통로가 개인적으로만 쓰인다면 에너지는 한정되어 개인을 강화시키지 않을 때에는 에너지가 잘 안 나옵니다. 개성을 비

개인적으로 사용하라는 말은, 무한에 뿌리를 두어 제한 없이 생명력
을 발휘하라는 말입니다. 보시布施 · 지계持戒 · 인욕忍辱 · 정진精進 · 선
정禪定 · 지혜智慧의 육바라밀六波羅蜜은 개성을 사용하되 개인으로부터
자유롭게 하기 위한 수련입니다.

습관적인 패턴인 카르마, 무거운 죄(重罪)

復次若人雖修行信心. 以從先世來多有重罪惡業障故,
부 차 약 인 수 행 신 심   이 종 선 세 래 다 유 중 죄 악 업 장 고

爲邪魔諸鬼之所惱亂.
위 사 마 제 귀 지 소 뇌 란

또한 만약 사람이 신심信心을 수행하였으나 선세先世로부터 중죄와 악업
의 장애가 많이 있기 때문에 삿된 마구니와 여러 귀신에게 괴롭힘을 받거
나 어지럽힘을 당하며,

중죄重罪는 그 사람이 지은 죄라기보다는 카르마를 의미합니다. 오
랜 조상으로부터 물려받은 습관적인 패턴이에요. 악업惡業은 나눠지지
않은 세계를 분별해서 너와 나로 나누고서 그중에 나만을 위하는 것입
니다. 선善은 전체를 위하는 것이고, 악惡은 자기만을 위하는 것이죠.
오래된 세월로부터 중죄와 악업의 장애가 많이 있기 때문에, 다시 말
해 습관적이고 고정화된 패턴이 너무 굳어져 있기 때문에 삿된 마구니
와 여러 귀신에게 괴롭힘을 받거나 어지럽힘을 당합니다. 그러니까 신
심信心을 수행하려고 하지만 내가 물려받은 패턴 때문에 힘들 수도 있
다는 말을 하고 있는 거예요. 이런 부분에서 윤회와 전생이 언급될 수
도 있겠지만, 사실 개인적인 전생이나 윤회라기보다는 에너지의 습관
화된 패턴의 전달이라고 봐야 합니다. 원래 개인성이라는 것은 특별히

있지 않아요. 패턴이 자기를 유지하려는 힘이 바로 삿된 마구니입니다. 개별적으로 고정화된 패턴을 개인으로 여기고 그것만을 위하려는 마음이 바로 마구니이며 귀신입니다. 그래서 신심을 수행할 때는 자기 스스로가 늘 습관적으로 반응하는지 잘 살펴야 합니다.

或爲世間事務種種牽纏. 或爲病苦所惱.
혹 위 세 간 사 무 종 종 견 전   혹 위 병 고 소 뇌

혹은 세간의 사무事務 때문에 여러 가지로 끌리고 얽매이며, 혹은 병고病苦 때문에 괴로움을 당하는 것이니.

세간의 사무는 세상에서 내가 하는 일들입니다. 지난 강의 중에 행동行動과 행위行爲를 구분했습니다. 자연 전체가 조화로운 속에서의 '내가 한다'는 생각 없는 움직임이 행동行動이고, '내가 한다'는 생각을 가진 움직임이 행위行爲라고 했습니다. 사실 움직임은 모두 행동인데, 행동이 일어나고 나서 거기에 '내가 했어'라는 이름표를 붙이면 행위가 되는 것입니다. 마음의 시뮬레이션을 통해 '나는 이런 행동을 했어'라고 여겨요. 서울에서 자동차를 타고 250km를 달려서 함양에 도착해서 '멀리 왔다. 너무 힘들었어.' 합니다. 그런데 자기는 그냥 차 안에 앉아있었을 뿐이고 차가 달렸지요. 물론 운전을 하느라 힘이 좀 들긴 했지만. 움직인 것은 자동차인데 내가 움직였다고 느끼면 더 힘들고 피곤합니다.

수피 댄스Sufi whirling를 할 때 움직이지 않음에 초점을 맞추면 어지럽지 않습니다. 그런데 움직임에 초점을 맞추면 굉장히 어지럽게 느껴져요. 움직임에 초점을 맞추면 움직임이 느껴지는데, 그것을 느낀다는

것은 내 마음의 시뮬레이션이 움직임을 일으키고 있다는 의미입니다. 그런데 움직이지 않음에 초점을 맞추면 움직이지 않는다고 느껴져서 어지럽지 않습니다. 다만 주의할 점은, 마음은 움직이지 않음에 초점을 맞추어도 몸은 돌고 있고 따라서 달팽이관도 돌고 있기 때문에 돌기를 시작하고 멈출 때 천천히 해야 합니다. 그것만 주의하면 어지럽지 않아요. 마음은 움직임에 초점을 맞출 수도 있고, 움직이지 않음에 초점을 맞출 수도 있습니다. 왜냐하면 움직임과 움직이지 않음이 동시에 있기 때문입니다. 움직인다고 느낄 때는 그 배경에 움직이지 않음이 있습니다. 배경이 되는 움직이지 않음이 없다면 움직인다는 느낌이 일어나지 않습니다. 만약 배경이 흰색이고 전경도 흰색이라면 구별되지 않으니까 아무것도 느껴지지 않겠지요. 우리의 모든 느낌은 이렇게 의타적입니다. 빛이 있어야 그림자가 느껴집니다.

여러분 마음에도 남성성과 여성성, 즉 음양陰陽이 같이 있습니다. 음陰이 조금 더 세면 여성이고 양陽이 조금 더 세면 남성이지만, 음양이 같이 있어서 생명력이 상호작용하고 있는 것입니다. 호르몬 체계를 살펴봐도 남성호르몬과 여성호르몬이 같이 있어서 시기에 따라 나타났다 사라졌다 합니다. 즉, 우리는 본질적으로 남성도 여성도 아니라는 의미입니다. 우리 안에 지금 남성과 여성이 함께 있어요. 사회에도 양극이 함께 있지요. 양극성이 강할수록 에너지 긴장도가 강해져 분쟁도 많고 시끄럽습니다. 그만큼 에너지가 격동적이에요. 양극화가 너무 없으면 밋밋해서 그냥 고요합니다. 그러니까 사람에게도 사회에도 음양의 적당한 균형이 필요합니다. 51대 49로 조합되어 있다면 균형이 잘 잡힐 것입니다. 물론 그 내면에는 약간의 불균형이 있지만, 그런 불균형이 있기 때문에 생명현상도 나타날 수 있습니다. 모든 생명 현상은 불균형에서 균형으로 가려는 움직임 속에서 나타납니다. 50대 50으로 균형 잡혀 있으면 움직일 필요가 없기 때문에 어떤 생명현상도 일어나지 않습니다. 그것이 태극太極입니다. 음양陰陽이라는 구별마저 없으면 무극無極이지요.

　나와 너의 분별이 있고, 나로부터 너에게로 주의가 흘러가기 때문에 우리의 의식작용이 일어납니다. 그러니까 이 분별과 나눔은 생명현상과 의식현상의 필수적인 요소입니다. 그것을 없애려고 하거나 완벽하게 균형잡힌 상태로 있으려 한다면 그것은 움직임 없는 고요, 흑암의 바다로 돌아가는 것입니다. 성경의 창세기를 보면 '태초에 하나님이 천지를 창조하시니라. 땅이 혼돈하고 흑암이 깊음 위에 있고 하나님의 신은 수면 위에 운행하시니라. 하나님이 가라사대 빛이 있으라 하시매 빛이 있었고…'라고 나옵니다. "빛이 있으라" 하니 빛이 생겼는데, 사실은 빛과 함께 어둠이 생겨난 것입니다. 빛이라는 말 자체가 어둠을 기반으로 하는 말이에요. 빛과 어둠은 반쪽입니다. 어둠이 있어야 빛이 의미를 지니게 됩니다. 흑암은 무극無極이고, 하나님의 신은 미묘한 분리인 태극太極이며, 빛은 음양陰陽입니다. 유태신화에도, 인도의 우파니샤드에도 이런 내용들이 나옵니다. 절대적인 무無로부터 미묘하여 아직 드러나지 않은 분열인 태극太極이 일어나고, 그 다음에 현상적인 음양陰陽으로 나눠집니다. 이러한 흐름은 전 세계의 신화에 포함되어 있습니다. 분열이 있어야 생명현상이 일어난다는 말입니다. 그러니까 의식적인 분열 때문에 고통이 있다고 말하지만 그것은 생명현상의 필수조건이기도 한 것입니다. 생명현상에는 당연히 고통이 있다고 보는 거예요. 그것을 고통으로 여기는 마음이 문제일 뿐입니다. 분열과 분별로부터 생겨나는 움직임은 우주적인 현상의 필수조건인데, 핵심은 그것은 현상이라는 것입니다. 본질은 한 발짝도 움직이지 않습니다.

다시 행동行動과 행위行爲로 돌아가서, 자연과 무의식적인 끌림을 통한 행동은 전체 자연이 유기체적으로 움직이는 가운데서의 행동이기 때문에 '내가 한다'기보다는 '자연이 한다'는 것이 맞을 것입니다. 그러나 생각으로 하는 행위는 기본적으로 분리된 마음으로 행하는 것이기 때문에 결코 전체적일 수 없습니다. 그것이 우리가 의식이라고 부르는 것의 움직임입니다. 세간의 사무 때문에 여러 가지로 끌리고 얽매인다는 것은 결국 전체가 하나로 돌아가는 속에서의 움직임이 아니라 조각난 파편으로서의 마음의 발현이기에 괴로움이 있을 수밖에 없습니다.

有如是等衆多障礙. 是故應當勇猛精勤, 晝夜六時, 禮拜諸佛,
유여시등중다장애   시고응당용맹정근   주야육시   예배제불
이러한 많은 장애들이 있기 때문에 응당 용맹히 정근精勤하여 아침저녁의 육시六時에 모든 부처에게 예배하여

예배의 핵심은 자기를 낮추는 것이라 했습니다. 많은 장애라는 것은 결국 습관으로 인한 장애, 개인성으로 인한 장애입니다. 그러나 개인성을 '느끼'면서 거기에 저항하지 않으면 그 동일시에서 벗어날 수 있습니다. 개인성이 장애가 되는 것은 그것이 주인이 되어 자기를 주장할 때이고, 그것에 저항하면 그것과의 동일시를 오히려 무의식에 각인시키게 됩니다. 그러므로 장애를 없애기 위해 용맹정진 한다는 것은 그것에 대한 저항이 아니라, 그것을 느끼고 구조를 보고 수용한다는 것입니다. 그러면 에너지는 동일시에서 풀려나 더 확장되고 커져서 더 높은 안목으로 바라볼 수 있게 됩니다.

마음의 습관은 결코 마음 자체가 아니다

誠心懺悔, 勸請隨喜, 迴向菩提, 常不休廢, 得免諸障,
성심참회　권청수희　회향보리　상불휴폐　득면제장

善根增長故.
선근증장고

성심으로 참회하며 권청勸請하고 수희隨喜하며 보리菩提에 회향하기를 늘
쉬지 아니하면 모든 장애를 벗어나게 되어 선근이 증장하기 때문이다.

성심으로 참회懺悔하며 권청勸請하고 수희隨喜하며 보리菩提에 회향
하라는 말은 습관적인 반응을 멈추라는 것입니다. 이 습관적 반응이
바로 구르지예프의 '인간은 기계'라는 말의 의미입니다. 이 기계적인
반응의 과정을 진정으로 객관적으로 보려는 마음이 스스로를 대상에
서 떨어뜨려 그 과정에서 벗어나게 합니다. 보려는 마음은 습관적인
반응에 동조해서 힘을 실어주는 행동을 멈추게 합니다.

　마음의 습관은 결코 마음 자체가 아닙니다. 그 습관적인 움직임은
마음 안에서 일어나는 것이고, 어떤 패턴이 형성되어 있는 '모습'이에
요. 뭔가 나타났다는 것은 항상 현상입니다. 습관적인 마음이든 그 무
엇이든 어떤 형태나 움직임으로 나타나서 느껴진다는 것은 텅 빈 공간
에 나타난 '모습'이라는 의미입니다. 따라서 당연히 이것은 '마음 자체'
가 아닙니다. 그러므로 항상 움직이지 않는 마음을 발견하려고 해야
합니다. 움직이지 않는 것을 발견하라고 말하면 지금껏 해왔던 마음
의 방식으로 '대상'을 잡으려고 하지요. 그러나 여러분은 이미 본질이
기 때문에 결코 자신을 잡을 수는 없습니다. '나한테 잡히는' 것은 '내
가 아니라는' 것을 알 뿐입니다. 어렸을 때 숨바꼭질 해봤지요? 술래는
자기 자신을 잡지 못합니다. 술래는 술래 아닌 사람만 잡는 것처럼, 여

러분의 본질은 결코 본질 자신을 잡을 수 없습니다.

마음의 내용을 가라앉히려 하지 말고, 마음은 결코 움직이지 않는다는 것을 발견하세요. 마음의 내용을 가라앉히려는 것은 내용에 붙잡힌 것입니다. 내용이 있든 말든 상관하지 마세요. 감정은 감정대로, 생각은 생각대로, 느낌은 느낌대로 그대로 두고 나는 나대로 있는 것입니다. 내용에 초점을 맞추지 말고, 그 내용이 있기 위해서는 그것이 일어날 수 있는 공간이 필요하다는 점을 의식해보세요.

습관은 오랜 시간에 걸쳐서 이루어졌고, 또 우리에게 유용한 측면이 있습니다. 다만 모든 현상과 내용에는 부족함이 있기 마련이니, 과거의 내용에 묶이지 말고 내용을 잘 사용하는 것이 가장 큰 공덕이며 선근을 증장시키는 좋은 방법입니다. 마음의 고정화된 습관을 유용하게 사용하기 위해 그 패턴으로부터 떨어져 나오는 여러 수행을 하는데, 가장 근본적인 수행은, 모든 것이 느낌의 시뮬레이션 세계 속에서 일어나고 있음을 통찰하는 것입니다.

2. 지관문止觀門

지관법止觀法, 사마타와 위파사나

서기 100년에서 160년까지 살았던 마명馬鳴·Ashvaghosa이 쓴 대승기신론에 나오는 지관문止觀門은 사마타와 위파사나입니다. 지금으로부터 1900년 이전의 사람이 제시한 수행방법이 현대에도 계속 사용되고 있어요.

云何修行止觀門.
운 하 수 행 지 관 문

어떻게 지관문止觀門을 수행하는가?

앞에서 보시布施의 시문施門, 지계持戒의 계문戒門, 인욕忍辱의 인문忍門, 정진精進의 진문進門에 대해 말했습니다. 이어서 나오는 지관문止觀門의 지止는 선정禪定, 관觀은 지혜智慧라고 할 수 있습니다. 수행을 오문五門으로 나눴지만 사실 육바라밀에 해당합니다.

所言止者, 謂止一切境界相, 隨順奢摩他觀義故.
소 언 지 자　위 지 일 체 경 계 상　수 순 사 마 타 관 의 고

지止라는 것은 일체의 경계상境界相을 멈춤을 말하니, 사마타관奢摩他觀을 따르는 의미이다.

지止는 멈춘다는 뜻이니 경계를 그리는 마음을 멈추는 것을 말합니다. 경계를 멈추면 경계가 없어지고, 경계가 없어지면 분별이 없어지며, 분별이 없어지면 우리는 투명한 무無로 존재하게 되는데, 이것이 바로 선정禪定이나 삼매三昧가 의미하는 바입니다. 깨어있기™의 연습 방법으로는 감각(505쪽 용어 정의 참고) 상태에 들어간 것이지요. 이름으로 경계 지어진 것이 생각의 차원이고, 느낌으로 경계 지어진 것이 감지의 차원이며, 그러한 경계가 모두 사라지면 감각의 차원입니다. 엄밀하게 말하면 감각 차원도 경계가 없는 것은 아닙니다. 감각 차원에는 감각적인 경계가 있는데, 타고난 감각기관만 작동하기 때문에 마음의 상相은 없는 상태입니다. 마음에는 경계가 없지만 감각적인 경계는 있기 때문에 우리 눈에 뭔가 보이는 것입니다. 그래서 감각 상태로 가면 '보이지만 보지 않는다.'고 말합니다. 감각적인 경계의 느낌은 있지만 마음에 상相이 없기 때문에 보지 않는다고 말하는 것이에요. 왜

냐하면 우리는 마음으로 보기 때문입니다. 감각으로 보는 게 아니에 요.

마음에 '보는 자'와 '보이는 대상'이 다 비쳐야만 '봄'이라는 현상이 일어날 수 있습니다. 마음의 상相이 사라지면 마음의 주체와 대상도 사라지기 때문에 '본다'는 현상이 사라집니다. 그렇지만 감각은 살아있어서 눈에 무언가 들어오기 때문에 엄밀하게 말하면 감각상태에도 사실은 미묘한 분열이 있습니다. 아기가 갓 태어나서 눈만 작동하는 상태가 진짜 감각상태라고 할 수 있습니다. 계발된 감각과 계발되지 않은 감각으로 나눈다면 아기의 감각은 계발되지 않은 감각에 해당합니다. 세상이 그냥 빛으로 하얗게 보이는데 이는 분별이 없기 때문입니다. 감각적인 분별은 있지만 마음의 상相이 없을 때는 온통 백색광으로만 보여요. 사물과 세상을 본다는 것은 경계를 지어서 보는 것이고, 이런 경계 지음은 경험이 쌓여 이루어진 마음의 상相을 통해서 이루어집니다. 세상에는 경계가 없지만 우리 마음의 지도에는 전라도, 경상도, 경기도가 있는 것과 같습니다.

지止는 집중을 통해서 멈추는 것입니다. 한자 사마타奢摩他는 집중을 뜻하는 인도어 사마타samatha의 음역입니다. 화두話頭도 사마타와 연관이 있습니다. 화두는 사마타와 위파사나를 같이 하는데 방법이 섬세하지 못해서 조금 원시적이고 거칠지요. 사마타는 온 주의력을 하나에 집중해서 나머지를 모두 잊게 만듭니다. 이런 저런 마음의 잡생각이 떠오르지만 계속 집중하면 다른 것은 모두 잊혀지고 집중하던 한 가지만 남는 때가 오는데, 마음이 고도의 집중상태에 들어간 때입니다. 그때 그것마저 내려놓아서 잊으면 선정상태로 가게 됩니다.

우리가 어떤 미묘한 느낌이나 감정을 느끼고, 생각을 하고, 사물을 보는 것은 경계가 있기 때문입니다. 생각과 생각 사이, 감정과 감정 사이, 느낌과 느낌 사이에 경계가 있어서 다르게 구별하기 때문이에요. 느낌을 경계 지어서 나눌 수 없다면 우리는 A라는 느낌과 B라는 느낌을 구별하지 못하고, 그럴 때는 어떤 느낌이 있다고 말할 수 없습니다. 구별되지 않는 하나의 느낌일 뿐이죠. 슬픈 느낌을 느끼다가 갑자기 두려운 느낌이 들었다면, 두 가지 느낌 사이에 경계가 있다는 의미입니다. 우리 마음이 그런 느낌의 경계를 만들어요. 그 다음에는 이름으로 경계를 짓습니다. 시각적으로는 사물과 그 사물이 아닌 것 사이를 경계 짓기 때문에 사물을 볼 수 있습니다. 만약 이 컵의 하얀 색과 공중의 투명한 색을 눈이 구별하지 못한다면 이 컵은 따로 있는 게 아니겠죠. 여기서 말하는 경계는 항상 경계상境界相을 말합니다. 그런 느낌과 생각의 경계가 멈춰지면 분별이 없습니다. 한 가지에 집중해서 나머지의 경계가 모두 없어지는 것은 어느 정도 가능합니다. 일상생활에서도 하나에 집중할 때가 많이 있으니까요. 우리가 이십년 이상 살아오면서 대상이 있는 집중만 해왔기 때문에 이런 방법을 사용하는 것입니다. 대상을 보는 것이 아닌 '봄'도 가능하다면 이렇게 할 필요가 없어요. 하나의 대상에 온전히 집중해서 나머지가 잊혀지면 그때 마지막 하나의 경계마저도 지워버립니다. 그러면 주체와 대상이 모두 사라졌기 때문에 선정에 들게 됩니다. 주체가 있다는 것은 대상과 대상이 아닌 것 사이를 주체가 구별하고 있다는 의미인데, 구별하던 대상이 모두 없어지면 구별하는 주체도 있을 필요가 없어서 삼매에 들어갑니다.

지법止法은 일체의 경계를 멈추어 경계를 사라지게 하여 분별을 없애는 것입니다. 모든 분별이 사라지면 생각과 느낌이 사라진 감각상태

가 되는데, 감각상태의 미묘한 경계마저 사라지면 삼매와 선정에 들게
됩니다. 이것이 바로 오직 하나에 모든 마음을 집중시키고, 마지막에
는 그 집중된 하나마저 내려놓아 선정에 드는 사마타관奢摩他觀입니다.

所言觀者, 謂分別因緣生滅相, 隨順毗鉢舍那觀義故.
소 언 관 자   위 분 별 인 연 생 멸 상   수 순 비 발 사 나 관 의 고

관觀이라고 하는 것은 인연생멸상因緣生滅相을 분별하는 것을 말하니, 비
발사나관毗鉢舍那觀을 따르는 의미이다.

미얀마의 수행법에는 사마타와 위파사나가 있습니다. 위파사나
vipassana의 vi는 영어의 bi에 해당하여 '두 가지'라는 뜻인데, 주체와
대상으로 나눠서 보는 마음이나, 이것과 저것을 분별하는 마음을 의미
한다고 할 수 있습니다. 미얀마에서는 사마타 집중 훈련을 먼저 한 이
후에 마음에 나타났다 사라지는 것을 바라보게 하는 분별 훈련을 시
킵니다. 생각이 나타나면 그 생각에 빠지지 않고 생각을 바라봐요. 보
통은 생각에 빠져서 생각의 그물망 속을 헤매고 돌아다니는데, 그것
이 바로 '생각한다'는 현상입니다. 그러나 '이런 생각이 왔구나.' 하면
서 올라온 생각을 바라보면 그 생각은 곧 흘러가 버립니다. 감정이 올
라와도 그 감정에 빠지지 않고 바라봅니다. 처음에는 잘 안 보이니까
우선 몸의 에너지적인 느낌을 느껴보고 다음에 의식적인 느낌을 보는
데, 그렇게 보다 보면 감정도 사라집니다. 보는 힘이 점차 강해지면 미
묘한 느낌까지 보입니다. 감정이나 생각으로 커지기 전에 뭔가 꿈틀꿈
틀 올라오는 그런 것까지 보이고 느껴져요. 이것이 분별을 통한 수행
인 위파사나인데, 지관법止觀法의 관觀에 해당하며 인연생멸상因緣生滅
相을 바라보는 것입니다.

나타났다 사라지는 것에는 모두 이유가 있습니다. 손뼉 소리가 나기 위해서는 두 손바닥이 만나야 하고, 대상이 눈에 보이기 위해서는 빛이 그것에 부딪혀 우리 눈에 들어와야 합니다. 이렇게 내적인 원인인 인因과 외적인 원인인 연緣이 만나서 관계를 맺어야 뭔가 나타난 것처럼 그리고 사라지는 것처럼 보이는데 이것이 바로 인연생멸상因緣生滅相입니다. 우리는 자신이 태어났다고 믿습니다. 자신의 탄생을 경험하지도 않았으면서 태어났다고 믿어요. 우리가 지금껏 살아온 인생을 아주 빠르게 돌아본다면, 예를 들어 50년의 삶을 영사기로 돌려서 1초 만에 본다면 아주 순식간에 지나가겠죠. 그런데 그 사이에 세포분열이 일어나서 살과 뼈가 생겨나고, 음식물이 들어와서 소화되어 배출되는 수많은 일들이 일어납니다. 뭔가 만나서 조합되어 형성되고 사라지는 그런 인연생멸상을 모두 분별할 수 있을 때만 그것이 존재한다고 할 수 있습니다. 여러분들은 자신의 몸의 세포 분열을 보거나 느끼거나 감지할 수 있습니까? 없어요. 그렇다면 그 세포분열이 과연 존재하느냐는 말입니다. 감각할 수 없으면 존재하지 않는 것입니다. 사람들은 자신이 죽어도 이 세계가 존재한다고 믿지만, 이 세계를 감각하는 감각기가 사라지면 이 세계는 없습니다. 지금 이 순간 없는 거예요. 감각기가 없는 세계에는 이 컵이 존재하지 않습니다. 이 컵에 반응하는 감각기가 있을 때만 이 컵이 존재합니다. 그러니까 모든 '존재'는 고정불변한 것이 아니고, 그것과 관계 맺을 대상이 있을 때만 존재하기 때문에 '존재는 관계'라고 말하는 것입니다.

인연에 의해 나타나고, 보이고, 들리고, 사라지는 것들을 우리는 느낌을 통해 압니다. 따라서 우리가 경험하는 세계는 결국 느낌의 세계라고 할 수 있어요. 눈에 보였다가 사라지는 것은 시각적인 생멸이고, 소리가 나타났다 사라지는 것은 청각적인 생멸이며, 손에 만져지는 느낌이 있다가 없어지는 것은 촉각적인 생멸입니다. 이렇게 생멸은 감각기와 감각대상 사이의 관계에 의해서 생겨났다 사라지는 것처럼 보이고 느껴지는 것뿐입니다. 인연에 의해서 마음에 모습으로 나타났다 사라지는 상相인 인연생멸상을 분별하는 것이 바로 관觀, 즉 위파사나입니다. 왜 관觀이라고 했을까요? 지켜볼 관觀입니다. 마음의 모든 감정, 생각, 느낌들이 나타났다 사라지는 것을 지켜봄으로써 그것이 마음의 주인이 아닌 객客임을 알아차려, 그 어디에도 머물지 않는 마음을 얻는 것이 위파사나의 핵심입니다. 이것과 저것을 분별하여 마음의 인연생멸을 관찰하는 것은 '모든 것을 현상으로 보는 것'과 유사합니다. 이렇게 현상을 현상으로 보면 어느 순간 그 어디에도 머물지 않으면서 자연스레 선정에 들기도 하니, 사실은 사마타와 위파사나가 둘이 아닌 하나의 과정이기도 합니다. 우리가 해온 연습들은 사마타와 위파사나의 결합이라고 볼 수 있습니다. 감각상태에 깊숙이 들어가거나 '주의에 주의 기울이기'(깨어있기 용어)에 깊숙이 들어가면 선정으로 들어가고, 나타났다 사라지는 모든 것을 파악하는 것이므로 위파사나와 같습니다.

모든 감정과 생각, 그리고 느낌들은 그냥 나타나지 않고, 어떤 인연의 조합에 의해 나타납니다. 내가 믿고 있는 신념과 대치되는 상황이나 사람의 말과 생각에 부딪혀서 감정이 일어나지요. 감정의 구조가 이러하듯, 모든 인연이라는 것은 바로 구조입니다. 감정은 감정의 구조에 의해 생하고 멸하니, 바로 감정의 인연생멸상因緣生滅相입니다. 왜

상相입니까? 그 모든 것들을 마음이 분별하니까 상相입니다. 인연과 생멸 자체가 마음의 경계에 의해 나타나 분별되는 것들이에요. 그래서 경계가 없어진 곳에는 십이인연十二因緣 자체가 없습니다. 분별이 없는데 십이인연十二因緣이 어디 있겠어요? 불교의 핵심교리인 십이인연설十二因緣說은 분별하는 마음에게만 의미가 있지, 분별이 없어진 선정상태의 마음에게는 십이인연 자체가 의미가 없습니다.

몸과 마음에 생각이 나타났다 사라지는데, 우리는 생각의 나타남과 사라짐을 지켜보지 못하고 생각의 그물 속에 빠져 살아갑니다. 그리고 감정이 나타나면 그것을 보지 못하고 감정에 휘둘리고 헤맵니다. 또 미묘한 느낌이 언제 올라왔는지도 몰라서 그 느낌이 생각과 감정으로 증폭되는 것도 모르고 그것에 휘둘립니다. 이런 것들을 세밀히 바라보게 되면 마음의 주인이 없다는 것을 알게 되고, 마음에서 일어나는 그 어떤 것에도 머물지 않는 마음을 터득하게 됩니다. 응무소주應無所住이지요. 머물지 않는 마음을 터득한 사람은 기본적으로 마음의 본성을 본 사람입니다. 그럼 다음에는 뭘 해야 합니까? 마음을 써야 되겠지요. 그러니까 개성이 기능하지 않도록 하는 것이 본질을 보는 것이 아닙니다. 개성이라는 것이 마음의 주인이 아님을 보는 것이 본질을 보는 거예요. 백일학교 주제 중의 하나가 '비교하여 최고의 것을 추구하되 그 어떤 것도 주인삼지 않는다.'입니다. 비교하여 최고의 것을 추구한다는 말은 자기 개성을 쓰라는 말입니다. 그동안 배우고 익히고 터득한 것을 잘 사용해서 최고의 것을 추구하세요. 그러나 그것을 이루지 못하거나 그에 대한 보상을 받지 못했다고 해도 그에 대한 생각이나 감정에 빠지지 마세요. 개성을 작동시키되 개성을 주인 삼지 말라는 말입니다. 주인으로 삼는다는 것은 개성 속에 빠지는 것이고, '나'

라고 여겨지는 것에 빠지는 것입니다. 그 어떤 것도 주인삼지 않으면 여러분은 이미 본질을 본 것이나 마찬가지입니다. 내 특성은 임시적으로 조합된 현상이며 본질적이지 않음을 알면 현상에서 떠나게 됩니다.

개인성은 마음의 주인이 아님을 본 다음에는 개인성을 잘 사용해야 하니, 이것이 이생기심而生其心입니다. 그림을 잘 그린다면 그런 개인의 특성을 사용하고 노래를 잘하면 노래 잘하는 특성을 잘 사용하면서도, 그것들이 나의 본질이 아니며 고정불변한 주인도 아님을 파악해야 합니다. 개인적인 특성은 마음의 임시적인 현상이어서 인연생멸 합니다. 그 인연생멸 자체는 분별하는 마음에서 비롯되니 분별없는 마음이 더 근본적입니다.

지관법을 동시에 수행해야 하는 이유

云何隨順. 以此二義漸漸修習, 不相捨離, 雙現前故.
운하수순   이차이의점점수습   불상사리   쌍현전고

어떻게 따르는가? 이 두 가지 뜻으로 점점 닦고 익혀 서로 떠나지 아니하여 쌍雙으로 눈앞에 나타나는 것이다.

지법止法은 정定으로 관법觀法은 혜慧로 나타나니, 지관법止觀法을 동시에 수행하는 것이 정혜쌍수定慧雙修입니다. 보조국사 지눌이 선정과 지혜를 동시에 수행해야 한다고 주장했지요. 선정을 수행하면 마음이 편안하고 고요해집니다. 흔히 말하는 명상인데, 서양에 잘못 알려져 고요함으로만 들어가려고 하니 그것은 진짜 명상이 아닙니다. 마음을 텅 비고 고요하게 할 뿐이에요. 진정한 명상은 감각작용이 아주 활발하게 일어나고 동시에 전혀 움직이지 않는 고요함이 함께 있는 것입니

다. 개인성은 사용되고 있지만 비개인성은 꼼짝도 하지 않고 있어요. 여러분들이 개인성이 아닌 자리를 터득하면, 개인이 활발히 움직이면서도 개인을 떠난 자리는 전혀 움직이지 않고 동시에 있음을 알 것입니다.

일반적인 의미의 선정은 분별없는 빈 마음으로 삼매에 드는 것을 말하지만, 진정한 선정은 끊임없는 분별 속에서도 분별없음이 함께 있음을 발견하는 것입니다. 개성이 활발하게 사용되지만 개인을 위해 쓰이지는 않으니 개인적이지 않은 자리에 초점이 가 있는 상태입니다. 그렇지만 그저 텅 빈 마음으로만 있는 것은 무기공無記空입니다. 가치 없는 공空에 빠졌다는 말이지요. 누군가 부처에게 전생이 있는지 물어보니 부처님은 대답을 안 하고, 옆의 사관은 기록하지도 않아요. 그렇게 기록할 가치도 없는 공이 무기공입니다. 마음이 텅 빈 상태는 진정한 명상이 아니고 무기공에 빠진 것입니다. 처음으로 자기 마음에서 툭 놓여나면 모든 것이 허무해서 아무것도 하지 않는 이런 무기공에 빠지기 쉽습니다. 그간 살아오면서 어떤 의미가 있어야만 움직였기 때문인데, 이렇게 허무에 빠지는 것은 과도기적인 현상입니다. 어린아이 때는 생명력이 그냥 발현되기 때문에 별 의미 없어도 잘 놀고 하루 종일 개미만 쳐다보기도 합니다. 그러나 스무 살쯤 되면 의미가 없으면 전혀 움직이지를 않아요. 의미 없는 일을 하는 것은 에너지 낭비라고 생각합니다. 의미 없음에 빠져서 허무한 무기공으로 가는 것은, 그 사람이 그동안 의미 있는 것에만 에너지를 사용하며 살아왔음을 반증하는 것입니다.

그런데 의미와 의미 없음을 나누는 것은 누구인가요? 자기 마음입니다. 의미 없다고 느끼는 것 자체가, 삶을 의미 있음과 의미 없음으로 나누는 마음의 분별 속에 있음을 의미합니다. 앞서 말했듯 진정한 선정은 아무런 분별도 없는 삼매를 의미하는 것이 아니에요. 그렇지만 여기서 말하는 선정은 기본적으로 마음의 분별이 없어진 상태를 말합니다. 그래서 의미와 무의미의 경계도 없어졌지만, 그 상태에서 우리는 아무 이유 없이 무엇이든 열심히 할 수 있습니다. 지난 번 깨어있기 계절수업에서 '이유 없이 정성 기울이기'를 했었지요. 대부분 사람들의 생명력은 이유라는 틀에 갇혀있어서 이유가 있어야만 움직입니다. 그러나 이유 없이 정성을 기울이다 보면 생명력이 이유라는 틀에서 빠져나와 움직여요. 여러분들이 아무 이유 없이 에너지를 내어 쓸수록 그 에너지는 더 강하게 분출됩니다.

일반적인 의미의 선정만 하면 지혜가 생기지 않습니다. 분별하는 능력이 없는 어린애로 돌아가는 것과 같아요. 예수님이 "어린아이와 같은 사람이 천국에 도달한다."고 했지, "어린애가 천국에 도달한다."고 하지 않았어요. '어린아이와 같은 사람'은 분별하지 않는 사람을 말합니다. 분별 못하는 사람이 아니라 분별에 빠지지 않는 사람입니다. 어린애는 분별을 못하는 사람이에요. 지혜는 분별을 통해 생겨나니, 분별이 없는 곳에 지혜는 없습니다. 여러분의 분별하는 능력은 훌륭한 것이니까 이 능력을 없앨 필요는 없습니다. 분별을 하되 분별에 빠지지 않으면 됩니다.

미얀마에 가면 사마타를 먼저 시킨다고 합니다. 나는 사마타를 특별히 따로 하지는 않았는데, 마음에 일어나는 일을 살펴보다 나도 모르게 깊어져서 분별이 없는 상태로 들어가기도 했습니다. 자기 마음을 가지고 실험하다 보면 분별이 사라지면서 텅 빔 속으로 들어갈 때가 많이 있어요. 사마타를 하지 않았는데 사마타가 일으키는 효과를 얻게 되는 경우입니다. 그 이유는 절실한 사람은 자기의 주제에 저절로 집중되기 때문입니다. 정말로 원하면 다른 건 모두 잊고 그 하나에 집중되는데, 중요한 것은 자신이 얼마나 절실하게 원하느냐 입니다. 원하는 정도에 따라 에너지의 집중도가 달라요. 그런데 날 때부터 강한 에너지를 가지고 집중하는 사람은 없습니다. 하다보면 점차 재미를 느껴 몰두하고, 거기에 쏟아지는 에너지가 점차 강해지면서 사마타는 저절로 일어납니다. 통찰도 일어나지요. 정혜定慧가 같이 일어납니다. 선정과 지혜, 즉 집중과 분별이 동시에 일어나요. 그래서 두 가지를 같이 닦으라고 했습니다. 지금까지가 지관법止觀法의 개요이고, 이어서 지법止法부터 다시 자세히 설명합니다.

지止, 경계 짓는 습관을 멈추기

若修止者, 住於靜處, 端坐正意.
약 수 지 자 주 어 정 처   단 좌 정 의

만일 지止를 수행한다면 고요한 곳에 머물러 단정히 앉아 뜻을 바르게 하고,

여러분의 마음이 칠판이라고 해봅시다. 거기에 빨강색 분필로 꽃을 그리고, 초록색으로 잎을 그리고, 갈색으로 나무줄기를 그리면 마음속에 꽃과 잎, 줄기라는 경계가 생겨나고 여러분은 밖에서 꽃, 잎, 줄기를 보게 됩니다. 만일 그러한 경계가 없는 백지와 같은 마음으로 본다면 밖에는 아무것도 없습니다. 분별이 없으니까요. 무지개에서 빨강색과 주황색을 보는 이유는, 마음에서 빨강과 주황을 분별하기 때문입니

다. 마음에 경계가 없는 사람은 무지개를 봐도 두 가지 색을 구별하지 못합니다.

그 경계를 지우개로 지우면 경계가 멈춥니다. 경계라는 것은 항상 고정된 상태로 있지 않아서, 여러분이 컵을 보면 그 순간 마음속에서 에너지가 쓰이며 컵의 느낌이 생성됩니다. 그리고 그 컵의 느낌을 유지하기 위해서 마음속의 형상에 끊임없이 에너지가 사용되고 있어요. 단식을 하면 마음이 고요해지는 이유는 에너지를 절약하느라 이런 형상이 잘 생기지 않기 때문입니다. 그래서 오랜 시간 단식하면 마음이 텅 비고 맑게 느껴지지만, 다시 밥을 먹으면 에너지가 충만해져서 잡생각이 생겨납니다. 컵의 상相을 유지시키는 에너지를 멈추는 것, 다시 말해 컵이라는 경계를 그리기 위해서 쓰이는 에너지를 멈추는 것이 지止입니다. 깨어있기™에서 했던 '주의 제로' 연습이 에너지를 멈추는 것인데, 에너지를 멈추면 경계가 사라지면서 이것과 저것이 구별되지 않습니다. 즉 이것과 저것을 구별하는 데 내 주의가 쓰이고 있었다는 말이지요. 모든 것을 분별하는 사람은 끊임없이 에너지를 사용하기 때문에 피곤하고 괴롭습니다. 부딪힘도 많이 일어나지요. 끊임없는 분별로 인해 좋고 싫음이 많은 사람은 자극을 많이 받는 사람입니다. 그런데 이것은 개인성에 관한 얘기지요. 개인성은 끊임없이 자극을 주고받으며 분별하지만 초점이 비개인성에 가 있으면, 다시 말해 개인이 아닌 자리에 가 있으면 그렇게 지치지 않습니다. 필요할 때 즉각 멈출 수도 있어요. 그러나 비개인성을 모르면 끊임없이 분별하는 것이 자신이라고 여기기 때문에 멈추지 못합니다.

경계 짓는 습관을 멈추는 것이 지止를 수행하는 방법입니다. '고요한 곳에 머무르라'는 말의 의미는 뭘까요? 시끄러운 소리가 없는 조용한 곳에 머물라는 것은 표면적인 이야기입니다. 소리만이 아니라 시각적인 고요, 후각적인 고요, 촉각적인 고요 속에 머물라는 말입니다. 그런데 잘 보세요. 소리가 없는 것이 고요함인데, 소리라는 것은 청각적인 '분별'입니다. 그러니까 여러 소리가 있어도 청각적으로 분별하지 않으면 고요한 거예요. 번잡하고 시끄러운 시장골목에서 뭔가에 집중되어 있어서 다른 소리가 들리지 않는다면 고요함 속에 있는 것입니다. 루마텐이라는 기기가 있습니다. 마인드 머신이라고도 하는데, 일정한 소리와 빛을 귀와 눈에 줌으로써 고요에 들게 하는 빛과 소리 명상기입니다. 헤드폰과 안경을 쓰고 눈을 감고 있으면 안경에서 빛이 일정하게 반짝이고, 헤드폰에서는 우~하는 일정한 소리가 들립니다. 우리의 감각기관은 똑같은 자극이 1분 이상 지속되면 의미 없다고 판단하여 스스로 그 자극을 차단하여 더 이상 에너지를 쓰지 않으려고 합니다. 그래서 이 빛과 소리 기계를 명상 상태에 맞춰놓고 어느 정도 시간이 지나면 빛이 계속 깜박이는데도 눈에는 안 보이고, 계속 소리가 있는데도 귀에 안 들리고 점차 졸리게 됩니다. 이렇게 몸은 잠들게 하지만, 마음의 주파수를 툭툭 가끔 쏴주기 때문에 의식은 깨어있게 만듭니다. 어떤 사람은 코를 골기도 하는데, 흔들어 깨워서 잠들지 말라고 하면 자신은 안 잤다고 대답합니다. 진정한 고요라는 것은, 마음이 똑같은 자극을 차단해서 소리를 분별하지 않기 때문에 아무것도 들리지 않는 이런 상태와 비슷합니다.

대승기신론의 논論에서는 단순하게 말했지만 소疏에는 고요한 곳에 머무는 다섯 가지 조건에 대해 설명했습니다. 첫째는 고요한 곳에 한거閑居함이니 산림에 머무는 것입니다. 깊은 산림은 고요하고, 신경 써야 할 번잡한 일도 없지요. 둘째는 지계持戒가 깨끗함이니 업장業障을 소멸하는 것입니다. 습관적인 패턴을 사라지게 하는 것도 고요한 곳에 머무는 것 중 하나입니다. 셋째는 의식衣食의 구족具足함이니, 생존에 지장이 없도록 의식주를 갖추는 것입니다. 그런 것들로 인해 불편을 겪으면 마음이 자꾸 쓰여서 고요하지 않기 때문에 배고프지 않고 춥지 않은 상태를 유지하는 것도 고요한 상태에 포함시킵니다. 넷째는 선지식을 찾아 배우는 것입니다. 왜냐하면 혼자 공부하면 의문이 많고 여러 가지 잡생각에 시달리지만, 그것들을 소멸시켜줄 수 있는 스승이 있으면 마음을 고요하게 만들 수 있기 때문입니다. 다섯째는 모든 반응하는 일을 쉬는 것입니다. 반응은 리액션reaction이지요. 액션action을 다시 하는 것인데, 사실 우리의 모든 행동은 리액션입니다. 액션이 아니에요. 과거의 경험을 기반으로 반응하기 때문에 모든 행동이 곧 리액션이라고 할 수 있습니다. 자극에 부딪혀서 하는 행동이지요. 그런데 자극을 왜 받습니까? 자극 받을 내가 있기 때문에 자극을 받습니다. 잉어는 그물에 걸리지만 바람은 그물에 걸리지 않는 것처럼, 모든 반응을 쉬고 바람처럼 되어서 자극을 받지 않는 것도 고요한 곳에 머물기에 포함됩니다.

'단정히 앉으라(端坐)'는 것은 몸을 바르게 하라는 말입니다. 몸을 고르게 균형 잡는 것인데, 불교에서는 주로 결가부좌를 하고 에너지가 빠져나가지 않게 수인手印·Mudra을 하지요. 불교에서 하는 합장도 에너지 낭비를 줄이기 위한 것입니다. 오른손과 왼손으로 퍼져나가는 기운을 서로 통하게 해서 기운이 온몸을 돌게 합니다.

그리고 '뜻을 바르게 하라(正意)'고 했습니다. 이는 마음을 고르게 균형 잡으라는 말이니, 명리名利를 구하지 않음을 의미합니다. 이름나기를 바라거나 이익을 바라지 않고 오직 자신과 타인을 구하는 것에 뜻을 두라는 말입니다. 마음은 기본적으로 자기를 내세우고 확장시키는 것에 끌립니다. 칭찬을 들으면 기분이 좋고 자기가 커집니다. 또 남을 비난하면 내가 커져요. 내가 잘났다고 남을 가르치려고 하고, 자신을 내세워 명예와 이익을 추구하면 마음을 바르게 하는 데서 멀어집니다. 자신을 구하고 타인을 구하는 것에 에너지를 쏟는 것이 바로 자리이타自利利他이고, 그것 외의 명리를 추구하지 말라는 것이 뜻을 바르게 한다는 말의 의미입니다. 고요한 곳에 머무르고, 단정히 앉아 뜻을 바르게 하는 것은 지법止法을 수행할 때의 기본적인 요소입니다.

'안다'고 느끼는 순간 말뚝에 묶이는 것

不依氣息. 不依形色. 不依於空. 不依地水火風.
불 의 기 식   불 의 형 색   불 의 어 공   불 의 지 수 화 풍

乃至不依見聞覺知.
내 지 불 의 견 문 각 지

기식氣息에 의하지 않으며, 형색形色에 의하지 않고, 공空에 의하지 않으며, 지地 · 수水 · 화火 · 풍風에 의하지 않으며, 견문見聞과 각지覺知에 의하지 않아야 한다.

기식氣息은 수식관數息觀을 말합니다. 오직 호흡에 집중해서 들숨과 날숨을 세는 사마타적인 방법이에요. 단전호흡은 호흡에 집중해서 나머지는 다 잊어버린 후에 호흡마저 잊어버리는 수련입니다. 그런데 대부분 호흡에만 집중하고 끝내요. 그래서 한 호흡이 이십 분 이상이 되면 신선이 된다는 말들을 단전호흡이나 도교 계통에서 하기도 합니다. 그러나 여기에서는 그런 수행법에 의존하지 않는다고 했어요. 그 다

음에 형색形色에 의지하지 않는다고 했습니다. 백골관白骨觀이라는 것이 있어요. 나와 남의 몸을 백골로 보는 것인데, 탐욕을 없애기 위한 방법입니다. 사람을 백골로 보면 아름답고 추한 사람이 따로 없고, 굳이 예쁜 것을 걸치려 하고 맛있는 것을 먹으려 하지도 않겠지요. 이렇게 이 몸과 저 몸을 다 백골로 보는 것이 형색形色을 통해 가는 방법인데 여기에도 의존하지 않는다고 했습니다. 그리고 지地·수水·화火·풍風에도 의존하지 않는다고 했습니다. 지수화풍공地水火風空을 세계 만물을 구성하는 다섯 가지 요소로 보아 오대五大라고 합니다. 지地·수水·화火·풍風을 대상으로 삼아 수행하는 것은 색色의 선정입니다. 초선初禪에서 제4선까지 4단계의 선정으로 감각의 대상이 있어요. 공空을 대상으로 하는 수행은 무색無色의 선정인데, 사무색정四無色定과 선업보善業報를 말합니다. 사무색정四無色定은 공무변처정空無邊處定, 식무변처정識無邊處定, 무소유처정無所有處定, 비상비비상처정非想非非想處定입니다. 간단히 설명하면 공무변처정空無邊處定은 형태를 뛰어넘어 공의 경험이 경계 없이 무한함을 보는 경지나 삼매를 말하며, 식무변처정識無邊處定은 식識이 무한하다고 보는 경지나 삼매입니다. 무소유처정無所有處定은 무한의식을 뛰어넘어 아무것도 없는 경지나 삼매를 말하고, 비상비비상처정非想非非想處定은 '있는 것도 아니고 없는 것도 아닌' 경지나 삼매를 말합니다.

공空의 느낌을 느껴보세요. 텅 빈 것 같은 느낌이 느껴집니까? 어디에서 어디까지 비어 있는 것 같은 느낌이 느껴지죠? 그런 한계가 있을 때 텅 빈 느낌이 느껴집니다. 그러나 한계가 없다면 텅 빈 느낌마저도 안 느껴지고 그냥 텅 빔 속으로 빠져 들어가는데, 이것이 공무변처空無邊處입니다. 텅 빈 느낌이 '느껴'지는 것은, 공空에 한계가 있고 그 한계를 느끼는 '나'가 있다는 의미입니다. 경계가 없으면 텅 빈 느낌 자체를 '느낄 수 없기' 때문에 그걸 느낄 '나'도 사라지게 됩니다. 그런데 그 텅 빈 공空을 알기 위해서는 경계가 필요한데, 그런 경계 지어진 앎이 아니라 그 앎에 경계가 없어진 것이 식무변처識無邊處이니 그 무한한 앎 역시 선정으로 빠져들게 됩니다. 그 다음에 무소유처無所有處는 어떤 것도 소유하지 않는 것입니다. 물건뿐만 아니라 생각이나 감정, 느낌들도 모두 소유물입니다. 그런 모든 것이 존재하지 않는 곳이 무소유처입니다. 그저 '없음'입니다. 그 다음은 비상비비상처非想非非想處입니다. 불교에는 비非를 많이 씁니다. 이것도 아니고 저것도 아니고, 이것과 저것이 아님도 아니고, 무無도 아니고 유有도 아니고, 무無와 유有의 아님도 아니고. 이런 말들을 하는 이유는, 마음이 그 무엇도 붙들지 못하도록 하기 위해서입니다. '있다'고 하면 우리 마음은 그것을 잡으려 하고, '없다'고 해도 그것을 개념으로 만들어 마음이 잡습니다. 그런데 '있고 없음마저 아니다'고 하면 잡을 게 없어요. 소도 비빌 언덕이 있어야 하듯이 우리 마음도 비빌 언덕이 있어야 작동을 합니다. 먼지덩어리 하나가 있어야 수증기가 거기에 엉겨서 빗방울이 되는 것처럼, 우리 마음이 작동하려면 딛고 서서 주체 삼을 뭔가가 필요합니다. 그래서 모든 것에 비非를 붙여서 그런 것마저 없애버리면 마음이 작동할 여유와 기반이 없어지고, 그것들을 딛고 일어설 '나'도 없어져 버립니다.

지금까지 설명한 것들에 의존하지 않는다고 했습니다. 재미있지 않습니까? 다 얘기해놓고 그 방법에 의존하지 말라고 합니다. 왜? 모두 분별이기 때문입니다. 수식數息은 들숨과 날숨을 분별해서 오직 그것에만 집중합니다. 그런데 잘 살펴보면 들숨이 날숨으로 바뀌는 순간의 경계가 모호합니다. 이런 기식氣息의 방법이나 형색形色의 방법, 또

는 지地 · 수水 · 화火 · 풍風에 의지하는 것, 그리고 보고 듣는 견문見
聞과 깨우쳐서 아는 각지覺知에 의존하지 말라고 하는 것은, 이 모든 것
이 경계이기 때문입니다. '알겠어' 하는 순간 마음속에 말뚝을 하나 박
습니다. 알겠다는 마음이 앞으로 일어날 통찰의 토대가 되는 것으로
끝나야 하는데, 자기 마음에 말뚝을 하나 박아서 '이게 옳아'가 되면
말뚝에 묶여 그 반경 안에서 뱅뱅 돌게 됩니다. 그래서 내가 하는 말
도 절대적인 것으로 받아들여서는 안 됩니다. 내가 하는 말에는 옳은
것, 마음속에 기준 삼을 것이 하나도 없습니다. 여러분들의 마음을 스
스로 살필 수 있도록 옆에서 망치질을 할 뿐이지, 마음속에 말뚝을 박
으라고 메시지를 전하는 것이 아닙니다. 그래서 견문見聞과 각지覺知에
도 의존하지 말라고 했습니다. 물론 처음 배울 때는 의존할 수밖에 없
어요. 처음 시작할 때는 집중이 안 되니까 호흡이라도 붙들어야 합니
다. 멋진 사람만 보면 눈이 돌아가고, 맛있는 것만 보면 막 먹고 싶은
데 백골관이라도 해야지요. 맛있는 것을 먹고 싶은 마음은 맛있는 것
과 맛있지 않은 것을 구별하는 마음입니다. 모두 분별이고 경계지요.
지地 · 수水 · 화火 · 풍風도 하나의 대상으로 삼았으니 지地와 화火를 나
누는 마음의 분별입니다. 이제 여러분은 이런 것에 의존하지 말라는
말이 와 닿을 때입니다. 모두 마음의 말뚝이고, 마음의 경계임을 잊지
말아야 합니다.

생각에 실려 있는 믿음의 힘을 빼라

一切諸想隨念皆除. 亦遣除想.
일 체 제 상 수 념 개 제   역 견 제 상

일체의 상념想念을 생각마다 다 없애고, 또한 없앤다는 생각마저도 없애

야 한다.

모든 생각을 제거하라는 말입니다. 깨어있기 심화과정에서 '생각 느끼기'와 '생각 지우기'를 했습니다. 생각을 지우려면 생각을 느낄 수 있어야 합니다. 생각이 지워지지 않는 이유는 생각의 네트워크와 생각의 내용 속으로 빠져들기 때문이에요. 그런데 처음에는 생각이 잘 안 느껴지니까, 우리는 편법으로, 생각이 일어날 때의 뇌 속 물리적인 느낌에 집중하게 했습니다. 생각은 물리적인 느낌과 연관되어 있기 때문에 그 물리적인 느낌이 사라지면 거기에 관련된 생각도 사라집니다. 만약 생각을 일종의 감지™로 바로 파악할 수 있다면 굳이 그렇게 할 필요는 없어요. 그렇게만 되면 모든 생각을 현상으로 바라볼 수 있습니다. 어떤 생각이 떠오르면 바로 '이건 현상이네'가 되지요. '생각 지우기'는 생각이 떠오르면 바라보고 지웁니다. 어느 수행단체에서는 생각이 떠오르면 잡아서 동그라미 안에 집어넣기를 하는데, 이것도 생각을 없애는 일종의 방법입니다. 그런데 그 뒤에 없앴다는 생각마저도 없애야 한다고 했어요. 밖으로 치닫는 마음은 없앴으나, 없앴다는 생각은 안에 남아있으니 그것마저 없애는 것입니다. 안의 생각이 없어지지 않으면 밖으로 치닫는 마음도 다시 생겨나기 때문이에요. 이렇게 없앴다는 생각마저 없애면, 이제 밖과 안을 모두 잊어 드디어 안주安住하게 됩니다. 그런데 없앴다는 생각마저 없애라는 말은, 논리적으로 따지면 말도 안 되는 소리에요. 생각을 없애려는 의도가 모든 생각을 지워서 어느 순간 마음이 텅 비었는데, 그 의도도 지우려 하면 지우려는 의도가 또 생겨납니다. 끊임없이 이것을 반복해야 하니까 말이 안 되는 소리인데, 그럼에도 이렇게 말하는 것은 경험적으로 가능하기 때문입니다. 생각을 잡아서 지우고 또 지우다 보면 이 지우는 과정이 기능

화가 됩니다. 습관이 돼요. 마음이라는 것이 참 신기한 현상이어서 지우는 작업을 계속 하다보면 습관이 되어서 의도를 갖지 않아도 지우게 됩니다. 의도가 있어야 지울 수 있다고 여겨서, '지우려는 생각을 없애기 위해서는 그런 의도가 있어야 된다'는 생각은 논리일 뿐입니다. 그러나 경험은 그렇지 않아요. 지우는 기능이 습관이 되면, 지우려는 의도를 다시 만들어내지 않아도 '이것도 생각이네' 하면서 자기가 자기를 지워버립니다. 자폭해요. 그래서 없애려는 생각마저 없애는 일이 가능합니다.

앞에서 말한 기식氣息의 들숨과 날숨이라는 상을 제거했습니다. 그래서 들숨과 날숨을 구분하지 않고, 들숨과 날숨이라는 생각과 느낌의 틀은 지웠지만 미묘하게 남아있는 여진이 있지요. 이제 그런 미묘한 느낌들마저 지우기 시작합니다. 그래서 없앤다는 생각마저 없애버리면 마음이 고요해지는데, 이것을 안주安住라고 합니다. 드디어 편안하게 머물게 돼요. 없애려는 마음이 지워지지 않으면 최종적으로 이 생각 하나가 여전히 남아있기 때문에 다른 생각이 또 살아나게 되어 있습니다. 마음에는 생각이라는 것이 살아날 수 있는 불씨가 남아있는 거예요. 그래서 생각이 없는 상태로 편안하게 머물지 못하고 또 생각이 일어나고, 마음은 복잡해집니다. 어떠한 생각에도 에너지를 주지 않을 수 있을 때 드디어 마음은 편안해집니다. 왜냐하면 어떤 생각이 올라와도 그 생각이 현상임을 알아서 힘을 뺄 수 있거든요. 현상이라고 알아채는 순간 힘이 저절로 빠집니다. 그런데 생각으로 괴롭힘을 당하는 사람은 생각에 들어가는 에너지를 스스로 멈출 수가 없어요. 그 생각을 믿고 있기 때문입니다. 생각을 믿으면 에너지가 들어갑니다. 여러분 마음에 떠오르는 어떤 생각도 믿지 않을 수 있다면 여러분은 안주安住할 수 있습니다. 누군가 여러분에게 "너는 틀렸어"라고 말할 때 "내가 틀렸다고?"하며 반응한다면, 자신이 틀렸음을 스스로 믿는 것입니다. 저 사람이 내가 틀렸다고 말하는 것을 믿는 거예요. 그런데 '내가 틀렸다는 생각이 올라오는구나.'하고 힘을 빼버리고, 그 생각에 걸리지 않으면 마음이 편안합니다. 어떤 생각에도 걸리지 않으려면 생각에 붙어있는 마음의 느낌에 걸리지 않아야 합니다. 우리는 생각에 걸리는 것이 아니라, 생각에 붙어있는 느낌에 걸리는 거예요. 그래서 생각에 붙어있는 믿음에 걸리지 않으면 안주安住하게 됩니다.

없앤다는 생각마저도 없앤다는 것은, 그 자체가 '스스로 없어진다'는 의미에요. '누군가'가 그것을 없애는 것이 아닙니다. 지우는 주체가 없는 없어짐, 의도 없는 사라짐을 경험하게 됩니다. 그런데 엄밀히 말하면 그것은 경험이 아닙니다. 왜냐하면 모든 경험에는 경험자와 경험의 대상이 있기 때문인데, 주체와 대상으로 나뉜 그런 경험은 아니란 말입니다. 그래서 '주체가 사라지는 경험'이라는 말 자체가 모순되는 말이지만, 그런 일이 일어나니까 경험이라고 표현할 뿐입니다. 미묘하게 뭔가를 알아채고 나서 '나는 경험했어'라는 생각이 든다면 아직도 주체와 대상이라는 관계 속에 묶여 있는 것입니다. 안 믿으면 괜찮지만 경험했다고 정말로 믿는다면 나와 대상의 관계 속에 묶여있는 거예요. 진정한 경험은 경험도 경험자도 없습니다. 그래서 사실 그것은 경험이 아니지요. 누군가 '나는 어떤 경험을 했어'라고 말한다면 그는 아직 안주安住하지 못한 사람입니다. 경험하려는 의도가 아직 있어요. 안주安住가 된 사람은 경험했다는 마음이 없는 사람입니다. 그냥 그런 일이 일어났어요. 누구한테? 누구에게 일어났는지는 모릅니다. 없애려는 의도마저도 없앤 상태가 안주安住인데, 사실 어떤 상태도 아니죠.

오직 투명한 살아있음만 끊임없이 진행 중입니다. 상태라는 것은 어떤 고정된 모습이라 할 수 있는데, 그런 상태가 아니라 어디에도 머물지 않고 끊임없이 진행 중인 삶의 과정일 뿐입니다. 그렇게밖에 말할 수 없어요.

以一切法本來無相, 念念不生, 念念不滅.
이 일 체 법 본 래 무 상　 념 념 불 생　 념 념 불 멸

亦不得隨心外念境界, 後以心除心.
역 부 득 수 심 외 념 경 계　 후 이 심 제 심

일체법이 본래 상相이 없기 때문에 생각이 나지 않으며, 생각이 멸하지 않으며, 또한 마음을 따라 밖으로 경계를 생각하지 않은 후에 마음으로 마음을 제멸除滅하는 것이다.

일체의 법法이란 본래 생각할 만한 것도 없으며, 생각할 수 있는 것도 아닙니다. 생각이라는 것은 분별하고 이름붙인 것들 사이의 관계망입니다. 그래서 생각이라는 것은 원래 없습니다. 애초에 분별 자체가 없기 때문이에요. 경계가 무너진 상태에는 생각이 생生하지도 않고 멸滅하지도 않습니다. 경계를 짓는 생각이 없어진 이후에 드디어 마음으로 마음을 제거할 수 있다고 했습니다. 경계 짓는 생각으로는 결코 생각을 없앨 수 없어요. 생각이라는 것 자체가 분별하고 분열시키는 역할을 하기 때문입니다. 그런 분별과 경계가 없는 곳에 드디어 마음의 작용이 사라집니다. 마음의 작용은 기본적으로 분별이기 때문에, 마음이 지어놓은 경계가 있을 때만 일체의 법이 있습니다. 마음의 경계가 사라진 곳에는 일체의 법法이란 것도 없고, 현상이라는 것도 없으니 모두 경계지어놓은 마음속에서의 일입니다.

모든 경계는 마음속의 일

　수행신심분修行信心分은 육바라밀을 다섯 가지 수행법으로 설명하고 있는데, 그중에서 지관문止觀門의 지止는 선정禪定입니다. 선정은 나눠지지 않은 일원一元이니 오직 하나의 마음으로 들어가는 삼매입니다. 관觀은 지혜입니다. 보이는 대상과 보는 자로 마음이 이분二分되어 분별하는 속에 지혜가 있습니다. 오늘은 지법止法에 대해 계속 강의합니다.

　　心若馳散, 卽當攝來住於正念. 是正念者, 當知唯心,
　　심 약 치 산　즉 당 섭 래 주 어 정 념　　시 정 념 자　당 지 유 심

　　無外境界.
　　무 외 경 계

　　마음이 만약 흩어져 치달으면 곧 거두어 와서 정념正念에 머물게 해야 할
　　것이니, 이 정념이란 오직 마음뿐이요, 바깥 경계가 없음을 알아야 한다.

　정념正念은 올바른 생각입니다. 오직 마음만 있을 뿐, 모든 구분과 경계는 마음에서 일어남을 파악하는 것이 정념正念입니다. 밖에 구분되는 무언가가 있는 것이 아니라 모두 마음이 구분하는 거예요. 이러한 정념 하나에 집중하여 머물게 하니 이는 사마타를 말합니다. 모든 감각기관의 작용을 쉬게 하면서 오직 하나에 집중하면, 다른 것은 보이지도 들리지도 촉각으로 느껴지지도 않고 오직 내가 주의를 둔 그 하나만 남습니다. 그렇게 집중하여 남기는 하나가 올바른 생각인 정념입니다. 사실 정념의 진정한 의미는 어떤 것에도 경계를 두지 않는 것이기 때문에, 진정한 정념에 집중하게 되면 그것은 결국 집중도 아닌 것이 됩니다. 다만 처음에는 정념을 명확하게 파악하지 못한 사람을

대상으로 하기 때문에 정념이라 하는 어떤 상相에 집중하게 합니다. 밖에 경계가 있고 모든 좋고 나쁜 구분이 밖의 사물과 사람에게 있다고 믿는 사람들에게 정념에 집중하는 이 수련을 시킵니다. '모든 경계는 우리 자신의 마음속에서 생겨난 것이지 실제 밖에 있는 것이 아니니, 그 경계를 무너트릴 때 올바른 마음을 얻게 된다.'는 생각에 집중하라고 말하는 거예요. 그 사람은 정념이라는 것을 일종의 상相으로 받아들입니다. '모든 경계는 내 마음속에서 일어나고, 내가 보는 것은 내 마음의 상相이구나' 하며 믿기 때문에 상相입니다. 아직 이 사람에게는 정념이 상相이에요. 그러나 진정한 정념은 어떤 상相도 없습니다. 상相이라는 것은 경계 지어진 것이니, 경계가 없으면 어떤 상相도 없습니다. 정념이란 경계가 없음을 말하는데 우리는 '경계 지어지지 않은 것이 정념'이라는 상相을 만들어내니 마음은 참 대단하지요. '경계 없음'이라는 '느낌'을 만들어내요. 그런데 여러분 마음속에 어떤 '느낌'이 나타난다면 그것은 경계 지어진 것이라고 보면 됩니다. 즉 마음이 나눠진 것이니, 그것은 마음의 본질이 아니라 상相입니다. 지금 '이해된다'고 느끼는 그 마음 역시 상相이에요. '이제 알았어. 모든 것이 상相이구나.' 하면 그때부터 그것을 붙잡아 상相에 묶이게 됩니다. '아!' 하고 알고 넘어가면 그만인데, 그것을 주장하는 마음은 묶인 마음입니다.

맨 처음에는 정념이라는 상相에 집중하게 하고 그것이 이루어지면 정념의 진정한 의미인 경계 없음을 통찰해서 마음의 무경계 영역으로 넘어가게 합니다. 켄 윌버Ken Wilber가 쓴 책의 제목이 '무경계No Boundary'입니다. 경계라는 것은 불교 용어인데, 켄 윌버가 불교 책을 많이 본 모양입니다. 원불교에는 자신의 마음에 뭔가 걸리면 속으로 "경계!"를 외치는 수련법이 있습니다. '내가 또 경계를 그렸네.' 하는 거예요. 정념이란 마음의 본질에는 경계가 없다는 것인데, 우리는 그것을 이해하고 마음으로 잡아냅니다. '아, 그런 것이 정념이구나.' 하고 고개를 끄덕이는 것 자체가 마음으로 잡았다는 의미입니다. 상相이지요. 마음은 상相이 아닌 것은 잡을 수 없습니다. 마음이 흩어져 치달으면 거두어 와서 정념正念에 머물게 해야 한다고 했습니다. 마음이 이런저런 상相에 붙어서 돌아오지 못하면 내 주의와 관심을 거두어서 정념에 머물게 하라는 말입니다.

　모든 경계는 마음속의 일입니다. 간단히 말하면 경계는 구분하는 것이고, 경계선은 구분시키는 선입니다. 전라도와 경상도를 나누어 구분하는 선이 있고, 나라와 나라 사이의 경계에는 국경선이 있어요. 이 마음과 저 마음 사이의 경계는 심경心境, 이 물건과 저 물건 사이의 경계는 물경物境입니다. 느낌과 느낌 사이에도 경계가 있어요. 슬픈 느낌과 기쁜 느낌을 느낀다는 것은, 명확한 경계선을 지을 수는 없지만 둘의 느낌이 다르다는 걸 안다는 의미에요. 안다는 것 자체가 경계를 그린 것입니다. 마음에서 이 느낌과 저 느낌으로 나눠졌어요. 느낌이 다르지 않으면 우리는 구별하지 못하고, 구별하지 못하면 분별도 없고 지혜도 없습니다. 마음의 궁극적인 본질에는 그런 경계가 없는데, 아이러니하게도 그 경계 없는 마음을 터득하기 위해 우리는 경계 있는 지혜를 사용합니다. 경계 없음 속에만 머무르면, 다시 말해 선정에만 머무르면 그런 지혜의 통찰은 나타나지 않습니다. 통찰이란 것은 항상 경계 지어진 마음으로부터 일어나기 때문에 경계 지어진 마음도 매우 유용합니다. 문제는 경계 지어진 마음속에 빠져서 허우적거린다는 것이지요.

정념正念이란 경계가 없음을 아는 것, 즉 모든 것은 마음이 짓는 경계일 뿐 마음의 경계 외에는 아무런 구별되는 사물이 있지 않음을 알아채는 것입니다. 처음에는 밖의 사물과 사람이 구별되고, 마음속의 감정, 생각, 미묘한 느낌들이 구별되면 아직 정념에 들지 않았음을 알아채고 경계 없는 마음으로 들어가려고 집중합니다. 이것이 바로 정념에 집중하는 것이에요. 경계 지어진 수많은 마음의 현상 속에 있을 때는 경계 없는 마음으로 들어가려고 이렇게 노력하지만, 드디어 밖에서 어떤 경계도 보이지 않게 되면 경계 없는 마음에 머무르려고 하는 그 마음조차도 하나의 경계임을 알아채고 놓아버리게 됩니다. 이때가 진정으로 정념에 이르는 것이니 마지막에 일어나는 사마타입니다. 정념 하나에 집중하게 하고 마지막에 그게 이루어지면 그 정념마저도 떠나 삼매로 갑니다.

即復此心亦無自相, 念念不可得.
즉 부 차 심 역 무 자 상   념 념 불 가 득

또 이 마음은 자상自相이 없어서 생각마다 얻을 수가 없는 것이다.

마음은 경험하는 모든 것에 대해 상相을 지어낼 수 있지만 마음 자신의 상相은 지어낼 수 없습니다. 이 말은 무슨 뜻일까요? 상相이 있는 것은 마음이 잡아낼 수 있지만, 상相이 없는 것은 마음이 잡아낼 수 없습니다. 그래서 우리는 마음의 본질을 알 수 없습니다. 알 수 없다는 말은 다시 말하면 상相을 그려낼 수 없다는 뜻이에요. 마음이 안다는 것은 마음속에 떠올려서 느낌을 구별해낼 수 있는 상相이라는 말입니다. 그것이 텅 빈 느낌이라 할지라도 마음은 만들어냅니다. 무심無心의 느낌, 무아無我의 느낌, 그리고 '알았어' 하는 느낌도 마음은 만들어냅니다. 아무리 황홀하고 높은 경지의 그 무엇이라도 마음에 잡히는 것이라면, 또는 마음이 경험했다고 여기는 것이라면 모두 상相입니다. 그러나 마음의 본질 자체는 모습이 아니어서 상相이 없으므로 경험되거나 붙잡거나 알 수 없습니다.

그러나 다른 방식으로는 알 수 있습니다. 모든 사물이나 상相은 마음에 비쳐서 느껴지는데, 이런 작용을 통해서 바로 마음 자체를 알아챌 수 있어요. 우리는 지금까지 상相을 잡음으로써 무언가를 알아왔고, 같은 방식으로 자기 본질도 알려고 하지만 그래서는 죽을 때까지도 알 수 없는 것이 마음의 본질입니다. 마음은 마음의 작용을 가지고 알아야 합니다. 우리는 알고, 느끼고, 기억하잖아요. 그럼 마음이라는 뭔가가 있다는 말이지요. 모든 것이 사실 마음이라는 말입니다. "마음의 본질이 무엇입니까?" 물으면 선사들은 손가락 하나를 내밉니다. 그 손가락을 보는 것, 그 작용이 바로 마음입니다. 뺨을 한 대 때리면 아프다고 인식하는 그것이 마음이에요. 모든 작용이 마음 아닌 것이 없습니다. 선사들은 대답하기 아주 편합니다. 아무렇게나 해도 그것이 모두 마음의 표현인 것입니다. 아는 사람에게는 그래요. 그런데 모르는 사람은 '대답도 안 해주고 왜 때리는 거야? 여기서 뭘 알라는 거지?'라고 합니다. 마음에는 그 자체의 상相이 없다는 말은, 사실은 모든 것이 마음이라는 의미입니다. 그래서 생각해봐야 얻을 수가 없습니다.

바람을 예로 들어봅시다. 손으로 잡을 수 있는 형태가 바람에는 없습니다. 눈으로 볼 수도 없고, 냄새를 맡거나 맛을 볼 수도 없어요. 얼굴에 스쳐가는 느낌이 없다면 우리는 정말 바람이 있는지 알 수 없습니다. 왜냐하면 감각기관이 붙잡을 수 있는 상相이 없기 때문이에요. 우리는 바람 자체를 파악할 수 없지만, 바람에 흔들리는 나뭇잎이나 바람이 스쳐지나가는 뺨의 느낌 같은 것을 통해서 바람이 있다는 것을 간접적으로 압니다. 공중으로 지나가는 주파수 같은 파동들이 있습니다. 전자파가 많이 있는데 우리는 그것을 이론으로만 알지 느끼거나 잡을 수는 없어요. 손으로 잡을 수 있는 상相이 없고, 눈으로 볼 수 있는 상相도 없습니다. 생각이 만들어내는 의식적인 상相만 있는데, 그 의식적인 상相은 마음의 어떤 필드에서만 존재합니다. 그러나 전자파 측정기를 사용하면 잡아낼 수 있지요. 그러니까 전자파 측정기는 전자파에 대한 감각기관인 셈입니다. 이렇게 상相이라는 것은 감각기가 잡아낼 수 있는 대상이라는 의미인데, 마음이라는 것은 그런 대상이 아닙니다. 대상이 될 수 없어요. 마음이라는 것은 대상과 주체를 다 만들어내는 본질이기 때문에 그렇습니다. 마음의 자상自相이 없다는 것은 곧 경계가 없다는 의미이니, 그것을 알아채면 바로 정념正念에 이르게 됩니다.

자유의지는 하나의 개념이다

若從坐起, 去來進止, 有所施作. 於一切時, 常念方便,
약 종 좌 기　거 래 진 지　유 소 시 작　어 일 체 시　상 념 방 편

隨順觀察. 久習淳熟, 其心得住,
수 순 관 찰　구 습 순 숙　기 심 득 주

만일 앉은 데서 일어나 가고 오고 나아가고 머무는 데에 행위하여 짓는 바가 있어도 이 모든 때에 항상 방편을 생각하여 수순 관찰하여 오래 익혀 익숙하게 되면 그 마음이 머물게 된다.

그 마음, 기심其心은 정념을 말합니다. 일상에서 많은 행위를 해도 지관법止觀法을 행해서 '내가 한다'는 생각이 없다면 정념에 머물게 됩

니다. 방바닥이 차가워서 일어나 불을 때러 가면서 '내가 불을 때러 간다.'고 말합니다. 그런데 방바닥이 차갑지 않으면 일어서지 않았겠지요? 배가 고파서 먹을 것을 찾으러 부엌에 갑니다. 그리고서 '내가 부엌에서 먹을 것을 찾았어.'라고 말합니다. 내가 그랬어요? 배고픔이 나를 그렇게 만든 거예요. 이렇게 말하면 "그럼 사람에게 자유의지라는 것이 없습니까?"라고 묻습니다. 자유의지와 운명이라는 것은 마음의 개념 속에만 있습니다. 동물들에게 자유의지가 있을까요, 아니면 운명적으로 살아갈까요? 태풍이(함양연수원에 있는 개)를 보면 어찌 보면 개에게도 자유의지가 있는 것 같기도 합니다. 까미는 먹을 것만 주면 달려드는데, 태풍이는 기다렸다가 일단 먹을 만한지 살펴보고 아니다 싶으면 안 먹어요. 안 먹고 싶으면 안 먹기도 하니까 자유의지라고도 할 수 있겠지요. 그러니까 자유의지냐, 아니냐는 우리의 개념에 따른 구분일 뿐이에요. 이런 행동은 자유의지이고, 저런 행동은 자유의지가 아니고, 이런 행동은 운명에 따르는 것이라고 우리가 정의를 내려놓았어요. 우리가 이렇게 구분해서 경계를 그려놓은 것입니다. 태풍이의 삶에는 자유의지나 운명이란 것이 없어요. 그런데 우리가 경계를 그려서 '여기서부터 저기까지는 자유의지야.' 하는 거예요. 우리에게 어떤 자유의지가 있습니까? 빵이 있다면 '이 빵을 내 뜻대로 먹는다면 자유의지이고, 누가 먹으라고 해서 먹으면 운명이야.' 이런 식으로 우리는 개념으로 경계를 그려놓고 있습니다. 개념이라는 것은 경계를 그려서 나누어 분리하는 작업입니다. 무지개도 빨주노초파남보로 나눠요. 그런데 어느 곳의 원주민들은 빨노파 세 가지로만 나눕니다. 똑같은 무지개를 일곱 가지 색으로 나눈 것과 세 가지로 색으로 나눈 것은 개념작용이 다를 뿐이듯, 자유의지와 운명이라는 것도 우리가 만들어놓은 분별의 개념일 뿐이지 실제로는 자유의지도 운명도 없습니다.

수학자나 철학자들은 기본적인 정의를 내려놓고 시작합니다. 정의가 정확하지 않으면 수학이나 철학을 할 수가 없어요. 용어 정의가 필수적인 기본사항입니다. 그런데 그 용어는 누가 정의했습니까? 우리가 정의했어요. 원래 있던 것이 아닙니다. 모든 학문은 정의에서 출발하는데, 그 정의란 것을 우리가 만들었기 때문에 결국 그 학문들은 우리의 개념을 벗어날 수가 없습니다. 물론 치밀함을 통해 느낌과 경험을 포함하면 그 개념을 넘어갈 수는 있겠지만, 그렇지 않다면 모든 학문은 개념과 분리의 학문입니다. 특히나 제일 유명한 분리학문이 과학科學이에요. 과科가 나눈다는 의미입니다. 모든 과학은 나눠지지 않은 하나의 자연을 나눠놓고서 시작합니다. 그러니까 과학을 너무 믿지 마세요. 과학은 50%쯤은 죽은 학문이라고 보면 됩니다. 그런데 요즘 시대에는 과학을 들이대지 않으면 사람들이 믿지 않기 때문에 우리도 과학적인 실험 용어를 많이 사용하고는 있습니다.

지관법止觀法을 통해 '내가 한다'는 생각 없이 행위를 하면 곧 정념正念에 머물게 됩니다. 행위란 상황과 조건에 따라 일어난 것에 '내가 했다'는 이름이 붙은 것입니다. 행동을 하지 말라는 것이 아니에요. 움직임을 행동行動과 행위行爲로 나누어 설명했었습니다. 상황에 의해 자연스럽게 어떤 움직임이 일어나는 것이 행동行動이라면, 주체가 있어서 그 주체가 어떤 행동을 하는 것이 행위行爲입니다. 우리는 대부분 행동行動하고 있지만, 거기에 '내가 했다'고 이름을 붙이면 행위가 되어버립니다. 온 우주가 하나로 얽혀서 돌아가고 있는데 그중 일부를 분리시켜서 이름을 붙여요. '내가 물을 마셨어.'라고. 그러나 물은 자기가 마신 것이 아니라 목말라서 마신 것입니다. 우주 전체가 하나로 얽혀 있는데, 컵을 들어 물을 마신 이 행동만 분리시켜서 '내가 했다'는 이름표를 붙인 거예요. 사실은 행동입니다. 목마름이 일어났고, 그에 따라 컵을 들어 물을 마심이 일어났어요. 그런 것이 분명하지 않아서 자신이 했다는 착각으로 이름표를 붙이면, 그 사람은 많은 행위를 지었기 때문에 자기가 지은 행위에 따라 카르마를 받습니다. 그러나 행위를 한 사람이 없음을 알아채면 그 사람에게는 카르마가 쌓이지 않습니다.

카르마는 개인에게 쌓이는 것이 아니라 우주적인 작용의 일부일 뿐입니다. 일종의 관성이고 경향성이고 습성인데, 그 다음 작용과 활동을 순조롭게 하는 토대와 도구가 되기도 하고 장애가 되기도 합니다. 익숙해지기 전에는 운전이 힘들지만 반복해서 습習이 되면 운전이 쉬워집니다. 이렇게 습習이 되면 늘 하던 대로 행동하려는 특성을 갖는데, 그 습習에 어긋나는 일이나 그 습習이 다룰 수 없는 사건을 만나면 습習은 힘들어합니다. 그런데 우리는 그 습習을 자기라고 여기고 이름을 붙여서 '내가 힘들어.'라고 합니다. 습習이 힘들어하는 것이지, 내가 힘든 게 아니에요. 습習 자체가 그냥 하던 대로 하는 특성일 뿐인데, 그것에 '나'라고 이름붙이는 것은 개념의 오류입니다. 습習, 즉 관성은 우주가 작용하는 구조의 일부입니다. 물리법칙의 제 1법칙이 관성의 법칙이지요. 하던 대로 하려는 관성이 있기 때문에 '존재'라는 것이 가능합니다. 컵이 존재하는 것은, 원자나 소립자들이 그 패턴대로 움직이고 진동하려는 습習이 생겨나 있기 때문입니다. 그래서 아주 강한 힘으로 깨트리지 않는 이상, 있던 대로 있으려는 습習을 유지합니다. 이것이 바로 카르마입니다. 우리 모두가 카르마의 소산이에요. 그런데 그것에 '나'라고 이름을 붙이면 문제가 됩니다. '나'라고 하는 것을 잘 살펴보세요. 개인이라는 것이 있을까요? 우리가 정해놓은 개념 속의 개인은 있지만, 그 개인이 진정한 개인인지 살펴보세요. 진정한 개인이라면 완전히 독립된 존재여야 하는데, 우리는 결코 진정으로 독립된 존재가 아닙니다. 항상 다른 것과 얽혀있어요. 옆 사람이 슬퍼하면 나도 슬퍼져요. 독립된 존재라면 전혀 슬프지 않아야 하는데 나도 모르게 슬퍼지고 연민이 들고, 누군가 땅을 사면 내 배가 아파요. 이렇게 우리는 영향을 주고받으며 살아갑니다.

감각하기를 쉬는 것이 명상이 아니다
행위자가 없음을 발견하는 것이 진정한 명상이다

상황과 조건에 따라 일어나는 행동行動에 경계를 짓는 '내가 했다'는 이름을 붙이면 행위行爲가 됩니다. 그 과정을 면밀히 관찰하고 습관적으로 끌려들어가는 이름붙이기 작용만 멈춘다면, 우리는 머지않아 경계 없는 마음을 파악하고 거기에 머물게 될 것입니다. 경계 없는 마음에 머무는 것이 바로 정념正念에 머물기입니다. 모든 '행위'는 경계 지어진 마음들 사이에서 일어나는 일입니다. 경계가 없다면 어떤 일이 일어나도 그것을 한 사람이 없어서 마음은 늘 평온합니다. 우리는 평온해지기 위해 애써 마음을 가라앉히려고 합니다. 명상을 통해 감정과 생각과 느낌을 마음속에서 모두 지워내 백지가 되려고 해요. 왜 그렇습니까? 수많은 경계들 때문에 마음이 복잡하고 힘드니까 그렇게 합니다. 그런데 마음을 텅 비게 만드는 것은 감각기관을 작용하지 못하게 막는 거예요. 그래서 옛날부터 대부분의 수련은 감각을 차단하는 것부터 시작합니다. 빛도 냄새도 없고 소리도 들리지 않는 동굴 같은 곳에 가두고 오직 마음 하나만 들여다보라고 해요. 최근에 나온 마인드머신 기계도 똑같은 빛과 소리만을 들려줘서 눈과 귀를 둔하게 만듭니다. 우리의 모든 감각기관은 반복되는 같은 자극에 둔해집니다. 그렇게 감각을 차단시키면 마음의 흥분이 가라앉아 고요해집니다. 그러나 그렇게 고요해진 마음은 진짜 고요한 마음이 아닙니다. 평정한 마음이 아니에요. 평정의 진정한 의미는 '어떤 혼란 속에서도 상관없는 것'입니다. 그러나 그런 평정함을 정확하게 파악하지 못한 사람에게 처음에는 감각을 차단시키는 방법으로 고요함을 한번 맛보게 합니다. 그리고 그후에는 감각의 자극으로 가득한 세계 속에서도 상관없이 있는 고요한 마음을 찾게 하니 이것이 바로 진정한 평정입니다.

다시 말해서 '행동'은 있지만 '행위'가 없는 마음이 평정한 마음입니다. 끊임없이 행동하고 움직이지만 그것을 '내가 했다'고 생각하지 않으면 그것이 바로 평정한 마음이에요. 열심히 밥도 하고 설거지를 하면서 '내가 했다'는 생각을 가지면 피곤합니다. 실제로 몸은 그다지 피로하지 않았는데도 그 생각이 자기가 많은 일을 한 것처럼 여기게 해서 진짜로 피곤해집니다. 행위자는 자신이 행위했다고 믿어서 수많은 감정들을 만들어냅니다. 내가 했으니까 뿌듯하기도 하고, 그 결과를 내 것이라고 움켜쥐기도 하고, 누가 그 일을 폄하하면 마음이 아픕니다. '내가 했어' 때문에 수많은 불편한 마음이 일어나지요. 그러나 어떤 행동이 일어났지만 '내가 했다'는 생각이 없으면, 그 일에 대해서 누가 뭐라 하든 마음이 평정합니다. 수많은 행동을 해도 '그 일이 일어났다'고 여긴다면 그것은 평정한 마음입니다. 그런데 보통은 아무것도 안하고 가만히 있음으로써 평정한 마음을 얻으려고 합니다. 그것은 진정한 평정이 아니라 기능불능의 평정이에요. "나는 아무런 감정도 없고, 생각도 일어나지 않고, 무슨 일이 벌어져도 아무런 느낌이 없어요." 그러면 멋있어 보이나요? 기능불능일 뿐입니다. 생각하고 느끼는 기능이 망가졌어요. 그러니까 모든 기능들이 섬세하게 작동하도록 열어두되, 그것을 '나'라고 주장하지만 않으면 마음은 평정한 것입니다. '내가 했어'만 내려놓으면 그 어떤 감각적 자극이 와도 괜찮습니다.

'내가 했다'는 마음은 경계 지어진 마음이고, 경계 없는 마음은 평정한 마음입니다. 행동은 있으나 행위가 없을 때, 감각기관은 아주 섬세하게 작동하지만 행한 자가 없는 상태가 되니 그것이 바로 진정한 평정입니다. 사람들은 명상을 한다면서 모든 감각기관의 작용을 멈추고 쉬면서 평정한 마음이 되려고 합니다. 안이비설신의眼耳鼻舌身意라는 감각기관은 작동하는 것이 자연스럽습니다. 그 자연스러운 작용을 멈추는 것은 도리어 순리에 위배되니 흐르는 물을 막는 것과 같습니다. 마음은 일시적으로 고요해지고 평정해지는 것처럼 느껴지지만 머지않아 다시 작용하게 될 것입니다. 왜냐하면 자연스러움을 막을 순 없기 때문입니다. 따라서 작용하지 못하도록 막는 것이 우선이 아니라, 작용하되 행위자가 없는 행동을 하게 되면 모든 활동을 하면서도 평정속에 있게 됩니다. 진정한 평정은 그 모든 감각기관이 작용하되 그것을 작용하게 하는 주체가 없음을 발견하는 것이니, 그것이 바로 행위자가 없다는 말의 의미입니다. 그림은 있되 그림 그린 자는 없고, 춤은 있지만 춤추는 자는 없고, 노래는 있지만 노래 부르는 자는 없다는 말입니다. 모든 작용이 일어나되 어떤 독립된 실체로서의 행위자가 없다는 것을 통찰하는 것이 바로 진정한 명상입니다. 감각하기를 쉬는 것은 명상이 아니에요. 행위자가 없음을 발견하는 것이 핵심인데 그때 진정한 평정이 옵니다.

以心住故, 漸漸猛利, 隨順得入眞如三昧.
이 심 주 고　 점 점 맹 리　 수 순 득 입 진 여 삼 매

마음이 머물기에 점차 예리해져서 진여삼매眞如三昧에 수순하여 들어가게 되고,

　마음의 본질에는 경계가 없다는 생각이 정념인데, 그런 정념에 머물려고 하니 자꾸 경계를 무너뜨리게 됩니다. 거친 경계를 멈추면 섬세한 경계가 보이고, 섬세한 경계를 멈추면 더 미세한 경계가 보이고 마음이 점차 더 예리해져서, 아주 미미한 느낌마저도 경계에 의해 생겨난다는 것을 깨닫고 그 마음의 경계에서 떠나면 곧 진여삼매眞如三昧에 들어가게 됩니다. 삼매란 바로 경계 없는 마음입니다. 그 어떤 것에도 경계 짓지 않는 마음, 그것이 바로 오직 하나인 일심삼매一心三昧입니다. 우리가 하는 유사삼매가 있지요. '주의에 주의 기울이기', '감각으로 들어가기'가 사이비 삼매입니다. 사이비似而非는 보통 나쁜 의미로 쓰이지만, '비슷하지만 그것은 아니다'라는 의미이니까, 다르게 해석하자면 조금만 더 하면 동同이 된다고 말할 수 있겠지요. '주의에 주의 기울이기'를 제대로 훈련하면 삼매로 들어갑니다. 처음에는 '주의'가 있고 '주의를 기울이는 자'가 있기 때문에 대상과 주체로 나눠져 있지만, 계속 집중하면 그 둘이 희미해지고, 더 지나면 주의를 기울이려는 의도가 사라집니다. 그러면 대상과 주체가 없어지는데, 대상과 주체가 사라지는 것이 삼매의 기본입니다.

백척간두에 선 소금알갱이, 떨어져 바다가 되다

深伏煩惱, 信心增長, 速成不退.
심 복 번 뇌　신 심 증 장　속 성 불 퇴

번뇌를 깊이 복종시키고 신심信心이 증장하여 불퇴不退의 경지를 빠르게
이룬다.

번뇌를 이겨서 복종시키면 믿는 마음이 성장한다고 했습니다. 계속
해서 번뇌가 일어나면 신심信心이 없어져요. 괴로운데 뭘 믿겠어요?
훈련을 열심히 해도 자꾸 번뇌가 일어나면 믿음이 안 생깁니다. 그런
데 사실 그건 정말로 열심히 한 것은 아닙니다. 그러니까 그게 안 되
지, 정말 열심히 훈련하면 왜 번뇌를 이길 수 없겠어요? 열심히 하면
번뇌가 다 복종됩니다. 그렇게 되면 뭔가 변화가 느껴지니까 가능성
이 있다고 생각해서 신심信心이 증장하여 절대로 물러서지 않는 경지
에 이르게 됩니다. 경지라고 말하지만, 어떤 도통한 경지는 아니고 신
심信心이 이루어진 경지를 말해요. 믿음이 성취되면 그 사람은 끝까지
갈 거기 때문에 이미 끝난 것과 같습니다. 불퇴不退의 경지는 믿음이
이루어진 상태, 신성취발심信成就發心이 생겨난 것을 말합니다.

唯除疑惑, 不信, 誹謗, 重罪業障, 我慢, 懈怠,
유 제 의 혹　불 신　비 방　중 죄 업 장　아 만　해 태

如是等人所不能入.
여 시 등 인 소 불 능 입

오직 의혹하고 불신하고 비방하고 중죄업장重罪業障을 짓고 아만我慢과
나태한 사람은 제외되니, 이러한 사람은 들어갈 수가 없다.

다만 그 과정에서 믿지 않고, 어떤 사소한 것을 빌미로 비방하며, 전

체가 아닌 개인을 위한 이익 때문에 죄를 짓고, 업장業障의 끌림과 밀침에 빠지거나, 자기가 잘났다고 여기거나, 게으른 사람은 이 불퇴不退의 경지에 들어설 수가 없습니다.

　의심은 에너지를 갉아먹습니다. 훈련에 에너지를 쓰기도 바쁜데 의심하면서 하는 사람은 절대로 이룰 수 없어요. 배우러 갔을 때는 의심하지 말고 확 빠져들어서 끝까지 가보고, 해 볼만큼 다 했는데도 안 되면 미련 없이 떠나야 해요. 의심하면 에너지가 소모되어 효율적이지 않기 때문에 그곳에 더 있을 필요가 없습니다. 비방하면 에너지가 밖으로 낭비됩니다. 여기에 쓰인 모든 내용들은 에너지를 낭비하는 일입니다. 중죄重罪는 특별한 것이 아니라, 개인이라고 여겨지는 자기의 이익을 위해 뭔가를 하는 것입니다. 정념正念은 경계 없는 마음이므로 개인이라는 것이 없는데, 그 개인을 상정하고 자기를 위해서만 애쓰는 것이 바로 죄를 짓는 마음입니다. 분리가 없는데, 분리가 있다고 상정해서 그것을 위해서만 에너지를 쏟는 것이 죄에요. 업장業障은 습관과 관성에 끌려서 살아가는 것입니다. 아만我慢은 내가 잘났다고 여기는 마음이니, 그 사람은 결코 배울 수 없습니다. 그리고 '내가 잘났다'는 것은 '나'라는 경계를 그려놓고 그 개인적인 경계 속에 들어앉아 있음을 전제로 하니 경계에 묶인 것입니다. 나태한 사람도 결코 불퇴의 경지에 들어설 수 없겠지요. 이런 사람들은 신심信心의 경지에 들어설 수 없으니 제외됩니다.

　오늘 강의의 핵심은, 경계는 밖에 보이는 분별되는 사물들에 있는 것이 아니라 우리 마음에 있다는 것입니다. 우리 마음에 지어진 경계를 통해 보는 것이지, 우주에는 경계가 없어요. 내가 보는 세계는 모두 내 느낌으로 경계 지어진 세계임을 우선적으로 본 다음에, 너와 내가 없는 세계에서 연민으로 다른 사람을 돕는 작업을 해야 합니다. 모든 경계가 내 마음에 있음을 철저하게 본 다음에야 다른 작업이 이루어질 수 있습니다. 마음의 본질만 파악하면 우리는 이 경계 짓는 마음을 넘어설 수가 있습니다. 이 마음의 경계를 벗어나서 본질을 보려고 노력하지만 잘 안 되는 이유는, 우리가 지금까지 무엇을 알아온 방식으로는 마음의 본질을 알 수 없기 때문입니다. 마음의 '상相'을 '잡는 것'이 우리 앎의 방식인데, 마음 자체는 상相이 없기 때문에 잡을 수가 없다는 점이 가장 큰 난제입니다. 그래서 맨 마지막에는 백척간두진일보百尺竿頭進一步하는 거예요. 마음의 본질을 파악한다는 것은 한 발만 내딛으면 떨어져 죽는 높은 장대 위에 서 있는 것과 같으니, 알듯 말듯 답답해서 미칩니다. 알려고 하는 자기가 있기 때문에 백척간두百尺竿頭에 서 있는데, 한 발을 더 내딛어서 알려고 하는 자가 떨어져 죽으면 드디어 마음의 본질은 저절로 드러납니다. 알려는 '나'가 세상의 다른 모든 것은 알 수 있습니다. 대나무에 오르며 세상의 모든 지식을 다 알고 모든 것을 경험하고서 마지막에는 자신의 본질을 파악하려고 하는데, 더 이상 올라갈 곳이 없는데도 자기 자신은 도저히 알 수가 없습니다. 우리는 본질을 보려하지만 '보려는 자'가 있는 동안은 절대로 볼 수가 없어요. 그때 보려는 자가 더 한 발 내딛으면 그 사람은 떨어져 죽는 것이 아닙니다. 소금알갱이가 전체 바다로 녹아드는 것뿐이에요. 소금은 알갱이로 있을 때는 결코 바다를 알 수 없지만, 바닷물로 녹아들면 바다가 됩니다. 그와 똑같이 자기가 떨어져 죽으면 자기가 죽는 것이 아니라, 전체가 되면서 본질이 드러납니다. 마음은 자체의 상相이 없기 때문에 잡아서 알고 경험할 수 없으니, 이것이 바로 심무자상心無自

相입니다. 따라서 경계 지어진 상相이 있다는 것 자체가 본질의 증거임을 통찰해야 합니다.

집중 없는 상태로 들어가기 위해 하나의 집중을 일으킨다

그 어떤 마음의 흔들림과 혼란이 와도 멈추지 않고 물러서지 않을 믿음을 성취한 사람은 이미 도달한 것과 마찬가지입니다. 그렇지만 많은 사람들은 이 길을 가다가 멈추고 옆길로 새고 지쳐서 주저앉기를 반복하니, 이들을 북돋기 위한 수행법이 수행심신분修行信心分입니다. 그중에 다섯 번째인 지관문止觀門은 삼매로 들어가는 선정禪定과 분별을 통한 지혜智慧인데, 최근의 용어로 말하자면 사마타와 위파사나입니다.

사마타는 마음의 수많은 움직임을 하나로 통일해서 한 가지에 집중한 후에 그 하나의 움직임마저도 멈춰버리는 것입니다. '마음속 움직임'을 방향을 가진 힘인 벡터vector라고 한다면, 우리의 마음은 수많은 벡터들의 총합이라고 할 수 있습니다. 마음속에 이리 저리로 가는 움직임이 느껴집니다. 지금 몸은 여기 앉아있어도 집안에 걱정거리가 있다면 미묘하게 그리로 움직이는 마음이 있을 거예요. 마음의 심층이나 전의식前意識, 또는 배경이 되는 마음에 여러 걱정거리나 부정적인 감정과 연관된 생각, 또는 이루지 못한 욕구가 깔려있다면 그것들은 우리의 에너지를 갉아먹습니다. 모두 특정한 방향을 가진 움직임이고, 그런 움직임이 일어나기 위해 에너지가 끊임없이 쓰이고 있어요. 그런 벡터가 한둘이 아니라 무수히 많을 수도 있습니다. 하늘에 많은 구름이 떠가는 것처럼 텅 빈 마음에 수많은 벡터들이 브라운 운동Brownian motion을 하듯이 난무합니다. 그 수많은 벡터들을 하나의 벡터로 통일하고 통합하는 것이 사마타라고 할 수 있습니다. 마음의 모든 벡터를 쉬고 오직 하나의 벡터에 온통 몰입하여 집중한 뒤에 결국 그 벡터마저 멈추는 것이지요. 여러 벡터들이 하나에 모여지기 때문에 집중된 그 벡터의 힘은 아주 강해져서 세상이 필요로 하는 일을 할 때 아주 강력한 힘으로 쓰일 수도 있습니다. 신념信念이 되는 것이지요. 사마타는 신념에 집중하는 것은 아니고, 어떤 특정한 점이나 물체, 단어, 마음의 느낌 같은 것에 집중하게 한 후에 그 한가지마저 내려놓거나 사라지게 함으로써 포커스를 사라지게 합니다. 포커스가 사라지면 특정한 '나'라고 여겨지는 초점도 사라지고 알아채는 투명한 의식으로만 가득 찬 그런 마음상태가 됩니다.

> 復次依是三昧故, 則知法界一相.
> 부 차 의 시 삼 매 고   즉 지 법 계 일 상

또한 이 삼매三昧에 의하기 때문에 곧 법계法界가 일상一相인 것을 아는 것이니,

여기서 말하는 삼매는 진여삼매眞如三昧인데, 진여삼매에는 어떤 집중도 없으니 '어딘가'와 '무언가'를 향한 집중이 사라진 것입니다. 그 집중 없는 상태로 들어가기 위해서 먼저 하나의 집중을 일으킵니다. 처음부터 모든 집중을 없애려 하면 잘 안되기 때문이에요. 마지막 남은 집중마저 내려놓아 모든 집중이 사라지면 자아自我도 사라집니다. 왜냐하면 자아라는 것은 스스로를 지키려는 집중이기 때문이에요. 그동안 경험하여 쌓아온 것이나 옳다고 믿는 것을 지키려는 마음이 자아의 큰 부분을 차지합니다. 우리의 일반적인 마음상태는 수많은 벡터 중에

서 자아自我에 에너지가 가장 많이 집중되어 있는데, 하나의 벡터에 집중해서 모든 벡터들을 사라지게 하고 그 마지막 벡터마저도 사라지게 하면 결국 자아라는 것도 사라집니다.

돋보기로 햇빛을 모아 하나의 포커스를 만든다고 해봅시다. 그런 포커스가 있을 때 무언가 존재한다는 느낌이 들지요. 일반적인 마음 상태에는 두 개의 포커스가 있는데, 강한 포커스는 '나'라고 여겨지고 약한 포커스는 '대상'이 됩니다. 만약 사람을 보고 있다면 그 사람은 약한 포커스이고, 그 사람에 대한 나의 태도는 강한 포커스에요. 그런데 사람을 대할 때마다 자기의 태도는 조금씩 달라집니다. 자기의 상황과 마음 상태, 그리고 상대방이 누군지에 따라 매번 태도가 달라지고 변하는데도, 우리는 그것을 늘 변함없는 '나'라고 여기며 살아갑니다. 그렇게 여기게 하는 기본적인 요소가 바로 '주체감'이에요. 사람을 대할 때마다 자신의 태도가 달라진다는 것을 의식적으로 경험하면, '나'라는 것이 임시적인 존재임을 알아채는 데 도움이 됩니다.

대상을 향할 때 마음에는 커다란 두 개의 포커스가 만들어지는데, 그 포커스들은 끊임없이 변합니다. 대상이 안경집에서 다른 사람으로 바뀌면 '나'라는 포커스의 모양과 강도도 바뀝니다. 나를 향한 적대감을 가진 사람을 만나면 자기를 지키기 위해 '나'라는 포커스가 아주 강렬해집니다. 상처받지 않기 위해, 이기기 위해, 내가 옳다고 주장하기 위해 강해져요. 반면에 따뜻한 사람을 만나면 자기가 풀어져서 약해집니다. 이렇게 시시각각으로 대상에 따라 자기가 달라진다는 것을 파악하면, 최소한 '나'라는 게 변함없이 고정된 것은 아니라는 점은 알겠지요. 마음속에 포커스가 두 개 이상 생겼을 때 '나'라는 느낌이 생겨납니다. 그래서 나와 대상이 동시에 생겨난다는 말을 많이 해왔습니다. 내가 대상을 지각하는 분열된 마음상태에는 '내가 있다, 내가 무엇을 한다, 내가 옳다'는 마음이 생겨납니다. 대상이라는 포커스와 자아라는 포커스가 서로 팽팽하게 연결되어 끊임없이 에너지를 주고받고 있는데, 그 모든 일이 내 마음 안에서 일어나는 일이에요. 대상이라는 포커스가 밖에 있는 것이 아니라 내 마음속에 있어요. 자기를 방어할 필요가 없는 대상일 때는 포커스가 흩어지고 옅어지기 때문에 자기를 많이 의식하지 않습니다. 그러나 상대가 적대적이라는 느낌이 들면 포커스가 강해집니다. 상대의 포커스도 강해지고 나도 강해져요. 이런 상태들이 끊임없이 생겨났다 사라집니다.

사마타는 나와 대상이라는 두 개의 포커스를 하나로 모읍니다. 자기가 자기를 관찰하면 둘인 것 같던 포커스가 하나가 되는데, 완벽하게 하나가 되면 자기가 있는지 없는지 모르게 됩니다. 하나에 몰입된 그런 상태에서 마지막 포커스마저 사라지면 드디어 삼매로 들어갑니다. 마음의 공간은 온통 빛으로 가득차고, 알아챔으로 가득합니다. 빛은 순수한 의식, 알아챔의 특성을 가진 입자입니다. 이것들이 하나에 집중하거나 두 개에 집중했을 때는, 주체와 대상이라는 느낌이 만들어지고, 나를 지키고 확대하려는 데 초점이 맞추어져 다른 것은 보이지 않습니다. 자기에 집중된 사람은 밖이 잘 안 보입니다. 이런 나와 대상이라는 집중에서 하나의 집중으로 바뀌고, 그 마지막 집중도 사라지면 온통 알아챔으로만 가득 찹니다. 왜냐하면 어느 하나에 집중되어 있지 않으므로 다른 것에 열려서 모두 느껴지고 보입니다. 이런 상태가 바로 삼매의 초입初入이고, 더 깊숙이 들어갈수록 안과 밖이 사라지면서 분별 자체가 사라집니다.

법法에는 진리, 현상, 부처님의 설법이라는 세 가지 의미가 있습니다. 진리라는 메커니즘을 통해 현상계가 펼쳐지기 때문에 법계法界는 현상계이기도 하고 진리계이기도 합니다. 법계의 핵심은 진리이지만 법계의 드러남은 현상이에요. 법계일상法界一相은 이 현상계 전부가 하나의 상相이라는 것인데, 이 뜻을 아는 것이 바로 진여삼매입니다. 삼매에 들면 분별의 마음으로부터 떠남으로써 전체 법계가 오직 하나의 상相임을 알게 됩니다. 이해하기 쉽도록 꿈으로 예를 들어 보겠습니다. 우리는 꿈속에서 수많은 생각을 하고, 수많은 사건을 경험합니다. 그런데 꿈에서 깨면 그 모든 사건과 감정과 생각들이 단지 '꿈'이라는 하나의 질質, 즉 하나의 특성을 가진 현상으로 바뀌어 버립니다. 하나의 현상이기 때문에 일상一相이라고 할 수 있어요. 그 내용이 수없이 많아도 꿈이라는 점에서는 하나에요. 마찬가지로 현상계라는 것도 오직 하나입니다. 우리가 일상에서 경험하는 수많은 일들이 마음의 현상이란 측면에서는 결국 하나입니다. 좋은 느낌, 나쁜 느낌, 슬픈 느낌들이 있지만 '느낌'이라는 측면에서는 똑같듯이 법계法界는 하나의 상相이니, 이를 아는 것이 삼매입니다.

제자에게만 '스승과 제자'가 있다

謂一切諸佛法身與衆生身平等無二, 卽名一行三昧.
위 일 체 제 불 법 신 여 중 생 신 평 등 무 이   즉 명 일 행 삼 매

일체 모든 부처의 법신法身이 중생신衆生身과 더불어 평등하여 둘이 아님을 말하며, 이를 곧 일행삼매一行三昧라 한다.

법신法身은 진리를 터득한 부처의 몸입니다. 이 법신과 터득하지 못

한 중생의 몸이 평등하여서 무이無二, 즉 다르지 않으니 이를 일행삼매一行三昧라고 했습니다. 중생의 마음에는 중생과 부처가 있지만, 부처의 마음에는 중생과 부처가 다르지 않다는 일행삼매一行三昧가 늘 밑바닥에 깔려있습니다. 일행삼매는 모든 것을 하나의 상相으로 보는 삼매에요. 모든 것을 하나로 본다는 것 자체가 상相입니다. 현상으로서의 법계가 모두 같은 하나의 상相임을 스승과 제자라는 분별로써 설명해보겠습니다. 기본적으로 스승과 제자란 없습니다. 오직 제자의 마음속에만 그 분별이 있어요. 그렇다면 왜 스승에게는 없을까요? 그에게는 가르칠 것이 아무것도 없기 때문입니다. 스승은 본질이 가르쳐질 수 있는 것이 아님을 압니다. 왜냐하면 우리는 이미 다 본질을 갖추고 있고, 그 본질 위에 나타나는 마음을 쓰면서 살고 있기 때문입니다. 이를 모르는 분별의 마음으로 보면 스승과 제자로 나뉘지만, 그것을 본스승의 마음으로 보면 그 둘은 다르지 않기 때문에 가르칠 것이 하나도 없습니다. 그럼에도 이런 쓸데없는 일을 하는 이유는, 자기의 본질을 파악하지 못하고 있으니까 스스로 보라고 바늘로 찌르는 것입니다. 스승이 뭘 주는 것도 아니고, 가르쳐서 새롭게 알게 하는 것도 아니에요. 그러니까 끝나고 나면 스승이 한 일은 아무것도 없는 것입니다. 자기가 이미 갖고 있으나 눈감고 있어서 모르는 사람을 바늘로 찔러 눈뜨게 해준 것 밖에 없습니다. 그렇기 때문에 가르쳐 준 게 아닙니다. 따라서 가르칠 수도 없고 배울 수도 없는 본질의 측면에서, 그것을 가르치고 배우는 스승과 제자라는 분별은 아주 허망하고 의미가 없습니다. 스승과 제자라는 분별이 제자의 마음속에만 있는 현상이듯이, 이 모든 현상계는 오직 마음속 분별의 세계일 뿐이어서 다양한 현상은 오직 하나의 모습인 것입니다. 꿈의 내용에서 빠져나와 '행복과 불행, 슬픔과 기쁨, 분노와 감사 같은 아름답고 추한 다채로운 모습들이 어디에 있는가?' 하고 살피면 모두 꿈속 내용이듯, 모든 현상의 내용에서 빠져나와 바라보면 그저 모두가 꿈과 같은 하나의 상相입니다.

일체의 법신法身이 중생과 다르지 않음을 경험하는 것이 일행삼매一行三昧인데, 사실 이것은 어떤 상태라고 할 수 없습니다. '상태'라고 말하면 애써 노력해서 도달해야 할 지점으로 여기기 때문입니다. 우리가 흔히 '상태'라고 말할 때는 그 상태 이전과 이후가 다른 것을 의미합니다. 따라서 도달한 상태는 도달하지 않은 상태와 다르다고 여기는데, 일행삼매一行三昧라는 것은 그러한 의미의 '상태'가 아닙니다. 현상의 밑바닥에 현상을 지탱하는 본질이 함께 있음을 보는 것이기 때문에 현상은 본질인 진여삼매와 늘 동시에 있는 것입니다.

부처의 마음에는 어떤 파도도 일지 않으니, 그것은 파도가 일어도 어느 개인의 것이 아님을 투철히 보았기 때문입니다. 개인성과 비개인적인 움직임에 연관하여 얘기해봅시다. 우리의 마음에는 각자 타고난 개별적인 특성이 있으니 그것을 없애지 않고 사용하되 비개인적으로 사용하면, 그것이 바로 파도가 일지만 파도가 없는 것과 같은 일이 됩니다. 부처는 모든 파도는 의식이라는 분열구조에 의해 나타나는 '하나의 모습'에 불과하다는 것을 파악했습니다. 반면에 중생은 슬프고 기쁜 모든 파도가 물의 모습이라는 '하나의 상相'임을 보지 못하고 다양한 분별이라 여기니, 이 '다름'을 넘어가게 하는 것이 일행삼매입니다. 그러므로 사마타 수행을 통해 마음이 전일성, '깨어있기'에서 경험한 침묵, 또는 모든 현상에 개의치 않고 상관없이 있는 마음 같은 한마음에 초점을 맞추어 자신의 중심으로 삼으면 점차 그것마저 없는 본질이 꿰뚫어질 것입니다.

벡터의 자살, 스칼라의 탄생

當知眞如是三昧根本. 若人修行, 漸漸能生無量三昧.
당 지 진 여 시 삼 매 근 본   약 인 수 행   점 점 능 생 무 량 삼 매

진여眞如가 이 삼매의 근본임을 알아야 할 것이니, 만일 사람이 수행하면 점점 무량한 삼매를 내는 것이다.

깊은 선정 또는 삼매의 근본은 본질입니다. 그러나 삼매에 들어간다고 해서 바로 본질이 드러나는 것은 아닙니다. 깊은 삼매 속에 들어가면 수많은 벡터들의 움직임이 멈추는데, 벡터가 멈추어 버리면 본질을 체득하고 알아채는 그런 현상도 일어날 수가 없어요. '알아챔' 자체가 일종의 '벡터'이기 때문입니다. 그러나 삼매에 들고나는(出入) 시점에서 통찰이 일어날 수 있습니다. 깊은 삼매에 들어 모든 벡터가 사라지는 과정, 또는 모든 벡터가 사라졌다가 아주 미묘한 벡터로 나오는 과정에 어스름한 새벽 같은 지역이 있습니다. 벡터가 완전히 사라진 것을 어둠이라 하고 수없이 많은 벡터가 있는 것을 분별로 가득 찬 밝음이라고 한다면, 새벽과 같은 영역은 벡터 있음과 벡터 없음이 공존하는 시점입니다. 그런 시점에서 툭 하고 통찰이 일어난다는 것입니다. '이 벡터라는 것은 마음의 현상이구나.'라고 벡터 자신이 알아요. 이렇게 다른 모든 것을 현상으로 파악한 하나의 벡터가 포커스가 되는데, 그 포커스가 되는 벡터가 자기 자신도 일종의 벡터임을 알아채면서 자

폭합니다. 벡터[13]의 자살. 이것이 스칼라[14]의 탄생이에요. 벡터가 다른 벡터를 가라앉히고 없애는 작업이 수행과 수련이라면, 마지막 남은 벡터가 자살을 해서 스칼라를 탄생시키는 것이 일행삼매, 선정이라고 할 수 있습니다. 그렇다고 이것을 통해서 본질이 파악되는 것은 아니에요. 아주 깊은 분열 없는 마음에 들어갔다 나왔다 하면서 본질이 철저하게 체득되는 것입니다. 체득한다는 것은 체득하는 자가 있다는 말입니다. 그 체득하는 자 자체가 일종의 벡터인데, 자기가 일종의 벡터임을 아는 것이 참 놀라운 일입니다.

　진여삼매眞如三昧 또는 선정을 수행하면 점차 모든 분별이 마음의 분별임을 체험하게 될 것입니다. 자기라고 여겨지는 것 자체도 마음의 분별의 일부임이 파악됩니다. 모든 마음의 움직임은 어떤 느낌으로 인해 생겨나고, 우리는 그 느낌에 끌려 다닙니다. 마음속에 어떤 느낌이 느껴진다면 벡터가 있는 상태라고 보면 됩니다. 텅 빈 마음에는 어떤 움직임도 없지만, 거기에 어떤 느낌이 올라온다면 에너지가 뭉쳐서 어느 방향으로 달려가기 시작했다는 의미입니다. 벡터가 형성되어 움직이기 때문에 우리는 그 움직임에 동일시되어서 그 느낌을 따라갑니다. 그것이 바로 느낌에 끌려가는 거예요. 배고픈 느낌이 나면 밥을 먹고, 통증이 일어나면 그 통증을 막으려고 합니다. 몸이라는 물리적인 육체가 스스로를 유지하기 위해 일으키는 느낌들은 필요한 것이니 그냥 내

---

13) 벡터vector: 물리용어로, 방향과 힘이 갖추어진 것을 의미한다. 현상계에 드러나기 위해서는 방향과 그 방향으로 움직이는 힘이 있어야 한다.

14) 스칼라scalar: 물리용어로, 힘은 있지만 방향이 없는 것을 말한다. 방향이 없는 힘은 현상으로 드러나지 않는다. 움직이지 않기 때문이다. 그러나 없는 것은 아니다.

버려두고, 마음에서 일어나 내달리는 벡터들만 살펴봅시다. 우리는 보통 행복을 향해 달려가거나 고통을 피하기 위해 도망갑니다. 다시 말해 무언가에 끌려서 그것을 향해 가거나 무언가가 싫어서 도망가는 움직임이라고 할 수 있는데, 그것들이 바로 느낌의 발생입니다. 우리는 느낌으로 프로그래밍 되어있는 존재여서 어떤 느낌이 일어나면 그 느낌을 부인하기 힘듭니다. 부인한다는 것은 마음에서 일어난 느낌에 대해 힘을 빼는 것인데, 그렇게 할 수 있으면 그 느낌에 끌려 다니지 않게 됩니다.

그런데 벡터가 움직이려면 움직일 방향이 있어야 하고, 추진해나갈 힘이 필요합니다. 우리 마음속 느낌도 이와 같아서 힘과 방향을 갖추고 있어야 느낌이 일어납니다. 그런데 마음속 느낌들을 분별할 수 있는 이유는 바로 그 힘과 방향이 벡터마다 다르기 때문입니다. 그래서 서로 다른 느낌을 비교하여 더 나은 것이라 여기는 느낌을 분별하고 그것에 끌려갑니다. 이 느낌 중에는 '이것이 옳아, 저것은 틀렸어, 이렇게 해야 해, 저렇게 해서는 안 돼.'라는 느낌도 있고, '나'라는 느낌과 '나는 안다'라는 느낌도 있습니다. 또 진리를 추구하는 마음도 있어요. 마음의 본질을 탐구하려는 마음 역시 하나의 벡터이고, 그러한 벡터가 여기에 여러분을 이끌리게 하고 와서 앉아있게 만든 힘입니다. 추구하려는 의도가 바로 하나의 분별이고 느낌임을 진정으로 알아차리면 이제 그 느낌을 주인삼지 않게 됩니다. 마음에서 일어나는 모든 생각과 느낌과 감정이 하나의 현상이라고 말하는 이유는 마음에 의해 잡히기 때문이고, 잡히는 이유는 그것들이 움직이기 때문입니다. 움직이지 않으면 우리는 알 수 없습니다. 벡터를 벡터로 볼 줄 아는 것은 현상을 현상으로 보는 것이고, 이미 본질의 자리에서 보는 것입니다. 모든 벡터를 벡터로 보는 마음은 그 어떤 벡터에도 끌려가지 않습니다. 물론 의도적으로 끌려갈 수 있지만 언제든지 멈출 수 있다면 그 벡터를 주인 삼은 것이 아닙니다. 지법止法을 수행하면 무한한 삼매 속에 들게 되고, 점차 삼매의 근본이 진여임을 알게 됩니다.

신기한 능력을 추구하는 것, 그것이 외도外道

或有衆生無善根力, 則爲諸魔外道鬼神之所惑亂.
혹 유 중 생 무 선 근 력　　즉 위 제 마 외 도 귀 신 지 소 혹 란

혹 어떤 중생이 선근善根의 힘이 없으면 모든 마구니와 외도外道와 귀신들에 의하여 어지럽게 되니,

선근善根은 상근기와 같이 진리에 대한 철저한 인식이 있는 사람, 본질에 대한 깊은 그리움이 있는 사람을 말합니다. 그 선근善根의 힘은 고정적으로 갖고 태어난 것이 아니라, 배우고 듣고 자기보다 훌륭한 사람들과 함께 지내면서 물들면 점차 증장되어 자라납니다. 선근의 힘이 있는 사람은 그러한 환경에서 자라거나 자기 스스로 진리에 대한 무의식적인 끌림이 있어서 스스로 그런 상황과 조건 속으로 들어갑니다. 반면에 이런 선근의 힘이 없는 사람은 모든 마구니와 외도外道와 귀신들에 의해 어지럽게 된다고 했습니다.

마귀는 성경에도 나오지만 불교에도 나옵니다. 마음에 일어나는 혼란스러움을 상징화한 것이 마귀인데, 선근이 없으면 마음에 혼란이 잡혀서 그 혼란된 느낌에 빠져든다는 말입니다. 무언가에 끌리거나 무언가를 증오하는 마음, 무언가에 푹 빠져서 탐닉하고 탐욕하는 마음을 인격적으로 상징한 것이 마귀인데, 정말 그것에 집착하면 진짜 인격

적인 존재인 것처럼 느껴지기도 합니다. 사람의 마음은 놀라워서 그것을 개별적으로 독립된 존재인 것처럼 만들어서 느껴요. 꿈속에서 일어나는 모든 일들은 자기 마음속에서 일어나는 일이잖아요. 우리는 꿈속에서 여러 경험들, 다른 사람들, 수많은 괴물들을 만들어내요. 그와 같이 깨어있다고 여기는 이 의식상태에서도 마음이 뭔가에 집착하고 강하게 몰입하면 그런 독립적인 존재를 만들어냅니다. 서양에서는 엔터티entity, 독립체라고 말하는데 심리적인 실체에요. 다중인격도 그런 방향으로 가는 중간단계라고 할 수 있습니다. 다중인격자는 인격이 바뀌면 몸의 상태 자체도 바뀝니다. 예를 들어 아주 온화하고 우유부단한 성격의 사람이 있는데, 어떤 특정한 상황만 오면 인격이 바뀌어서 아주 잔인하고 감정이 메마른 사람으로 바뀝니다. 그런데 그런 인격일 때는 당뇨병이 있어요. 원래의 인격일 때는 당뇨병이 없는데 잔인한 인격으로 바뀌었을 때는 당뇨병의 혈당수치가 나와요. 지금은 당뇨병의 예를 들었는데, 이렇게 마음이 몸의 상태까지 극적으로 바꾸는 사례가 많이 있습니다. 이처럼 마음은 귀신도 만들어낸다는 의미에서 마귀라고 표현했는데, 단순한 상징을 넘어서 에너지적인 마음은 이를 실체화하여 만들어내기도 합니다.

외도外道는 신기한 능력을 추구하는 것입니다. 우리는 이미 진리를 갖추었기 때문에 더 이상 얻어야 할 것이 없는데, 진리를 알기 위해 열심히 수련하여 놀라운 능력을 키워야 한다는 식의 말을 하는 것입니다. 우리는 본질을 기반으로 하여 나타났고 살아가고 있습니다. 예를 들면 금반지를 녹여서 코끼리나 사자의 모양을 만들 수 있지만 그것들의 본질은 코끼리나 사자가 아니라 금이에요. 그런데 외도外道는 '하이에나를 수련시켜 사자로 만든다.'는 얘기를 하는 거예요. 지금 쥐나 하이에나의 모습을 하고 있는데, 그 모습을 코끼리나 사자의 모습으로 바꾼다고 해서 본질이 바뀌는 것은 아닙니다. 쥐를 사자로 바꾸려면 애써서 조각하는 노력이 필요합니다. 하지만 쥐의 모습 역시 금으로 빚어졌음을 아는 것은 노력할 필요도 없고 애쓸 필요도 없이 금에 대해 눈뜨기만 하면 됩니다. 이것이 바로 본질 추구인데, 외도外道는 자꾸 얻고, 바꾸고, 변화시켜야 한다고 말합니다. 물론 본질을 추구함에 있어서 가만히 있어도 저절로 알게 되는 것은 아니니까 노력하고 연습하는 단계도 필요합니다. 그렇지만 어떤 능력을 추구하는 것은 외도外道에 해당합니다.

마구니와 외도外道와 귀신들에 의해 어지럽게 된다는 말은, 선근善根이 없으면 본질을 추구하는 마음이 자꾸 흔들리고 혼란스러워진다는 의미입니다. 그런데 이 혼란이란 하나의 느낌일 뿐, 자기 자신이 아니에요. 여러분이 이 길을 가다가 마음의 혼란스러움을 여러 번 만날 수 있습니다. 그러나 그 혼란스러운 마음은 금덩어리의 모양이 바뀐 것과 같을 뿐이에요. 우리가 추구하는 것은 금덩어리의 발견이지, 모양을 정교하게 다듬는 것이 아닙니다. 물론 정교하게 다듬으면 이 현상세계에서 잘 쓰일 수 있습니다. 그러나 정교한 금덩어리든 거친 금덩어리든 금이라는 본질에 있어서는 차등이 없습니다. 그래서 '부처와 중생은 둘이 아니다.'라고 말합니다. 부처는 정밀하고 철저하게 분별해서 이 분별 자체가 하나의 현상임을 분별 속에서 안 사람입니다. 비록 중생은 그런 분별을 하지 못하지만, 부처와 중생의 본질은 아무런 차이가 없습니다.

혼란은 하나의 느낌이며, 그 느낌은 어떤 마음의 상태일 때 나타날 뿐입니다. 마음에 일어나는 모든 느낌은 일시적이어서 잠시 후면 그 느낌이 희석되어 흐려지고 바뀌는데도, 그 느낌이 전부인 양 그것에 빠져서 자신의 온 에너지를 쏟아 붓습니다. 그중에서도 사람들이 특히 못 견디는 것이 혼란스러운 느낌입니다. 그렇지만 혼란이라는 것은 마음의 한 상태일 뿐이에요. 나타났다 사라지는 마음상태의 변화를 자각하면서 보면, 자신은 그러한 상태들이 나타났다 사라지는 공간과 같은 것임을 파악할 수 있습니다. 그렇지만 나타난 그 현상에 자꾸 주의가 쏠아지면 에너지가 쏠리면서 그것을 자기라고 믿게 되지요. 이 '자기'라는 느낌을 없애지 않고 강렬하게 자신이 혼란 속에 있음을 느끼면서도 그것이 마음의 현상이라는 것을 아는 것이 가장 좋습니다. 그렇지만 강렬한 감정의 느낌 속에 있을 때는 그것이 느낌인지를 잘 모르지요. 어떤 종류의 느낌이든 그런 강렬한 느낌 속에 있으면서 그것이 느낌이라는 것을 알게 되면 그는 정말 자유로운 사람이 될 수 있습니다. 기본적으로 느낌에 대해 자유로워지기 때문입니다. 깨어있기에서 말하는 '겪어내기' 같은 거예요. 느낌은 느낌대로 두고 나는 그것과 상관없이 있다는 것을 알게 되는 과정입니다.

이번에는 혼란의 느낌을 만들어내는 마음의 구조를 살펴보겠습니다. 내가 믿는 강력한 신념이나 나의 마음 상태를 깨트리는 말과 행동을 누군가가 하는데, 그것을 부인할 수 없을 때 우리는 혼란을 겪습니다. 내가 갖고 있는 생각에 뭔가 부딪혀오는 것이 혼란스러운 마음 상태가 일어나는 조건이라는 말입니다. 내가 믿고 싶은 무엇이 있어요. 그런데 그것에 반하는 어떤 느낌이 오는데 그 느낌을 무시할 수 없으면 혼란스럽습니다. 예를 들어 내가 정확하다고 확신하는 어떤 정보에 대해 누군가가 틀렸다고 말하는데 그 말을 무시할 수 없을 때 혼란스럽습니다. 그러나 그것은 '마음의 한 상태'이지, '나'는 아니에요. 혼란이라는 것은 그런 조건에 의해 만들어진 일시적인 마음의 '모습'입니다.

이렇게 혼란스러운 느낌의 구조에 대해 파악하면 다른 마음상태에 대해서도 똑같이 적용할 수 있겠지요. 체득된 경험을 다른 모든 경험에도 적용할 수 있으면 그것이 곧 통찰입니다. 하나를 가르쳐주면 만사萬事를 아는 거예요. 혼란스러운 느낌을 통해 느낌 자체에 대해서 안 것이니, 굳이 다른 모든 느낌들을 일일이 경험할 필요가 없습니다. 혼란이라는 마음의 상태는 어떤 조건과 구조 속에서 생겨나는 일시적인 마음의 상태임이 분명해져서 모든 느낌을 느낌으로 보게 되면, 이제 그 어떤 느낌도 자기 주인으로 삼지 않게 됩니다. 그게 바로 무아無我의 의미입니다. 무아無我는 '나'라는 느낌도 없고, 계산도 없고, 아는 것도 없이 텅 비어있는 상태로 있는 것이 아니에요.

혼란한 느낌에 대해 다시 정리해보겠습니다. 내가 믿고 있고 옳다고 여기는 것들에 도전해오는 자극을 무시할 수 없을 때, 올바른 길이 정립되지 않으면 혼란에 빠져듭니다. 기본적으로 마음의 중심으로 느끼고 주인 삼는 것이 흔들리면 혼란이 오지요. 그런데 이 공부의 핵심은, 주인 삼은 그것이 임시적인 존재임을 파악하는 것입니다. 우리가 매순간 느끼는 중심, 즉 '나'라는 느낌이 흔들리면 혼란스러워요. 그러나 그 혼란스러운 느낌이 마음의 구조 때문에 생겨났음을 알면 혼란스러운 느낌이 있어도 괜찮습니다. 혼란스러운 느낌을 없애거나 혼란으로부터 빠져나오려고만 하면 통찰을 얻을 수 없습니다. 혼란스러움과 함께 의연히 있으려면, 겪어내는 힘이 있거나 그것이 조건에 의해 만들어진 일시적인 마음의 상태임을 통찰해내야 합니다. 그러면 그런 느낌과 함께 갈 수 있고, 그 사람은 마음의 느낌보다 커집니다. 고요와 평화로만 가려는 사람은 마음이 둔해집니다.

알 수 없는 미지未知에 대해 열린 마음

若於坐中現形恐怖. 或現端正男女等相. 當念唯心, 境界則滅,
약 어 좌 중 현 형 공 포   혹 현 단 정 남 녀 등 상   당 념 유 심   경 계 즉 멸

終不爲惱.
종 불 위 뇌

혹은 좌중坐中에서 어떤 형태를 나타내 공포를 일으키거나, 혹은 단정한 남녀 등의 모습을 나타낼 경우 오직 마음뿐임을 생각해야 할 것이다. 그렇게 되면 경계가 곧 멸하여 끝내 번뇌로 혼란스럽게 되지 않을 것이다.

'민감한 마음'에는 두 가지가 있습니다. 마음의 상처에 민감한 것과 열린 마음의 민감함인데, 겉보기에는 비슷한 것 같지만 크게 다릅니다. 쉽게 상처받는 민감한 마음은 민감한 특성과 함께 자기를 강하게 하려는 마음을 기본적으로 갖고 있습니다. 자기에 초점이 맞춰져 있기 때문에 상처받는 거예요. 그러나 열린 마음은 동일시된 것이 없는 깨어있는 마음입니다. 상처에 민감한 것은, '나'라고 동일시된 것을 보호하고 강화시키려는 관성적인 움직임을 기반으로 일어나는 현상입니다. 마음이 상처받지 않고 고요해지기 위해 많은 명상기법이나 심리 기법이 사용되는데, 그런 기법들은 대부분 마음을 둔하게 만듦으로써 효과를 보려고 합니다. 마음이 둔해지면 반응이 느려지고 고요하고 평화로워 보이기 때문입니다. 그러나 이렇게 되면 감각은 기능을 상실하고, 마음은 깨어있는 민감성을 잃게 되어 미세한 느낌을 알

아채는 능력이 둔화됩니다. 무언가를 지키려는 민감함보다 섬세하게 깨어있는 민감성이 우리의 본질에 더 가깝습니다. 그런데 그 민감성이 잘 발휘되지 않는 이유는 무엇일까요? 자기라고 여겨지는 것을 방어하는 데 주의가 쏠려 다른 모든 것에는 눈감기 때문입니다. 그런 상태가 바로 상처에 민감한 마음이며, 또한 둔한 마음이기도 합니다. 그것만 없다면 민감하게 깨어있는 마음은 훌륭하게 쓰일 수 있는 마음이에요. 상처 입을 자아, 주체, 관찰자라는 것이 허상임을 탐구하여 발견함으로써 어떤 것에도 묶이지 않으면 진정으로 민감하게 열린 마음이 됩니다.

알 수 없는 미지未知에 대해서도 열린 마음이 되어 그것을 당연하게 받아들이면 '나는 모른다.'고 말하게 됩니다. '나는 모른다.'는 '모른다는 느낌' 속에 있는 것이 아니라 '모름' 속에 있는 것입니다. 모름 속에 있는 사람은 자신이 안다고 여기지 않고, 모른다고 여기지 않으니 마음이 열려있어요. 안다거나 모른다고 여기는 사람은 어떤 내용에 잡혀 있는 사람이에요. 그러나 모름 속에 있는 사람은 내용에 잡혀있지 않습니다. 모름 속에 있는 사람은 신비를 자기의 주인으로 삼은 사람입니다. 그래서 '나의 근본은 모름이야.'라고 말할 수 있고, 그에게는 어떤 틀도 없기 때문에 무한無限이 되는 것입니다. '나는 이런 사람이야.'라고 한다면 그 틀을 자기라고 여기는 것이어서, 어떤 것은 할 수 있고 어떤 것은 못합니다. 그러나 모름이 된 사람은 무엇이든 할 수 있고 무엇이든 안할 수도 있어요. 그냥 근본의 신비일 뿐입니다. 자신의 근본은 어떤 규정된 것이 아님을 아는 것이니, 자신이 미지가 된다는 것은 바로 무한無限이 된다는 의미입니다. 그 어떤 제한을 가할 수 없습니다.

모든 현상으로 나타난 두려운 느낌이나 단정한 남녀의 모습으로 나타난 상相, 이런 것들에 끌리거나 밀침이 일어나는 이유는, 경계 없는 마음이 자신의 본질임을 모른 채 상相에 부응하는 자신의 반응이 자기라고 여기기 때문입니다. 오직 마음뿐임을 본 사람은 경계가 사라진다고 했습니다. 마음의 경계 때문에 우리가 존재하는데, 모든 경계가 무너져 모름이 시작되는 곳, 무한無限에 자리하게 되면 신비가 끝없이 솟아나며 어떤 혼란도 없으니, 붙잡고 있는 것이 아무것도 없기 때문입니다.

'나'의 경계가 무너지면 그것이 부처

수행 도중에 만나는 마음속 마귀나 귀신들을 통칭하여 마구니라 하는데, 간단히 말하면 마음의 상相에 대한 집착이라고 보면 됩니다. 그런 마구니들이 나타내는 다양한 상相이 있는데, 이 상相들은 밖에서 보이는 것이기도 하고 내 마음속 그림이기도 합니다. 그런데 밖의 대상이라 여겨지는 것도 결국은 자기 마음속에서 그려낸 것이지요. 지금부터 마구니의 여러 차별에 대해 나옵니다.

或現天像, 菩薩像. 亦作如來像, 相好具足.
혹 현 천 상　보 살 상　역 작 여 래 상　상 호 구 족

혹 천상天像과 보살상을 나타내거나 또한 여래상을 지어서 상호相好가 구족하며.

상호相好는 여래를 나타내는 32상相 80종호種好를 말합니다. 부처가 인간과 다른 모습을 지닌다는 믿음 아래 부처의 형상을 표현한 32가지

모습과 80가지 외적인 특징이에요. 32상相의 몇 가지를 보면, 부처님은 발이 편안한 모양을 띠어서 모두가 실로 평탄하고 원만하다, 발바닥에 그물 같은 수레바퀴 모양의 문양이 원만하다, 손과 손가락이 섬세하게 원만하며 길고 단정하고 바르게 보기 좋으며 손가락 마디 광택이 사랑스럽다, 손과 발이 극히 묘하고 유연하다, 손가락 중간에 구름 그물 같은 모양이 합쳐져 아름다운 그림 무늬가 있다, 이런 내용들입니다. 그 다음에 80가지의 몸의 모양이 있어요. 정수리가 높아서 보이지 않고, 코가 넓고 콧구멍이 드러나 보이지 않으며, 눈썹이 초승달과 같고 붉은 빛을 띤 검은 유리 색깔이다, 이런 내용들입니다. 이런 32상相 80종호種好의 모습을 모두 갖추어서 정말 부처님 같아 보이지만 사실은 마구니일 수도 있다는 말입니다. 진짜 여래와 마구니를 구별해내야 하는데, 중요한 구별점은 그러한 상相에 대한 집착의 여부입니다. 천상天像과 보살상菩薩像을 나타내 보인다면 그것은 바로 자신의 마음에 나타난 상대에 대한 상相이며, 그것을 믿는 것은 자신의 상相을 믿는 것입니다. 그리고 그것에 집착하니 모든 마구니의 기본은 바로 자기 마음에 나타난 상相에 대한 집착입니다. 누군가의 모습 때문에 그 사람을 따르고 내 마음이 그 모습에 집착하면 그것이 마구니입니다. 또 그런 모습을 한 사람 스스로가 집착하는 모습이 보여도 마구니입니다.

或說陀羅尼. 或說布施持戒忍辱精進禪定智慧.
혹 설 타 라 니　　혹 설 보 시 지 계 인 욕 정 진 선 정 지 혜

혹은 다라니陀羅尼를 설하며 혹은 보시, 지계, 인욕, 정진, 선정, 지혜를 설하며,

다라니陀羅尼는 'dharani'라는 인도어의 음차音借인데 총지總持라고
번역합니다. 법을 마음에 새겨 잊지 않는다는 의미인데, 각종의 선법
을 능히 지니므로 능지能持라고 번역하기도 하고, 여러 가지 악법을 능
히 막아주므로 능차能遮라고 번역하기도 합니다. 진리에 관련된 다양
한 이론과 논리와 지식들을 총괄적으로 꿰뚫고 기억하는 마음이 다
라니인데, 이것을 얻으면 말에 막힘이 없습니다. 그래서 다라니와 보
시布施 · 지계持戒 · 인욕忍辱 · 정진精進 · 선정禪定 · 지혜知慧의 육바라
밀에 대해 설명하는데, 마구니도 그렇게 할 수 있다는 거예요. 이런 모
습들이 다 보인다 하더라도 그중 어느 하나에 묶이거나 집착하면 그것
이 바로 마구니입니다. 이제껏 여러 수행의 방법에 대해 설명해놓고
지금 와서 이것이 마구니의 모습 중 하나라고 말하는 이유가 뭘까요?
집착하면 곧 마구니가 된다는 의미입니다. 보시布施가 중요하다고 집
착하거나, 계戒를 안 지키는 것에 대해 화낸다거나, 자기 안에서 올라
오는 것들을 다 참아야 한다고 주장한다거나 하는 거지요. 자신이 그
렇게 수행하는 것은 상관없지만, 그것을 주장하거나 옳다고 여겨서 집
착하거나 다른 것에 저항한다면 그 마음은 모두 마구니입니다. 그런데
그 내용들을 살펴보면 이런 것까지 마구니인가 싶은 것들이 있지요.
선정과 지혜도 집착하면 마구니가 된다는 것입니다.

或說平等空無相無願. 無怨無親. 無因無果. 畢竟空寂.
혹 설 평 등 공 무 상 무 원   무 원 무 친   무 인 무 과   필 경 공 적

是眞涅槃.
시 진 열 반

혹은 평등하고 공空하며 무상無相하고 무원無願하며 무원無怨 · 무친無
親하고 무인無因 · 무과無果하여 필경 공적空寂함이 참된 열반이라고 설
한다.

설법說法으로 사람을 혹하게 하는 마구니에 대해 말하고 있습니다. 열반이나 근본은 결코 공적空寂한 것이 아닙니다. 파도로 예를 들어보겠습니다. 현란한 파도는 모양이 크고 거칠어 고요하거나 공적하지 않고, 잔잔한 파도는 모양이 현란하지 않고 고요합니다. 그러나 현란한 파도든 고요한 파도든 둘 다 물이라는 점은 변함없으며, 고요한 파도가 물에 더 가까운 것도 아닙니다. 현란한 파도도 물이잖아요. 그런데 고요함과 공적함만이 참된 열반이라고 말하며 집착한다면 그것이 바로 마구니입니다. 간단히 말해 집착과 저항이 마구니의 원천이고 핵심입니다. 마음속의 무언가를 붙잡고 있다면 내 생명의 힘이 거기에 머물게 됩니다. 어딘가에 머무는 것이 바로 집착이니, 그 무엇에라도 머물고 있다면 그것이 바로 마구니에 다름 아닙니다. 내가 어디 머물고 있는지 잘 살펴봐야 합니다. '이게 나야'라고 강하게 여기지는 않는다 해도 '이런 게 진리야', '나는 경험 했어' 한다면 그 또한 머물고 있는 마음이에요.

해외의 채널링channeling 관련된 글이 국내에 처음으로 소개될 때였습니다. 채널러channeler는 영적인 메시지를 전달하는 사람인데, 한국식으로는 무속인에 해당합니다. 그런데 무당이나 무속인이라고 하면 수준이 좀 낮아 보이지요. 대부분의 무속인은 개인의 길흉화복吉凶禍福에 관한 말을 주로 해서 사적인 일처럼 느껴지기 때문입니다. 채널링은 인류 본성이나 영성에 관한 말을 많이 하기 때문에 고급스럽게 느껴지지만 원천적으로 보면 결국 비슷합니다.

천도교 창시자인 수운水雲 최제우도 채널링을 한 사람이에요. 맨 처음 수도를 할 때 자동으로 글이 써지니까 그는 신이 자신에게 메시지를 보낸다고 생각했습니다. 그때까지도 수운은 자기를 개인이라고 여긴 거예요. 그후로도 계속 수도하고 깊어지면서 나중에는 인내천人乃天사상을 설파했습니다. '사람이 곧 하늘'이라는 것인데, 그 진정한 의미는 개인적인 특성이 사라진 상태의 사람은 하늘과 다르지 않다는 것입니다. 초창기에 개인성으로 물들어있는 의식으로서의 수운은 아직천天이 아니었습니다. 후에 개인성을 철저히 들여다봄으로써 그 경계가 무너지고 개인성에서 벗어난 상태가 되었을 때 드디어 사람이 하늘과 다르지 않음을 발견하고 인내천人乃天을 설파했습니다.

그런데 우리가 채널링 관련 글들을 어느 정도 보다 보니까 의문이들기 시작했어요. 맨 처음에는 인간의 본성을 들여다보는 좋은 메시지가 나왔는데, 어느 지점부터는 사람을 지배하기 위한 메시지들도 나오는 거예요. 모여서 뭘 해야 한다든지. 사람을 조직하고 지배하고 의존하게 하려는 의도를 가진 메시지들이 보였습니다. 결국 이런 메시지에 집착하고 묶이면 마구니로 바뀌는 것이나 마찬가지입니다. 내가 하는 말들도 마찬가지에요. 이 글이 여러분의 경계를 무너뜨리는 데 도움이된다면 지혜로 작용하는 것이지만, 여러분이 자신을 주장하거나 의존하고 묶이게 만든다면 내 말 또한 마구니입니다.

或令人知宿命過去之事. 亦知未來之事. 得他心智. 辯才無礙,
혹 령 인 지 숙 명 과 거 지 사　　역 지 미 래 지 사　 득 타 심 지　 변 재 무 애

能令衆生貪著世間名利之事.
능 령 중 생 탐 착 세 간 명 리 지 사

혹은 사람들에게 숙명宿命의 과거 일을 알게 하고, 또한 미래의 일도 알게 하고 타심지他心智를 얻게 하여 변재辯才가 막힘이 없어서 중생들로 하여금 세간의 명예나 이익에 탐착貪著하게 한다.

과거의 일을 아주 잘 맞추는 사람들이 있습니다. 일종의 신통과 말을 잘 함으로써 사람을 혹하는 것이라 볼 수 있는데, "당신의 과거는 이랬으니까 이렇게 하면 미래에 잘 살 수 있어." 하면서 세속의 이익을 탐貪하고 집착하게 만듭니다.

又令使人數瞋數喜, 性無常準.
우 령 사 인 삭 진 삭 희   성 무 상 준

또한 사람들로 하여금 자주 성내고 자주 기뻐하게 하여 성품에 일정한 기준이 없게 하며,

자주 화나게 만들고 자주 기쁘게 만드는 것 자체가 마구니의 일이니, 이런저런 것에 이끌려 휘둘리게 만든다는 것입니다. 예를 들면, 어떤 단계에 도달하면 훌륭하다고 칭찬하고 단계에 못 미치면 더욱 노력할 것을 요구합니다. 그러면 그런 단계와 기준에 따라 배우는 사람은 기쁨과 슬픔이 교차하고, 도착해야 할 어떤 지점이 있는 것처럼 여기겠지요. 지금 이 순간 본성은 누구에게나 아무런 차이 없이 완전합니다. 단지 눈 감고 있을 뿐이에요. 따라서 어떤 단계를 말하는 것은 열심히 하게 하는 동기부여의 효과는 있을지 모르지만, 본질적으로는 커다란 오해입니다. 대승기신론 앞부분에서도 여러 가지 단계를 이야기해왔는데 지금 모두 부정하고 있어요. 처음에 여래상과 보살상, 평등과 무상無相, 무아無我, 육바라밀 등에 관해서 다 설명했는데, 지금 이 모든 것들이 다 마구니라고 합니다. 그것에 집착하면 마구니가 된다는 거예요. 그것들은 감긴 눈을 잠깐 뜨게 하기 위한 방편이지, 그것 자체가 진리는 아닙니다. 예를 들면 지계持戒를 '방편'으로 삼아야지 '중심 기준'으로 삼아서는 안 됩니다. 방편이란 일시적인 도구라는 의미입니다. 그 다음부터는 의혹을 일으키고 업業을 일으키는 것에 대해 나옵니다.

或多慈愛, 多睡多病, 其心懈怠.
혹 다 자 애   다 수 다 병   기 심 해 태

혹은 자애慈愛가 많거나 잠이 많고 병이 많아 그 마음이 게을러지게 하며,

사랑스러워하고 자비하는 모습도 마구니입니다. 저 사람이 자애가 많은 사람으로 보이는 것은 내 마음이 그렇게 보기 때문이에요. 내 마음의 느낌입니다. 잠이 많거나 병이 많은 사람처럼 보이는 것도, 그래서 게을러 보이는 것도 모두 내가 보고 듣고 느끼는 느낌의 세계입니다. 또 자기 자신이 그렇다고 느끼기도 하지요. '난 지금 병이 있어서 아프고 힘들어.'를 진실이라고 여기면 게으름이 옵니다. 자신이 병든 사람이라는 생각을 믿어버리면 쉬어야겠다는 마음이 들어요. 물론 정말 아프고 힘들면 쉬어야 하지만, 아프고 힘들다는 생각에 집착하거나 묶여있으면 게으름이 패턴화됩니다. 그런 생각을 실제라고 믿는다면 그것이 바로 마구니입니다.

或卒起精進, 後便休廢. 生於不信, 多疑多慮.
혹 졸 기 정 진   후 편 휴 폐   생 어 불 신   다 의 다 려

혹은 갑자기 정진精進을 하다가 뒤에 곧 그만두어 불신하는 마음을 내어 의심이 많고 우려가 많게 하며,

마구니로서의 마음이 작동하면 정진하다가 갑자기 불신하는 마음이 생겨 멈춰버립니다. 이건 아닌 것 같다는 의심이 생겨요. 신성취발심信成就發心은 멈추지 않는 믿음이 이루어진 것인데, 그런 믿음을 처음

부터 타고난 사람도 있고 자신도 모르게 그 방향으로 가는 사람도 있고, 공부를 하다가 그 믿음이 성취된 사람도 있습니다. 또 주위 사람들의 지원과 격려에 의해 성취되기도 합니다. 그런 믿음이 성취된 사람들은 흔들리는 옆 사람들을 격려하고 지원할 필요가 있습니다. 믿음만 성취되면 집착은 크게 문제되지 않아요. 왜냐하면 본질에 초점이 가 있으면 저절로 끝까지 가기 때문입니다. 그런데 어떤 사람은 자꾸 뭔가를 얻으려고 합니다. 세속에서는 쌓고 현상화시킴으로써 무언가를 얻는다면, 이 길은 자꾸 없애고 덜어내서 사라져야 한다는 점이 다릅니다.

或捨本勝行, 更修雜業. 若著世事種種牽纏.
혹 사 본 승 행　갱 수 잡 업　약 착 세 사 종 종 견 전

혹은 본래의 수승한 행위를 버리고 다시 잡업雜業을 닦으며 혹은 세속의 일에 집착하여 갖가지로 끄달리게 한다.

수승한 행위란 수련해가는 데 있어서 적절하고 탁월한 방법이나 길을 말하는데, 마구니에 혹하면 그런 행위를 버리고 잡스럽고 본질적이지 않은 수련을 합니다. 초능력, 신통력을 중시하기도 하고, 또는 아무것도 없다는 허무를 주장하기도 하며, 아무것도 알 수 없다는 불가지론不可知論을 말하기도 합니다. 석가모니의 시대에 상당한 영향력을 발휘하던 불교 외적인 수행을 하는 여섯 개의 파가 있었는데 이를 육사외도六師外道라고 합니다. 이 길을 가면서 뜻대로 잘 안 되고 믿음도 생기지 않아서 본질적이지 않은 그런 방법들로 빠지는 것을 잡업雜業이라고 했습니다.

견전牽纏은 끌려다니고 속박 당하는 것을 말합니다. 다시 세상일에

끌려 다니는 이유는, '나'라고 여겨지는 것은 걸려 넘어질 돌부리가 있어야 존재하기 때문입니다. 어떤 문제가 없으면 '나'라는 것이 생기지 않아요. '나'는 어떤 문제나 불편함이 있어야 생겨납니다. 예를 들어 너무 갖고 싶던 물건을 사서 더 이상 세상에 '원하는 게 없는 그 순간'에는 '나'라는 것이 없지요. 뭔가를 원할 때는 모든 주의가 그것에 쏠리는 '흐름'이 생겨납니다. 그런데 내 것으로 만드는 순간 그 마음의 '흐름이 멈추어' 내 마음이 더 이상 어디론가 달려가지 않고 '충만'해집니다. 물론 그 순간이 지나면 또 다른 바라는 것이 생기지만, 어쨌든 더 이상 바랄 게 없는 그 순간에는 '나'라는 것이 없어요. 어떤 문제가 있거나 원하는 것이 있어서 마음이 어딘가를 향해 달려갈 때 '나'가 존재합니다. 주체로부터 대상으로 주의가 쏟아질 때 주체와 대상이 생기듯, '나'라는 것도 어딘가를 향해 달려갈 때 생겨납니다.

그래서 할 일이 많은 사람에게는 많은 '나'가 있습니다. 그것들을 잠시 생겨난 임시적인 존재로 여기지 못하고 고정된 변함없는 '나'라고 여기는 마음을 핵심적으로 살펴봐야 합니다. 자아自我는 자기 존재를 유지하기 위해 계속해서 욕망이나 걱정을 만들어냅니다. 걱정이 없으면 심심해서 못살아요. 이상하죠? 걱정거리 없는 사람은 참 좋을 것 같지만, '나'라는 것이 워낙 습관화되어 있어서 걱정이 없으면 지루하고 심심합니다. 그래서 스스로 존재한다고 느끼기 위해 자아自我는 늘 불안함을 만들어내고 욕구를 찾아다니거나 생각, 느낌, 감정 등을 붙잡고 있으려고 합니다. 그 모든 것을 놓아버리면 자신이 존재할 기반이 사라지니까 결사적으로 무언가를 마음에 현상으로 남겨두고 그것과 동일시하려는 거예요. 동일시할 대상이 없으면 자아는 존재할 수 없습니다. 마구니는 바로 모든 동일시의 대상들이라고 할 수 있습니다. 마구니의 핵심은 집착이에요. 깨달음이라 해도 마찬가지라서 깨달음에 집착하는 것과 깨달음을 추구하는 것은 매우 다릅니다.

늘 무언가를 추구하고 집착하는
마음이 마구니의 기본 속성

얼마 전에 찾아온 어떤 분은 세상의 기준으로 볼 때 아주 성공한 분이에요. 삼십대 때부터 성공학 관련 책들을 많이 읽고 크게 성공했습니다. 그런데 뭔가 틀어진 일이 있어서 이 공부를 시작했어요. 하다 보니 이 공부는 지금껏 해왔던 식으로는 안 되는 거예요. 세상의 일은 뭔가를 현상화하기 위해서 노력해서 세우고 쌓고 키우는 작업입니다. 그런데 이 공부는 깎아내고 덜어내고 없애는 작업이니까, 마지막에 '내가 이렇게 많이 없앴는데 아직도 안 돼?' 이럽니다. 그 사람은 왜 이 공부를 할까요? 뭔가 원하는 게 있어서 공부를 했던 거예요. 의도하는 그 마음 자체가 살펴봐야 할 핵심인데 그것은 내버려두고, 목표를 상정해놓고 그것을 얻으려면 방향이 틀어진 것입니다. 얻으려고 하는 '나'라는 것을 살피는 데 초점을 맞춰야 하는데, 목표를 이루겠다고 목표만 쳐다보고 있으니 마음속에 뭔가를 그려 넣은 상태입니다. 답답함이 없고 자유롭고 무한한 행복이 넘치는 그 상태를 '얻고 싶은' 거지요. 그게 바로 마구니에요. 얻고 싶어 하는 '나'를 봐야 하는데, 목표에 초점을 두고 있으니 목표를 원하는 '나'를 보지 못합니다. 그 분은 목표를 상정해서 그것을 향해 매진하고 돌진하는 방식으로 세상에서 성공했지만, 이 공부는 그래선 안 된다는 것을 이제 조금 알기 시작했습니다.
깨달음에 대한 욕구는 사람이 가질 수 있는 가장 커다란 욕망이라고 말합니다. 기쁨과 평화, 지복至福을 추구하지만, 우리가 진정으로 원하는 것은 모든 욕망이 사라진 무욕無慾의 행복 상태입니다. 만약 기쁨을 원했다면 기쁨을 얻어 그 속에 있다가 기쁨에 집착하게 됩니다. 기쁜 상태가 계속 유지되지 않기 때문에 다시 그것을 추구하면서 집착하게 되어있어요. 현상세계는 항상 변하기 때문에 같은 상태를 유지할 수 없습니다. 그래서 현상계인 것이고 다채로운 이 우주가 존재할 수 있는 바탕입니다. 이런 변화무쌍한 세계에서 끊임없이 행복을 추구하는 마음은 지칩니다. 저것을 가지면 행복할 거라 생각해서 가졌더니 진짜로 행복합니다. 그런데 얼마 지나면 그 행복한 느낌이 사라지니까 다시 그것을 얻으려 애써 노력하기를 반복하다가 지칩니다. 끝이 없어요. 진정한 평화의 마음은 욕망 없는 마음입니다. 그러면 삶이 너무 심심하다고 생각할 수 있지만 전혀 그렇지 않습니다. 심심하다는 것은 흥미로운 상태를 추구하는 마음을 그 밑에 깔고 있기 때문에 여전히 무언가를 추구하는 마음입니다. 추구하는 마음은 '부족함'을 전제로 합니다. 욕망이 없다는 것은 원하는 바가 없다는 것이니 다시 말해 모든 욕망이 충족된 상태와 같아요. 지금 이 순간에 만족한 것입니다. 더 이상 무엇을 추구하지 않으니, 자신의 삶에 어떤 일이 다가오더라도 다 만족합니다. 여러분들이 무언가 원하는 것을 이루었을 때를 생각해보세요. 원하던 것이 이루어진 바로 그 순간은 더 이상 아무것도 필요 없는 무욕의 상태입니다. 영원한 무욕의 상태를 원하면서 사람들은 끊임없는 욕망에 사로잡혀 있습니다. 무욕無慾을 얻기 위해 욕망한다니 얼마나 아이러니합니까? 늘 다른 것을 원하고 추구하며 집착하는 마음이 마구니의 가장 기본적인 특성입니다. 마구니는 밖에 있는 것이 아니라 내 마음의 어떤 습성입니다.

亦能使人得諸三昧少分相似. 皆是外道所得, 非眞三昧.
역 능 사 인 득 제 삼 매 소 분 상 사　　개 시 외 도 소 득　　비 진 삼 매

또한 사람들에게 모든 삼매를 얻게 하여 진여삼매眞如三昧에 든 것과 약
간 비슷하게 하는 것이니, 이는 모두 외도外道가 얻은 것이지 참다운 삼
매가 아닌 것이다.

　　사람들을 삼매에 들게 해주면 혹해서 거기에 집착하게 됩니다. 복
잡한 마음상태에 있다가 텅 빈 무심으로 들어가면 얼마나 편안하고 기
분이 좋습니까? 황홀하지요. 그러나 그런 상태가 유지되면 점차 지루
해져서 초기의 기분 좋았던 삼매를 그리워합니다. 초기의 삼매가 놀라
운 경험이었던 이유는, 복잡한 상태의 마음을 기준 삼았기 때문이에
요. 텅 빈 마음으로 가는 그 순간의 변화가 얼마나 커다란 느낌으로 다
가왔겠어요? 외도外道는 그렇게 삼매를 잠깐 얻게 해서 사람들이 그것
을 얻으려 집착하게 만듭니다. 본질은 얻어야 될 그 무엇이 아니에요.
본질이라는 말 자체가 무엇인가요? 우리가 어떤 상황, 상태, 모습으로
있더라도 변함없는 핵심이 본질입니다. 그렇기 때문에 내가 깨우쳐서
달라졌든, 깨우치지 못하고 바보처럼 살건 본질에는 다름이 없어요.
달라진 것은 눈을 떴다는 것뿐입니다. 눈을 안 떠도 상관없어요. 본질
에는 차이가 없습니다. 다만 우리가 사는 세계는 현상계니까 현상에는
차이가 좀 생깁니다. 인간의식은 분열과 분별을 기반으로 합니다. 이
것이 일종의 도구이고 하나의 상태임을 알게 되어 본질에 뿌리를 두
면, 분별과 동일시하는 마음에 집착하지 않고도 동일시하는 마음을 사
용하면서 살아갑니다. 더 조화롭고 평화로우면서도 역동적으로 살아
가는 새로운 인류문명이 탄생할 가능성이 높아지게 되겠지요. 모든 어
른들이 그렇게 살면 태어나는 아이들이 자연스럽게 물드니까 애써 노

력할 필요가 없습니다. 아빠가 누구한테 맞았는데 아파하기는 하지만 마음을 끓이지 않고 곧 잊어버리는 것을 보고 자란 아이는 그런 것을 당연하게 여기겠지요. 그렇지 않고 한 대 맞고서 속을 끓이고 복수하겠다며 칼을 가는 모습을 보고 자라면 그 아이도 그렇게 되겠지요.

외도外道의 삼매는 진여삼매眞如三昧와 비슷할 뿐 참다운 삼매는 아닙니다. 일반적으로 외도外道라 지칭되는 것은 본질에 초점을 맞추지 않은 수련을 말합니다. 어떤 현상을 얻고 키우고 화려하고 멋지게 하는 것에 초점을 맞춘다면 그것은 외도外道입니다.

우리가 진정으로 원하는 것은 무욕無慾의 충족감

或復令人若一日若二日若三日乃至七日住於定中,
혹 부 령 인 약 일 일 약 이 일 약 삼 일 내 지 칠 일 주 어 정 중

得自然香美飲食, 身心適悅, 不飢不渴, 使人愛著.
득 자 연 향 미 음 식   신 심 적 열   불 기 불 갈   사 인 애 착

혹은 또한 사람들에게 하루, 이틀, 사흘 내지 이레를 선정 중에 머물게 하여 자연의 향미한 음식을 얻어 몸과 마음이 쾌적하여 배가 고프지도 않고 목이 마르지도 않게 하여 사람들을 그것에 애착하게 한다.

7일 동안 선정 속에 머문다면 대단히 깊은 선정에 들어간 것입니다. 보통은 한 시간 선정에 들기도 힘들지요. 어느 호흡수련 단체에서는 한 호흡에 두 시간이 걸리면 그 사람은 깨닫는다는 말도 하는데, 이처럼 어떤 특별한 능력을 기준 삼는 것들은 모두 마구니입니다. 선정에 들면 배고픈 줄도 모르는 놀라운 일들이 일어나기 때문에 사람들이 그에 애착하게 됩니다. 놀라운 경험을 시켜서 집착하게 한다는 말인데, 마구니가 집착시켰다기보다는 자기 자신이 집착하는 것이지요.

기쁨, 사랑, 행복감 등이 오면 그대로 느끼고 지나가면 되는데, 우리는 붙잡으려 하거나 더 큰 것을 원하며 마음을 불만족 상태에 머물게 합니다. 그 불만족이 욕구를 일으키며 무언가를 향해 달려가게 하지요. 그리하여 가끔 기쁨과 평화 행복감에 이르기도 하지만 거기에 만족하지 못하고 또다시 욕망의 수레는 끊임없이 달립니다. 이렇게 한없이 자신의 멈추지 않는 욕구충족을 위해 달리다가 어느 날 문득 자신이 진정으로 원하는 것이 무욕無慾임을 깨닫게 됩니다. 이 길을 가는 세 종류의 사람이 있습니다. 첫 번째는 타고 난 사람인데 그는 어떤 상황에서도 자기 갈 길을 갑니다. 두 번째는 부족하고 상처입고 힘들어서 공부를 시작한 사람인데 이런 사람은 끝까지 가기 힘듭니다. 부족은 채워질 수 있고, 상처는 위로받고 나아질 수 있거든요. 그러면 그 사람은 그만두고 떠나게 됩니다. 세 번째는 세상에서 온갖 것을 경험해 보고 난 뒤에 본질을 찾는 사람인데, 그는 더 이상 갈 데가 없기 때문에 이 길로 갈 수밖에 없습니다. 우리가 진정으로 원하는 것은 욕구에 시달리지 않는 것입니다. 그래서 무욕無慾의 상태가 최고의 상태이며 가장 행복한 상태입니다.

모든 좋은 것은 그것에 애착하게 하는 욕구를 불러일으킵니다. 최종적으로 자기 본질에 대해서도 갈증을 느끼고 괴로워하면서 탐구한다면 그 사람은 불만족이나 집착 속에 있는 것입니다. 탐구는 즐거움이에요. 나의 본질을 향해 가는 이 길이 얼마나 재밌습니까? 기쁨과 행복, 또는 괴로움과 두려움 속에서도 배우는 것이 탐구하는 마음이에요. 두려운 느낌, 참 신기한 느낌이지 않습니까? 어떻게 인간의 마음에 이런 느낌이 생겨날까요? 지루한 느낌도 참 신기합니다. 지루하고 허전하고 인생이 의미 없다는 '느낌'이 들 때, 그 느낌과 자기가 하나

되면 그 느낌에 빠져 허우적대지만, 느낌이라는 것을 알고 잘 살펴보면 굉장히 새롭고 맛있는 느낌입니다.

가끔 길을 걷다가 '여기가 어디지?' 이런 생각과 이상한 느낌이 느껴지는 것을 경험해 봤을 것입니다. 예를 들어 지하철 1번 출구를 향해 가고 있는데 갑자기 '여기가 어디지?' 하면서 마음이 텅 비어서 낯설게 보이고 이상하게 느껴집니다. 그러다가 어느 기준점을 찾으면 '아. 여기는 거기구나' 하면서 내가 알던 곳으로 순간적으로 확 바뀌지요. 의식의 변화 하나가 전혀 모르는 곳과 내가 아는 곳이라는 느낌을 만들어냅니다. 이런 경험을 잘 살펴보면, 우리가 시각적인 느낌의 세계 속에서 살아가고 있음이 명백해집니다. 내가 알고 있다고 여기는 지금 이 방의 모습도 일종의 느낌입니다. 그 무엇이든 익숙하다고 느껴진다면 자신이 마음의 느낌 속에 있다고 보면 틀림없습니다. 그런데 그것을 당연하게 여겨서 느낌이 아닌 사실이라고 생각하는 것이지요.

눈에 보이는 모든 것이 느낌이라는 점이 철저해지면, 내가 보는 것이 전부가 아니라 그 뒤에 더 거대하고 더 미세하고 정밀한 세계가 있다는 것을 압니다. 사실은 있다고 할 수도 없지만요. 하여간 내가 경험하는 세계는 아주 협소한 '느낌의 세계'라는 것이 분명해져요. 눈에 보이는 모든 것이 느낌이라면 다른 모든 감각의 세계도 당연히 느낌입니다. 이것이 '세상은 마야', 즉 환상이라는 말의 의미입니다.

왜 환상일까요? 눈에 보이는 것은 눈이 받아들인 느낌일 뿐이지 실제 세계가 아니에요. 우리는 똑같은 컵을 보고 있다고 생각하지만, 사실은 각자 미세하게 다른 느낌들을 느끼면서 이 컵을 보고 있습니다. 자신의 느낌대로 보고 있어요. 다만 그런 미세함은 일상에서 중요하지 않기 때문에 우리가 교류하는 데 있어 문제가 안 될 뿐입니다. 미세한

다름이 문제가 되는 상황이라면 각자 이 컵을 다르게 보고 있다는 것이 분명히 드러날 거예요. 매일 시각적 감지연습을 하면 내가 보고 듣고 느끼고 경험하는 것은 내 느낌이라는 점이 분명해집니다. 매트릭스 속에 들어와 있는 것이 분명해져요. 우리의 경험 모두가 느낌의 세계라는 것이 분명해지면 그때부터 진정한 탐구가 시작됩니다.

개인성을 유지하려는 패턴이 바로 마구니

或亦令人食無分齊, 乍多乍少, 顔色變異.
혹 역 령 인 식 무 분 제   사 다 사 소   안 색 변 이

혹은 사람들에게 먹는 것에 한계가 없게 하여 잠깐 많았다가 잠깐 적게 하며 안색顔色을 변이하게 한다.

음식의 차이와 안색의 변화로 혹하게 만든다는 말입니다. 그 사람의 경험을 통해서 후광을 발하게 하고, 영적인 깊이를 모습으로 드러내고, 또는 정말 아름다운 모습을 보이는 것을 다 포함하는 말입니다. 어떤 수련을 하면 불가사의하고 자유자재한 능력인 육신통六神通이 생긴다고 합니다. 마음대로 갈 수 있고 변할 수 있는 신족통神足通, 모든 것을 꿰뚫어보는 천안통天眼通, 모든 소리를 다 듣는 천이통天耳通, 남의 마음을 아는 타심통他心通, 전생을 보는 숙명통宿命通, 번뇌를 모두 끊어낸 누진통漏盡通이 육신통입니다. 수련 도중에 어떤 능력들이 생길 수 있어요. 그냥 지나가는 경험으로 여기면 괜찮지만, 그 능력을 자기라고 여기고 집착하면 마구니가 된다는 말입니다. 석가모니가 보리수 아래서 깨침을 얻고 난 이후, 그리고 예수가 광야에 머물고 난 이후에 마귀의 유혹이 있었다고 하지요. 자기 마음에서 일어나는 습관적인 인

간성의 패턴, 개인성을 유지하려는 패턴이 바로 그 마구니입니다. 그런데 그 마구니가 선한 모습도 띠고 놀라운 능력자의 모습도 띠고 있어요. "네가 나에게 고개를 숙이면 세상을 주리라." 이런 말도 하잖아요. 해석하자면 '나는 뭐든지 할 수 있고, 사람들을 지배할 수 있다.'는 마음인 것입니다. 모든 마구니의 핵심은 집착과 저항입니다. 외적, 물리적인 것이든 내적, 심적인 상태든 또는 높은 경지든 그것을 붙잡고 나라고 여기면 그것이 다 마귀입니다. 마귀라는 게 특별난 것이 아니에요.

외도外道는 집착한다

오늘은 수행신심분修行信心分 8번째 강의입니다. 지난 시간에는 마구니의 여러 차별되는 모습에 대해 강의했는데, 오늘은 그 연장선으로 마구니에 대한 대치사집對治邪執과 진위眞僞의 감별에 대해 소개합니다.

> 以是義故. 行者常應智慧觀察, 勿令此心墮於邪網.
> 이 시 의 고　행 자 상 응 지 혜 관 찰　물 령 차 심 타 어 사 망
>
> 이러하기에 수행자는 언제나 응당 지혜로 관찰하여 이 마음을 삿된 그물
> 에 떨어지지 않게 하고

다양한 마구니들의 모습에 대해 말했습니다. 천상天像과 보살상菩薩像, 여래상如來像을 보이기도 하고, 다라니陀羅尼와 육바라밀을 설說하기도 합니다. 보시하고 계를 지키며 참고 정진하라고 권하고, 선정과 지혜를 설명해주는 이런 일들을 외도外道도 다 해요. 불도佛道와의 차

이점은 외도는 집착한다는 것인데, 이를 구별하기가 상당히 힘듭니다. 무언가에 집착하는 대부분의 이유는 욕구가 있기 때문인데, 그 내적인 욕구를 이용해서 외도는 사람을 지배하려고 합니다. 남을 지배하려는 마음을 가진 사람은 나와 남이 실재한다고 믿습니다. 누군가를 지배하려 하거나 누군가를 내 품으로 끌어들여서 내 세력을 확장하는 데 사용하려는 마음을 가지고 있다면, 그렇게 하려는 '나'를 실재한다고 믿는 것입니다. 그렇게 '나'에 집착하고 있으므로 외도外道라고 칭하는 것입니다. 외도外道가 하는 말은 멋지고 좋아요. 불교와 비슷하게 좋은 말을 전하는데, 그 내적인 뿌리를 살펴보면 사람을 지배하려는 마음을 갖고 있으니 수행자는 지혜로 관찰하여 마음을 집착이라는 삿된 그물에 떨어지지 않게 해야 합니다.

모든 집착은 자기 강화를 일으킨다

當勤正念, 不取不著, 則能遠離是諸業障.
당 근 정 념   불 취 불 착   즉 능 원 리 시 제 업 장

마땅히 부지런히 정념正念하여 취착하지 아니하면 이러한 모든 업장業障을 멀리 여읠 수 있을 것이다.

'나'라는 것은 임시적으로 생겨났다 사라지는 현상이지 본질적으로 존재하는 것이 아니라는 생각, 내가 보는 것은 느낌의 세계이며 실재하지 않는다는 생각을 유지하는 것이 바로 정념正念이라고 할 수 있습니다. 취착取著하지 않는다는 것은 집착하지 않는다는 뜻입니다. 정념正念을 유지하면서 부지런히 수행하고 집착하지 않으면 업장業障, 즉 모든 관성적인 패턴에서 벗어나게 됩니다. 그리고 주변의 다른 사람들

도 관성에서 벗어나도록 돕는 것이 진정한 불도佛道인데, 그때 만약 주변인을 자기에게 묶어두려고 한다면 그는 외도外道가 됩니다. 그러니까 자신이 깨우치고 경험한 것을 누군가에게 설명하고 이해시키는 행동의 밑바닥에, 상대를 자신의 밑에 두거나 자신에게 묶어두려는 마음이 있다면 그것이 바로 외도外道입니다. 나에게 묶어두려는 마음은 '나'라는 것을 실재한다고 인정하는 것입니다. 그러니까 자신을 확장하려고 하지요. 어떤 사람은 깨달음을 구하는 이유가 무아無我의 황홀한 경험을 해보고 싶어서라고 말합니다. '나도 해보고 싶다.'라는 것은 그런 욕구를 가진 '나'를 실재한다고 믿는 것입니다. 그렇게 무언가를 욕구하는 '나'라는 것이 실재한다고 믿으면 당연히 대상도 실재하게 됩니다. 그렇기 때문에 결코 느낌의 세계, 허구의 세계, 임시적인 상相의 세계라는 것을 경험할 수가 없어요.

이 관계를 잘 살펴봐야 합니다. 내가 경험하는 세계는 나의 감각기관을 통해 들어온 느낌의 세계이기 때문에 나의 세계이고 곧 허상입니다. 눈에 보이는 이 컵이 실제로 있는지 없는지 알 수 없어요. 다만 시각적인 느낌과 촉각적인 느낌을 통해 내가 그것을 경험하고 있을 뿐입니다. 그 점이 철저하게 파악되면 경험의 대상이 임시적이고 허구적인 존재이기 때문에 당연히 그것을 경험하는 자 역시 임시적이고 허구적임을 알 수 있습니다. 왜냐하면 주체와 대상은 항상 같은 레벨에 있기 때문입니다. 뒤집어서 말하면, 주체가 허상이면 대상도 당연히 허상이 되겠지요. 자신이 임시적으로 나타났다 사라지는 일종의 느낌과 허구에 불과함을 알면 그 '나'가 경험하는 세계 역시 당연히 느낌이고 허구입니다. 그런데 '느낌의 세계'라고 말하면 어떤 사람은 그 원리와 메커니즘을 공부하지 않고, '저 느낌의 세계로 느껴지는 경험을 나도 하고 싶어.' 이럽니다. 그러나 그런 사람에게는 절대로 그런 경험이 일어나지 않아요. 왜냐하면 느낌의 세계를 경험하고 싶다는 자기 내적인 욕구를 실재라고 믿으면 당연히 자기라는 것이 실재한다고 여기게 되고, 자기가 실재하면 자기가 경험하는 세계도 실재하는 것입니다. 그러니 느낌의 세계로 여겨지는 경험은 절대 일어나지 않으며, 이런 경험을 부러워해서 공부를 시작한다면 그 사람은 끝까지 가기 힘듭니다. 목적 자체가 근본의 탐구에 있어야 하는데, 내적인 욕구 충족을 위해 공부하게 되면 가다가 멈추고 힘들어져요. 내가 실재한다고 여겨지면 내가 경험하는 세계도 실재로 와 닿을 수밖에 없습니다.

어떤 방법을 통해 누군가를 삼매에 들게 해주면 그 사람은 그를 대단하다고 여기고 또 삼매의 경험에 집착하게 됩니다. 외도外道는 이런 방식으로 사람들을 자기에게 묶어두려고 합니다. 마음에 대해 공부하는 수많은 방법과 단체가 있는데, 거기서 행해지는 많은 수련들이 이런 것일 수 있어요. 한 사람은 일어난 경험에 대한 애착과 집착으로 그곳에 있게 되고, 또 한 사람은 그 방법을 가르치면서 사람들을 속박하는 것이 바로 자신을 강화한다는 것을 모릅니다. 알면서도 즐기는 것인지도 모르겠어요. 그러나 진정으로 알면 그것이 자신이 빠진 함정이라는 것도 알 텐데 모르니까 그러고 있겠지요. 내 지배하에 두려는 마음이 조금이라도 있다면 그 사람은 여전히 자기라는 것을 실재한다고 믿고 있는 것입니다. 자기가 허구라면 어떻게 그 허구 밑에 타인을 두려고 하겠어요. 내가 일시적으로 존재하는 하나의 현상인데 그 자기를 위해 누구를 지배하려고 하겠습니까?

사람들에게 평등과 공空과 무상無相, 육바라밀, 그리고 참된 열반에 대하여 설하고, 미래와 과거의 일도 알려주는 그런 겉보기에 자비스러운 일들을 행하고, 또 많은 사람들이 그 모습을 보고 귀의하고 숭배하는 과정이 일어납니다. 그 전체 과정 속에 조금이라도 타인을 지배하려는 마음이 작용하고, 또 집착과 애착 때문에 자기 경험에 묶이는 일이 일어난다면 그것이 바로 외도外道입니다. 자아라는 것을 실재한다고 믿고 행동하기 때문에 외도外道라고 말하는 거예요. 외도外道는 자기이미지에서 벗어나지 못했기 때문에 자기를 지배자로 여기고 싶은 것입니다. 자신을 허망한 허공의 꽃이라고 여긴다면 무엇을 위해 지배권을 행사하고 무엇을 위해 명예를 탐하겠어요. 훌륭한 사람, 깨달은 사람이 되려고 하거나 세상이라는 것이 헛된 꿈에 불과한 '경험을 하려고 애쓴다면' 그 사람은 세계가 더욱 실재한다고 느끼게 될 것입니다. 실체를 보려는 자기의 욕구를 허용하는 것은 그 욕구를 일으키는 자기를 실재한다고 믿기 때문입니다. 예전에 2차 화살에 대해 설명했었습니다. 실수하거나 수치스러운 일을 한 후에 2차 화살을 맞지 말라고 했어요. 자신이 잘못했다고 후회하는 것은 그 일을 행한 것이 자기라고 믿는다는 뜻입니다. 그런 2차 화살에 맞지 않을수록 점차 1차 화살도 맞지 않게 된다고 했어요. 물론 후회할 짓, 나쁜 짓을 해도 된다는 말이 아니라, 그런 일이 어쩌다 보니 일어났다면 후회하는 자신을 즉시 바라보라는 말입니다. 돌아서서 하루 종일 후회하며 2차 화살을 맞으면서 그 일을 한 자를 자기라고 믿는 것처럼, 자기의 내적인 요구를 따라가는 자는 그 욕구를 일으키는 자기를 실재라고 믿는 것입니다. 그렇게 주체인 자기를 실재라고 믿는 이가 어떻게 그 주체의 대상인 세계를 느낌일 뿐이고, 환상이라고 할 수 있겠어요. 자아와 세상, 즉 주체와 대상은 상호의존하기 때문에 자기를 실재한다고 믿으면 세

계도 실재한다고 느껴집니다. 결코 세상은 허상이라는 것이 경험되지
않아요.

應知外道所有三昧, 皆不離見愛我慢之心.
응 지 외 도 소 유 삼 매   개 불 리 견 애 아 만 지 심

貪著世間名利恭敬故.
탐 착 세 간 명 리 공 경 고

외도外道가 가지는 삼매는 모두가 견見 · 애愛 · 아만我慢의 마음을 여의지
못한 것임을 알아야 할 것이니, 그들의 삼매는 세간의 명리名利와 공경恭
敬에 탐착하기 때문이다.

외도外道의 삼매는 견見 · 애愛 · 아만我慢에 집착된 삼매이니 굳어
버린 패턴과 같습니다. 자동화된 패턴으로 행해진 모든 것들은 결국
견見, 애愛, 아만我慢에서 나오는 것입니다. 불도佛道라고 해서 개인성
이 없지는 않습니다. 선사들도 다 개인적인 특질이 있잖아요. 덕산은
몽둥이질을 잘했고 임제는 "할喝!"이라며 큰소리를 질렀습니다. 제자
를 깨우치기 위해 사용하는 방법이 각자 다르므로 개인성이라고 할 수
있는데, 외도外道의 개인성과는 다릅니다. 외도의 개인성은 죽어서 굳
어버린 개인성입니다. 완전히 고정화되어 있어요. 그러나 덕산과 임
제의 개인성, 다시 말해 자기라는 관성으로부터 벗어난 사람의 개인
성은 살아있는 개인성이라고 할 수 있습니다. 굳어버린 개인성, 고정
화된 개인성은 늘 그것을 '지키기'에 여념이 없습니다. 지키고 상처받
지 않으려 하고, 상처받을 일이 생기면 불같이 화를 냅니다. 반면에 누
군가 상처주려 해도 상처받지 않고, 누가 그 개인성을 찬양하더라도
거기에 흔들리지 않고, 오직 그 개인성을 타인과 전체를 위해 사용하
는 것이 바로 살아있는 개인성입니다. 외도外道의 삼매는 굳어버린 개

인성을 기반으로 하고 불도佛道의 삼매는 살아있는 개인성을 기반으로
합니다.

眞如三昧者, 不住見相, 不住得相.
진 여 삼 매 자　부 주 견 상　　부 주 득 상

진여삼매眞如三昧란 보는 상相에 머물지 않고 얻은 상相에도 머물지 아니
하며,

　명상 중에 관세음보살이나 하느님 또는 부처님이 나타나 하는 얘기
를 듣고서 황홀해하면서 그 경험에 집착하는 사람들이 있습니다. 그
상相을 통해 깨우치고 통찰을 얻는 것은 괜찮지만, 상相을 본 경험에
머물면 집착하게 되어 자신의 경험을 주장하고 그것을 지키기 위해 안
간힘을 씁니다. 삼매에 들거나 마음을 다스리는 작업을 하다 보면 신
기한 현상들이 많이 일어납니다. 그럴 때 일어난 그러한 현상을 자기
것이라고 여겨서 집착하면 그것이 바로 외도外道입니다. 불도佛道의 진
여삼매는 그런 상相에 머물지 않고 얻은 상相에도 머물지 않습니다.

乃至出定, 亦無懈慢. 所有煩惱, 漸漸微薄.
내 지 출 정　역 무 해 만　소 유 번 뇌　점 점 미 박

선정에서 벗어난 때에도 게으리함이 없어서 가지고 있는 번뇌가 점점 엷
어지게 되니,

　감각感覺™ 상태로만 깊이 들어가도 나와 대상이 사라지면서 점차
삼매로 갑니다. 간단히 말하면 삼매라는 것은 마음이 분열되지 않은
상태입니다. 이렇게 마음이 오직 하나의 상태일 때는 그 무엇도 의식
되지 않지요. 뭔가를 의식하기 위해서는 마음의 장에 의식될 대상이

비춰져야 합니다. 의식은 마음이 나눠진 상태이고, 삼매는 마음이 나눠지지 않은 상태입니다. 그래서 일심一心이라 합니다. 그렇게 깊은 일심一心으로 있다가 툭툭 어떤 상相들이 떠올라 그것을 보기도 하고, 통찰로 이어지고, 다시 또 삼매로 이어지곤 하는데 그런 삼매는 아주 깊어서 한계가 없습니다. 그런데 외도外道가 주는 삼매는 자신이 한 그런 경험을 찬탄하고 집착하기 때문에 한계가 있어서 더 이상 깊어지지 않는 시점이 옵니다. 왜냐하면 자신이 그런 경험을 했다고 여기기 때문이에요. 여전히 미묘한 자기 이미지가 있지요. 그런 자기 이미지로부터 자유로워지면 바닥없는 심연과 같은 아주 풍부한 눈으로 주변사람과 사물을 보게 됩니다. 반면에 견見·애愛·아만我慢의 마음을 여의지 못한 삼매는 바닥이 얕습니다.

若諸凡夫不習此三昧法, 得入如來種性, 無有是處.
약 제 범 부 불 습 차 삼 매 법   득 입 여 래 종 성   무 유 시 처

만약 모든 범부가 이 삼매법을 익히지 아니하면 여래종성如來種性에 들어간다는 것은 있을 수 없다.

진여삼매는 어떤 기대도 바람도 없는 삼매입니다. 이 삼매를 익히지 않으면 여래의 씨앗과 같은 성품에 들어갈 수 없으니 외도의 삼매가 아닌 진정한 삼매를 수련해야 합니다.

마음은 극과 극을 치달으며 살아남으려 한다

以修世間諸禪三昧, 多起味著, 依於我見, 繫屬三界,
이 수 세 간 제 선 삼 매   다 기 미 착   의 어 아 견   계 속 삼 계

與外道共.
여 외 도 공

왜냐하면 세간의 모든 선禪과 삼매를 닦으면 흔히 거기에 맛들여 아견我
見에 의하여 삼계三界에 얽매여 외도外道와 더불어 함께하는 것이니.

　명상을 하는 많은 사람들이 이런 상태이기 쉽습니다. 번잡한 세상
살이에 지치고, 수많은 감정의 오고감에 힘들어서 명상을 시작하지
요. 그러고는 고요와 평화를 발견하여 즐겁지만 그런 마음은 오래가
지 않습니다. 마음은 움직여야만 살아남기 때문에 그 마음이 계속되면
또 다른 변화를 요구합니다. 끊임없이 요동치는 혼란스러운 마음을 갖
고 있으면서도 그것과 상관없는 절대의 마음을 발견하는 것이 진정한
평화입니다. 현상적인 마음은 평화와 고요 속에 있어도 역시 현상이기
때문에 오래 가지 않아 지겨워집니다. 또한 움직이는 마음에 자기의
뿌리를 두고 있으면 항상 집착하게 됩니다.
　움직이는 마음에 대해 좀 더 살펴보겠습니다. 희로애락으로 끊임
없이 요동치는 마음이 명상과 수련을 하면 고요하게 움직이는 마음으
로 바뀝니다. 그러면 그 사람은 자신이 커다란 성취를 이뤘다고 여기
기 쉽습니다. 그러나 고요하게 움직이는 마음 역시 움직이는 마음이에
요. 크게 움직이지 않을 뿐이지요. 크게 움직이든 작게 움직이든 마음
의 본질 자체는 변함없다는 것이 발견되면, 이제 크게 움직여도 괜찮
고 작게 움직여도 괜찮습니다. 그런 발견이 없으면 크게 움직이면 작
은 움직임인 고요함으로 가고 싶고, 고요함이 오래 되면 다시 변화를
일으켜 큰 움직임으로 가고 싶어서 마음이 시계추처럼 왔다 갔다 합니
다. 마음은 극과 극을 치달으면서 살아남으려고 해요. 마음은 그렇게
움직여야만 살아있다고 느끼기 때문입니다. 그래서 '움직이는 마음'을
다른 움직이는 마음으로 '변화'시킨 것을 '성취'라고 여긴다면, 그 성취
를 얻은 '나'가 마음의 본질 자체를 발견하지 못하게 하는 커다란 장애

가 되어버립니다. 왜냐하면 '하면 된다'는 마음이 자리 잡아 끊임없이 '움직이려' 하기 때문입니다. 그러나 본질은 움직이지 않음에 가깝기에 그는 근원에서 더욱 멀어지는 것입니다. 여기서 말하는 외도外道는 그런 것에 묶여있는 사람들을 말합니다. 부처님 당시의 육사외도六師外道는 상당히 깊이가 있었습니다. 그런데도 외도外道라고 하는 이유는, 사람들을 지배하려하고 배우는 사람으로 하여금 경험에 집착하게 하기 때문입니다. 사람들을 자기에게 묶어두려면 사람들이 원하는 먹이를 줘야 합니다. 공부하는 사람들이 원하는 것은 대부분 어떤 '경험'이에요. 그런 경험을 한 번 하게 되면 그 경험에 집착합니다. 그래서 대부분의 조직과 단체가 그들을 그런 방식으로 집착하게 하면서 묶어두니, 수행자들은 자신이 공부하는 곳이 그렇지는 않은지 잘 살펴야 합니다. 물론 어디에 있더라도 배울 사람은 뭐든지 배우니 상관없어요. 예를 들어 그런 곳에서 하는 경험에서 삼매의 방법을 배울 수도 있지요. 그렇지만 그 핵심을 보지 못하면 그 속에 푹 빠져버릴 수가 있습니다. 그 핵심이라는 것은 '나'라는 것이 존재한다고 믿고 '행위'하는 것입니다. 외도 또한 선정과 삼매를 닦지만, 문제는 거기에 맞들여 견해를 만들고 거기에 집착한다는 것입니다.

若離善知識所護, 則起外道見故.
약 리 선 지 식 소 호   즉 기 외 도 견 고

만약 선지식善知識의 보호하는 바를 떠나면 곧 외도의 견해를 일으키기 때문이다.

여기서 말하는 선지식善知識이란 진정한 스승이나 배울 만한 훌륭한 사람들입니다. 진정한 선지식은, 아무리 대단한 경험이라도 그것은 하나의 경험에 불과하며, 그것을 경험하는 '나'는 없음을 일러주고, '그러면 나는 어디에 있는가?' 스스로 묻게 하여 '나'라는 것이 매순간 변하면서 나타났다 사라지는 임시적인 현상임을 발견하게 해줍니다. 만약 삼매의 경험을 칭찬하고 많이 '성취'했다고 한다면 그것은 수행자의 자기를 강화시킵니다. 그리고 그렇게 하는 외도外道의 목적은 수행자를 자기 밑에 두려는 것입니다. 그러면 외도外道 또한 자기도 모르게 자기를 강화시키는 함정에 빠지지요. 오늘 강의의 핵심은, 집착은 나와 대상의 세계를 실재한다고 믿게 하며, 여기서 외도라고 말하는 사람들은 그의 설법과 방편이 아무리 훌륭해도 자기를 실재한다고 믿고 있다는 측면에서 함정에 빠져있다는 것입니다. 선지식과 외도를 구분하는 핵심은, 자기라는 것이 실재한다고 여기는지 그렇지 않은지 입니다. 모든 행동과 행위를 살펴, 내가 실재한다는 믿음의 기반 하에 일어나는 '행위'인지, 아니면 '나'라는 것은 임시적인 현상이고 허구라는 통찰에 기반한 '행동'인지를 구분해보세요. 선지식은 자기를 허상으로 보기에 주변 사람을 진정한 자유로 이끌지, 주변인을 자기 안으로 끌어들여 지배하려 하지 않습니다. 선지식의 보호는 바로 모든 집착으로부터 떠난 보호이기 때문에 제자를 자유로 이끕니다.

외도들도 훌륭한 수련 방법들을 가르쳐줍니다. 좋은 명상법과 육바라밀을 다 말하지만, 그 밑바탕에 자신의 지배력을 행사하려는 마음이 있다면 그것이 바로 마구니입니다. 여러분도 자신이 알게 된 것을 누군가에게 전해본 적이 있을 거예요. 사실 가르치는 일은 괴롭고 힘든 일입니다. 자기가 잘났다고 느껴질 수 있어서 잘못 가르치면 다시 함정에 빠지니 조심해야 합니다. 사람들이 우러르기 때문에 '내가 이 정도 됐구나.'라고 느끼기 시작하면 그것을 떨쳐내기가 힘들어져요. 그리고 다른 사람 위로 이만큼 올라섰기 때문에 누군가가 내게 틀렸다고 말하면 화가 올라옵니다. 사회적으로 높은 지위에 있다가 퇴직한 사람들이 의기소침해지고 허무함을 느껴 자살까지 하는 이유가 자신을 높이 올려놨기 때문이에요. 그래서 사람을 망가뜨리기 가장 좋은 방법은 그 사람을 칭찬하는 것이라고 했습니다. 하늘 끝까지 올라가도록 띄워놓으면 그렇게 높아진 사람은 조금만 건드려도 쓰러집니다. 여러분은 스스로를 높이지 않도록 주의해야 합니다. 스스로를 높이면 자기 자신을 괴롭히는 일이 조만간 다가옵니다. 내가 한없이 낮아지는 것이 행복의 지름길이에요. 사실 '나'라는 것은 없으니까 낮아지는 것도 아니지요. 높고 낮음도 없는 세계로 가는 것입니다.

마음 자체는 상相이 없다

復次精勤專心修學此三昧者, 現世當得十種利益. 云何爲十.
부 차 정 근 전 심 수 학 차 삼 매 자 현 세 당 득 십 종 리 익 운 하 위 십

또한 정근精勤하여 이 삼매를 전심전력으로 수학修學하는 이는 현세現世에 마땅히 열 가지 이익이 있으리니 무엇인가?

우리는 지금까지 진여삼매眞如三昧를 중요하게 다뤄왔습니다. 사실 진여는 어떤 느낌도 없고 어떻게 설명할 수 없는 것임에도 불구하고 계속 이름을 붙여서 언급하는 이유는, 진여로 들어가기 위한 징검다리로써 말이 필요하기 때문입니다. 간단히 말해 진여는 자상自相도 없고 얻어질 상相도 없으며, 머물 상相도 없습니다. 마음은 모든 것을 봅니다. 탁자를 보면 탁자의 상相이 떠올라 탁자를 알고 느낄 수 있습니다. 이렇게 마음은 모든 것을 상相으로 떠올려서 느끼고 바라보고 경험

하지만, 마음 자체는 상相이 될 수 없으니 어떻게 마음을 알겠습니까? 마음은 모습이 없으니 '있다'고 할 수 없지만 그렇다고 '없다'고도 할 수 없습니다. 왜냐하면 모든 있는 것들의 기반이 되기 때문입니다. 우리는 흔히 마음의 본체를 스크린에, 마음의 여러 상相을 프로젝터에서 쏘아진 색이나 모양에 비유하는데, 스크린으로 비유되었기 때문에 '있는 것'이라 생각할 수 있지만 그것은 비유일 뿐입니다. 마음에 어떤 느낌이 생겨나서 상相이 붙잡힌다고 해서 마음을 스크린과 같은 것으로 여긴다면 미묘한 상相을 붙잡고 있는 것입니다. 마음에 대한 상相이 있는 거예요. '마음은 텅 비어 있는데 거기에 이런 저런 느낌이 와서 닿으니까 내가 느낌을 아는구나.'라고 이해하고 '텅 빈 마음이 곧 마음의 본체'라고 생각한다면, 이 생각 역시 마음에 잡힌 것입니다. 마음에 붙잡혔다면 그것은 마음의 본질이 아니기 때문에 마음의 본질을 '있다'고 할 수 없습니다. 잡을 수가 없으니까요. 그렇다면 '없다'고 할 것인가? 없다고도 할 수 없으니, 모든 상相들의 근원이기 때문입니다. 마음이 잡아내는 모든 상相은 우리 개념이 만든 '있음'이라는 범주 안에 포함됩니다. 그런데 그 모든 상相들이 떠오르는 마음의 본체는 안 잡히기 때문에 '있다'고 할 수 없어요. 그렇지만 '있음'의 범주에 있는 모든 상相들의 원천이기 때문에 '없음'의 범주에 넣을 수도 없습니다. 원래 그 자체의 모습이 없어 우리는 마음의 본체를 붙잡을 수 없습니다.

바람을 예로 들어 봅시다. 바람은 손에 잡히는 형태가 없고, 눈에 보이지 않고, 냄새를 맡거나 맛을 볼 수도 없습니다. 얼굴에 스쳐지나가는 느낌이 없다면 우리는 정말 그것이 있는 줄도 모를 테니, 바람에게는 다른 감각기관이 붙잡을 수 있는 상相이 없기 때문입니다. 컴퓨터 모니터를 보면 우리 마음은 시각적인 네모난 상相을 잡아냅니다. 김치에는 고유한 냄새의 후각적인 상相이 있고, 시냇물 흐르는 소리에는 청각적인 상相이 있고, 사탕은 달콤한 미각적인 상相이 있어서 모두 우리의 감각에 잡힙니다. 부모님을 떠올리면 부모님의 상相이 떠올라 마음에 잡힙니다. 그렇지만 마음 자체는 상相이 없어서 잡을 수가 없어요. 그러면 어떻게 알 것인가? 마음에 잡히는 상相 자체가 마음 본질의 증거가 되기 때문에 알 수 있습니다. 여러분이 자신의 마음을 깊숙이 들여다보고 느껴보면 어떤 현상이 있을 때마다 본질을 즉각 확인할 수 있습니다. 또 '마음 자체의 상相이 없다'는 말은 경계 없음을 의미하는데, 이를 알아채면 정념正念에 이르게 됩니다. 이것과 저것을 구별시켜주는 것이 경계입니다. 모든 상相은 경계를 갖고 있는데 마음은 자상自相이 없어 경계선을 그릴 수가 없기에 무경계無經界라고 하지요. 이렇게 경계가 없음을 알아채고 그 경계 없음 속으로 깊숙이 들어가는 것이 바로 진여삼매입니다. 이 진여삼매를 열심히 수련하고 배우면 현세現世에 열 가지 이익이 있다고 했습니다. 진여삼매는 본질을 추구하는 수련이에요. 어떤 능력을 얻거나 편안한 마음 또는 기쁨과 환희를 느끼려는 목적으로 진여삼매를 수행하는 것은 아닙니다. 경계 없는 마음을 수행하는 과정에서 툭 들어가는 깊은 무심의 상태가 바로 진여삼매인데, 이 진여삼매를 추구하는 과정에서 우리에게 열 가지 이익이 생긴다고 말합니다.

一者常爲十方諸佛菩薩之所護念.
일 자 상 위 시 방 제 불 보 살 지 소 호 념

첫째는 항상 시방十方의 모든 부처와 보살에게 호념護念함을 입는 것이요,

호념護念은 부처나 보살이 마구니를 제거하여 중생을 보호함을 말합니다. 우리가 뭔가에 빠져드는 것을 막아준다는 의미에요. 상징적으로는 부처가 마귀를 쫓아준다고 얘기할 수 있지만, 결국 그 마구니는 우리 마음이 만들어낸 상相이므로 그 상相으로부터 영향 받지 않게 됨을 말합니다. 무언가로부터 영향을 받는다는 것은 영향 받을 '무언가'가 있다는 의미입니다. 마구니에게 영향을 받는다면 마구니에게 영향 받을 내가 있다는 뜻이겠지요.

망령된 마음, 즉 분별하고 나누고 경계 짓는 마음 때문에 사랑하고 미워하는 마음이 일어나고 고통 속에 빠져듭니다. 이 애증愛憎의 고해苦海에 떨어지지 않도록 부처가 진여삼매를 수행하는 사람들을 보호한다는 의미인데, 이는 수행 자체가 이미 마음의 고통에서 멀어지게 하는 효과 때문입니다.

진여란 경계 없음이요, 삼매란 깊은 선정이니 경계 없는 깊은 선정을 수행할수록 우리는 경계 지어져 구별되는 모든 현상들로부터 벗어나게 됩니다. 우리는 모든 '현상을 현상으로 보기'를 추구하는데, 이렇게 되었다는 것은 이미 현상에서 떠나있다는 말입니다. 마음에 잡히는 모든 것이 현상입니다. 사회적인 권력이나 미묘한 신체 에너지 현상을 통해 일어나는 놀라운 일들, 깊은 삼매의 느낌이나 황홀경 등의 경험도 모두 마음에 잡히므로 상相입니다. 그 모든 것을 현상으로 보는 것이 바로 진여삼매입니다. 따라서 진여삼매를 수행할수록 현상들에서 벗어나게 되니 당연히 마구니가 옭아매는 현상에도 빠지지 않습니다. 진여삼매를 수행하는 사람은 현상은 영원불멸하지 않아서 나타났다 사라지고 잠시 후에 변한다는 것을 알기에 그것에 빠지지 않습니다. 부처와 보살에게 호념護念함을 입는다는 말은 올바른 길을 가도록 가까이에 있는 사람이 도와준다는 의미도 될 수 있지만, 스스로 진여삼매를 수행하여 마구니로부터 벗어남을 의미합니다.

二者不爲諸魔惡鬼所能恐怖.
이 자 불 위 제 마 악 귀 소 능 공 포

둘째는 모든 마구니와 악귀에 의하여 두려움을 받지 않는 것이요,

황홀경과 더불어 두려움 역시 마음의 이중성인 나와 대상 사이에서 일어나는 현상입니다. 밤 열두시에 무덤가를 지날 때 두려움이 느껴진다면 왜 그럴까요? 자기를 지키려는 마음 때문입니다. 지켜야 할 내가 없다면 두려움은 생기지 않아요. 보호해야하는 몸을 가지고 있는 우리한테 두려움은 당연히 일어나야 하지만, 마음의 두려움은 일어나서는 안 됩니다. 두려움은 무언가를 지키라는 신호일 뿐이에요. 분리된 나와 대상 사이에서 일어나는 현상, 즉 느낌이기 때문에 그것이 주는 경고를 받아들이고 즉시 거기서 벗어날 수 있으면 됩니다. 마구니와 악귀 역시 마음의 현상일 뿐이므로 진여삼매를 수행하는 과정에서 자연스럽게 마구니와 악귀에 대해 두려움을 갖지 않게 됩니다. 부처님이 나타나서 보호하여 두렵지 않게 해준다기보다는 스스로의 마음에서 벗어남을 말합니다.

외도外道의 핵심은 뭔가를 추구하도록 부추긴다는 것

三者不爲九十五種外道鬼神之所惑亂.
삼 자 불 위 구 십 오 종 외 도 귀 신 지 소 혹 란

셋째는 아흔 다섯의 외도外道와 귀신에 의해 미혹하고 혼란되지 않는 것이요,

아흔 다섯의 외도外道와 귀신은 마음이 일으키는 다양한 믿음과 체계를 말합니다. 모든 현상을 현상으로 보는 진여삼매를 수행하는 사람은 현상에 구속받더라도 그것이 진정한 것이 아님을 이미 알기 때문에 머무르지 않고 나아갈 수 있습니다. 혼란을 혼란대로 두고 나아갈 수 있다는 말입니다.

외도外道는 다양한 수련을 가르치며 사람들을 이끄는 특정 단체나 방법들을 의미합니다. 그들이 모두 틀렸다는 말은 아니고, 문제가 되어 최종적으로 외도라고 지칭되는 이유는 그들이 뭔가를 추구하고 얻으려는 마음을 부추기기 때문입니다. 우리는 얻을 것이 없습니다. 그냥 알아채는 거예요. 얻을 것이 없다는 말은 지금 이대로 자기와 동일시되어 살아가도 괜찮다는 의미는 물론 아닙니다. 다만 뭔가를 얻어서 자기가 커지고 확장되는 것에 수련의 초점이 맞춰져있다면 그것은 모두 외도라는 말입니다. 여러 가지로 표현을 그럴싸하게 해도 그 핵심이 뭔가를 얻어야 한다거나 변해야 한다고 말한다면 외도에요. 왜냐하면 우리는 이미 구족具足된 상태이기 때문입니다. 지금 이 순간 모든 것이 다 갖춰져 있는 상태이므로 뭔가를 찾아 떠날 필요가 없어요. 지금 이 자리에서 행복하고자 하면 이미 행복합니다. 그런데 사람들이 행복하지 않은 이유는 저 멀리에 목표를 만들어놓고 그것을 향해 마음이 움직이기 때문입니다. 움직여 가는 과정에서 기대와 설렘과 재미있는 느낌들이 생겨나 흥미로워하면서 빠지기 쉽습니다. 그러나 우리는 이미 이 자리에서 아무 이유 없이 행복할 수 있어요. 어떻게 하면 그럴 수 있을까요? 행복은 언제 일어납니까? 커피 한 잔 마시면 정말 좋겠다는 생각이 드는데 마침 커피가 있어서 마십니다. 그렇게 내가 원하는 것을 딱 이루는 순간에는 불만족이 없어요. 작은 바람이 충족된 것일지라도, 만족한 상태는 아주 큰 것을 얻었을 때의 느낌과 같습니다. 얼마나 강렬하게 원하느냐의 강도의 차이는 있을 수 있어요. 그러나 불만족이 없어진 상태, 얻으려는 마음이 사라진 상태, 이미 그 자리가 완전해진 상태는, 갖고 싶던 작은 가방을 하나 샀을 때나 비싼 기계를 샀을 때나 다르지 않습니다. 그 순간 더 이상 아무것도 바라지 않는 마음이지요. 지금 여러분이 이런 공부를 하는 사람들과 함께 있기를 원한다면 그것은 이미 이루어졌습니다. 이렇게 자기가 이미 가진 것, 이미 처해진 상태를 원하면 행복합니다. '나에게 희로애락의 감정을 느낄 수 있는 마음이 있다면 얼마나 좋을까?'라고 원한다면 어떤 감정이 올라와도 행복하겠지요. 두려움이 생겨도 행복합니다. A.I라는 인공지능 영화를 보면 얼마나 인간이 되기를 원하고 감정을 갖기를 원합니까? 우리가 그런 인조인간이라면 마침내 인간의 감정을 갖게 되었을 때 얼마나 신기하고 흥분되겠습니까. 그것이 공포와 슬픔, 두려움과 지루함일지라도 얼마나 신기하겠어요? 어제까지 감정을 못 느끼는 인조인간이었다가 오늘 감정을 경험하는 인간이 되었다면 얼마나 행복하겠습니까? 그렇게 자신이 지금 가진 것을 원하면 지금 이 자리가 천국입니다.

그런데 마음은 항상 저 멀리를 향해 뛰어갑니다. 왜냐하면 그런 움직임을 통해 자기 존재를 확인하기 때문입니다. '나'라는 것이 있다는 걸 실감하기 위해 자꾸 목표를 멀리에 둡니다. 그런데 지금 이 자리에서 행복하다면 더 필요한 것이 없잖아요. 지금 이 자리가 완전하다는 말은 그런 의미인데, 모든 마구니와 악귀들은 저 멀리에 목표가 있다고 속삭입니다. 예수가 광야에서 40일 동안 단식하는데 마지막에 사탄이 나타나 예수를 시험합니다. 자신에게 엎드려 절하면 온 세상을 주겠다고 말하지요. 이렇게 마구니는 원하는 것을 심어 목표를 만들고 저 멀리를 향해 나아가게 함으로써 '지금'을 없애려고 합니다. 지금 이 순간의 존재를 망가뜨리고 저 멀리 있는 목표를 향해 가게 해요. 마구니가 별게 아닙니다. 우리 마음은 늘 내일을 기대합니다. 공부를 하면서도 '마음이 넓어지고 확장되면 뭔가 좋은 일이 있겠지.' 하고 기대하지요. 이렇게 마음이 움직이게 만들고, 마음이 움직이면 주객으로 분리되어 어떤 흐름을 만들어내서 마음에 느낌이 일어나 존재를 느끼게 되는데 이것이 바로 자아自我입니다. 자아는 특별한 것이 아니라, 3~40년 동안 특정한 패턴으로 움직이고 있는 것이에요. 그것을 즉각 멈추고 지금 이 자리를 원한다면 자아가 움직일 자리가 더 이상 없습니다. 여러분이 지금 있는 이 자리의 상태를 절대적으로 원한다면 마음은 사라지고 맙니다. 더 이상 할 일이 없어서 자아가 사라지는데 그런 사람이 바로 무사인無事人입니다. 해야 할 일도 없고, 하고 싶은 일도 없고, 피하고 싶은 것도 없어 일어나는 일을 그대로 받아들이는 사람에게는 자아自我라는 것이 존재할 필요가 없습니다. 뭔가 해결해야되고, 도달해야 되는 목표가 있을 때만 자아가 필요해요. 자아는 일종의 역할이고 용도인데, 그 자아가 항상 목표를 만들어서 주인 노릇을 하려 합니다. 움직이는 마음은 나를 지금 이 자리에 있지 못하게 하기 때문에 마구니와 큰 차이가 없습니다.

물론 움직임 자체는 일종의 살아있음입니다. 변화와 움직임이 살아있음을 증거하지요. 그러나 그런 변화의 기반은 절대적인 '흔들림 없음'이라는 것을 분명히 보면서 움직여 살아야 합니다. 가만히 앉아있으라는 말이 아닙니다. 그래서 이다음 내용에서는 지止만 수련하는 사람, 즉 선정만 수련하는 사람은 게을러지고 나태해진다고 말합니다.

왜냐하면 자꾸 고요하고 가라앉는 평화로만 가기 때문입니다. 절대적인 평화는 죽음입니다. 우리의 본질은 움직이지 않는 측면을 가지고 있지만, 움직이지 않음만 있는 것은 아닙니다. 움직이지 않음과 움직임이 함께 있어요. 그런데 지법止法만 수련하면 움직이지 않는 쪽으로만 가게 됩니다.

마구니와 악귀가 일으키는 두려움을 받지 않게 되는 이유는 진여삼매를 수행하기 때문입니다. 또 외도外道와 귀신에 의한 미혹과 혼란도 막아줍니다. 이런 것들은 결국 마음이 일으키는 믿음과 체계들인데, 아무리 정교하고 훌륭하게 보인다 해도 하나의 마음 현상으로 보아야 합니다. 모든 현상을 현상으로 보는 진여삼매를 수행하는 사람은 비록 현상에 구속받는다 하더라도 그 현상에 머무르지 않고 나아갈 수 있습니다. 혼란이 와도 혼란은 혼란대로 두고 나아갈 수 있는 이유는, 현상이라는 것은 본질이 아님을 마음으로 믿기 때문입니다. 아직 통찰하지는 못했어도 그렇게 가게 해주기 때문에 신성취발심信成就發心이 아주 중요합니다.

'충족된 마음'과 '지금 이 순간에 집중된 마음'은 다르지 않다

四者遠離誹謗甚深之法, 重罪業障漸漸微薄.
사 자 원 리 비 방 심 심 지 법　중 죄 업 장 점 점 미 박

넷째는 깊고 미묘한 불법佛法을 비방함에서 멀리 떠나 중죄重罪의 업장業障이 점점 엷어지는 것이요,

깊고 미묘한 불법佛法에 대한 비방은 불법만이 아닌 모든 진리에 대

한 비방이니 진리로부터 멀어지게 됩니다. 진리에서 멀어지면 고통에 빠지고 해결되지 못한 업業이 일어나고 쌓이게 되니, 진리를 비방하지 않는 것이 그러한 업業에서 자연스레 멀어지는 길입니다. 진리에서 멀어지면 왜 중죄의 업장이 생기는 걸까요? 업業은 어떤 패턴 속에 빠져서 나도 모르게 무언가를 하는 것입니다. 즉 어딘가로 움직이는 힘이 생겨나있는 흐름이에요. 별 것 아닌 에너지 패턴인데도 업業을 무시할 수 없는 이유는 우리가 그 속에 빠져버리기 때문입니다. 누가 나에게 욕을 한 마디 해서 화가 올라오는데 그때 '이것은 나를 보호하기 위한 신호다.'라고 알아채면 괜찮습니다. 그러나 화를 터트려야만 시원하다면 업장業障에 끌려 다니는 것입니다. 그런데 진여삼매를 수행하게 되면 그런 업장이 엷어져요.

지금 이 순간 무언가를 추구한다고 해봅시다. 뭔가를 찾고 싶고, 알고 싶고, 경험하고 싶고, 터득하고 싶은 마음의 느낌이 있어요. 그렇다면 여러분의 마음은 업業에 빠져서 어딘가를 향해 자꾸 움직이는 거예요. 이번에는 지금 여러분이 앉아있는 이 순간의 경험을 추구한다고 해봅시다. 그러면 추구하는 움직임이 있을까요? '진리를 추구하는 사람들과 함께 있으면 좋겠다'고 원한다면 이미 지금 이 자리에서 그 추구가 이루어져 있으므로 어딘가로 향하는 마음의 움직임이 없습니다. 얻고자 하는 것을 다 얻은 느낌을 떠올리거나 지금 이 자리에 '있는 상태'를 '원해'보세요. 즉 바라던 것이 이미 성취되었을 때의 느낌을 느껴보세요. 더 이상 원하는 것이 없는 상태의 느낌이 바로 만족입니다. '원하던 것을 성취했을 때' 짧은 순간이나마 우리는 그런 '만족'한 마음 상태에 이르게 됩니다. 그렇기 때문에 '지금의 상태'를 '원하기만 하면' 언제든지 우리는 이미 만족된 상태에 있는 것과 마찬가지입니다. 지금 이 순간의 상태와 느낌을 추구하면 우리는 늘 만족된 상태에 있게 되는데, 그것이 바로 업業이 없는 상태입니다. 더 이상 바라는 것이 없고, 가야할 곳이 없기 때문에 움직일 이유가 없는 상태이지요. 이때 나의 개인적인 업業은 없지만 자연업自然業이 생기기 시작합니다. 부처에게도 자연업은 있다고 했으니, 자연적으로 중생들을 위해 뭔가를 행하는 것이 바로 자연업입니다. 개인적인 특성이 취득하고자 하는 욕구를 멈추고, 타인과 환경이라고 여겨지는 것들을 향해 주의가 열려서 움직여 나아갑니다.

정말 만족된 상태는 마음이 멈춘 상태, 즉 마음이 어디로도 가지 않고 지금 이 자리에 있는 상태입니다. 원래 마음은 지금 여기에 있지 않고 꼭 움직여야만 존재합니다. 마음의 쓸모가 그러하니, 과거와 미래를 오가면서 현재 무엇을 할지를 살피는 것이 마음이 하는 일입니다. 그래서 무사인無事人에게는 마음이 쓸모없습니다. 그런데 사람들은 아직 이루어지지 않은 무언가를 목표로 삼고 결과를 얻기 위해 늘 고군분투하기 때문에 항상 마음은 바삐 움직입니다. 업業이 발현된 상태지요. 마음은 움직일 때만 살아있기 때문에 자기가 살기 위해 어떤 목표를 세우고 얻으려고 합니다. 그렇다고 해서 아무것도 하지 말라는 건 아니고 그런 마음을 알아채라는 말입니다. 마음은 이미 충족되어 있으니 더 이상 찾을 것도 얻을 것도 없음을 알아채세요. 애써 새로 얻어서 이루려는 마음은 움직이는 마음입니다. 우리가 발견할 것은 움직이지 않는 마음이에요.
몸과 마음이 자꾸 과거나 미래로 움직이거든 움직이지 않는 이 자리로 돌아오게 하십시오. 지금 이 순간 나는 무엇이 부족한지 스스로 물어보세요. 생각이 끼어들면 자꾸 부족함이 떠오르니까 생각은 끼어들게 하지 말고, 이 순간 지금 존재하고 있는 이 자리에서 내 마음은 무엇을 더 필요로 하는지 살펴보세요. 더 이상 필요한 게 없습니다. 원하는 것을 얻었을 때의 '충족된 마음'과 아무 부족함이 없는 지금 '이 순간에 집중된 마음'은 다르지 않습니다. 움직이지 않는 마음, 업業이 작동하지 않는 마음이에요.

경계 없는 깊은 선정으로 들어가는 진여삼매를 수행하면 끊임없이 내닫는 업業의 발현이 점점 줄어들고 약해집니다. 즉 움직이는 마음이 점차 멈추게 되는데, 경계가 있을 때만 마음이 움직이기 때문입니다. 이쪽 경계에서 저쪽 경계로 뛰어다니는 것이 마음이고, 그런 움직임이 일정한 패턴을 띠면 우리는 그것을 자아自我라고 부릅니다.

五者滅一切疑諸惡覺觀.
오 자 멸 일 체 의 제 악 각 관

다섯째는 일체의 의심과 모든 나쁜 사고思考를 없애는 것이요,

진여삼매의 수행은 모든 의심과 나쁜 생각들에서 벗어나게 해줍니다. 왜냐하면 의심이 일어나도 그것에 힘주지 않을 수 있고, 나쁜 생각이 일어나도 중요성을 띠지 않기 때문입니다. 의심이 일어나는 것은 상관없습니다. 생각하는 기능이 있는 사람한테 의심은 당연히 일어나지요. 그런데 그 의심을 정말 무겁고 중요하게 만들어서 내 존재를 흔드는 것은 그 의심을 '믿는 마음'입니다. 나쁜 생각도 일어날 수 있습니다. 그런데 그 나쁜 생각을 무게 있게 만들고 중요하게 만드는 것은 그것을 믿는 마음이에요. 의심과 나쁜 생각에 '에너지'를 주는 것이지요. 수많은 의심과 생각들은 일어났다가 사라지게 되어있습니다. 그런데 그것에 맞서 싸우려는 것은 도리어 그것에 힘을 주게 되어 그것을 더 키우고 중요하게 만들어 버립니다. 진여삼매를 수행하는 사람은 그것들에 맞서 싸우지 않고 지나가도록 내버려 둘 줄 알게 됩니다. 관법觀法으로 나타났다 사라지는 것을 지켜봅니다. 그래서 진여삼매를 수행하면 의심과 나쁜 사고가 사라집니다.

六者於如來境界信得增長.
육 자 어 여 래 경 계 신 득 증 장

여섯째는 여래의 경계에 대한 믿음이 증장되는 것이요.

여래에 대한 믿음이 증장된다고 했습니다. 진여삼매를 수행하면 다양한 고통에서 점차 벗어나기 때문에 자연스럽게 믿음이 커지고 더 정진하게 되겠지요. 수련을 하면 자기를 괴롭히는 생각이나 감정을 하나의 느낌으로 알 수 있고, 그것들과 함께 가는 것을 경험하면 느낌에 초연해져서 그러한 경계들로부터 자유로워지며 그런 연습들을 더 믿게됩니다. 여래에 대한 믿음도 마찬가지입니다. 여래를 믿고 진여삼매를 수행할수록 점점 더 자유로워지고 여래에 대한 믿음이 더 커집니다. 그런데 원문을 잘 보면 '여래의 경계'라고 했습니다. 경계라는 말을 왜 집어넣었을까요? 여래라는 믿음 역시 일종의 분열된 경계임을 짚어주는 말입니다. 지금은 여래를 믿고 수행해가지만 마지막에 가서는 그것마저 일종의 경계임을 보라는 것입니다. 무언가를 믿는 마음은 '무언가'와 그것을 믿는 '나'로 나눠진 마음입니다. 일심一心이 아닌 분열된 상태입니다.

자아는 소유물과 목표를 통해서만 존재한다

七者遠離憂悔, 於生死中勇猛不怯.
칠 자 원 리 우 회   어 생 사 중 용 맹 불 겁

일곱째는 근심과 후회를 멀리 여의어 생사生死 중에 용맹하여 겁내지 않는 것이요.

진여삼매를 수행하면 근심과 후회를 떠나게 된다고 했습니다. 근심과 후회는 어디에서 올까요? 무언가가 되지 못할까봐 그리고 무엇을 얻지 못할까봐 근심이 생겨납니다. 그리고 무언가를 향한 과정에서 자신이 잘못한 것처럼 여겨질 때 후회가 따릅니다. 이렇게 근심과 후회는 목표가 있을 때 생겨나는데 이는 모두 움직이는 마음이어서 자아自我를 형성합니다.

자아自我는 어떤 소유물이나 목표를 통해서만 존재할 수 있기 때문에 끊임없이 무언가가 되려고 합니다. 그런 포장을 걸치지 않으면 스스로가 존재하지 않는다고 느끼기 때문이에요. 자아自我는 일종의 에너지 뭉침인데, 에너지가 뭉치려면 동일시할 어떤 대상이 필요합니다. 하늘의 수증기가 빗방울이 되려면 엉길 수 있는 먼지덩어리가 필요하지요. 수증기끼리 붙어서는 물방울이 되지 않기 때문에 수증기가 들러붙어서 모일 먼지덩어리가 꼭 필요합니다. 그래서 빗물을 받아보면 모래알 같은 것들이 많이 있어요. 마찬가지로 우리의 내적인 에너지도 들러붙어서 동일시할 대상이 필요합니다. 그것이 바로 목표이고 원하는 바이고 대상이 되는 것입니다. 그것에 들러붙어 에너지가 뭉쳐지면 드디어 '나'라는 것이 생겨납니다. 목표를 향해 움직일 에너지 덩어리가 형성되어 '내가 저것을 원해.' 하면서 자기의 존재를 느낍니다.

어린애에게 자아가 생기는 과정을 잘 살펴보세요. 아이는 엄마가 하라는 대로 하다가 언젠가부터 무조건 싫다고 말합니다. 자기라는 걸 느끼고 싶어서 그러는 거예요. 엄마가 해준다고 해도 싫다면서 자기가 한다고 하고, 이렇게 하라고 하면 싫다면서 저렇게 하겠다고 하고, "싫어"를 입에 달고 다니는 시기가 옵니다. 그러면서 자기 존재감을 느끼는 거예요.

또, 자아自我는 드러나는 대상이 있어야 존재감을 느끼게 되어 있어서 자꾸 자신을 대상과 동일시합니다. 그래서 자기가 소유한 것을 자기라고 여기지요. 따라서 자아라는 것은 소유물을 중심으로 뭉친 에너지 덩어리라고 보면 됩니다. 그 소유물은 물건뿐 아니라 생각이나 감정일 수도 있고, 어떤 에너지 흐름일 수도 있습니다. 마음이 고집하는 그 어떤 것이라도 대상이 되어 거기에 뭉친 에너지 덩어리가 스스로를 보호하고 확장시키려 하는 것이 바로 자아自我의 활동입니다.

그러나 절대적인 관점에서 말하자면 행복은 이미 이 자리에 있습니다. 만족도 이미 이 자리에 있어요. 뭔가를 얻어야 만족이 느껴지는 것은 아닙니다. 갖고 싶은 뭔가가 있을 때 그것을 갖기 전까지 마음은 그것을 얻을 방법을 찾아 달리며 애쓰고 노력합니다. 그때 마음은 이 자리에 있지 못해요. 그러다가 드디어 그것을 얻고 나면 만족감을 느끼게 됩니다. 목표 때문에 생겨났던 '흐름'은 목표가 성취되는 순간 '사라지는데' 그것이 바로 '만족감'입니다. 그런데 잘 살펴보면 목표를 가진 흐름이 생겨나기 전과 성취하여 흐름이 사라진 후의 상태는 똑같습니다. 여러분이 아무것도 원하지 않는 상태나 뭔가를 원해서 성취한 상태나 똑같다는 말이에요. 다만 다른 점이 있다면 무언가를 성취하고 난 뒤에는 잠시잠깐 만족감을 '느낀다'는 점입니다. 아무것도 원하지 않을 때는 어떤 변화도 없기 때문에 느낌이 없지만, 뭔가를 원하면 그것을 향한 흐름이 시작되고 목표를 성취하여 흐름이 멈추면 만족감을 '느끼지요'. '느낌'이란 변화에 의해서만 일어나기 때문입니다. 즉, 그 만족감은 추구하던 것이 사라졌기 때문에 느껴지는 것인데 그리 오래 가지는 않습니다. 원하는 것을 얻었을 때를 기억해보세요. 그 당시에만 좋은 느낌이 있지 그 다음에는 곧 사라져 버리지요. 좋은 느낌이 생기는 진짜 이유는 압박감이 사라지기 때문입니다. 뭔가를 추구하면 항상 긴장과 초조 속에 있게 됩니다. 대변을 보는 것과 똑같습니다. 장이 꽉 차서 배설하고 싶을 때 화장실에 가서 쏟아내면 쾌감을 느끼지요. 장腸이 비었을 때나 꽉 찬 것을 쏟아냈을 때나 내 몸의 상태는 똑같아요. 그런데 대변을 보고 나서 장이 비었을 때만 쾌감을 느낍니다. 빈 몸의 상태가 쾌감을 일으키는 것이 아니라 꽉 찬 것을 비워버리고 싶은 욕구가 이루어졌기 때문에 쾌감을 느끼는 거예요. 이와 같이 만족감이라는 것도 뭔가를 욕구하는 긴장이 풀어지면서 생기는 평화와 같은 것입니다.

우리는 살아있기 때문에 끊임없이 변화하려하고, 모든 느낌은 변화의 과정에서 생겨납니다. 그러나 변화로 인한 그런 느낌들에 지나치게 끌리고 그것에 묶인다는 점이 문제입니다. 그 느낌의 파도를 즐기며 타는 것은 괜찮지만 그 느낌에 끌려 다니지는 마세요. 그런 느낌들이 없어도 괜찮아야 합니다. 별다른 일 없는 지금 이 순간의 상태나 뭔가를 얻고 난 후의 상태나 다르지 않습니다. 느낌의 차이만 있을 뿐입니다. 그 느낌은 파도와 같아서 항상 유지되지 않고 나타났다 사라집니다. 느낌이라는 것 자체가 변화의 순간에만 일어나기 때문입니다. 일시적일 수밖에 없는 것이 '느낌'인데, 사람들은 황홀하고 행복하고 기쁜 '느낌'을 추구하기 위해 혈안이 되어 있습니다. 삶을 살아가면서 자연스럽게 다가오는 느낌을 즐기는 것은 괜찮지만 그것들을 찾아서 헤매고 돌아다닐 필요는 없습니다. 아무 일 없고 원하는 것 없는 지금 이 순간 이 자리에 있는 별다른 느낌 없는 상태가, 원하는 것을 얻고 난 상태와 똑같은 것임을 빨리 파악하세요. 근심과 후회는 목표 때문에 생겨납니다. 행복과 만족은 이미 이 자리에 있다는 것이 절대적인 진리입니다. 결코 찾으러 다닐 필요가 없어요. 그러니까 여러분이 탐구를 해 나갈 때도, 아무 느낌도 없는 지금 이 자리의 상태가 바로 모든 것이 충족된 마음 상태임을 알아채고 그것을 기반으로 해서 나아가시길 바랍니다. 기분 좋은 느낌과 행복감이 아니라 진리를 추구하세요. 진리를 추구하면 행복을 파악하게 되지만, 행복을 추구하면 계속해서 행복이 주는 일시적인 느낌만을 찾아서 매달리게 됩니다.

진리를 위해 모난 돌이 되어라

八者其心柔和, 捨於憍慢, 不爲他人所惱.
팔 자 기 심 유 화   사 어 교 만   불 위 타 인 소 뇌

여덟째는 그 마음이 부드럽고 온화하여 교만을 버려서 다른 사람으로부터 괴롭힘을 받지 않는 것이요.

마음이 온화하고 교만을 버리면 왜 다른 사람으로부터 괴로움을 받지 않게 될까요? 우리 속담에도 '모난 돌이 정 맞는다.'란 말이 있지요. 자기가 잘났다고 우기고 남들 사이에서 혼자 튀면 자연스럽게 정을 맞게 되어 있습니다. 물론 상황에 따라 진리를 위해 정을 맞아야 될 필요도 있겠지만, 그런 경우가 아니라면 자신의 자아自我를 내세우기 위해

서 모난 돌이 되면 괴로움만 느끼게 됩니다. 진리를 위해 모난 돌이 될 때는 진리가 자신의 내적인 괴로움을 털어버리게 해주기 때문에 정을 맞아도 괜찮지만, 자신만을 위할 때는 모난 돌 자체를 자기라고 여기기 때문에 정을 맞으면 괴롭습니다. 진리를 위할 때는 모난 돌을 자기라고 여기지 않기 때문에 맞아도 아픔이 없습니다. 교만한 사람은 늘 주변으로부터 공격받게 되어 있습니다. 우주가 균형을 맞추기 위해서 한쪽이 올라서면 깎아 내리려고 하기 때문이에요. 그래서 남들보다 잘 나면 주변에서 자꾸 깎아 내리는 것이 자연스러운 현상입니다. 성공한 사람을 주위 사람들이 시기하고 질투하는 것은 균형을 잡으려는 자연스러운 현상이에요. 시소의 한쪽이 올라가면 다른 쪽은 내려가는 것처럼 잘난 사람 옆에 있으면 자신은 못나 보이고 작게 느껴지기 때문에 자꾸 그 사람을 깎아내리고 싶어집니다. 그러나 교만을 버린 온화한 사람은 다른 사람으로부터 번뇌를 받지 않게 됩니다. 스스로 낮아지기 때문입니다.

여러분에게 경험이 일어나고 자기로부터 자유로워질수록 자꾸 누군가에게 전하고 싶어질 것입니다. 그런데 그 말을 들을 준비가 안 된 사람에게 자꾸 얘기하는 것도 모난 돌이 되는 것입니다. 그럴 때 자기를 잘 들여다봐야 돼요. 내가 스스로를 잘났다고 느끼기 위해서 경험을 전하려는 것이 아닌가? 만약에 그렇다면 상대가 거부할 때 자신의 마음이 아픕니다. 그런데 정말 상대를 위한 마음이라면 그 사람이 내 말을 거부하고 내쳐도 아프지 않습니다. 통찰력게임을 할 때 '다른 사람에게 조언하지 않는다'는 원칙이 있습니다. 그런데 조언해도 되는 상황이 하나 있는데, 자신도 모르게 저 사람에게 해주고 싶은 말이 떠오를 때에요. 그때는 동의를 구하고 조언할 수 있습니다. 저 사람이 알아채지 못한 것이 나를 통로삼아서 나올 때입니다. 개별적인 나의 의식수준에서 올라온 조언이 아닌, 집단 무의식에서 올라오는 조언이 나를 통로로 삼을 때에요. 그런데 그런 조언이어도 상대가 듣지 않겠다고 거부하면 게임의 규칙상 그냥 지나갑니다. 그때 조언해주려던 사람의 마음이 아프다면 그것은 그 사람의 '자아'가 '조언'하려던 것입니다. 마음이 아프지 않으면 아무 이유 없이 정말 심층에서 올라온 무의식의 조언이에요. 통찰력게임을 할 때처럼 여러분의 조언을 상대가 거부하거나 내 의견이 틀렸다고 말할 때 마음이 아프다면 내 자아가 조언한 것이고, 아프지 않다면 진리가 조언한 것이니 이런 점도 잘 살펴보시기 바랍니다.

九者雖未得定, 於一切時一切境界處, 則能減損煩惱,
구 자 수 미 득 정   어 일 체 시 일 체 경 계 처   즉 능 감 손 번 뇌

不樂世間.
불 락 세 간

아홉째는 비록 선정을 얻지 못하였으나 모든 때, 모든 경계처境界處에 대하여 번뇌를 줄여 세간世間을 즐기지 않는 것이요,

세간世間을 즐기지 않게 되는 것이 진여삼매를 수행하는 데서 얻는 이익이라고 했습니다. 번뇌가 줄어드는 건 좋은 일이지요. 그런데 세간을 즐기지 않는 일이 왜 일어날까요? 자기가 감당하지 못할 것을 즐기면 그것에 빠지게 됩니다. 제가 가끔 여러분에게 "즐길 건 즐기세요."라고 말하는데, 그 말의 전제는 '언제든 멈출 수 있다'는 것입니다. 여러분이 언제든 멈출 수 있는 것은 즐겨도 괜찮지만 그렇지 못하는 것을 즐기면 거기에 빠지게 됩니다. 멈췄을 때 더 즐기지 못해서 아쉽고 안타까운 마음이 일어나면 그것은 머지않아 괴로움으로 바뀝니다.

멈춰도 아무렇지 않다면 즐겨도 괜찮으니 그것이 바로 파도타기라고 할 수 있습니다. 즐거움은 항상 고통을 수반하게 되어 있어요. 큰 즐거움일수록 더 큰 고통을 수반합니다. 왜냐하면 즐겁고 기쁜 느낌은 우리를 고양시켜서 평상시보다 더 높은 상태에 우리를 올려놓는데, 그렇게 되면 계속 그 느낌 속에 있고 싶어집니다. 그러나 그 느낌이 계속될 수 없기 때문에 다시 평상시의 상태로 내려오게 되는데 그때는 평상시의 상태가 아무 느낌 없는 상태가 아니라 괴로운 상태로 느껴집니다. 기분이 좋아서 고양되었던 상태가 기준이 되었기 때문이지요. 평상시에는 아무 느낌이 없던 상태가 이상하게 괴로움으로 느껴집니다. 손의 온도는 36.5도인데 37도의 물에 담그면 따뜻함이 느껴집니다. 그렇게 오래 있다가 손을 꺼내면 따뜻함 속에 있다가 나오니 평상시에는 아무 느낌이 없던 상온이 차갑게 느껴집니다. 이것과 똑같이 기분 좋음이 일상적인 상태가 되면 별 느낌 없는 평상적인 상태가 괴롭게 느껴지기 때문에 즐거움이 괴로움의 원인이 되는 것입니다. 즐거움은 그냥 즐겼다가 평상심으로 돌아와야 합니다. 아무 느낌 없는 평상심이 가장 좋은 상태이며, 다양한 느낌을 경험할 수 있는 기준입니다. 세간을 즐기지 않음이 하나의 이익이라고 설명한 것은 세간을 즐기고 싶은 마음은 '빠져 있는 마음'이기 때문입니다.

十者若得三昧, 不爲外緣一切音聲之所驚動.
십 자 약 득 삼 매   불 위 외 연 일 체 음 성 지 소 경 동

열번째는 만일 삼매를 얻으면 외연外緣의 모든 소리에 의하여 놀라지 않게 되는 것이다.

깊은 삼매를 얻어서 내면이 고요해지면 외부의 자극에 의해 흔들리

거나 놀라지 않게 됩니다. 지금까지 진여삼매를 수행하는 사람의 열 가지 이득에 대해 알아보았습니다.

다이나믹함과 절대적 평화가 함께 하는 것이 진정한 삶

믿는 마음을 수행하는 수행심신분의 열 번째 강의입니다. 여기서 말하는 믿음이라는 것은 신념信念과는 조금 다릅니다. 신념信念은 '무언가가 옳다'고 믿는 제한된 마음이에요. 내 마음에 떠오른 무언가를 붙잡아서 그것이 전부인 것처럼 여기는 것이기 때문에 신념은 전체인 마음을 부분인 파편으로 만드는 것입니다. 무언가를 진리라고 믿는 모든 신념은 마음의 한 파편입니다. 그런데 우리가 발견하고자 하는 것은 마음의 본질은 파편이 아니라는 것이지요. 어떤 마음의 파편도 마음 전체가 아님을 발견하려고 합니다. 그러려면 모든 파편을 파편으로 여기면 됩니다. 신념도 그렇게 마음에 떠오르는 한 파편이니 결코 전체가 아닙니다. 반면 수행심신분에서 말하는 믿음이라는 것은 열린 마음을 의미합니다. 자신이 그동안 경험하고 믿어왔던 파편들을 내려놓고 마음을 열어서 진리를 발견하는 길을 가겠다는 의미의 믿음이 바로 우리가 발견하고 수행하려고 하는 신심信心입니다.

復次若人唯修於止, 則心沈沒, 或起懈怠, 不樂衆善,
부 차 약 인 유 수 어 지   즉 심 침 몰   혹 기 해 태   불 락 중 선

遠離大悲. 是故修觀.
원 리 대 비   시 고 수 관

또 만약 사람이 오직 지止만을 닦으면 곧 마음이 침잠하여 가라앉거나 혹은 나태함을 일으켜 여러 선善을 즐겨하지 않고 대자대비大慈大悲를 멀리하니 그래서 관觀(위파사나)을 닦는 것이다.

사마타와 위파사나는 요새 유행하는 남방불교의 방법입니다. 집중
과 관찰이지요. 그런데 사마타만 닦으면 자기 내부의 고요 속으로만
들어가려고 합니다. 마음의 현상들에는 관심이 없어 둔해집니다. 오직
텅 빈 마음 쪽으로 들어가면 마음은 고요하고 평화스럽습니다. 그래서
자기는 평안하고 자유스럽지만, 주변에서 일어나는 일에 대해서는 둔
해지고 어떤 일이 일어나도 상관하지 않습니다. 이 점이 대승大乘이 소
승小乘을 비판하는 이유입니다. 소승小乘은 이 세상은 오직 느낌의 세
계이고 마야인데 자신이 구제해야 할 중생이 어디 있느냐고 말합니다.
그러면서도 자기 혼자의 고요하고 자유로운 길로만 들어가지요. 만약
에 정말로 너와 나가 없다면 옆에서 일어나는 일들에 대해 절대로 무
심할 수가 없습니다. 옆 사람의 고통이 내가 피 흘리는 것처럼 느껴질
것입니다. 그러니 진정한 소승小乘이라면 옆에서 일어나는 일들에 무
심할 수 없는 거예요. 아직 덜 갔으니까 자기 카테고리를 정해놓고 자
신의 자유 속에 있는 것뿐입니다. 그래서 사람이 지止만을 닦으면 마
음이 가라앉고 나태해져서 모든 선한 일을 즐겨하지 않고 대비大悲로
부터 떠나게 된다고 했습니다. 다른 사람의 슬픔을 보고 같이 슬퍼하
는 것이 대비大悲입니다. 대자大慈는 주변의 모든 사람을 사랑하는 것
이지요. 사마타만 하게 되면 이런 대자대비大慈大悲로부터 멀리 떠나게
되는데, 오직 자기 속으로만 들어가기 때문에 주변에서 일어나는 일에
전혀 마음이 가지 않고 둔해지기 때문입니다. 텅 빈 마음속으로 들어
가서 삼매에 들면 아무것도 없습니다. 나도 없고 너도 없기 때문에 대
자대비大慈大悲가 발현될 수 없어요. 그는 현상이 아닌 본질 쪽으로 가
려고 하지만 사실 현상이 없는 본질이란 없습니다. 본질과 현상이라는
것도 마음이 나눈 개념이기 때문에 그는 여전히 그렇게 나뉜 마음의

반쪽 속에 있을 뿐입니다. 지止만 닦으면 대자대비大慈大悲를 멀리 하기 때문에 관觀을 같이 닦을 필요가 있습니다. 위파사나는 끊임없이 일어나는 현상들에 관심을 두어 그 현상들은 나타났다 사라지는 무상한 것임을 발견하게 합니다. 그렇게 되면 현상에 묶이지 않으면서도 현상을 무시하지 않습니다. 흘러가는 현상은 본질이 아님이 분명하기 때문에 그것에 묶이지 않고 자유로워지면, 비로소 나타나는 현상을 아름답게 쓸 수 있게 됩니다.

사마타란 기본적으로 어떤 하나에 집중한 후 그것마저도 놓아버리는 것인데, 집중의 대상이 텅 빈 느낌이라 하더라도 그것에만 마음이 제한되는 경향이 있습니다. 그래서 전체에 열린 마음을 얻기가 어려우니 이것이 사마타의 약점입니다. 그러나 우리의 마음은 본래 무한하기 때문에 결코 어디에도 제한되지 않습니다. 모든 제한으로부터 자유로워짐이 바로 본질인데, 사마타는 그 방법론상 하나에 마음을 제한시키는 한계를 가지고 있기 때문에 관법觀法을 같이 수행해야 합니다. 또 집중만을 닦으면 마음은 가라앉거나 나태해져 평화와 안정으로만 가려고 합니다. 그러나 삶은 다이나믹합니다. 다이나믹함과 절대적 평화가 함께 하는 것이 진정한 삶이에요. 다이나믹한 변화에만 빠져들기 쉽기에 사마타를 닦고, 그 변화가 일시적임을 알기 위해서 위파사나를 병행합니다. 모든 변화는 일시적으로 나타났다 사라진다는 것을 발견하게 되면 우리는 그것에 머물지 않고 그것이 왔다 가도록 내버려둘 것입니다. '이 또한 지나가리라' 하면서 지켜보는 마음이지요.

집중도 일종의 '경험'입니다. 마음의 한 조각을 전체 마음이 경험하므로 모든 경험은 결코 전체가 아닌 마음의 한 조각에 불과합니다. 사마타가 텅 빈 마음에 집중하는 것이라 할지라도 그 역시 경험입니다. 여러분이 경험한 텅 빈 마음은 '경험되는 것'이기에 마음의 전체가 아닌 한 조각이에요. 마음 전체는 결코 경험될 수 없습니다. 누가 경험하겠어요? 경험은 우리를 현상 속에 우뚝 자리하게 하지만 그 경험만을 믿는 순간 마음의 한 부분에 갇히게 됩니다. 모든 경험에서 벗어나야 하는 이유가 그 때문입니다. 우주와 일체가 된 경험이라 할지라도 경험이라는 측면에서 그 역시 마음의 한 조각에 불과합니다. 그래서 그 경험만을 믿는 순간 우리는 마음의 한 부분에 갇히게 되고 결코 마음의 본질을 보지 못합니다. 마음의 본질은 경험을 넘어서 있으니 우리는 모든 경험을 넘어 가야 됩니다. 모든 것을 경험하지만 그 자신은 경험될 수 없다는 것이 바로 마음의 본질입니다.

목적 없는 관찰이 진정한 관찰

修習觀者. 當觀一切世間有爲之法, 無得久停, 須臾變壞.
수 습 관 자 당 관 일 체 세 간 유 위 지 법 무 득 구 정 수 유 변 괴
一切心行, 念念生滅, 以是故苦.
일 체 심 행 념 념 생 멸 이 시 고 고

관觀을 닦아 익히는 이는 마땅히 일체 세간의 유위有爲의 법이 오래 머무름 없어 잠깐 동안 변하여 없어지며, 모든 마음작용이 생각생각마다 생멸하기에 이것이 고통인 줄 알아야 한다.

올바른 관법觀法은 우리의 관찰이 상相으로부터 자유로워진 연후에 일어납니다. 위파사나는 몸의 관찰로 시작해서 마음을 관찰하고 종국에는 관찰자 자체를 관찰하는 순서로 갑니다. 맨 처음에는 몸에 일어나는 현상을 관찰해요. 오래 앉아있을 때 느껴지는 어깨의 뻐근함 같

은 것들을 관찰하다가 어느 정도 익숙해지면 몸에서 미묘하게 일어나는 느낌들과 습관적인 카르마적인 느낌까지도 관찰하고 마음의 관찰로 넘어갑니다. 마음에서 일어나는 의식적인 느낌들로 관찰 대상이 옮겨 갑니다. 그러다가 끊임없이 관찰하며 지켜보고 있는 자신 역시 관찰 대상임을 발견하는 쪽으로 관법이 진행되지요. 왜냐하면 그러고 있다는 것을 우리가 알기 때문입니다. 그런데 대부분의 사람들은 어떤 목적을 가지고 관찰을 합니다. '이렇게 관찰하면 어떻게 된다더라.' 하는 마음이 있어요. 이런 목적이 있다면 어떤 상相을 가지고 관찰하는 것이니 진정한 관찰이 아닙니다. 목적 없는 관찰이 진짜 관찰이에요. 목적을 가진 관찰하는 마음은 지금 이 순간에 일어나는 일을 결코 볼 수 없습니다. 비유하자면, 부산에 가면서 끊임없이 마음속에 부산을 떠올리면서 가는 것이라 할 수 있습니다. 어떤 방향이 설정된다는 면에서 그런 목적이 중요하긴 합니다. 그렇지만 그 목적과 방향이 한 번 정해지면 그 다음부터는 지금 이 순간 내 눈앞에 일어나는 일을 보면서 가야 합니다. 그렇지 않고 부산만 떠올리면서 가니까 눈앞의 돌부리를 못 보고 부딪혀서 넘어집니다. 따라서 진정한 관찰은 무언가를 얻기 위한 마음을 내려놓고 하는 것입니다. 무언가를 얻으려는 마음은 얼마 지나지 않아 지치게 됩니다. 왜? 아무리 해도 안 되니까요. 사람들이 얻고자 하는 것은 관찰만 해서 이룰 수 있는 것이 아닙니다. 관찰하는 과정에서 아주 세밀해진 마음의 도구를 얻고, 어느 순간 관찰하는 자기로부터 툭 떨어져나가는 일이 벌어지는 것뿐이에요. '이렇게 관찰하면 뭔가 이루어지겠지.' 하는 마음으로 관찰한다면 마음의 상相만 붙들고 있는 격이 되기 때문에 쉽지 않습니다.

　보통의 관찰은 '이렇게 하면 어떻게 된다.'를 아는 마음으로부터 시작합니다. 즉 앎에서 시작되는데, 그 앎이라는 것이 바로 마음이 결론 지어놓은 상相입니다. 모든 추구는 이렇게 어떤 결론을 마음에 그려놓고 시작됩니다. 여러분이 마음의 자유로움을 추구한다면 '자유로운 마음은 이럴 것이다.'라는 상相을 가지고 시작하는 것이며, 그것을 원하기에 움직임이 시작될 수 있습니다. 그러나 진정한 관찰은 열린 마음으로 해야 합니다. 어떤 일이 일어나는지 지켜보는 마음, '나는 모른다.'고 여기며 지켜보는 마음이 진정한 관찰이에요. 이런 관찰의 마음은 일종의 상相인 결론을 미리 가지고 있지 않으며, 상相이 없기에 지금 이 순간에 집중할 수 있게 합니다. 뭔가를 아는 사람은 '이건 내가 원하는 게 아니야.' 하면서 재단하고 평가합니다. 또 관찰을 하긴 하는데 자기가 정해놓은 관찰만 하기 때문에 정해놓은 범위 밖에서 일어나는 일은 보이지 않습니다. 그것은 아주 협소한 관찰이고 진짜 일어나는 일을 볼 수 없습니다. 목적 없는 관찰이 진정한 관찰이기 때문에 순수한 호기심과 신기해하는 마음이 중요합니다. 여러분들은 이 공부를 하면서 굳이 얻어야 할 것이 없어요. 마음의 본질을 이미 우리는 사용하고 있습니다. 자기가 이미 가지고 있다는 것을 깨우치면 그만인데, 그 깨우침이 왜 그리 어렵냐면 자신이 가진 상相에 주의가 집중되어 있기 때문입니다. 그러니 목적이라는 상相을 가지고 있으면 당연히 깨우치지 못하겠지요.

우리는 여태까지 마음 밖에서 일어나는 일을 보는 데 마음을 써왔습니다. 그런데 지금은 자기 자신을 보는 데 마음을 쓰려고 합니다. 비유하자면 개가 자기 꼬리를 물려고 하는 거예요. 개는 지금까지 자기가 아닌 밖의 물건들을 입으로 물었습니다. 돌, 나뭇가지, 뼈다귀 등을 물어서 알아왔는데, 이제 자기 꼬리를 물어보려고 하니까 안 물립니다.

꼬리를 물려고 하면 꼬리가 도망가지요. 꼬리를 물기 위해 '다가서는' 행동이 꼬리를 '뒤로 가게' 합니다. 한 몸이니까요. 개가 자기 꼬리를 물려고 하는 이유는 그것이 있는지 확인하려는 것인데, 자기 꼬리를 확인하기 위해서는 입으로 물지 않고 그냥 꼬리를 흔들기만 해도 되거든요. 우리가 자기 자신을 발견하려는 것도 이와 같습니다. 우리는 꼬리를 흔드는 작업을 한 번도 안 해보고 밖에 있는 것을 물어서 아는 작업만 해왔단 말이에요. 이미 마음의 본질을 쓰고 있기 때문에 꼬리를 그냥 툭 흔들면 되는데, 개가 입으로 물어서 꼬리가 있음을 확인하려는 것과 마찬가지로 안 되는 일에 애를 쓰고 있습니다.

우리 마음에 어떤 상相이 있으면 그 상相이 주인이 됩니다. 어떤 상相도 없는 것이 마음의 본질이에요. 우리는 지금껏 상相이 있는 앎만을 경험해왔습니다. '나는 무無의 체험을 경험해서 알아.' 하면 무無의 체험이라는 미묘한 상相이 마음에 떠오릅니다. '나는 우주와 합일된 느낌을 경험했어.' 하면 우주와 합일된 느낌의 상相이 떠올라요. 그런 것들은 마음 자체가 아니라 마음에 떠오른 상相이고, 마음이 경험한 마음의 한 조각입니다. 그래서 모든 조각을 조각으로 알면 이미 그 사람의 본질이 드러났다고 말하는 것입니다. 모든 현상을 현상으로 알면 그는 이미 본질을 드러내고 있는 거예요. 그런데 마지막 하나를 현상으로 발견하지 못하면 미심쩍은 마음이 그대로 남아 있습니다. 모든 마음의 현상을 현상으로 보는 '그 마음'을 실시간으로 현상으로 바라보지 못하는 것입니다.

모든 앎은 마음이 결론지어놓은 마음의 상相입니다. 우리의 모든 추구도 어떤 결론을 마음에 그려놓은 채 시작되는데, 마지막에는 이것이 큰 장애가 됩니다. 처음 시작할 때는 얻고자 하는 상相이 필요합니다. 이것이 없다면 한 걸음도 못 내딛지요. 또 목표가 없이 '난 이미 본질이니 해봐야 소용없다.'고 여기는 사람은 다시 일상에 돌아가면 괴로움을 겪고 힘들어합니다. 괴로움을 겪지 않고 행복하게 살 수 있다면 이 공부를 안 해도 됩니다. 그런데 힘들고 아픔이 일어나게 되어있어요. 중생이라는 것은 무명無明과 훈습薰習으로 인해서 자기도 모르게 카르마를 가지고 태어납니다. 우리의 몸과 마음은 이 현상계에 나타날 때부터 특정한 습관, 패턴을 가지고 태어났어요. 그것이 바로 존재의 기본적인 조건입니다. 존재한다는 것은 특정한 패턴으로 끊임없이 유지되는 상황을 말하는데, 그 존재를 자기라고 여기는 것이 문제될 뿐입니다. 빙산이 끊임없이 얼었다가 녹기를 반복하면서도 비슷한 모습으로 유지되는 것과 같이 우리의 마음과 몸도 끊임없이 변화하면서 특정한 패턴과 모습을 유지합니다. 고정된 채로 유지되는 것이 아니에요. 우리 몸은 7년이 지나면 모든 세포가 다 바뀌어 7년 전의 세포는 하나도 남아있지 않습니다. 그런데도 우리는 이 몸을 여전히 똑같은 몸이라고 여깁니다. 세포가 죽어가면서 자기의 경험을 새로 생겨나는 세포에게 그대로 물려주고 가는데 이것도 일종의 훈습이라고 할 수 있어요. 몸에 난 상처를 생각해보세요. 7년 전의 세포는 이미 다 사라졌는데 상처는 그대로 남아있는 이유는 다음 세포에게 물려주었기 때문입니다.

간단히 정리해보겠습니다. 어떤 목적과 결론이라는 상相이 있기 때문에 추구하며 움직이기 시작합니다. 예를 들어 마음의 자유로움을 추구해서 나아가다 보면 어느 정도 자유로움에 이를 수 있습니다. 그러나 마지막 진정한 자유로움은 바로 자유로움에 대한 상相으로부터의 자유입니다. 그런 의미에서 모든 목적을 가진 추구는 진정한 관찰은 아닙니다. '나는 모른다.'고 여기고 호기심을 가지고 무슨 일이 일어나는지 지켜보는 마음이 진정한 관찰이며, 이런 관찰의 마음에는 일종의 상相인 결론이 없기에 바로 지금 이 순간에 진정으로 집중할 수가 있습니다. 또 모든 상相은 유지되지 않으므로 관찰을 통해 얻은 상相도 무상無常한 것이니 거기에 집착하지 말아야 합니다. 관찰을 해나가다 보면 경험이 쌓입니다. '이것은 내가 아니구나.', '이것은 나타났다 사라지네.', '모든 느낌들은 왔다 가는구나. 이제 알았어.' 하는 순간 그 경험은 여러분의 마음에 하나의 상相으로 자리 잡게 됩니다. 여러분이 알고 경험했다고 여기는 순간 그것이 상相이 되고 여러분은 묶이기 시작하지요. 진정한 자유는 모든 앎에서 떠나있습니다. 관찰을 통해 얻은 상相에 집착하면 곧 고통을 불러일으킵니다. 끊임없는 변화만이 우리가 사는 느낌의 현상세계에서 일어나는 일이라는 것을 보고, 그 변화는 마음의 본질이 아니라 마음에서 일어나는 현상임을 파악해야 합니다. 그리고 파악하는 순간 자신이 또 상相에 잡히고 있음을 실시간으로 파악해야지요. 관觀은 끊임없이 진행되는 그런 일을 지켜보는 마음, 목적을 가지지 않은 채 현상을 지켜보는 마음이에요.

집착은 아주 교묘하다

유위법有爲法은 무언가가 현상으로 드러나서 나타난 것을 말합니다. 일체의 모든 현상은 오래 머무르지 않아 변하고 사라집니다. 마음 작용도 매순간 나타났다 사라지기 때문에 고통을 일으킨다는 것을 관법觀法을 수련하면 알 수 있습니다. 나타났다 사라지는 것 자체는 고통이 아닙니다. 나타났다 사라질 때 사라지지 못하도록 붙잡는 것이 고통이지요. 마음은 나타난 모든 것을 붙잡아서 머무르게 하려고 합니다. 변화를 싫어하기 때문이에요. 마음이 변화를 싫어하는 이유는 에너지를 자꾸 쓰도록 요구하기 때문입니다. 그냥 가만히 주저앉아 있으면 얼마나 편하고 좋습니까? 그런데 가만히 주저앉아 있으면 지루함이 느껴져 다시 움직이게 합니다. 지루함은 변화를 요구하는 마음이에요. 참 재미있는 현상입니다. 뭔가 마음에 하나 나타나면 그것을 붙잡고 '나는 알았어.' 하게 됩니다. 누군가 그것이 틀렸다고 말하면 자신이 붙잡은 것을 지키기 위해 방어하고 부딪히는 일이 생겨나지요. 그런데 자신이 붙잡은 것을 아무도 관심두지 않고 공격하지 않으면 지루해져서 마음은 다른 것을 찾습니다. 누가 공격하면 지키려고 하다가 막상 내버려두면 잡았던 것을 놓고 다른 것을 찾으러 갑니다. 이렇게 다른 변화를 찾아다니는 것이 마음이 하는 일입니다. 변화에 대한 집착이에요. 집착이라는 것은 아주 교묘합니다. 보통은 고정된 것을 집착하기 때문에 마음도 평화로운 상태에 집착합니다. 그런데 평화로운 마음도 마음의 한 상태이고, 역동적인 마음도 마음의 한 상태임을 알아야 합니다. 보통의 일반적인 추구는 역동 속에 빠져서 너무 힘들기 때문에 고요함을 찾으며 시작됩니다. 다이나믹한 삶 속의 수많은 감정의 회오리에 너무 힘들고 지치니까 고요하게 살고 싶어서 평화를 찾아요. 그러다가 평화를 얻으면 뭔가 얻은 것처럼 느껴지지만, 마음의 평화가 계속되면 지루해집니다. 그렇게 지루해지면 또 다른 역동을 찾기 시작합니다. 마치 시계추와 같습니다. 한쪽은 고요의 극단, 다른 한쪽은 다이나믹함의 극단이어서 고요의 극단까지 가면 반대편의 다이나믹함을 향해 움직이고, 그 극단까지 가면 다시 고요를 향해 움직입니다. 주역周易에서는 이를 일음일양지위도一陰一陽之謂道라고 했습니다. 끊임없는 활동인 양陽의 극단까지 가면 다시 고요와 멈춤인 음陰을 향해 가는 움직임이 시작됩니다. 중도는 균형이에요. 가운데 멈춰있는 것이 아니라 자신의 상황과 밖의 상황을 맞춰서 줄타기하듯 균형 잡는 것입니다. 역동성과 고요함이 동시에 있는 것이 바로 균형입니다. 그러나 절대 고요는 역동과 고요를 넘어서 있으니 그것이 바로 경험을 넘어간다는 의미입니다.

고통은 집착으로 인해 생겨난다는 점을 발견하면 우리는 현상이 그냥 흘러가도록 내버려두게 됩니다. 어떤 상황이 나타나면 그대로 받아들여서 최고의 해결책과 적절한 조건을 만들기 위해 노력하되, 뜻대로 안될 때는 그냥 힘을 뺄 수 있어야 합니다. 맘대로 안 된다고 매달려서 울부짖을 필요가 없어요. 그것이 바로 대천명待天命하는 마음입니다. 물론 진인사盡人事(인간이 할 수 있는 일은 모두 한다)는 해야지요. 대천명待天命(하늘의 명을 기다린다)하라니까 대부분의 사람들은 진인사盡人事는 안하고 대천명待天命만 하려고 합니다. 아무것도 안하고 감나무 밑에 앉아서 입 벌리고 감이 떨어지기를 기다리고 있어요. 그런데 한편으로는 진인사盡人事를 하면 자신이 최선을 다했기 때문에 대개 집착이 생겨나서 대천명待天命하기가 정말 어렵습니다. 온 정성을 기울였기 때문에 그 결과를 그대로 받아들이는 것은 마음의 자유를 얻은 사람이나 가능해요. 진인사대천명盡人事待天命은 절대 쉬운 일이 아닙니다. 진인사盡人事한 것에 대한 집착이 생겨서 대천명待天命 할 수가 없기 때문에 고통이 올라옵니다. 진인사대천명盡人事待天命은 마음작용을 본 사람이 한 말일 것입니다. 모든 현상이 나타났다 사라지도록 내버려두면서 모든 현상에 정성을 기울이고 살아가면 행복이 시작됩니다. 정성을 기울이며 경험하는 정성 자체의 기쁨이 이미 그 보상입니다. 그런데 보통 정성을 기울인 다음에는 결과에 대해 집착하는 마음이 생겨서 마음이 거기에 묶이게 되고 고통이 일어나게 되니 모든 고통의 원인은 집착입니다.

사물뿐 아니라 신념, 생각, 느낌 감정 등 자신이 소중하게 여기는 모든 것이 집착의 대상이 됩니다. 깨어있기™ 워크숍에서 여러분이 가장 귀하게 여기는 것 한 가지를 적어보라고 했습니다. 사물이든 사람이든, 관계, 신념, 감정이든 그것 없이는 살아가는 의미를 못 느낀다면 여러분은 그 대상에 집착하고 있는 것입니다. 유태인 정신과 의사인 빅터 프랭클Viktor Frankl이 아우슈비츠 수용소에서 살아남은 경험을 쓴 《죽음의 수용소》라는 책이 있습니다. 그곳에서 많은 사람들이 몸의 고통보다는 마음의 좌절로 인해 스스로를 죽음으로 몰고 갑니다. 하지만 빅터 프랭클은 좌절할 만한 모든 순간에 삶의 의미를 찾으며 수용소에서 살아남았고, 이 경험을 모아 로고테라피logotherapy라는 심리요법을 창시했습니다. 삶의 의미를 발견하면 생존할 동인을 발견하기 때문에 매 순간 의미를 발견하라고 말합니다. 일반적으로는 의미 있는 삶을 살게 되니까 뿌듯하고 좋지요. 그렇지만 사실 생명력이라는 것은 의미와 상관없이 터져 나옵니다. 깨어있기에서 자주 말하는 '이유 없는 정성'은 다시 말하면 '의미 없는 정성'입니다. 의미 없는 것에 정성을 기울일 수 있는 사람은 생명력을 터득한 사람이에요. 봄에 나무를 가지치기하면 잘라진 곳에서 두 개의 가지가 나옵니다. 살아나려는 노력이에요. 가지치기를 한 번 더 하면 이제 가지가 네 개 나옵니다. 그런데 한 번 더 쳐내면 더 이상 가지가 나오지 않아요. 해봐야 소용없다는 것을 아는 거예요. 이렇게 나무도 의미 없는 짓은 안 하는데, 나무보다 더 진화한 인간은 의미 없는 일을 더 안 하겠지요. 의미 있다는 것은 효율적이라는 뜻입니다. 작은 노력으로 최대의 효과를 얻는 것이 우주적인 메커니즘 중의 하나입니다. 그러나 진정한 생명력은 그런 우주의 메커니즘마저도 뛰어넘어 효율과 상관없이 터져 나옵니다.

과거, 현재, 미래는 나타났다 사라지는 현상

應觀過去所念諸法, 恍惚如夢. 應觀現在所念諸法, 猶如電光.
응 관 과 거 소 념 제 법　　황 홀 여 몽　　응 관 현 재 소 념 제 법　　유 여 전 광

應觀未來所念諸法, 猶如於雲忽爾而起.
응 관 미 래 소 념 제 법　　유 여 어 운 홀 이 이 기

과거에 생각한 모든 법이 흐릿하여 분명하지 않은 꿈과 같음을 알아야 하며, 현재 생각하는 모든 법이 번개와 같음을 알아야 하며, 미래에 생각할 모든 법이 마치 구름과 같아 홀연히 일어나는 것임을 알아야 한다.

과거의 생각들은 나타나되 흐릿하고, 현재의 생각들은 선명하지만 금방 사라지고, 미래의 생각들은 홀연히 일어납니다. 과거, 현재, 미래의 모든 현상은 마음의 긴장을 요구합니다. 과거의 일을 떠올리면 마음속에 뭔가 떠오르는데, 이는 에너지가 뭉쳐서 현상화했다는 의미입니다. 에너지가 뭉쳐야만 현상화될 수 있습니다. 지금 마음속에 남대문을 떠올려 보세요. 남대문 현관의 태극무늬와 지붕과 처마, 그리고 돌로 만들어진 받침과 기둥들을 떠올리려면 마음을 써야 합니다. 에너지를 써야 해요. 이렇게 모든 마음의 상相은 에너지 뭉침 현상을 일으켜서 긴장을 일으킵니다. 그러나 그렇게 뭉쳐진 에너지는 그대로 유지

되지 않고 변화하기 마련입니다. 마치 구름이 나타났다 흐르고 사라지는 것과 같습니다. 구름을 자세히 살펴보면 변함없는 모양을 가진 채로 흐르는 것이 아니라 생겨났다 사라지면서 유사한 패턴으로 흐른다는 것을 알게 됩니다. 한시도 멈춰있지 않아요. 우리의 마음도 그와 같아서 에너지가 뭉쳐져 고정되는 것 같지만 결코 그대로 남아있지 않고 끊임없이 변화합니다. 어떤 기억을 떠올리면 그것이 그대로 유지되던가요? 그 무엇이라도 마음에 떠올려서 지금 떠올린 그대로 변함없이 유지해 보세요. 힘들지요? 상相은 유지되지 않습니다. 마음이 끊임없이 움직이기 때문이에요. 그래서 마음을 바다에 비유하곤 합니다. 바다에 잔잔하고 거센 파도가 끊임없이 이어지듯이 우리의 마음도 살아있는 한 끊임없이 요동칩니다. 남대문이라는 상相을 의도적으로 만들수는 있지만 오래 유지할 수는 없어서 곧 스러지듯이, 마음은 고정되어 있지 않기에 우리의 마음이 어떤 하나를 꽉 붙잡고 있기는 매우 힘들어서 강한 의지가 필요합니다. 그래서 작심삼일作心三日이 당연한 것입니다. 마음의 입장에서 작심삼일作心三日은 대단한 것이에요. 한 시간도 유지하기 어렵지요. 그러니까 뭔가를 이뤄내기 위해서는 절실함과 의지가 꼭 필요합니다. 신성취발심信成就發心은 바로 강하게 유지되는 마음을 성취한 것입니다.

현재, 과거, 미래는 사실 지금 이 순간에 떠올린 마음입니다. 지금이 순간 여러분 마음을 떠난 과거나 미래가 있을 수 있습니까? 모두 지금 이 순간에 여러분의 마음속에서 활성화된 모습이에요. 고등학교 때의 모습을 떠올린다면 그것은 지금 마음에 떠오른 모습이고 지금 나타난 과거입니다. 그 과거가 지금의 자기를 규정짓고 영향을 미치면서 지금 살아있어요. 그리고 과거와 현재를 기반으로 미래를 추측하고 예측하기 때문에 미래도 지금 이 순간에 살아있습니다. 과거, 현재, 미래가 '지금 이 순간'에 함께 있다는 의미입니다.

원문에서 과거, 현재, 미래의 마음이 어떤 모습으로 존재하는지를 설명했습니다. 과거는 흐릿한 꿈과 같이 존재하고, 현재는 번개처럼 아주 강렬하고 선명하지만 순간적으로 나타났다 사라집니다. 현재 이 순간의 마음을 잡을 수 있을까요? 잡힌 마음은 모두 이미 지나간 과거예요. 미래의 마음은 구름처럼 홀연히 나타났다 홀연히 사라집니다. 우리는 미래를 지금 이 순간에 살고 있습니다. 그 미래가 만약 급하게 부산에 가는 것이라면 일어나서 기차표를 사러 갈 생각이 들겠지요. 그렇게 미래는 지금의 마음 상태에 영향을 미치기 때문에 우리는 미래를 지금 살아가고 있는 것입니다. 30년 후, 100년 후를 생각하면서 사는 기업가들은 그 미래를 지금 현재처럼 살아가고 있어요. 이처럼 '지금 여기'라는 것은 아주 포괄적인 개념입니다. 63빌딩 1층에 사는 사람과 63층에 사는 사람은 과연 똑같은 현재의 시간을 살아갈까요? 절대로 그렇지 않습니다. 모든 시간은 공간과 연계되어 있습니다. 1층에 사는 사람은 창문 너머로 전방 100미터까지 보이는데 밖에 특별한 것이 보이지 않아 평안합니다. 그런데 63층에서는 1km 전방에서 폭탄을 실은 차가 63빌딩을 향해 달려오는 것이 보입니다. 63층에 있는 사람에게는 빨리 도망가야 하는 위급한 상황이 지금의 현실이지만, 1층에 있는 사람은 맛있게 점심을 먹으면서 즐겁게 담소하고 있습니다. 두 사람은 다른 시간과 공간에서 살아가고 있는 것입니다. 우리는 똑같은 시공간에 살아간다고 여기지만 절대로 그렇지 않아요. 어떤 사람은 10년, 50년을 바라보며 살고, 어떤 사람은 지금 이 순간만 보며 살아갑니다. 100년, 200년을 생각하면서 나의 글 하나가 나중의 사람들에게 도움이 되고 통찰의 계기가 되기를 바라면서 글을 쓰거나, 어떤 의미 있는 행동을 하면서 살아간다면 그 사람은 오직 자신의 몸 하나만을 바라보고 사는 것이 아니라 100년을 두고 살아가는 것입니다. 이렇게 우리의 모두의 시공간은 각자 다릅니다.

지금 이 순간에 나타나는 과거, 현재, 미래는 생겨났다 사라지는 하나의 현상입니다. 우리의 마음이 과거, 현재, 미래의 모든 것을 떠올릴 때 에너지를 사용하여 현상화하며 긴장을 동반합니다. 그런데 모든 에너지는 뭉쳐서 하나가 되려는 속성과 풀어져서 긴장 없는 상태로 돌아가려는 속성을 동시에 가지고 있어요. 서로 섞이면서 천변만화千變萬化하며 모든 현상을 만들어내는 그 두 가지 속성을 동양에서는 음陰과 양陽이라고 개념화했습니다. 우리 마음에서도 에너지가 뭉쳐서 고정되는 것 같지만 그대로 유지되지 않고 풀어지며 끊임없이 변화합니다. 모든 현상은 에너지 결집 과정에서 긴장하고, 이후 다시 긴장 없는 상태로 돌아가려는 속성을 품고 있어서, 생生은 멸滅을 포함하고 멸滅은 다시 생生을 포함하며 생멸이 끊임없이 반복됩니다. 그러나 밖이라고 여겨지는 현상세계와 우리 마음에서 일어나는 이런 생멸현상은 자세히 살펴보면 모두 개념상의 일입니다. 우리가 그렇게 믿고 있을 뿐이에요.

위파사나를 함으로써 모든 변화들을 하나하나 관찰할 수 있습니다. 그런데 그냥 관찰만 하면 모든 것은 나타났다 사라지고 변한다는 것을 발견은 하지만 그 강렬한 변화와 에너지 뭉침에 자꾸 동일시됩니다. 우리는 단순한 관찰을 넘어 마음의 구조까지 보았습니다. 마음이 특정한 구조로 생성되고 변화하며 사라지는 것을 보게 되면, 관찰하는 자신도 마음의 구조 속의 일부임을 통찰할 수 있게 되고, 그때 비로소 마음의 구조로부터 벗어나게 됩니다. 그렇지만 통찰이 일어나지 않으면 마음의 변화를 관찰하려는 의도를 지니고 끊임없이 애써야만 관찰이 가능합니다. 마음의 구조를 보고 그것으로부터 벗어나면 굳이 애쓸 필요가 없어요. 그래서 통찰적인 위파사나를 해야 하는데, 그것이 바로 우리가 하고 있는 일입니다. 마음에 떠올라 느껴지고 생각되는 '모든 것은 마음의 현상'임을 발견하는 것이지요. 현상은 '나타난다'는 뜻이고, 나타난 것은 사라지게 되어 있습니다. 그래서 현상을 엄밀한 의미에서는 '존재'라고 말하지 않습니다. 변하지 않고 그대로 유지되는 것을 '존재'라고 한다면 사실 우주에는 존재하는 것이 아무것도 없습니다. 나타났다가 사십 억년 후에 사라진다 해도 결국 사라진다면 진정으로 존재하는 것이 아니라 현상입니다. 그래서 사실 우주에는 현상 밖에 없습니다. 이렇게 관법觀法을 통해 만물萬物의 변화와 생멸을 철저하게 보면 그 무엇에도 집착하지 않게 됩니다. 조금 있으면 사라질 현상에 왜 매달리겠어요. 슬픈 마음도 기쁜 마음도 조금 있으면 사라집니다. 기쁨을 즐기되 집착하지 않으면 고통스럽지 않고, 슬픈 마음이 들면 슬퍼하되 집착하지 않으면 비통에 빠지지 않습니다. 그래서 공자는 애이불비哀而不悲 낙이불음樂而不淫이라고 했는데, 모든 것은 변하고 흘러감을 터득한 사람만이 할 수 있는 말입니다. 그렇다고 기쁨도 느끼지 말고 무조건 고행만 하라는 말은 아닙니다. 고행을 하는 이유는 뭔가에 자꾸 집착하여 빠지는 것을 막아 균형을 잡기 위함입니다. 석가모니도 '고행을 통해 깨달음을 얻을 수 있다'고 말하지는 않았어요. 고행은 해볼 만하지만 그것이 본질을 발견하기 위한 필수적인 일은 아니기 때문에 나중에는 고행을 그만하게 했지요. 어떻게 보면 고행은 자기를 강화시키는 길이기도 합니다. '나는 장좌불와長坐不臥를 오십년간 했어.' 하면서 자기를 강화시켜요. 자기라는 것이 임시적이고 헛된 느낌의 현상에 불과하다는 것을 발견하려고 수행하는 건데, '난 이런 것도 해.' 하고 있으면 '나'를 자꾸 유지하는 함정이 됩니다.

마음의 그림이 없다면 생사生死도 없다

應觀世間一切有身, 悉皆不淨, 種種穢汚, 無一可樂.
응 관 세 간 일 체 유 신   실 개 부 정   종 종 예 오   무 일 가 락

세간世間의 모든 몸이 다 깨끗하지 못하고 갖가지로 더러워서 하나도 즐거워할 만한 것이 없음을 알아야 한다.

다양한 몸의 종류가 있습니다. 신체적인 몸, 정신적인 몸, 감정적인 몸 등이 있어요. 정신적인 몸은 주로 신념과 관련 있어서 내가 옳다고 믿는 것을 누군가가 공격하면 대항하여 정신적으로 투쟁합니다. 몸이 공격받은 것과 똑같이 아프지만 정신의 아픔이 더 힘들지요. 육체의 아픔은 하루 이틀 지나면 괜찮아지는데 마음이 아플 때는 한 달이나 일 년이 지나도 지속되는 경우가 있습니다. 그러니까 정신의 아픔에 우리가 더 집착한다고 볼 수 있습니다. 세간의 모든 몸이 오염되었다고 했는데 이는 집착 때문입니다. '즐거워할 만한 것이 없다'고 했는데 이 말은 정말로 즐거움이 없다는 의미가 아니라 집착하는 순간부터 모든 즐거움이 고통으로 바뀐다는 의미입니다. 생각이라는 것에 끊임없이 오염되어 순수한 체體를 유지하지 못하기 때문에 집착이 일어납

니다. 정신체, 감정체, 신체, 아스트랄체, 유체 등의 모든 체體에 집착이 일어난다면 그것은 고통을 유발하는 오염된 몸입니다.

如是當念一切衆生, 從無始世來, 皆因無明所熏習故,
여시당념일체중생 종무시세래 개인무명소훈습고

令心生滅, 已受一切身心大苦.
영심생멸 이수일체신심대고

이와 같이 일체 중생이 무시無始이래로 모두 무명훈습無明熏習으로 인해 마음이 생멸하여 이미 일체 신심身心의 커다란 고통을 받았으며,

생멸生滅은 우리 마음에만 있으니, 우리가 어떤 현상들을 생生과 멸滅이라고 개념화시켰기 때문입니다. 동물한테는 생멸이 없어요. 그냥 자연의 흐름에 에너지가 맞춰져 흘러가고 있을 뿐입니다. 무언가가 나타나서 일정기간 유지되는 것에 덧칠한 개념이 바로 생生입니다. 그런데 우리가 정말 태어났습니까? 자신이 태어나는 것을 보고 느끼고 경험했어요? 누가 말해준 것이지 자신의 생生을 경험하는 사람은 아무도 없습니다. 마찬가지로 죽음을 경험하는 사람도 없어요. 그러니까 일어나는 현상을 보고서 스스로 개념화한 것인데, 이처럼 우리가 알고 있는 모든 것이 마음의 그림일 뿐입니다. 마음의 그림이 없다면 생사生死라는 것도 없습니다. 생生이라는 것은 사死와 연결된 그림이에요. 생生은 나타나는 현상과 연관 있고, 사死는 사라지는 것과 연관 있습니다. 수많은 개념들의 총합일 뿐이니 마음만 떠나면 생사生死라는 것은 없음을 알게 됩니다. 감각(깨어있기 용어. 505쪽 용어 정의 참고) 상태에 생사生死가 있을까요? 감각 상태인 채로 죽는다면 '내가 죽는다.'가 있을 수 있겠어요? 그냥 텅 빈 마음이 있을 뿐입니다. 여러분은 그런 감각 상태로 태어났기 때문에 생生이란 것이 따로 없습니다.

무명훈습無明熏習이란 분별하지 못하는 마음, 지혜가 없는 마음, 자신도 모르게 훈습된 마음을 말합니다. 태어나서 3세까지는 주변에서 일어나는 일을 무조건 받아들여서 자기화하여 기준으로 삼습니다. 그렇게 프로그래밍 되었어요. 스스로를 유지할 능력이 없기 때문에 주변에서 제공하는 모든 것을 무조건 받아들입니다. 음식이 내 몸을 위한 것인지 모르면서도 주면 무조건 받아먹습니다. 보고 듣는 말과 행동도 다 흡수하지요. 그래서 '세 살 버릇 여든까지 간다.'는 속담도 있습니다. 컴퓨터에서 운영체제인 윈도우가 있어야 모든 프로그램이 돌아가듯이 세 살까지 받아들인 것들이 삶의 운영체제와 같은 기준이 되어버립니다. 세 살 전에는 기준이 없기 때문에 자기주장이 없는데, 세 살 이후에는 기준이 생겨서 "싫어, 나 이거 할래." 하는 말들을 하면서 자기를 주장하지요. 자기를 느껴보려고 별다른 이유 없이 '거부'하고 '내가 하겠다'면서 '자기'를 시험해보는 것입니다. 이렇게 세 살 이전까지 조건과 이유 없이 받아들이는 이런 것이 무명훈습無明熏習입니다. 훈습되어 어떤 패턴으로 자리 잡는데, 그래서 결코 사람은 가르칠 수 없다고들 말합니다. 보고 배우며 젖어드는 거예요. 자기가 그렇게 되고자 해서 현재 그런 모습을 띠는 것이 아닙니다. 몸이든 생각이든 감정이든 그냥 그렇게 형성된 것인데 거기에 내가 어디 있습니까? 즉, 무명훈습無明熏習에 의해 지금 자신이라고 여기는 모습이 생겨났고 그것에 '나'라는 이름을 붙여놓고 있으니 여러분은 이름표일 뿐입니다. 이름표를 떼어내면 당신은 대체 무엇일까요? 중생이 자기도 모르게 무명훈습을 통해 마음이 생멸하여 일체 몸과 마음에 커다란 고통을 받고 있다고 여깁니다. 중생의 잘못이 아니라 무명훈습의 잘못입니다. 그래서 우리는 대자대비大慈大悲해야 합니다. 누군가가 여러분에게 악한 짓을 해도 그의 잘못이 아니라고 생각하세요. 물론 악한 행동을 자꾸 하면 막아서거나 피해야 합니다. 그렇지만 그의 잘못이 아닙니다. 그 사람도 자기가 저러고 싶어서 저러겠어요? 우리가 자신의 모습, 생각, 감정을 스스로 의도해서 갖게 된 것이 아니듯 내 맘에 들지 않는 사람도 자기가 그러고 싶어서 저렇게 된 것이 아니라고 인식하면 우리는 모두 똑같은 하나의 생명체일 뿐입니다. 그런 마음에서 대자대비大慈大悲가 우러나옵니다.

> 現在卽有無量逼迫. 未來所苦亦無分齊. 難捨難離, 而不覺知.
> 현재즉유무량핍박 미래소고역무분제 난사난리 이불각지
>
> 衆生如是, 甚爲可愍.
> 중생여시 심위가민

> 현재도 무량한 핍박이 있고, 미래에 받을 고통도 한계가 없어 버리고 떠나기가 어렵건만 이를 깨닫지 못하니, 중생이 이처럼 매우 가련한 것임을 늘 생각해야 한다.

무량한 핍박을 받는 중생에는 자신도 포함되어 있습니다. 마음에 떠오르는 모든 생각과 감정과 미묘한 느낌들 중에서 어떤 하나라도 '자기'라고 여긴다면 그것이 바로 집착이고 오염된 마음입니다. 그리고 그로 인해 일어나는 고통을 끊임없이 경험하는데, 그것은 여러분 잘못이 아니라 무명훈습無明熏習의 탓입니다. 그래서 우리가 무명을 벗어나려고 애쓰지요. 일체 중생 역시 그런 무명훈습無明熏習으로 인해 현재 고통을 받는데 미래에도 그런 고통이 있을 수밖에 없습니다.

절벽에 매달린 사람의 비유가 있어요. 어떤 사람이 발을 헛디뎌 절벽으로 떨어지는 순간 버드나무 가지를 하나 붙잡고 간신히 매달렸습니다. 그런데 그 나뭇가지를 흰 쥐와 검은 쥐가 번갈아가며 갉아먹고

있어요. 그리고 나뭇가지에 있는 벌집에서 꿀이 한 방울씩 똑똑 떨어집니다. 매달린 사람은 흰 쥐와 검은 쥐가 나뭇가지를 갉아먹어 곧 절벽에서 떨어질 참인데도 꿀을 핥아먹으며 기분 좋아합니다. 우리 인생에 대한 비유입니다. 오늘 내일의 작은 즐거움 때문에 인생의 대사大事인 인간과 의식의 본질을 발견하는 일을 잊어버리고 쾌락에 빠져 살아갑니다. 흰 쥐와 검은 쥐, 즉 낮과 밤이 번갈아가며 시간이 흘러 70년만 지나면 그 나뭇가지는 부러져서 나라는 존재가 사라질 위기에 처해 있는데, 우리는 떨어지는 꿀을 받아먹으며 즐거워하고 있습니다. 미래에 고통의 바다를 헤맬 것이 뻔한데도 중생은 깨닫지 못하고 있으니 중생이 이처럼 가련한 존재임을 늘 생각하고 안타깝게 여겨서 그들을 자유롭게 해주는 일에 힘쓰라는 말을 하고 있습니다. 이것이 바로 대비관大悲觀이고, 이어서 서원관誓願觀이 나옵니다.

대승大乘은 이렇게 주위 사람과 같이 가라고 하지요. 사람은 혼자 존재하지 못하기 때문에 가족과 주위 사람이 행복하고 기쁘게 지내야 나 또한 행복하게 존재할 수 있음을 인식하고, 옆 사람을 위한 일이 곧 나를 위한 일이라는 것을 알고서 같이 가야 합니다. 왜냐하면 옆 사람은 나와 따로 떨어진 별개의 존재가 아니라 한 존재의 다른 부분이기 때문입니다.

'앎'은 안정감을 주지만
동시에 굴레 속에 밀어넣는다

현재 받고 있는 핍박逼迫에 대해 살펴보겠습니다. 무엇으로부터 핍박받고 누가 핍박받고 있을까요? 불교는 핍박이 분별과 분리로부터 오고, '나'라는 것이 핍박받고 있다고 말합니다. 이는 우리가 기준 삼은 내적인 감지와 생각들이 끊임없이 평가와 결론을 내림으로써 스스로를 옥죄기 때문입니다. 부모 이전의 세대로부터 물려받은 것과 내 경험의 흔적들이 나도 모르게 저절로 평가하고 결론을 내려요. 내가 하는 일이 아니지만, 우리는 자신이 평가내리고 또 자신이 핍박받고 있다고 이름을 붙입니다. '나'라고 여겨지는 것이 하는 일은 이름을 붙이고 생각으로 개념화하는 작업입니다. 그렇게 나누고 분별해서 이름 붙이는 작업을 통해 스스로가 핍박을 받고 있습니다. 그런데 엄밀히 들여다보면 이름붙인 것에 불과하다는 말입니다.

미래에 받을 고통이란 무엇일까요? 의식작용은 기본적으로 주체와 대상을 나누고, 대상을 더 세세하게 분별하여 좋고 나쁨을 붙여서 좋은 것에 집착하고 싫은 것에는 저항합니다. 그런 의식의 진행과정에 들어앉아있으면 과거 경험을 기반으로 좋고 싫음을 판단하고, 평가하고, 결론을 내릴 수밖에 없습니다. 모든 결론은 미래에 닥칠 고통의 씨앗입니다. 미래에 흘러올 경험과 일어날 일에 그때그때 반응하며 살지 못하고 과거의 기준을 가진 채 살아가기 때문입니다. 그러나 한편으로는 과거의 기준이 없으면 우리는 혼란스러움을 느끼기도 합니다. 안심하고 비빌 언덕이 없기 때문에 끊임없는 변화 속에서 두려움을 경험해요. 변화 속에서 어떻게 행동해야 할지 아는 사람은 두려워하지 않습니다. 과거 경험을 기반으로 하는 '앎'이라는 기준 때문에 우리는 안정감을 느끼지만 또 다른 면에서는 끊임없는 비판과 판단, 좋고 싫음을 통해서 스스로를 굴레 속에 밀어 넣고 있습니다. 결론 내려진 '이것이 옳다, 이래야 한다. 나는 안다'라는 기억과 흔적들이 어떤 상황과 조건을 만나면 드러나고 주장되어 또다시 많은 고통을 일으키게 될 것이니 그것에도 한계가 없습니다. 평가해서 결론지은 과거 경험이 한계 없이 쌓여있듯이 미래에 받을 고통도 당연히 한계 없이 나타날 준비가 되어 있습니다. 그러니 원문에서 말한 대로 현재에도 무량한 핍박이 있고 미래에 받을 고통도 한계가 없는데, 우리는 그것을 모릅니다. 앞으로 나한테 맞지 않는 조건과 상황이 온다는 것은 지금까지의 경험에 비추어 보면 당연한 일입니다.

나의 신념에 대해 틀렸다고 말하는 누군가를 보면 밉고, 내가 안다고 여긴 것에 대해 잘못되었다고 말하는 사람을 보면 짜증이 올라오고 내 주장이 올라옵니다. 내면에서 일어나는 모든 것들을 '자기'라고 믿는 사람들인 중생은 이처럼 심히 가련합니다. 그렇다면 고통을 받지 않기 위해서 모든 기준들을 없애야 할까요? 아닙니다. 흔히 말하는 명상이나 마음을 고요하게 하는 방법들은 그런 기준들을 없애버리려고 합니다. 기준을 잊고 그것으로부터 떠나면 마음은 텅 비고 고요해져서 더 이상 괴롭지 않고 편안하며 평화롭습니다. 그러나 다이내믹한 삶과는 거리가 멀죠. 그런 마음에는 변화가 없고 평화만 있는데, 그 평화는 곧 적막함이고 죽음이기도 합니다. 우리는 혼돈과 불안, 변화로 가득한 현상 속에서도 그 현상은 절대적인 본질이 아니라 나타난 모습이라는 것을 파악하려고 합니다. 절대적인 본질은 한 치의 흔들림도 없으며 앞으로도 그럴 것이기 때문에, 많은 현상과 변화로 인한 흔들림이 있다 해도 핍박받거나 고통 받을 일은 없습니다. 그것들은 모두 느낌일 뿐이니, 그 느낌에 내가 뿌리박지 않고 자연스럽게 처리하면 그만입니다. 다만 필요하다면 그때그때 느낌을 사용하면서 생동감 있게 살아가면 됩니다.

作此思惟, 卽應勇猛立大誓願,
작 차 사 유   즉 응 용 맹 립 대 서 원

이같이 사유하고 곧 용맹스럽게 다음과 같이 대서원大誓願을 세워야 할
것이다.

보살의 네 가지 서원을 사홍서원四弘誓願이라 합니다. '중생무변서원
도衆生無邊誓願度'는 중생의 수가 한없이 많지만 모두를 교화하여 열반涅
槃에 이르게 하겠다는 것이고, '번뇌무진서원단煩惱無盡誓願斷'은 다함이
없는 번뇌를 반드시 끊어서 생사를 벗어나겠다는 것이며, '법문무량서
원학法門無量誓願學'은 한량없는 법문을 남김없이 배워 마치겠다는 것이
고, '불도무상서원성佛道無上誓願成'은 위없는 최상의 불도佛道를 마침내
이루겠다는 맹세입니다. 모든 중생이 구제를 받은 다음에 내가 구제받
겠다고 말해요. 그런데 개별성이 허구에 불과함을 파악하면 열반으로
갈 중생도, 그 이후에 열반에 이를 나도 없습니다. 왜냐하면 그들과 나
를 구별하지 않기 때문이죠. 개인이라는 것은 결국 마음의 분별, 마음
의 느낌일 뿐입니다. 우리는 결코 개별적으로 살아갈 수 없는데도, 이
상하게 생각으로는 자기가 개별적으로 살아간다고 여깁니다. 물이나
햇빛, 먹을 것이 없으면 우리는 홀로 존재할 수 없습니다. 우리는 자연
이라는 커다란 흐름 속 일부인 하나의 현상인데, 그것만 따로 선을 긋
고 떼어내어 '존재'라고 개념화시켜 놓았어요. 실제의 흐름을 보면 우
리는 홀로 존재하지 못합니다. 따라서 '모든 중생이 다 극락에 간 연후
에 내가 가겠다.'라는 보살의 서원은, 그 사람이 훌륭하고 덕이 높아서
하는 말이 아니라, 나와 대상의 분별이 허구임을 발견했기 때문에 하
는 말입니다. 물론 보살도를 이미 이룬 사람이 하는 말이지요. 보살의
길을 수련하는 사람은 나와 대상 사이의 분별이 없음을 깨닫기 위해

그런 수련을 합니다.

있는 것도 아니고 없는 것도 아니며
있고 없음마저 아니다

願令我心離分別故, 偏於十方修行一切諸善功德.
원 령 아 심 리 분 별 고   편 어 시 방 수 행 일 체 제 선 공 덕

원컨대 내 마음으로 하여금 분별을 떠나게 함으로써 시방十方에 두루하
여 일체의 모든 선한 공덕을 수행하게 하며,

분별로부터의 떠남과 선한 공덕의 수행은 일견 모순되어 보입니다.
분별이란 이것과 저것, 옳고 그름, 선과 악 등으로 나누는 것이죠. 이
런 분별을 떠난다는 것은 지법止法을 행하여 모든 분별을 멈추어 선정
으로 들어가는 것입니다. 그런데 뒤에 이어지는 문장은 선한 공덕을
수행한다고 했어요. 선과 악을 분별해야 선함을 행할 수 있습니다. 따
라서 분별을 떠나는 것과 선한 공덕을 행하는 것은 서로 모순되어 보
입니다. 그럼에도 불구하고 이런 문장을 썼다는 것은 어떤 의미가 있
기 때문이겠죠. '분별을 떠난다'는 비유非有의 세계를 말합니다. '있지
않음'의 세계에요. 반면 '선함을 수행한다'는 비무非無, 즉 '없지 않음'의
세계입니다.

본질의 세계는 있는 것도 아니고(非有), 없는 것도 아니고(非無), 있
고 없음마저 아니니(非非有非非無) 말로 표현할 수 없습니다. 우리가 보
고 경험할 수 있는 모든 것은 현상이므로 "본질은 경험할 수 없기 때
문에 결국 없는 것 아니냐?"라고 물으면 "없는 것도 아니다"라고 합니

다. 모든 현상의 근본이 되어주기 때문이지요. 본질이 없다면 어떤 현상도 일어날 수 없습니다. 우리가 오직 파도만을 볼 수 있다고 해봅시다. "우리 눈에 파도만 보인다면 파도만 있지, 물은 없는 것 아니야?"라고 묻는 것과 마찬가지입니다. 이에 대해 본질을 터득한 입장에서 "물이 파도의 근본이 되어주기 때문에 없는 것은 아니다."라고 답한 것입니다. 비비유비비무非非有非非無는 있지 않은 것도 아니고 없지 않은 것도 아니라는 말이니, 있고 없음마저 아니라는 말입니다. 말도 안 되는 말을 계속 늘어놓는 것처럼 보일 수도 있는데, 불교에서는 이렇게 끊임없는 부정을 통해 현상계를 떨어뜨려놓으려고 합니다. "모든 현상을 현상으로 보라"는 말은 내면에서 일어나는 모든 느낌이 본질이 아님을 알게 함으로써, 현상으로부터 떠나 자연스럽게 본질에 서있게 합니다. 모든 현상으로부터 떠나려는 그 마음 역시 현상임을 파악하면 언뜻 본질에 가있게 되는 거예요. 그 마지막에 어려움이 조금 있습니다. "마음에서 일어나는 모든 현상들을 현상으로 볼 수는 있는데 그래도 마음이 시원하지는 않다"라고 말하는 경우가 있습니다. 그 이유는 모든 현상을 현상으로 보는 그놈마저도 현상이라는 것은 깨우치지 못했기 때문입니다.

원문의 "내 마음으로 하여금 분별을 떠나게 함으로써"는 지법止法의 수행과 비유非有의 세계를 말하고, "일체의 모든 선한 공덕을 수행하게 하며"는 관법觀法의 수행과 비무非無이 세계를 의미합니다.

비유非有와 비무非無에 대해 더 살펴봅시다. 모든 현상의 뿌리는 현상이 아니니까 '없는 것'이라고 할 수 있습니다. 그렇다면 '사람'이라는 현상은 있을까요? 사람이라는 현상은 없습니다. 비슷한 예로 석가모니와 나가세나 비구의 마차 이야기를 소개했었죠. 석가모니가 "마차가 있느냐?" 물으니 나가세나 비구가 눈앞의 마차를 보며 "마차가 있습니다."라고 대답했습니다. 그러자 석가모니가 바퀴를 하나 뜯어내서 "이게 마차냐?" 물으니 "아니요."라고 대답하죠. 손잡이를 뜯으면서 "이게 마차냐?" 물으니 "아니지요."라고 대답합니다. 제일 밑의 발판을 뜯어서 "이게 마차냐?", "아닙니다." 이렇게 하나씩 뜯으면서 묻기를 반복하니 모든 것이 사라졌어요. 조금 전에 있던 마차는 어디로 갔습니까? 마차는 여러 가지 조합으로 이루어진 일시적인 기능을 하는 현상일 뿐입니다. 거기에 '마차'라는 이름을 붙여 고정되어 영원히 존재하는 것으로 우리가 착각하는 것입니다. 우리가 '존재한다'고 여기는 모든 것이 다 이런 방식입니다.

무엇이 사람인가요? 이런 얼굴과 모습을 하면 다 사람입니까? 그렇다면 원숭이도 사람과 생김이 비슷하니까 몇 년간 계속 털을 깎아주고 옷도 입히고 화장을 하면 사람 얼굴 모양이 나타날 수도 있을 텐데 그러면 사람이라고 할 수 있을까요? 그래도 사람이라고 여기지는 않을 거예요. 늑대와 함께 자라난 늑대소년은 말도 못하고, 사람과 관계 맺지 못하고, 늑대처럼 웁니다. 그 늑대소년은 사람일까요, 아닐까요? 생긴 모습은 사람이지만 그 행태는 늑대와 같습니다. 그렇다면 대체 무엇이 사람인지 애매해지기 시작하죠. 모습은 사람인데 의식적인 내용은 사람이 아니니까 사람이 아니라고 해야 될지, 아니면 그 안의 의식적인 내용과는 상관없이 우리와 육체적으로 비슷한 모습을 갖고 있으니 사람이라고 해야 하는지. '사람'의 진정한 의미는 '의식을 가지고 나와 너를 구분하면서 문명을 형성하는 것'이라고 해야 할까요? 사람에 대한 정의는 깊이 들어갈수록 애매해집니다. 마치 무지개의 어디에서 어디까지가 빨강이고, 어디서부터 주황인지 애매한 것처럼 말입니다.

우리는 현상에 이름을 붙임으로써 영원토록 존재하는 것처럼 착각합니다. 그러나 모든 현상이라는 것은 임시적인 존재일 뿐이니, 진정한 의미에서 현상은 존재하지 않습니다. 따라서 비유非有입니다. 그렇다고 해서 현상이 없지는 않기 때문에 비무非無입니다. 현상의 비무非無에 대해 관찰하는 것이 바로 관법觀法입니다. 자신의 마음속을 들여다보면 이런 느낌과 저런 느낌이 올라오죠. 느낌들이 없지 않습니다. 본질적으로 있는 것은 아닌데 그렇다고 없다고 말할 수도 없어요. 그리고 이런 현상이 일어나는 저 밑바닥에는 뭔가 있긴 하겠지만 '있다'고 말할 수 있는 한계를 넘어 있습니다. 그러니까 본질은 있는 것도 아니지만 그렇다고 없는 것도 아니기에 비유비무非有非無라고 말합니다.

관법觀法은 비무非無에 해당하는 현상을 다루고, 지법止法은 비유非有에 해당하는 본질에 침잠해 들어가려는 방법입니다. 비유非有는 모든 법과 현상에는 자성自性이 없다는 것에 근본을 두고 있습니다. 독립적으로 존재하는 현상이 있을까요? 탁자라는 현상은 톱질된 나무와 못이 결합하여 이루어진 것이니, 탁자는 원래 본질적으로 존재하는 것이 아니라 나무와 톱, 그리고 못에 의존하고 있습니다. 그래서 분해하여 나눌 수 있죠. 물리학자들이 물질의 본질을 알기 위해 나누고 나누다 보니 원자에 이르렀고, 원자를 또 나누어 원자핵과 전자로 나누었습니다. 그런데 원자핵 속에는 양성자와 중성자가 있고, 이 중성자와 양성자를 쪼개 들어가 보니 소립자들로 나누어지고, 그 소립자는 쿼크로 나누어집니다. 이렇게 끊임없이 나누다 보니 도대체 물질의 본질이 있다고 말할 수 없어서 헨리 스텝Henry Stapp 같은 물리학자는 "존재는 관계다"라고 말했습니다. 물질의 근본은 관계이고, 현상적으로 존재하는 의식 또한 관계입니다. 관계란 인연因緣이에요. 불교에서는 내적인 원인인 인因과 외적인 원인인 연緣 사이의 관계에 의해 어떤 존재가 형성된다고 말합니다. 따라서 모든 현상은 독립적인 특성, 곧 자성自性이 없기 때문에 비유非有라고 합니다. 반면에 비무非無는 현상이라는 것이 끊임없이 일어난다는 점에 기본을 두고 있습니다. 본질이 '없는 것'이니 현상도 '없는 것'이라고 주장할 수도 있지만, 본질에 의해 흔들리고 움직이면서 나타나기 때문에 '없다'고 할 수는 없어서 비무非無라고 합니다. 본질적으로는 아무것도 일어나지 않으나 그렇다고 현상이 없는 것은 아니라는 말입니다. "내 마음으로 하여금 분별을 떠나게 함으로써(止法) 시방에 두루하여, 일체의 모든 선한 공덕을 수행하게 하며(觀法)"는 문장은 언뜻 보면 앞뒤가 모순된 것 같지만, 사실은 지법止法과 관법觀法을 동시에 닦으라는 말입니다.

세상에서 가장 큰 즐거움이 열반의 낙樂

盡其未來, 以無量方便救拔一切苦惱衆生,
진 기 미 래   이 무 량 방 편 구 발 일 체 고 뇌 중 생

令得涅槃第一義樂.
영 득 열 반 제 일 의 락

미래가 다하도록 그 무량한 방편으로 일체의 고뇌하는 중생을 구원하여 그들로 하여금 열반제일의 낙樂을 얻도록 바라는 것이다.

"진리진리 하지 말고 방편방편하라"는 옛사람의 말이 있습니다. "내가 하는 말은 진리니까 꼭 새겨듣고 지키도록 해."라고 한다면 이는 주

장입니다. 모든 "이래야 돼"는 어느 시점에서 장애를 넘어가기 위한 방편일 뿐이에요. 불경의 모든 문장도 진리가 아니라 방편입니다. 팔만대장경이 진리라고 우기는 사람들은 진리라는 이름을 붙인 말뚝을 자기 가슴에 박아놓고서 거기에 묶여있는 것입니다. 모든 것은 진리 자체가 아니라 여러분이 마음을 넘을 수 있도록 해주는 방편일 뿐이니, 말에 묶이면 도리어 죄를 짓는 것이라 할 수 있습니다. 무량한 방편이 있으니 한 가지 방법에 묶일 필요는 없지만, 한 우물을 파는 것이 바람직한 면도 있습니다. 한 방법을 제대로 익히기도 전에 다른 방법으로 바꾼다면 전혀 도움이 되질 않아요. 한두 가지 방법으로 깊이 있게 수행하는 것이 더 효과적입니다. 물론 자신에게 가장 적절한 방법을 찾는 것이 제일 좋습니다만, 그런 방법을 찾는다는 것 자체가 지혜를 필요로 하는 일입니다. 지혜가 없는 사람은 자기에게 맞는 방법을 찾기가 정말 힘든데, 그럴 때는 한 가지를 깊이 오래도록 꾸준히 해보는 편이 좋아요. 오래 해봐도 안 맞는다면 그 방식을 제외하고 다른 방법을 찾으면 됩니다. 한두 가지라도 깊이 있게 꾸준히 하다보면 자기 길을 찾아갈 수 있어요.

여러 방편으로 일체의 고뇌하는 중생을 구원하여 그들로 하여금 열반제일의 즐거움을 얻도록 바라는 것이 보살의 수행 중 하나입니다. 사실 열반은 좀 무덤덤한 것입니다. 그렇게 쾌락적이고 즐거운 것이 아닌데 열반에 '제일第一의 즐거움'이라는 이름을 붙였어요. 이 세상에는 많은 즐거움이 있죠. 먹는 즐거움, 좋은 옷을 입는 즐거움, 재밌는 놀이를 하는 즐거움 등이 있지만, 그 즐거움 중에 제일이 열반이라고 말합니다. 열반은 해탈, 즉 벗어남이에요. 묶임으로부터 자유로워지는 것인데, 그것을 제일가는 즐거움이라 말하는 이유는 무엇일까요? 모든 일상적인 즐거움은 결국 집착으로 인해 고통으로 바뀌기 때문입니다. 다르게 말하면 집착이 우리의 일상이라는 말입니다. 무언가를 즐기고 뒤돌아서는 순간 깨끗이 잊을 수 있다면 그 사람은 자유로운 사람이지만, 뒤돌아서서 아쉬워하고 다시 욕망한다면 집착입니다. 왜 알코올중독에 걸릴까요? 와인을 즐기는 사람이 기막히게 좋은 와인을 맛보고 나서 다음날 그보다 급이 떨어지는 와인을 맛보면 기분이 별로 안 좋겠죠? 이것보다 훨씬 좋은 와인을 맛본 어제의 기억이 자꾸 떠오릅니다. 와인을 잘 모르는 사람이 보기에는 좋은 맛인데도, 그에게는 오늘 마시는 와인은 즐거움이 아닌 고통입니다. 그런데 최고급의 와인을 마시고서 그 다음날 까맣게 잊어버릴 수 있다면, 오늘 어떤 와인을 마신다 해도 그 사람은 또 즐겁습니다. 우리 의식은 경험을 기억해서 간직했다가 그보다 더 좋은 것을 경험해야만 좋다고 느낍니다. 그래서 자기의 기준을 최하로 낮춰놓으면 늘 행복할 수 있어요. 내가 고등학교 때 점수에 너무 매달리는 것 같아서 백지 답안지를 낸 적이 있어요. 그래서 0점을 받았는데, 그 다음부터 점수에 대한 두려움이 없어졌습니다. 10점을 맞아도 좋고 20점을 맞아도 좋아요. 0점을 맞아본 사람은 더 이상 점수에 대한 두려움과 괴로움이 없고 기쁨만 있어요. 왜냐하면 자신은 0점도 맞아본 인간이기 때문에 그렇습니다. 그와 같이 열반이라는 것은 자기 기준이 0인 상태라고 말할 수 있습니다. 가장 밑바닥이기 때문에 아무 느낌도 없는데 바로 그것이 즐거움이에요. 텅 빈 허공처럼 마음이 비어있는 상태가 그 사람은 너무나 즐겁고 행복합니다. 아무 일도 안 일어나는 지금의 평범한 마음을 행복해요. 우리는 무언가를 많이 가지거나 알아야 행복한데, 그 사람은 아무것도 가진 게 없고 아무것도 몰라도 행복해요. 그 사람의 기준은 0이기 때문입니다.

이 세상에 많은 즐거움이 있으나 그중 제일이 열반의 낙樂인 이유는, 모든 일상의 즐거움은 결과적으로 집착과 저항으로 향하여 고통을 일으키기 때문입니다. 그래서 아무런 집착도 저항도 없는 열반이 제일의 즐거움이라는 것입니다. 고뇌하는 중생들로 하여금 열반 제일의 낙樂을 얻도록 바라는 것이 사홍서원四弘誓願 중의 하나입니다. 그 사람이 착해서 중생을 구원하는 것이 아니라 그럴 수밖에 없는 거예요. 진리의 세계에는 너와 나의 분별이 없기 때문에 중생이 구원되어야 결국 나도 구원되는 것입니다. 내 문제를 해결하고 집으로 돌아와서 보니 우리 부모님이 작은 일에도 힘들어해요. 무슨 일만 생기면 괴로워하니까 옆에 있는 나도 힘들고 괴로웠어요. 내 문제를 해결하고 집에 돌아오니 그때서야 다른 사람 문제가 보이기 시작한 것입니다. 내 문제에 휩싸여 있을 때는 세상에 무슨 일이 벌어지는지 전혀 관심이 없고 나의 괴로움만 보였는데, 내 괴로움이 사라지니까 세상이 괴로움으로 가득 차 있는 것이 보였어요. 그러니까 세상의 괴로움이 없어지지 않으면 나의 괴로움도 근본적으로 끊어지지 않습니다. 내 주변이 편하지 않으면 결코 '나'라고 여겨지는 이 몸도 편하지 않아요. 내 걱정거리는 사라졌어도 수많은 걱정으로 스스로를 괴롭히는 옆 사람들의 모습이 파동과 에너지로 나에게 전달되어서 몸과 마음을 흔들어댑니다. 물론 그렇게 내 몸과 마음이 흔들린다 해도 그것은 하나의 느낌일 뿐이라는 것을 알지만, 그리고 그것을 아는 '나'라는 것도 없지만, 그 흔들림이라는 현상이 끊임없이 있기 때문에 그것을 다뤄주는 작업들은 필요합니다. 그래서 이런 사홍서원을 하는 것입니다.

새로운 앎의 방식:
손에 잡힌 대상을 통해 손을 알다

以起如是願故, 於一切時一切處, 所有衆善, 隨已堪能,
이 기 여 시 원 고　어 일 체 시 일 체 처　소 유 중 선　수 이 감 능

不捨修學, 心無懈怠.
불 사 수 학　심 무 해 태

이러한 원願을 일으키기에 모든 때, 모든 곳에서 여러 선善을 자기 능력
에 따라 버리지 않고 수학하여 마음에 게으름이 없으니,

부처님이 도를 깨쳐서 원성을 발견하고서 그만 죽을지를 고민했다
고 합니다. 자신의 경험을 사람들에게 말로는 도저히 전할 수 없는데,
더 이상 자신이 존재할 의미가 있는지를 고민한 것이죠. 그래도 전하
기로 결심해서 '모든 중생을 공경하겠다'는 원을 세우고, 80살까지 사
는 동안 열정적으로 끊임없이 법문을 했습니다. 부처님이 사업가적인
기질이 있는 사람이어서 정사도 많이 지었습니다. 사람들을 감동시켜
서 부자들이 기부를 많이 했어요. 그렇게 사람들의 마음을 일깨우는
데 에너지를 끊임없이 쓰면서도, 자기는 매일 아침 탁발을 나가서 주
는 대로 먹으며 여생을 자기가 서원한 대로 살았습니다. 이런 부처처
럼 중생을 모두 구제하겠다는 서원을 세우고, 배울 수 있는 모든 것을
배우고 수련하라고 대승大乘은 말합니다. 자기를 위해서가 아니라 중
생을 위해서 그렇게 하면서 더불어 자기도 닦아나갑니다. 대승은 자기
를 닦으면서 중생을 구제하고, 중생을 구제하면서 자기도 닦아나가요.

唯除坐時專念於止. 若餘一切, 悉當觀察應作不應作.
유 제 좌 시 전 념 어 지　약 여 일 체　실 당 관 찰 응 작 불 응 작

오직 앉았을 때 지止에 전념하는 외에는 일체에서 다 행해야 할 것과 말

아야 할 것을 관찰해야 한다.

　이 문장에도 지법止法과 관법觀法이 모두 있습니다. 고요히 앉았을 때에는 모든 걸 멈추고 전념하여 깊숙이 들어가서 선정에 들어갑니다. 그리고 그 외의 일체 현상에서는 행해야 할 것과 말아야 할 것을 관찰합니다. 내가 경험하는 모든 것은 현상이지만 그 현상들은 드러나지 않은 본질을 바탕으로 삼고 있습니다. 드러나지 않는 본질을 위해서 마음을 멈추는 지법止法을 행합니다. 그리고 일어나는 모든 현상들에 대해서는 선한 것과 악한 것, 또는 행해야 할 것과 말아야 할 것을 구별합니다. 그 기준은 무엇일까요? 아름답고 조화롭게 균형 잡힌 현상을 이루는 것을 기준 삼으면 됩니다. 그렇지만 아무리 아름답더라도 현상은 현상이란 것을 철저하고 분명히 한 후에, 현상을 조화롭게 하기 위해서 잘 관찰하여, 할 것과 말 것을 구별해서 행해야지요.

　왜 지법止法과 관법觀法이 중요할까요? 우리는 결코 대상없는 의식을 알 수 없습니다. 다시 말해 '우리가 아는 방식'으로는 알 수가 없어요. 우리가 보통 '안다'고 할 때는 항상 '무언가를' 압니다. 외적인 사물뿐만 아니라 마음에서 일어나는 내적인 현상들에 대해서도 마찬가지입니다. 그렇게 우리가 아는 모든 것은 현상입니다. '현상', 즉 대상으로 나타나지 않으면 우리는 '알지 못하기' 때문에 순수한 의식, 내용 없는 의식, 투명한 의식이라는 것은 도저히 알 수가 없습니다. 내용이 없으니까요. '안다'라는 것은, 대상이 있어야만 일어나는 현상이므로 우리의 본질은 결코 '알 수 없고' 경험할 수 없습니다. 자신의 본질을 알고 경험했다고 말하는 사람은 본질이 아닌 현상을 경험한 것이에요. 본질은 내용이 없어서 우리가 아는 방식으로는 본질 자체를 알 수가 없어요. 그런데 정말 알 수 없다면 석가모니가 알았다는 말은 거짓말일까요? 그것은 아닙니다. 우리가 보통 경험하고 아는 방식은 몸과 마음이 '잡아내어 느끼는' 것입니다. 그런데 석가모니가 진리를 안 방식은 일반적인 우리의 방식이 아니에요. 손이 의식 자체라고 해봅시다. 우리 앎의 방식은 손이 뭔가를 집거나 만져서 아는 것이라면, 석가모니의 앎은 손이 스스로를 아는 것입니다. 우리는 자기 자신을 아무리 잡으려 해도 잡히는 것은 현상일 뿐이어서 헛손질만 하는데, 석가모니는 손에 잡히는 것은 모두 손이 아니며 동시에 그것을 통해서 손이 있음을 압니다. 새로운 앎의 방식이에요. 우리는 손에 잡히는 휴대폰을 아는데, 석가모니는 '휴대폰'을 잡음으로써 '손'을 알아요. 그런데 이런 식의 알아챔 이후에는 손에 아무것이 없어도 손 자체를 압니다. 어떻게 알죠? 뭔가를 잡을 때는 항상 느낌이 있는데, 손에 아무것도 안 잡히면 느낌이 없다는 것을 통해 압니다.

　대상이 없는 앎이란 있을 수가 없듯, 경험에 있어서도 '무언가'를 경험합니다. 즉 주체와 대상으로 마음이 나눠져야만 경험이 일어나요. 경험하는 '누군가'와 '경험'이라는 대상이 있을 때에만 우리는 '경험했다'고 말합니다. 경험이 없는 주체만 있거나 주체 없이 경험만 일어날 수는 없어요. 모든 경험이 일어나기 위해서는 이렇게 마음의 분열이 생겨나야 하는데, 지법止法은 마음의 분열을 멈추는 것입니다. 마음의 수많은 대상 중 오직 하나에만 주의를 쏟아서 그것만 남겨놓았다가 나중에는 그것마저 사라지게 함으로써 마음은 분열되지 않은 일심一心이 됩니다.

　대승기신론 강의 초반에 대승大乘을 정의하면서 일심一心에 대해 설명했습니다. 대승大乘은 많은 중생들을 싣고 고해苦海를 건너가게 하는 수레라는 의미입니다. 분열이 없는 마음은 이름붙일 수가 없기 때문에 일심一心이라고 하지만 사실은 일심一心마저 아니기 때문에 대승大乘이라 이름 붙였다고 했습니다. 이름붙이면 벌써 엇나가게 되므로 뭐라 이름붙일 수 없기 때문에 그냥 아무렇게나 붙인 이름이라고 했어요. 선정에 들면 마음의 분열이 사라져 의식의 대상도 모두 사라지기 때문에 의식이라고 할 만한 것이 없습니다. 그러므로 그때에는 경험자도 없고 경험대상도 없이 일심一心만 있습니다. 순수한 의식은 사실 경험되는 것이 아니라 오직 그것으로 존재할 뿐입니다. 모든 앎과 경험은 마음이 분열되었을 때 일어나는데 이런 분열된 마음을 다시 한마음으로 바꾸는 작업을 하는 것이 지법止法입니다.

느낌의 세계는 한치의 움직임도 없는 본질의 발현이지만 그래도 아름다운 현상입니다. 그래서 생각과 감정과 느낌들이 조화롭게 나타나 흐르게 하기 위해 관법觀法을 행합니다. 질투로 인해 괴로움이 올라올 때 그것이 느낌임을 알아 풀어버리면 그 느낌은 느낌대로 있고 나는 나대로 있기 때문에 괜찮습니다. 분노가 올라와도 그 느낌에 내면이 다 물들게 하지 않고, 분노의 느낌은 느낌대로 둔 채로 내면의 현상세계를 부드럽고 아름답게 채색할 수가 있어요. 느낌은 고이 놓아두면 됩니다. 느낌일 뿐이니까요. 그렇게 선善이라는 느낌을 행하는 것입니다. 그러나 그 선善의 본질은 결코 착하다고 할 만한 것도 아니고 움직이거나 행해지지 않는다는 것을 잊지 않아야 합니다. 조화롭고 부드러운 현상계를 만들어가는 작업이 관법觀法을 수행하는 의미입니다.

보시布施, 인욕忍辱, 지계持戒, 정진精進에 이어서 선정禪定과 지혜智慧의 방법인 지止와 관觀에 대해 얘기했습니다. 이런 방법들을 통해 믿는 마음을 수행해 나갑니다. 우리가 이 길을 가면 본질에 대해 눈이 떠질 것이라 믿는 마음을 수행해요. 멈추지 않고 뒤돌아가지 않는 마음만 터득되면 사실 이미 끝난 것이나 마찬가지입니다. 살펴보는 작업이 저절로 일어나서 순간순간 마음이 저절로 살펴지면 마음이 스스로를 깨닫게 됩니다. '나'는 관찰하는 습관만 관성으로 만들어놓는 것이지, '내'가 깨우치는 것이 아니에요. 내가 하는 일이 뭐가 있어요? '나'는 그냥 이름일 뿐, 정말로 움직이는 것은 습관입니다. 깊숙이 몰입해서 선정으로 들어가는 습관, 또 모든 것을 면밀히 관찰해서 주변을 조화로운 현상으로 만들어가는 습관만 들여놓으면 아름다운 현상을 만들면서 동시에 본질을 파악해가는 작업이 저절로 일어납니다. 해프닝happening(일어남)이에요. 내가 하려고 하면 오히려 자꾸 막히니, 습관을 들여놓고 나는 아름답게 살아가면 됩니다.

정혜쌍수, 지관법

若行若住, 若臥若起. 皆應止觀俱行.
약 행 약 주   약 와 약 기   개 응 지 관 구 행

행하거나 머물거나 눕거나 일어나거나 어느 때든지 모두 지관止觀을 함께 행해야 한다.

행行·주住·와臥·기起는 움직이고, 머무르고, 눕고, 일어나는 활동의 모습들입니다. 이 모든 때에 지법止法과 관법觀法을 함께 행하라고 했습니다. 지법止法은 마음을 멈춰서 선정에 들게 하고, 관법觀法은 모든 현상을 면밀하게 살펴 구조를 파악해서 통찰을 일으키는 지혜로 가게 합니다. 이 두 가지가 고등학교 국사 시간에 배웠던 불교의 정혜쌍

수定慧雙修입니다.

행行과 기起 할 때, 즉 움직일 때 지법止法을 수련한다는 것은 무엇을 의미할까요? 잘 살펴서 분별해야 갈 길을 찾고 일을 할 텐데, 지법止法을 행하여 마음이 멈추면 어떻게 행동할 수 있을까요? 이 말은 그런 일들이 일어난다 하더라도 내가 한다는 생각 없이 하라는 뜻입니다. '행동하는 자 없는 행동'이 행行할 때의 지법止法의 수행입니다. 그리고 모든 행동을 섬세하게 살피면서 그 의미를 느끼고, 통찰을 일으켜 조화롭게 하는 것이 행行하면서 하는 관법觀法의 수행이에요. 그냥 습관처럼 기계적으로 행동하지 않고, 모든 행동의 의미를 면밀하게 들여다보면서 작은 의미 속에서 우주적인 법칙을 발견해내는 것입니다. 컴퓨터 메인보드의 회로가 어떻게 구성되어서 움직이는지를 살피는 것이 관법觀法이라면, 모든 회로의 분별을 멈추고 이 모든 작용을 가능하게 하는 생명력, 즉 전기를 발견하는 것이 지법止法인 셈입니다.

주住와 와臥 할 때, 즉 머물 때의 지법止法은 무엇일까요? 머무름 자체가 고요한 본성에 마음을 일치시키는 것과 같으니 이미 지법止法의 수행입니다. 그러나 잘못하면 게으르고 나태해지기 쉽지요. 선정만을 수행하는 사람은 고요와 평화 속으로만 들어가기 때문에 무기력해지고 나태해질 수 있다는 점이 선정의 폐해입니다. 마음은 고요하고 평화롭지만 움직임이 둔해지고 가라앉아 에너지가 역동적이지 않기 때문에, 이를 경계하여 관법觀法을 같이 수행하라고 말합니다. 머물거나 누워서 고요하지만 게으르지 않게 끊임없이 에너지를 쓰는 것이죠. '주의에 주의 기울이기'(깨어있기™ 연습 중 하나)를 해 보면 대상인 주의가 투명하고, 그로 인해 주의를 기울이는 주체도 투명하기 때문에 마음이 투명해지면서 마치 멈춘 것처럼 느껴집니다. 정말로 마음이 멈춰버리면 하품을 하면서 졸리거나 의식이 희미해집니다. 그것은 진정한 선정으로 들어가는 것이 아니라 의식이 흐려져 잠으로 빠지는 거예요. 반면 선정은 명료함으로 가는 것입니다. '주의에 주의 기울이기'는 얼핏 마음이 멈춘 것 같지만, 주의를 쏟아 붓기 때문에 끊임없이 주의의 움직임이 일어납니다. 주의에 몰입하여 끊임없이 에너지가 흐르고 있어요. 이와 같이 관법觀法은 아무것도 안하는 것 같지만, 사실은 끊임없이 에너지를 쏟고 움직이고 있습니다. 행行ㆍ주住ㆍ와臥ㆍ기起 어느 때든지 지법止法과 관법觀法을 함께 행하라는 것은 한 가지만 수행할 때의 부작용을 서로 보완하기 위해서입니다.

'전체'는 '앎'에 속하지 않는다

所謂雖念諸法自性不生, 而復卽念因緣和合, 善惡之業,
소 위 수 념 제 법 자 성 불 생   이 부 즉 념 인 연 화 합   선 악 지 업

苦樂等報. 不失不壞.
고 락 등 보   부 실 불 괴

비록 모든 현상이 자성自性이 나지 않음을 생각하나, 또한 인연因緣으로 화합한 선악善惡의 업과 고락苦樂의 과보가 빠지거나 무너지지 않음을 생각하고,

자성自性은 독립적으로 존재하는 고유한 특성입니다. 모든 현상은 서로가 서로한테 의존하는 인연법因緣法 때문에 생겨나므로 본질적인 속성이 없어요. 예를 들면, 둥그런 느낌은 각지거나 곧은 직선의 느낌을 배경삼아서 느껴지는 느낌일 뿐, 원래 둥그런 느낌이라는 것은 없습니다. 이렇게 현상은 다른 것에 의존해서 생겨나기 때문에 본질적으

로 고유한 특성인 자성自性이 없습니다. 대승기신론 강의 초반에, 생멸문生滅門과 진여문眞如門에 모두 본질과 현상이 있는데 생멸문의 모든 현상은 본질의 드러남일 뿐 자성自性이 없다고 했습니다. 현상은 따로 있지 않으며, 현상을 통해 본질을 발견하게 된다고 했습니다.

인연因緣이란 현상을 일으키는 관계를 말합니다. 내적 원인인 인因과 외적 원인인 연緣이 만나 어떤 현상이 일어나죠. 거기에는 선악善惡의 업보와 고락苦樂의 과보들이 특정한 고리로 연결되어 있기 때문에 그것들이 이유 없이 사라지거나 무너져서 파괴되지는 않습니다. 어떤 결과로 인해서 다른 현상들이 일어나기 때문에, 무작위적인 의존이 아닌 어떤 법칙에 의해 현상이 일어난다는 말입니다. 그래서 현상을 법法이라고 합니다. 현상은 그냥 아무렇게나 일어나지 않습니다. 서로에게 특정한 모습으로 연결되어 있는 이유가 있어요. 이 컵이 컵으로서 존재하게 하는 고리는 특정한 하나만 있는 것은 아닙니다. 어떻게 보면 우주적인 현상 전부가 이 컵이 존재하는 데 도움을 주고 인연을 맺고 있지요. 그렇지만 모든 우주적인 요소들이 무작위적인 관계를 맺는 것은 아니고, 특정한 법칙에 따라 관계를 맺기 때문에 컵이라는 현상으로 드러나는 것입니다. 나타날 때에도, 사라질 때에도 어떤 흐름이 있어요. 그래서 현상계를 무시해서는 안 됩니다. 법法이란 단어는 현상을 나타내기도 하고, 진리와 메커니즘을 나타내기도 하고, 부처님의 설법을 말하기도 합니다. 이 세 가지 법法의 의미가 모두 통하고 있습니다. 현상계에는 본질적인 고유한 속성이 없으므로 존재한다고 말할 수 없지만, 아무렇게나 나타났다 사라지지는 않기에 무시할 수도 없습니다. 그래서 모든 현상은 조화롭게, 그리고 선악善惡과 고락苦樂의 이치에 맞게 일어나고 사라진다는 점을 잊지 말아야 합니다.

예를 들면, '안다'라는 의식으로 파악되는 것들은 어떤 특질을 가지고 있는 '무언가'입니다. 즉 'something'이에요. '한정된 무엇'이라는 의미입니다. 외부 사물이라고 여겨지는 것이든, 우리 내면에 나타나는 느낌적인 현상이든, 우리가 알고 있는 무언가는 어떤 특질을 가진 '한정된 무엇'입니다. 그것은 다른 한정된 무엇과 맺어진 관계를 통해 존재하기 때문에, 그 관계가 조화로워야 당연히 그것의 존재 또한 조화로울 수 있습니다. 예를 들어 사람은 독립적으로 존재하지 않고 호흡하는 공기와 마시는 물, 먹는 음식, 체내에 흐르는 혈액과 체액, 이런 것들의 인연으로 인해 존재하는데, 그 관계들이 조화롭지 않다면 사람 자체도 조화롭지 않겠지요. 존재한다는 것은 관계이기 때문에 관계가 조화로울 때 그 존재도 조화롭습니다. 내 몸을 구성하는 요소들 간의 관계뿐 아니라, '나'라는 개체성이 다른 사람이나 존재, 현상들과 맺는 관계가 조화로울 때 '나'도 조화롭게 존재합니다. 몸뿐 아니라 마음도 마찬가지입니다. 내 마음이 존재한다는 것은 바로 무언가와 관계 맺고 있다는 의미예요. 마음, 즉 의식은 끊임없이 움직입니다. 움직이지 않으면 현상으로 드러나지 못하고 사라집니다. 끊임없이 움직이며 관계를 맺을 때에만 우리는 존재하기 때문에, 그 존재가 조화로우려면 관계 맺는 모습이 조화로워야 되고, 그럴 때 즐거움이 느껴집니다. 선함이 늘어나고 아름답게 화합하죠. 그런데 이 한정된 '안다'라는 의식에 속하는 존재들은 모두 부분적인 조각입니다. 우리가 아는 모든 것은 전체의 한 부분일 뿐, 우리는 전체를 알 수 없습니다. 전체는 '앎'에 속하지 않아요. '안다'는 것은 마음이 나뉘어져서 부분을 바라보는 모습이므로 한정되어 있고, 이 한정된 존재들이 편중된 관계를 맺을 때 악惡한 모습으로 드러나게 됩니다. 암세포의 예를 들었죠. 정상적인 세포들은 주변 세포들과 일정한 거리를 두고 생체광자Biophoton라는 빛의 연락망을 통해 적절한 관계를 맺는데, 암세포들은 자기들끼리만 뭉쳐있습니다. 너무 가까이 붙어 있어서 소통할 필요도 없는 한 덩어리에요. 암세포는 주변과 관계를 맺지 않고 소통이 단절되어 자기의 확장이 주변 세포에 어떤 영향을 미치는지 모릅니다. 그러니까 주변을 망가트린다는 것도 모르고, 결국 몸이 상하면 그 몸에 살고 있는 암세포 자신들도 죽게 되지요. 이처럼 모든 한정된 것들은 적절한 관계를 맺을 때는 조화롭게 존재할 수 있으나, 편중된 관계를 맺으면 악惡이라는 추한 모습으로 드러나고 고통을 느끼게 됩니다. '안다'라는 현상은 그 배경에 '모른다'를 가지고 있는 한정된 부분입니다. '안다'를 넘어서는 것이 지법止法이라면 '안다'를 조화롭게 사용하는 것이 관법觀法이라고 할 수 있습니다.

雖念因緣善惡業報, 而亦卽念性不可得.
수 념 인 연 선 악 업 보   이 역 즉 념 성 불 가 득

비록 인연의 선악善惡의 업보를 생각하나 또한 곧 본성은 얻을 수 없음을 생각하는 것이다.

인연 선악법을 생각하나 그 생각의 본성이라는 것이 특별히 따로 없기에 잡을 수 없다고 하였습니다. 즉 선악을 분별하여 조화로운 전체가 유지되도록 하나, 거기 어떤 선악이라는 개념과 생각의 분별이 실재하지 않음을 알라는 것입니다. 선악의 분별은 관법이요, 그 모든 선악은 본성상 실재하지 않으니 지법입니다. '분별'하여 최선을 추구하되, 그 모든 분별은 본성에 있어 '분별없음'이니 그것을 알아채라는 것입니다. 분별과 분별없음을 관법과 지법을 통해 수행해야 하는 것입니

다. 그때 치밀하게 분별하며 살아가지만 그 분별에 휘둘리거나 끄달리지 않을 수 있는 것입니다.

이유 없는 기쁨

若修止者, 對治凡夫住著世間, 能捨二乘怯弱之見.
약 수 지 자   대 치 범 부 주 착 세 간   능 사 이 승 겁 약 지 견

> 만약 지止를 닦으면 범부가 세간에 주착主著함을 대치하고, 이승二乘의 겁
> 약한 소견을 버릴 것이며,

마음의 현상은 움직임 속에 있을 때 의식되고 파악되는데, 지법止法은 마음을 고요하게 만들고 멈추게 하여 선정으로 들게 합니다. 세상 속에서 살다보면 무언가를 얻으려는 내적인 욕구로 인한 집착과 이루지 못함에 대한 저항이 일어납니다. 이 집착과 저항이 마음을 움직이게 하는 커다란 동력원입니다. 선정을 닦으면 마음의 움직임이 점차 멈추고, 고요와 평화가 주된 상태가 되어 세간의 집착과 저항이 사라지고 멀어지게 됩니다.

범부凡夫가 세간에 집착하는 이유는 무엇일까요? 간단히 말하면 범부는 따로 있지 않습니다. '무엇'을 '자기'라고 여기는 마음이 곧 범부에요. 즉 무엇과 동일시된 마음이 범부이고, 어떤 것에도 동일시되지 않은 마음은 부처입니다. 그러니까 우리는 이미 부처인데 잠시 무언가에 동일시될 때에만 범부가 되는 것입니다. 드라마 주인공과 동일시되면 드라마 전체를 보지 못하는 것과 같습니다. 우리는 내면에서 올라오는 생각과 감정, 느낌들에 매순간 동일시되어 '나'라고 여기며 살아갑니다. 어떤 생각이 들면 그것을 내 생각이라 여기고, 옳다고 주장하

고, 어떤 감정이 들면 내가 지금 그 느낌인 것 같고, 어떤 미묘한 느낌이 올라오면 그것을 '나'라고 여깁니다. 이런 상태가 바로 범부이니 마음에 일어나는 현상들에 집착하여 마음의 한 조각에 머물고 있습니다. 그렇게 집착하는 이유는 자신을 '어떤 무엇'이라고 여기기 때문입니다. 영어로 하면 'I am something'이에요. '나는 경수다'라고 한다면 경수라는 이름과 동일시되어 있고, '나는 남자다'라고 한다면 남자라는 것과 동일시되어 있습니다. 그 어떤 것도 아닐 때 나는 그냥 존재합니다. 'I am'이에요. 우리 마음은 항상 자기가 '무엇'이기를 원하고, 또 현재 모습과 다른 더 나은 '무엇'이 되기를 원해서 어딘가를 향해 달려갑니다. 그리고 이 과정에서 마음은 활력을 찾습니다. 우리의 마음은 의식 작용을 통해 어떤 '모습'으로 존재하는 자신만을 경험해왔습니다. 그 어떤 것도 아닌 그냥 '존재'로 있어보지 않았어요. 자신을 '무엇'이라고 여기기 때문에 그것을 잘 유지하고, 키우고, 보호하여 상처받지 않도록 노력합니다. 자신의 이미지를 지키기 위해 마음은 끊임없이 활동하고 있어요. 또 그 '무엇'은 항상 다른 '무엇'과 관계를 맺고 있습니다. 그래야 존재할 수 있기 때문입니다. 예를 들어 '나는 누구의 엄마다'라고 여기며 동일시되어 있으면 자녀라는 존재와도 관계를 잘 맺어야 하죠. 바로 그것으로부터 두려움과 불안, 사랑받고 싶은 마음이 생겨납니다. 이 모든 일들이 스스로를 '무엇'이라고 여기기 때문에 일어나요. 항상 '무엇'으로 존재하고자 하고, 그 '무엇'으로 인정받지 못하면 불안을 느껴서 완전해지려고 애씁니다. 세간에 집착하는 범부는 자신을 '무엇'이라고 여기지만, 실제로는 아무것도 아닌 존재입니다.

'무엇'이라고 여기는 마음만 딱 끊어버리면 그는 이미 부처입니다. 스스로를 '무엇'이라고 여길 때는 더 나은 방향으로 나아가야 하고 스스로를 지켜야 하지만, 아무도 아닌 자로 산다면 지킬 것이 없습니다. 아무도 아닌 사람은 마음이 충만하여 어느 것도 필요 없습니다. 오래 전에 있었던 일인데 어느 날 아침 내가 일어났는데 잔잔한 기쁨이 느껴졌어요. 아무런 '이유 없이 느껴지는 기쁨'인데 여러분도 가끔 느꼈을 수도 있습니다. 이때까지의 모든 기쁨은 내가 바라던 것이 성취되었거나 내가 가진 기준 이상으로 충족되었을 때 오는 것이었는데, 그 날 아침에는 그런 이유가 없는데도 기쁨이 느껴졌습니다. 정말 놀랍고 경이로워서 잊히지 않는 경험입니다. 그것은 무엇을 의미할까요? 의식적인 상태의 기쁨에는 대부분 의식적인 기준이 있습니다. 그런데 아침에 잠에서 깨자마자 오는 감정은 대부분 무의식의 작용에서 오는 감정이에요. 의식적인 활동을 7~8 시간 쉬면서 무의식 속에 있다가 눈을 떴을 때 오는 이유 없는 기쁨은, 무의식이 그냥 깨끗했다는 의미입니다. 무의식 속에서 전날 하고 싶었던 것을 하면서 꿈꾸다 깨어났을 때 같이 이유 있는 기쁨이 아니라, 아무런 이유 없이 느껴진 기쁨은 정말 순수합니다. 그것은 무의식에 더 이상 어떤 추구나 원하는 것, 부족한 것이 없을 때 일어납니다. 그런 기쁨을 한번 맛보면 아무 때나 그냥 기쁠 수 있습니다. 여러분도 아침에 눈 떴을 때 아무런 이유도 없이 잔잔한 기쁨이 몰려온다면 그것을 놓치지 말고 잘 느껴보십시오. 지난밤 내내 무의식에서 진행된 것이 드러나는 시점인 아침에 이유 없는 순수한 기쁨이 느껴진다면, 그 전날의 모든 근심이 사라지고 무의식에 아무런 집착과 저항이 남아있지 않은 깨끗한 상태였기 때문입니다.

인도에는 존재를 나타내는 세 가지 단어가 있습니다. 삿Sat, 칫Chit, 아난다Ananda인데 순수한 존재, 의식, 지복至福이라는 의미입니다. 아무 이유 없이 존재하는 것 자체가 존재의 속성이며 지복至福이에요. 의식하면서 겪는 기쁨과 즐거움은 어떤 기준 때문에 생겨나기 때문에 반대의 극성極性을 지니고 있습니다. 그 기준이 충족되지 않았을 때의 상실감이나 슬픔, 저항감을 동전의 양면처럼 갖고 있어요. 그러나 기준 없는 즐거움은 온전하며 순수한 기쁨이니, 우리 존재 자체는 이미 바로 그런 지복입니다. 우리는 언젠가부터 이유가 있어야만 기뻐하는 사람이 되어 살아가지만, 우리의 본성 상태인 아무런 조건과 기준이 없는 기쁨을 한번이라도 의식적으로 경험한다면 우리 삶에는 혁명적인 변화가 일어납니다. 이제 언제든지 그냥 기뻐할 수 있거든요. 기준이 0이 되면 모든 것에 감사하고 기쁠 수 있습니다. 그런 사람을 어떻게 비참하게 만들 수 있겠어요? 부족함으로 인해 오는 쾌락에 어떻게 빠트릴 수 있겠습니까? 어떻게 보면 쾌락은 부족함을 채우기 위한 도피일 수 있습니다. 심심함을 피하려고 자꾸 재미있는 걸 찾아다니는데, 아무 이유 없이 언제든지 기쁠 수 있는 사람에게는 심심함이 올 수 없습니다. 무의식에 어떤 요구와 바람, 그리고 저항이 없다면 그는 아무이유 없는 기쁨을 느끼기 쉬운 조건 상태에 있습니다.

대학생 때에 《에크하르트와 선》이라는 책을 본 적이 있습니다. 에크하르트는 독일기독교 신비주의자로 명성이 있었기 때문에 그 책을 사서 봤는데, 정작 인상적이었던 것은 부록처럼 달린 어느 일본 선승禪僧의 짧은 글이었어요. 사이또라는 사람의 그 글은 "산다는 건 얼마나 기쁜가, 정말 아름답다, 존재는 정말 충만해." 이렇게 그의 글에는 끊임없이 아름다움과 존재의 축복에 대한 미사여구밖에 없었습니다. 아무리 생각해봐도 무슨 의미인지 이해되지 않고, 통찰이라고는 조금도 안 올라왔어요. 그 당시에는 그냥 마음에도 없는 미사여구만 늘어놓은 느낌이었는데, 아무 이유 없는 기쁨을 느껴본 그 날, 그 글이 이해되더란 말입니다. 이유 없는 기쁨을 맛보면 바로 그런 말들이 이해됩니다. 사람 간 관계도 마찬가지입니다. 우리는 무언가를 주고받을 때만 관계를 맺습니다. 서로 주는 것도 없고, 받는 것도 없으면 관계가 잘 안 맺어져요. 그렇다면 아무것도 필요치 않은 사람은 어떤 관계를 맺겠습니까? 그런 사람은 주고받는 것이 아니라 그냥 넘쳐서 주게 됩니다. 내가 어디에선가, 고아원에서 자란 두 친구에 관한 글을 읽은 적이 있어요. 두 아이가 고아원에서 형제처럼 서로 의지하고 지내다가 한 아이는 부잣집에 입양되었습니다. 그 친구는 고아원에 남아서 자란 가난한 친구를 늘 도와줬습니다. 자기가 할 수 있는 한 매번 그렇게 도와줬는데, 가난한 친구는 전혀 고마워하지도 않고 자기를 보면 오히려 화를 내거나 짜증을 내는 거예요. 그래서 서운한 마음에 나는 너를 그렇게 도왔는데 대체 너는 왜 고마워하지도 않는지 물었습니다. 그러니까 가난한 친구가 하는 말이 "너의 도움으로 인해서 내 자아는 상처받았다. 나는 너에게 해줄 것이 없는데 계속 받기만 하는 이런 상황이 싫다"라고 말합니다. 이 사람은 자신이 너무 작아지는 것을 견디기 힘들었던 것입니다. 부잣집 친구는 무심중에 "나는 너보다 우월해."라는 마음을 기본으로 깔고 무언가 도움을 주었고 그렇게 주는 관계는 오래 가지 않습니다. 본인에게 아무것도, 그런 우월감마저도 필요하지 않은 사람만 그런 마음 없이 주고, 주려는 마음조차도 없이 스스로가 충만해서 넘쳐서 옆의 사람을 적시는 관계를 맺을 수 있습니다. 이런 도움으로 느껴지지 않는 도움은, 자기라는 것으로부터 벗어난 사람들만이 할 수 있는데, 대자대비大慈大悲가 그런 데서 나옵니다.

이승二乘의 겁약한 소견은 무엇일까요? 이승二乘이란, 부처님의 설법을 듣고 깨달음의 길에 들어선 성문승聲聞乘과, 인연의 법칙을 깨달아서 모든 세상이 인연법의 소산이며 본질적인 자성自性을 가진 개별체는 없음을 깨달은 연각승緣覺乘을 말합니다. 이런 사람들이 자신만의 깨우침을 위해 살아간다면 소승小乘적인 이승二乘이니, 대자대비大慈大悲한 마음을 내지 못합니다. 이승二乘의 겁약한 소견이란, 수행하다가 아무리 해도 안 된다고 생각하여 힘들어하며 뒤돌아가는 마음인데, 지법止法을 닦으면 그런 마음도 사라지고 가라앉는다고 말하고 있습니다.

若修觀者, 對治二乘不起大悲狹劣心過, 遠離凡夫不修善根.
약 수 관 자　대 치 이 승 불 기 대 비 협 렬 심 과　원 리 범 부 불 수 선 근

만약 관觀을 닦으면 이승二乘이 대비大悲를 일으키지 않는 협렬심狹劣心의 허물을 대치하고, 범부가 선근善根을 닦지 않음을 멀리 여읜다.

마음의 다양한 현상을 살펴보고 구조를 파악하여 통찰하는 관법觀法을 닦으면 대비심大悲心을 일으키지 않는 이승二乘의 좁은 마음을 대치할 수가 있다고 했습니다. 마음의 현상과 구조를 모두 이해하면 자신도 경험했던 그런 괴로움을 겪는 범부와 중생이 이해되고, 세상 전체의 아픔과 고통을 슬퍼하는 대비심大悲心이 일어나기 때문입니다. 그렇지 않고 선정만 닦으면 주변에 관심이 없고, 평화와 고요 속으로만 들어가기 때문에 대비심이 일어나지 않습니다. 자기가 좋은 쪽으로만 가다가 자기가 사라지니 대비심이 어떻게 일어나겠습니까? 그리고 지법止法만 닦는 사람은 잘못하면 나태해지기 쉽습니다. 반면에 관법觀法만 닦는 사람은 끊임없는 분별과 시비 속으로 가기 쉽지요. 왜냐하

면 관법觀法 자체가 엄밀하고 정교하게 분별하고 살펴보는 마음이거든요. 그래서 지법止法과 관법觀法을 같이 해나가야 한다고 말합니다. 그런데 우리는 지법止法을 따로 다루지는 않고 살펴보는 작업만 주로 한 듯이 보일 겁니다. 그러나 마음을 살펴보는 과정에서 '주의에 주의 기울이기'(깨어있기 용어)와 같은 상태가 되면 저절로 텅 빈 마음이 되어 선정에 들어갑니다. 주의에 몰입하면 아무 생각도 없고 저절로 사마타가 되므로 사실 위파사나와 사마타가 둘이 아닙니다. 말로 표현하려니까 개념으로 나눈 것이지, 탐구하는 과정에서는 둘이 아니라 하나처럼 돌아갑니다. 절실함이 없는 사람은 집중이 잘 안 되니까 사마타를 먼저 시키지만, 절실한 동력원이 있는 사람은 살펴보는 과정에서 저절로 사마타가 일어납니다. 어쨌든 지관법止觀法을 같이 수련할 때 깊은 선정이나 삼매와 지혜가 동시에 이루어진다는 말을 하고 있습니다.

관觀을 닦으면 작은 나의 깨침에만 힘쓰는 이승二乘의 좁은 마음을 떠나서 대자대비大慈大悲를 일으킵니다. 그 무엇이 되려고 하지 않으며, 아무도 아닌 자로 살아도 상관없는 사람이 되는 것입니다. 대부분의 사람들은 사회가 주입시킨 신념과 부모의 경험에 의한 지도 때문에 뭔가를 이루거나 얻으려 하고, 추구하면서 살아갑니다. 예를 들어 사회적으로 높이 평가받는 직업을 가지려고 애쓰지요. 이런 과정은 모두 내가 '무엇'이 되려는 것인데, 그런 마음이 나도 모르게 심겨져서 그것을 향해 달려갑니다. 왜 그것을 향해 가는지도 모르고 무작정 달려요. 그런데 그런 모든 것이 일시적으로 동일시된 마음일 뿐, 진정한 나의 본질이 아님을 알게 되면 나는 '아무도 아닌 자'로 살 수 있습니다. 그 무엇이 되려 하지 않고, 그 무엇을 유지할 필요도 없고, 남한테 그럴듯하게 보일 필요도 없어요. 사람들이 나를 뭐라고 여기든 진정한 나는 그것이 아니니까요. 그리고 그 무언가로 있으려는 힘에서 놓여나 무한한 생명력을 대자대비大慈大悲에 사용합니다. 내가 대자대비大慈大悲한 사람이 되는 것이 아니라 주변의 부족한 부분이 보이고 그것을 채우기 위해 생명력이 자연스럽게 쓰입니다.

흔들려도 흔들리지 않는 삶을 닦는 지관법止觀法

以此義故, 是止觀二門共相助成, 不相捨離.
이 차 의 고　시 지 관 이 문 공 상 조 성　불 상 사 리

이러한 뜻에 의해 지止 · 관觀 이문二門은 함께 같이 이루어 서로 떨어질 수 없는 것이니,

선정과 지혜의 방법은 서로를 보완하는 방법이어서 나눌 수 없고 같이 갑니다. 지법止法은 절대세계로 들어가게 하고, 관법觀法은 상대세계를 통찰하게 하지요. 상대세계는 끊임없는 변화와 분별의 세계이고, 절대세계는 현상들과 상관없이 흔들리지 않는 세계인데, 지법止法과 관법觀法이 함께 닦여야 상대세계 속에서 절대를 살게 됩니다. 공부하는 사람들은 대개 절대세계를 추구합니다. 어떤 것에도 흔들리지 않는 절대적이고 움직이지 않는 마음을 추구해요. 그런데 이런 부동심不動心은 죽은 마음, 목석같은 마음과 다르지 않습니다. 흔들려도 상관없는 사람, '흔들림 속에서도 흔들림이 없는' 사람이 되어야 합니다. 일반적인 사람들은 한정되고 파편적인 상대세계에서 살아갑니다. 이것과 저것이 분별되어 서로 다르게 여겨진다는 것은 그것들이 전체에 속한 부분이라는 말이에요. 그와 똑같이 '나는 무엇이다'라고 여긴다면, 무엇이라는 한 부분과 동일시되어 있는 마음입니다. 어떤 조각으로 존재

하는 마음이죠. 그 어떤 것도 아닌 채 'I am'으로 있으면 필요에 따라 나는 무엇이든 될 수 있어서 I am 뒤에 무엇이든 붙을 수 있습니다. 그런데 'I am cup'으로만 존재한다면 나는 솥이 될 수는 없어요.

대부분의 사람들은 한정된 상대세계에서만 살아가는데 그 상대세계는 사실 무한하고 절대적인 바탕에서 뛰노는 흔들림일 뿐입니다. 마음에서 일어나는 흔들림 중의 하나를 자기라고 여겨서 동일시하면, 그것이 깨져나갈 때 자기의 온 존재가 휘청거린다고 느껴지겠죠. 무의식적으로 생겨난 믿음이 깨져나가면 자기 존재가 흔들린다고 느낍니다. 반대로 어떤 흔들림도 느끼지 않는다면 그것은 목석입니다. 흔들림이 없다면 현상으로 존재하지 않는 거예요. 흔들림을 자신과 동일시하면 흔들림이 일어날 때 당연히 자기 온존재가 흔들리고, 어느 순간에는 혼돈과 두려움에 매몰됩니다. 그러나 흔들림이 경험되고 느껴지는 것은 전체라는 절대가 바탕으로 존재하기 때문임을 통찰하면, 흔들려도 흔들리지 않는 자신을 발견하게 됩니다. 지관법止觀法을 닦는 이유는 흔들려도 흔들리지 않는 삶을 살기 위해서입니다. 관법觀法은 모든 마음의 흔들림을 살펴보게 하고, 지법止法은 그 어디에도 흔들리지 않는 절대로 들어가게 합니다.

若止觀不具, 則無能入菩提之道.
약 지 관 불 구   즉 무 능 입 보 지 리 도

만약 지止와 관觀이 갖추어지지 않으면 곧 보리菩提에 들어갈 수 있는 방도가 없을 것이다.

흔들림 속에서 흔들리지 않음을 함께 누리는 것이 보리菩提, 즉 진리의 세계이며 그 세계로 들어가기 위해 지관법止觀法을 함께 닦으라고 말합니다. 만약 흔들림만 있고 흔들리지 않음이 없다면 그는 상대세계 속에서 헤매는 중이며, 흔들림이 없고 흔들리지 않음만 있다면 그는 현상계와 관계없는 절대 적멸 속으로 들어가 버리고 만 것입니다. 우리의 삶에는 여러 현상이 끊이지 않고, 우리 마음은 끊임없이 흔들립니다. 흔들림만 자기라고 여긴다면 그는 혼란 속에 빠지게 되고, 흔들림이 없으면 살아가는 의미가 없습니다. 흔들림이 전혀 없다면 그냥 흔들림 없는 컵이 되지 뭐 하러 사람으로 태어났겠어요? 태풍은 거대하고 역동적이며 무시무시한 파괴력을 발휘하지만 그 중심부인 태풍의 눈은 움직임 없는 텅 빈 공간인 것처럼, 우리의 마음은 끝없이 흔들리지만 그 중심에는 텅 빈 흔들리지 않음이 함께 있습니다. 끊임없는 고요 속으로 들어가려고만 하지 말고, 수많은 흔들림 속에 빠지지도 말고, 그 둘이 함께 있는 역동적이면서도 전혀 움직이지 않는 삶을 살아가기 위해 우리는 지법止法과 관법觀法을 같이 닦아야 합니다.

소리를 즐기려면 침묵을 놓치지 말라

復次衆生初學是法, 欲求正信, 其心怯弱. 以住於此娑婆世界,
부 차 중 생 초 학 시 법 욕 구 정 신 기 심 겁 약 이 주 어 차 사 바 세 계

自畏不能常値諸佛, 親承供養.
자 외 불 능 상 치 제 불 친 승 공 양

다음에 중생이 처음 이 법을 배워서 바른 믿음을 구하고자 하나 그 마음이 겁약하여 이 사바세계娑婆世界에 머무름에 스스로 항상 모든 부처를 만나 친히 받들어 공양하지 못할까 두려워한다.

대승의 여섯 가지 수행법인 육바라밀六波羅蜜을 설명하면서 보시布施는 '베푼다는 생각 없는 베풂'이며, 모든 문제는 '나'라는 것 때문에

생겨난다고 했습니다. 행동할 때도 행동 자체보다는 그것을 행하는 주체가 문제가 됩니다. 행동하는 주체가 있다고 여기는 것, 즉 '내가 한다'고 여기는 것이 가장 큰 문제를 일으켜요. 우리 삶에서 가장 짐스러운 것이 바로 '나'입니다. '나' 없이 행동하면 생명 본연의 힘이 자연스럽게 발현되는데, 내가 행동하면 항상 어떤 기준과 틀이 작용되어 제한을 받습니다. 그래서 의미 있고 가치 있는 일이라 여기면 에너지가 나오지만 그렇지 않으면 에너지가 잘 나오지 않습니다. 어릴 때는 그냥 에너지가 솟아나서 아무 이유 없이도 즐겁지만, 나이가 들면서 기준이 생기고 이득과 의미가 없다는 생각이 끼어들면 나에게서 에너지가 나오질 않아요. 이렇게 어떤 틀이 생긴 '누군가'로 우리는 살아갑니다. '나는 어떠어떠한 사람이다'라고 여기면 그 '누군가'라는 틀 속에 생명의 무한한 힘이 갇히는데, 그런 채로 살아가는 세계가 바로 사바세계娑婆世界입니다.

사바娑婆는 원래 대지를 의미하는 산스크리트어 'Saha'의 음역으로, 사바세계는 부처님이 교화하는 영토를 뜻합니다. 한자로 의역하여 감인토堪忍土 또는 인계忍界라고도 하니 인고의 세계, 참아내야 하는 세계입니다. 누가 무엇을 참습니까? '내'가 '무엇'을 참는 것입니다. 분리와 분별을 기반으로 '나'와 '너'가 나누어져 '누군가'들로 살아가는 이 세계에서는 내가 가진 기준에 부합하지 않는 부딪힘이 일어날 수밖에 없습니다. 우리는 그런 부딪힘을 깨부수고 뚫고 지나가든지, 어울려 살아가든지, 참으면서 살 수 밖에 없습니다. 그래서 육바라밀 중에 인욕忍辱이 있지요. 참음에는 두 종류가 있으니 억누름과 겪어냄입니다. 겪어내기는 마치 비틀비틀 자전거를 타거나 두려움을 감내하며 아슬아슬 파도를 타듯 경험을 하면서 가는 것입니다. 반면 억눌러 참는 사람은 결코 파도 타는 법을 배우지 못합니다. 왜냐하면 그는 주의가 경험하는 데 가있지 않고 두려움을 억누르는 데 가있기 때문입니다. 겪어내는 사람은 그와 달리 파도 타는 방법을 배우기 위해 그 어려움과 함께 갑니다. 어려움을 없애거나 저항하거나 눈을 돌려 외면하지 않고, 그 어려움을 함께 품고 갑니다. 그런 어려움이 생기는 이유는 내 안에 기준이 있기 때문이에요. 그 기준이 '나'와 '너'를 만들고 분별하여 우리 모두가 '누군가'로 살아가면서 참아내야 하는 세계가 바로 사바세계입니다. '깨어있기' 방식으로 말하면, 내면의 감지(*쪽 용어설명 참고)들로 구성된 어떤 모습을 지닌 총합체를 '자기'라고 여기며 경계 짓고, 또는 '무엇'이라고 동일시하며 사는 삶이 바로 사바세계에 머무는 것입니다.

내적인 감지(깨어있기™ 용어)들은 마음의 무한한 장場 위에 떠올라 의식에 의해 잡히고 느껴지는 것들입니다. 그것에 동일시되어 '자기'라고 여기면 늘 스스로를 지키고 확대하려고 합니다. 그리고 자기가 힘이 세지거나 커졌다고 느끼면 우월감을 느끼죠. 이런 내적인 감지들은 또 다른 측면에서는 다양함과 아름다움의 표현이기도 합니다. 다양성의 세계는 분리되었다고 느껴지는 모든 틀의 모습이 펼쳐지는 세계입니다. 아름다움과 선함, 진실됨 등의 모습이 그 세계 속에서 일어나죠. 본질의 세계에는 진선미眞善美라고 할 만한 그 어떤 것도 없습니다. 대승기신론 강의 초기에 진여문眞如門과 생멸문生滅門의 진여眞如에 대해 말했습니다. 생멸문의 진여는 나타났다 사라지는 세계에서의 진실과 진리에요. 진여문의 진여는 나타나지도 느껴지지도 파악되지도 않는 세계에 있는데, 굳이 말로 표현하여 절대진여絶對眞如라고 합니다. 절대의 세계가 드러난 모습이 바로 생멸의 세계이고, 그 안에서 진실이라고 여겨지는 것이 생멸상生滅相의 진리입니다. 생멸의 세계에서 개별적인 틀 속에 있는 제한된 생명력이 바로 '나'라고 여겨지는 것인데, 그런 것들이 무한히 다양한 모습으로 존재하니 현상은 늘 아름답습니다. 문제는 그 아름다운 현상에의 집착이지요. 집착과 저항이 없으면 무한함이 있을 뿐입니다. 무한함 자체는 분리된 현상들을 통해서만 드러나 우리에게 느껴지고 알려지고 경험됩니다. 분리된 부분들과의 동일시는 다양성과 아름다움을 일어나게 하지만, 그에 대한 집착과 저항이라는 또 다른 측면도 지니게 됩니다. 그래서 진정으로 다채로움을 즐기고 누리려면 다양성은 다양성 없음을 기반으로 하고 있음을 알아야 합니다. 모든 소리는 소리 없음, 즉 침묵을 기반으로 할 때 드러날 수 있습니다. 소리로 가득한 세계에서는 각각의 소리가 드러나기 힘들지만, 침묵을 바탕으로 하면 모든 소리들이 아름답고 다양하게 드러납니다. 음과 음 사이에 빈 공간이 없다면 아름다운 음악이 울리지 않듯이, 나와 너라는 다채로운 분리된 틀이 없다면 아름다운 진실과 선함도 현상화되지 못합니다. 그 다양한 현상들을 아름다움으로 누리기 위해서는, 고정되어 변함없이 존재하는 그 어떤 것도 없으며 모든 현상은 '없음'을 기반으로 일어난다는 것을 파악해야만 합니다. 다시 말하면, 제한된 개별성을 지닌 채 역동적인 삶을 살기 위해서는 우리의 본질은 '아무도 아닌 자'임을 철저히 자각해야 한다는 말입니다. '무엇이 되어' 살아가지 않고 '무엇을 사용하며' 사는 삶에 더 이상 두려움이란 없습니다.

대승기신론 소疏에서는 사바세계를 10악惡을 참고 견디며 사는 세계라고 말합니다. 열 가지 악惡은 몸과 입과 의意로 짓는 업業이에요. 사바세계에서 나한테 올라오는 것들을 억누르며 참아내면 압력이 세지고 세진 후에 크게 터져 나옵니다. 반면에 겪어내는 사람은 그것보다 자신이 더 커지게 되지요. 자신의 마음에서 올라오는 것들을 그대로 느끼고 간직하면서 함께 가는 사람은 자기 마음에서 올라오는 것들이 자기가 아니라는 것을 알게 됩니다. 그렇지 않고 그 마음을 주인으로 삼으면 그 마음은 '나'라는 틀을 지어서 주인 노릇을 합니다. 우리는 지금 '나'라고 여겨지는 그것이 생명의 집에 찾아온 손님임을 파악하려고 합니다. 지금 내가 '나'라고 여기고 느끼는 것은, 무한한 생명의 힘의 장場 위에 찾아온 손님이며 그 집에는 주인이 없음을 발견하려고 해요. 누가 발견합니까? 손님인 '나'가 발견합니다. 여기에 아이러니가 있어요. 자기가 주인이라고 여겨왔는데 자기도 손님에 불과하다는 것을 자기가 아는 거예요. 재미있지 않습니까? 왜냐하면 '앎과 체험'은 결국 '분리의 세계' 속에서만 일어나기 때문입니다.

생명의 집에는 주인이 없어요. 굳이 주인이 있다면 무한한 생명의 힘 자체가 주인입니다. 물론 '생명의 힘'이란 것도 대승大乘과 같이 이름 붙일 수 없는 것에 붙여놓은 이름에 불과하죠. 현상으로 드러나려면 에너지가 필요하니까 유사하게 생명력이라고 이름을 붙였을 뿐입니다. 무한한 생명력은 개별적인 것이 아닙니다. 인간에게도 식물과 동물에게도, 무생물에도 있는데, 우리는 남과 구별되는 자신이 그 생명의 무한한 힘의 주인이라고 여깁니다. 소금인형이 스스로를 바다의 주인이라고 여겨서 바다를 호령하려고 바다 속으로 들어가면 어떻게 될까요? 아니, 바다에 들어가면 그래도 다행입니다. 녹아서 바다가 되니까요. 바다에 들어가지 않고 밖에서 자기가 주인이라고 여기면 늘 부딪히고, 억지로 참으며 내리눌러서 결국 압력을 받아 터져 나오는 사바세계 속에서 살 수 밖에 없습니다.

모니터에 나타난 슬픔과 기쁨은
전기라는 원천이 흐름을 증거한다

懼謂信心難可成就, 意欲退者. 當知如來有勝方便, 攝護信心.
구 위 신 심 난 가 성 취　　의 욕 퇴 자　　당 지 여 래 유 승 방 편　　섭 호 신 심

그가 걱정하면서 말하기를 '믿는 마음은 성취하기가 어렵다'라고 하니,
뜻이 퇴전하려고 하는 이는 여래如來가 수승한 방편이 있어 신심信心을
섭호攝護함을 알아야 할 것이다.

여래如來의 수승한 방편이라는 것은 육바라밀六波羅蜜과 같은 방편들
을 말합니다. 육바라밀 외에도 대승기신론 지난 강의들에서 다룬 여러
방법이 있습니다. 또 우리는 의식의 전개과정을 설명하면서 엄밀한 마
음의 단계별 상태를 구분하고 의식화시키는 작업도 했었습니다. 마음
이 흘러가는 과정을 의식화하면, 그 흐름에 생명의 힘이 빠져들지 않
고 그 흐름을 명확히 볼 수 있습니다. 마치 컴퓨터 모니터의 다양한 현
상들은 근본적인 힘인 전기가 드러난 모습이지, 본질 자체의 모습은
아닌 것과 같습니다. 전기 자체는 모니터 상에서 결코 찾아볼 수 없어
요. 그러나 모니터에 마우스가 움직이고 프로그램들이 작동하는 것 자
체가 전기의 흐름을 표현한 것임을 알아채는 것입니다. 모니터와 같은
우리 마음에 걱정거리, 두려움, 기쁨이 나타나면 그것이 모두 생명의
힘이 드러난 것임을 파악하여 나의 본질은 전기와 같음을 알 수 있습
니다. 여러분 마음에 나타나는 수많은 감정과 느낌들은 하나의 현상이
지 생명의 힘 자체가 아니에요. 생명의 힘에는 어떤 모습도 없습니다.

그런데 마음은 어떤 모습을 지닌 것만 파악할 수 있어요. 즉 모니터에는 빛의 조합인 어떤 모습만 나타날 수 있을 뿐 거기서 전기 자체를 발견할 수는 없습니다. 생각이라는 모습을 지닌 생명의 힘, 감정이라는 모습을 지닌 생명의 힘, 미묘한 느낌 또는 직관이라는 모습을 지닌 생명의 힘만 마음은 파악합니다. 우리 마음은 본질을 파악할 수 있게 설계되어 있지 않아요. 오직 한 가지 방법은 마음에 나타난 모든 것이 곧 본질의 표현임을 통찰해 내는 것입니다. 그러면 마음에 나타나는 그 어떤 모습도 자기가 아님을 알게 되어 그것에 머물지 않으며 주인이라고 여기지 않게 됩니다. 가장 오래도록 주인 노릇을 하는 놈은 바로 우리가 '나'라고 여기는 느낌입니다. '나'를 포함하여 마음에 나타나는 모든 느낌과 모습들은 다 생명의 무한한 힘의 표현일 뿐입니다. 생명의 힘 자체를 파악하기 위해 여러분이 발견해야 할 것은, 여러분이 느끼는 모든 것이 바로 생명의 힘의 표현이라는 점입니다. 여태까지는 마음이 무언가를 잡는 방식으로 앎이 이루어졌습니다. 그러나 마음이 잡을 수 있는 것은 모두 '현상'에 불과합니다. 마음이 마음 자신을 어떻게 잡을 수 있겠습니까? 마음은 스스로를 잡을 수 없으니, 마음에 잡히는 것을 통해 자신을 통찰해낼 수밖에 없습니다. 그래서 '깨닫는다'고 표현합니다. 뭔가 새로운 것을 얻는 것이 아니에요. 이미 전기가 흐르고 있기 때문에 모니터에 수많은 슬픔과 괴로움이 드러납니다. 모두 전기의 표현이죠. 그래서 번뇌즉보리煩惱卽菩提라고 합니다. 번뇌는 본질의 표현이에요. 여러분이 느끼는 괴로움 자체가 무한한 생명의 힘의 표현이라는 것이 본질을 캐치할 수 있는 실마리가 됩니다.

여래如來에게는 육바라밀을 비롯한 수승한 방편이 있으니 믿는 마음을 잘 다스리고 보호할 수 있게 됩니다. 대승기신론은 대승에 대한 믿음을 일으키는 논論입니다. 우리나라 승려 중에 위대한 사람으로 꼽히는 원효대사가 최고로 쳤던 경전이에요. 불교의 가장 중요한 경전 중의 하나인 대승기신론에서 중요하게 여기는 것이 바로 신성취발심信成就發心입니다. 믿음이 성취된 사람은 이미 진리를 향하는 문에 들어섰어요. 믿지 않는 사람에게는 전해줄 필요도 없다고 했습니다. 아무리 말해줘도 그 사람 마음에 들어가지지 않아요. 그런데 이 믿음은 때로는 잘못된 맹신이나 광신으로 흐르기도 하는데, 스스로 검증하지 않고 무조건 받아들여서 기억에 쌓아놓았기 때문입니다. 그러나 대승기신론은 믿는 마음을 다스리고 잘 보호해줄 수 있는 방편이 있으니 두려워하지 말고 끝까지 가라고 말합니다.

봄seeing, 대상 없이 깨어있는
마음은 어떻게 터득되나?

謂以專意念佛因緣, 隨願得生他方佛土, 常見於佛, 永離惡道.
위 이 전 의 념 불 인 연　 수 원 득 생 타 방 불 토　 상 견 어 불　 영 리 악 도

이는 뜻을 오로지 하여 부처를 생각한 인연으로 원願에 따라 타방불토他方佛土에 나게 되어 항상 부처를 친히 보아서 영원히 악도惡道를 여의는 것을 말하는 것이다.

뜻을 오로지 하여 부처를 생각한다고 하였는데, 여기서 말하는 부처는 어떤 개인이 아닙니다. '나'라고 여겨지는 개별체로서 인간의 본질을 터득한 사람이니까 본질 자체라고 할 수 있어요. 그 사람의 드러난 모습은 다른 사람들과 같을지라도, 그의 내면으로부터 발하는 빛은

본질 자체입니다. 오로지 부처만을 생각한다는 것은 사실 사마타의 한 방법이기도 합니다. 집중은 다른 모든 것을 잊어버리고 오직 한 가지에 의식을 집중하므로 강렬한 에너지가 필요하죠. 마지막에 그 한 가지도 잊어버리면 마음은 텅 비어버립니다. 사마타를 통해 선정으로 들어가는 방법인데, 오로지 부처만을 생각한다는 것은 부처에게만 집중하고 나머지는 다 잊어버리는 사마타입니다. 그때 그는 '본다'라는 것 자체를 파악할 수 있습니다.

'본다'는 '내'가 '무엇'을 보는 것입니다. 보는 주체와 보이는 대상, 그리고 작용이라는 세 가지 현상이 항상 동시에 일어나죠. 불교에서는 이를 근경식根境識이 동시에 일어난다고 말합니다. 근根은 보는 주체, 경境은 보이는 대상 또는 환경, 식識은 그 둘 사이에 일어나는 느낌이나 앎입니다.

집중하는 대상이 부처라면, 부처라는 심상心相에 처음 집중할 때는 '내가 부처를 본다'는 현상 속에 있습니다. 오롯이 부처에 집중하다보면 '내가 부처를 본다'의 '부처'가 사라지면서 '내가'도 사라지고 오로지 '본다'만 남습니다. 보는 작용만 남아요. 이것은 좀 신기한 마음의 과정입니다. '내'가 '무엇'을 볼 때는 나와 대상 사이에 공간이 있습니다. '나는 저것이 아니다.'라는 심리적인 간격인데, 그 간격이 나와 너를 나누는 기본적인 요건입니다. 그러나 마음속에서 자기가 자기를 볼 때는 주체인 자기와 대상인 자기가 다르지 않기 때문에 나와 대상 사이의 간격이 사라져버립니다. 내가 부처를 집중하여 바라볼 때도 같은 현상이 일어납니다. 집중하던 부처마저 사라졌을 때 나와 대상 사이의 간격이 사라져버려요. 분리가 없어집니다. 그러면 주체와 대상은 당연히 사라집니다. 그러나 탐구력을 통한 '보는 마음'은 여전히 살아남아 있기 때문에 '무엇'을 보는 것이 아닌 '봄' 자체만 남게 됩니다. 그것이 바로 '대상 없이 깨어있는 마음'이에요. 흔히 우리가 '깨어있다'고 말하는 상태는 대상을 의식할 때인데, 실상은 깨어있는 것이 아니라 대상에 잠들어있는 마음이라고 할 수 있습니다. 왜일까요? 내가 볼펜을 볼 때는 그것에 집중하면 할수록 볼펜 외의 것들은 보이거나 들리거나 느껴지지 않습니다. 그러나 대상이 없는 마음에는 볼펜뿐 아니라 모든 것이 들리고 보이고 느껴집니다. 우리는 '전체주의'(깨어있기 용어)를 통해서 그 맛을 잠깐 보았습니다.

  오직 부처만 생각하는 것은 선정으로 들어가는 방법의 일종입니다. 그것이 바로 타방불토他方佛土에 나는 것이라고 할 수 있어요. 불토佛土는 특정한 개인이 없는 세계입니다. 극락이란 사람들이 상상하는 '나도 있고 너도 있어서 항상 즐거운 세계'가 아니라, 너와 나가 분별되지 않은 세계입니다. 그래서 부처는 무아無我의 세계를 말했지요. 너와 나가 있고, 이것과 저것이 분별되는 세계는 아무리 놀라운 극락세계라 할지라도 결국 이 세상과 크게 다르지 않습니다. 분별 속에 있다는 측면에서 그렇습니다. 분별 속에 있는 세계는 결국 분리된 세계이고, 분리된 세계는 항상 참아내야 하는 사바세계일 수밖에 없습니다. 오직 부처만을 생각하여 분별없는 선정으로 들어가는 것이 바로 타방불토他方佛土이고, 그렇게 되면 그는 항상 부처를 보게 되는데, '내가 부처를 본다'는 말이 아니라 분별없는 세계 속에 있게 된다는 의미입니다. 하나의 이미지이든, 그 이미지마저 떠난 하나의 순수한 의식상태든, 무언가가 의식된다는 것 자체가 여전히 분별 속에 있음을 의미합니다. 모든 분열과 분별을 떠난 세계가 불토佛土인데, 그 불토에서는 영원히 악도惡道를 떠나게 된다고 말합니다. 그러니 악도惡道라는 것은 분별 속에만 있는 것입니다.

  우리 마음의 기본 작용은 분별입니다. 분별을 통해 우리 의식이 존재하지만, 우리는 그 분별 때문에 수많은 고통을 받기도 합니다. 그 분별 중에 가장 핵심이 바로 '나'라고 여겨지는 생각과 느낌입니다. 자기라는 개별성에서 벗어나지 못하면 우리는 항상 분별의 악도惡道 속에 있습니다. 왜 악惡한 길일 수밖에 없냐면, 나와 너를 분별하면 항상 자기를 우선시하고 자신의 입장에서 모든 것을 왜곡하여 보기 때문입니다. 나를 우선한다는 것은 나를 하나의 완결된 존재로 본다는 것입니다. 완결된 존재는 항상 어떤 중심을 기반으로 뭉쳐요. 지구를 예로 들어봅시다. 지구는 핵심을 향한 구심력을 기반으로 하여 뭉쳐있습니다. 하나의 점을 중심으로 뭉치려면 둥글게 뭉칠 수밖에 없어요. 그래서 우주에 존재하는 모든 덩어리들이 시간이 갈수록 둥근 모습을 띠게 됩니다. 우리 자아自我도 이런 둥근 존재와 같습니다. 물방울을 생각해보세요. 표면이 평평한 물은 산의 모습을 그나마 제대로 비추지만, 둥근 물방울에는 산의 모습이 왜곡되어 비칩니다. 그와 같이 우리도 자기라는 것을 중심 삼으면 자기 보호와 유지, 확대, 이익 등에 초점을 맞춰 모든 것을 왜곡하여 느끼게 됩니다. 분별된 세계는 이런 '자기'들이 존재하는 세계여서 당연히 스스로를 지키고 확대하려는 기본적인 속성을 갖고 있습니다. 자기를 지키려 하지 않으면 자기가 존재하지 않으며, 자기가 존재하지 않으면 이 다양한 현상세계가 나타나지 않겠죠. 자기를 지키려는 개별체가 수없이 많이 존재하기 때문에 다양하고 아름다운 세계가 존재할 수 있습니다. 그러나 아무리 아름답다 하더라도 그것은 현상일 뿐, 본질은 아님을 파악해야 된다는 것입니다. 본질이 아니면 나를 위하다가도 아무 이유 없이 그 마음을 내려놓을 수 있습니다. 여기서 말하는 타방불토他方佛土는 어떤 특정한 장소라기보다는 분별없는 마음을 가리킵니다. 분별없는 마음이 되면 항상 부처를 볼 수 있어요. 왜? 부처라는 것 자체가 분별없는 생명의 힘의 표현이기 때문입니다. 그렇게 되면 영원히 악도惡道를 떠나게 된다고 말했습니다.

선정과 지혜는 다르지 않은 한 과정의 양끝단

如修多羅說, 若人專念西方極樂世界阿彌陀佛,
여수다라설 약인전념서방극락세계아미타불

所修善根迴向願求生彼世界, 卽得往生, 常見佛故, 終無有退.
소수선근회향원구생피세계 즉득왕생 상견불고 종무유퇴

이는 수다라에서 '만일 어떤 사람이 오로지 서방 극락세계의 아미타불阿彌陀佛을 생각하여 그가 닦은 선근善根으로 인해서 회향하여 저 세계에 나기를 원구願求하면 곧 왕생往生하게 되며 늘 부처를 보기 때문에 끝내 퇴전함이 없을 것이다'라고 한 것과 같으니,

피세계彼世界는 피안彼岸의 세계, 분별없는 무경계의 세계를 말합니다. 우리는 흔히 무분별한 사람을 어리석다고 여기고 분별 있는 사람을 지혜롭다고 생각합니다. 분별에는 두 가지 측면이 있어요. 분별을 함으로써 틀 속에 갇힌다는 단점과, 지혜로워진다는 장점입니다. 현상의 세계에서 지혜롭게 살기 위해 아주 엄밀하고 섬세하게 분별합니다. 그러면서도 틀 속에 갇히지 않기 위해 선정을 통해 무분별無分別한 경계 없는 마음으로 갑니다. 불교에서는 선정과 지혜를 같이 닦는 정혜쌍수定慧雙修를 주장했는데, 선정이 바로 무분별로 가는 훈련이고 지혜

는 끊임없이 세밀하게 분별해내는 마음입니다. 그래서 정혜쌍수는 어떻게 보면 매우 모순되어 보입니다. 하나는 무분별로 들어가게 하고, 하나는 엄정한 분별 속으로 들어가게 하니까요. 그러나 실제로 해보면 이 두 가지는 모순되지 않습니다. 왜냐하면 자기 몸과 마음에서 일어나는 세밀한 느낌들을 엄밀하게 구별하고 선별하다보면, 구별하는 자기 자신도 관찰대상이 되어 관찰자가 주체이면서 동시에 대상이 되는 시기가 오는데, 그때 주객主客이 사라지면서 선정으로 들어가기 때문입니다. 선정은 간단히 말하면 주객主客이 사라진 세계예요. 분별의 대상을 자기 자신으로 삼으면 어느 순간 선정으로 들어가기 때문에 선정과 지혜는 다르지 않으니 같이 닦아야 합니다.

피안彼岸의 세계, 분별없는 무경계의 세계에 나기를 원하면 곧 왕생往生하여 그 세계로 가게 된다고 했습니다. 왕생극락往生極樂이란 극락세계에 새로 태어난다는 말이 아니라, 분별없는 세계에 있게 된다는 의미입니다. 지금 이 순간 이미 우리는 분별없음을 기반으로 살아가고 있지만 알아채지 못하고 있을 뿐입니다. 모든 분별은 나타난 모습이지 본질 자체는 아닙니다. 모니터에 나타난 한글이나 포토샵 같은 다양한 프로그램들을 우리의 여러 마음이라 할 수 있습니다. 일할 때 쓰는 마음, 치밀하고 논리적인 마음, 감정적인 마음, 미세한 느낌의 마음 같은 다양한 프로그램이 모니터에서 작동하고, '나'라는 느낌인 마우스는 프로그램을 열고 닫습니다. 얼핏 보면 마우스가 프로그램을 작동시키는 것처럼 보이지만 정말 그렇지는 않죠. 마우스는 프로그램을 여는 역할만 합니다. 누가 툭 치면 분노의 프로그램에 마우스가 붙어 "내가 화났어." 하고 이름을 붙입니다. 모니터에 보이는 각종 프로그램이 모두 결국 전기의 표현이듯이, 내 마음에 일어나는 모든 것은 본질의 표현임을 알아챌 때 그는 이미 본질에 가 있게 됩니다. 그렇게 어떤 현상에도 머물지 않으면 이제 마음에서 일어나는 수많은 프로그램들을 자유롭게 사용하면서 살 수 있습니다. 그 전까지는 끌려 다니죠. 무한한 생명력이 자신의 본질이라는 걸 잊은 채 마음에 주인 삼은 것에 의해 끌려 다니며 사는 것입니다.

극락왕생하여 부처를 친히 본다는 것은 개인성을 넘어선 세계로 가는 것을 말합니다. 개인적인 특성의 감지를 '자기'라고 여기지만 우리의 본질은 그것 이상입니다. 느낌과 생각, 경험의 흔적들의 총합 이상으로 우리가 가지 못하는 것은, '나'가 스스로를 유지하려고 하기 때문입니다. 그래서 여러분들이 자기를 깨고 나올 때는 정말 허전하고, 죽을 것 같고, 백척간두에 선 느낌이 생겨납니다. '나'라는 기준이 흔들리기 때문이에요. 기준이 흔들리면 자신이 흔들린다고 느껴집니다. 그러나 우리의 본질은 그 기준이 아니에요. 여러분에게 내적인 혼돈이 와서 기준이 흔들릴 때 인욕하면서 그 흔들림과 함께 가다보면, 자신은 그 기준보다 훨씬 큰 존재라는 것을 발견할 수 있습니다. 바로 깨어있기에서 '겪어내기'라고 말하는 수련방법이죠. 진정한 자신은 감지(깨어있기 용어)의 덩어리들 그 이상이니, 그것을 넘어선 곳에 있는 진정한 나의 본질을 보십시오.

우리는 보통 개인성이라는 안경을 통해 세상을 경험하고, 진리와 선함과 아름다움을 경험합니다. 개인적으로 경험해요. 내가 보기에 아름다운 것이 다른 사람이 보기에는 추할 수도 있습니다. 물론 서로 통하는 진선미眞善美도 있지요. 그러나 세밀하게 들여다보면 우리는 개인성 속에서 진선미眞善美와 세상을 경험한다는 것을 알 수 있습니다. 아주 제한된 경험이죠. 그러나 무한한 생명력으로서의 경험은 한계가 없는 경험입니다. 성인成人이 되면 이제 자신의 이익에만 초점이 맞춰져 제한된 생명력만을 사용하고 있습니다. 우리가 '이유 없는 정성'을 연습하는 이유는 제한된 틀 밖으로 나오기 위해서입니다. 사실 무언가에 몰입할 때 우리는 틀 밖으로 나오기도 합니다. 몰입할 때는 '나'라는 것이 느껴지지 않잖아요. 그런데 몰입이 시작되는 시점에서는 이 일이 나에게 어떤 도움이 되는지 계산하고, 판단하고, 평가합니다. 물리적이든, 육체적이든, 감정적이든 어떤 이득이 없으면 에너지가 나오지 않으니, 우리는 이유가 있어야만 에너지가 나오는 한계 지어진 인간으로 떨어져버렸습니다. 이런 개인성의 틀을 통해 무한한 세계를 경험하기 때문에 우리의 경험은 한정된 경험입니다.

"나는 누구이고, 무엇을 가진 사람이고, 무엇과 관계있고…"라는 표현은 모두 동일시된 '나'를 의미합니다. 무엇과 동일시된 '나'라는 것은 수증기가 엉겨 붙은 먼지와 같습니다. 공중에 있는 먼지 알갱이를 기반으로 수증기가 뭉쳐야 비가 내릴 수 있는데, 그것이 바로 세상에 빗물이 쓰이는 과정입니다. 우리의 생명력도 '나'라고 여겨지는 경험의 흔적들에 들러붙어야만 분리된 현상으로 드러납니다. 그래서 이런 동일시 작용은 우리 의식의 과정에서 아주 유용한 것입니다. 문제는 동일시 작용이 일어나면 그것을 자기의 본질로 여긴다는 점입니다. 우리가 세상을 분별하고, 구별하고, 의식하는 것은 '나'라고 여겨지는 것과의 동일시 작용 때문입니다. 따라서 동일시는 삶을 살아가기 위한 좋은 도구이지만, 우리의 본질은 아님을 파악해야만 '나'를 잘 쓰면서 살아갈 수 있습니다. 모든 동일시는 본질이 현상세계에서 쓰일 수 있도록 하는 과정일 뿐입니다. 우리 자신은 결코 그 어떤 누구도 아닌, 아무도 아닌 자라는 것을 통찰하고 잊지 않는다면 그는 이미 왕생한 것이나 다름없습니다. 거기서는 늘 아무도 아닌 자인 부처를 봅니다. 자신이 아무도 아닌 자라는 것을 철저히 파악한다면 매순간에 그는 이미 부처를 보고 있는 것과 같습니다. 그래서 다시 뒤로 물러나서 개인성에 사로잡히는 일도 없습니다.

정정正定, 역동적인 분별 속에 고요히 머물다

若觀彼佛眞如法身, 常勤修習, 畢竟得生住正定故.
약 관 피 불 진 여 법 신   상 근 수 습   필 경 득 생 주 정 정 고

만약 저 부처의 진여법신眞如法身을 관觀하여 항상 부지런히 닦고 익힌다면 필경에 왕생하게 되어 정정正定에 머물기 때문이다.

각覺의 여러 종류에 대해 설명한 적이 있습니다. 본질에 막 눈을 뜬 것이 시각始覺이고, 그 직전을 상사각相似覺이라 합니다. 상사각相似覺은 각覺과 비슷하지만 완전하지는 않다는 뜻이에요. '나'라는 것이 고정된 무엇이 아니라 다양한 대상에 따라 생겨난다는 것을 파악한 상태입니다. 사실 이것은 조금만 관심을 기울여도 누구나 알 수 있습니다. 직장 상사를 대할 때, 아들을 대할 때, 어머니를 대할 때, 선생님을 대할 때, 자신의 태도가 매번 달라지잖아요. 즉 대상에 따라 내가 달라진다는 것이니, 이는 '나'라는 것은 고정되어 있지 않다는 의미입니다. 그런데도 우리는 네 살 때의 나와 지금의 내가 변함없이 같은 나라고 느끼죠. 이는 주체와 대상 간의 관계에서 느껴지는 주체감 때문입니다. 나와 나 아닌 것을 나누는 마음, 즉 주체와 대상을 나누는 마음은 의식

의 전개과정에서 가장 기본입니다. 의식이 있는 한 항상 나와 나 아닌 것이 나눠져 있어요. 그 다음 단계에서 나 아닌 것들을 더 나누어 분별하고 구분합니다. 이런 순수한 구분을 깨어있기에서 감지感知라고 합니다. 이 감지에 호오好惡가 붙고, 끌림과 저항이 붙으면 그것은 물든 감지가 됩니다. 주체와 대상이 나눠지면 '주체의 느낌'이라는 것이 생겨납니다. 그리고 수없이 많은 대상으로 분별된 후에는 대상에 따라 주체가 이런 저런 모습을 띠게 되는데, 그것이 바로 내용입니다. 지금 이 순간에 '나'를 구성하는 것은 바로 이 주체감과 내용입니다. 내용은 대상에 따라 수없이 바뀌지만, 대상을 향해 있을 때 느껴지는 주체로서의 느낌인 주체감은 변함이 없습니다. 따라서 다섯 살 때나, 고등학교 때나, 지금이나 변함없는 '나'라고 여겨지게 만드는 기본 요건은 바로 주체로서의 느낌입니다. 주체감은 변함이 없으며, 대상을 대할 때는 항상 주체감이 있습니다. 의식의 최초 분열에서 생겨나는 주체감과 내용의 결합이 바로 '나'인데, 그 '나'라는 것이 대상에 따라 변동함을 파악한 것이 바로 상사각相似覺입니다. 고정불변하지 않고 매순간 바뀐다는 것을 느낌으로 파악하는 것이죠. 지식이나 이해가 아닌 느낌으로 파악하면 더 이상 자기를 고집하지 않게 됩니다. 어제의 나와 오늘의 나가 다르고, 좀 전의 나와 지금의 나가 다르게 느껴지기 때문에 나를 고집하지 않아요. 사람들이 '여전히 같은 나'라고 여기는 것은 생각 속에 있기 때문입니다. '변함없는 나'라는 생각에 붙들려있으면 자기한테 일어나고 있는 일을 명확히 느끼지 못합니다. 끊임없이 변하고 있는데 그 변화를 알아채지 못하면서 변함없는 나라는 생각을 믿고 있어요.

진여법신眞如法身을 조금이라도 본다는 것은 상사각相似覺에 이르렀다는 것입니다. 상사각相似覺은 본질을 처음 파악한 시각始覺, 즉 견

성見性과 비슷합니다. 수영에 비유하자면 시각始覺은 물에 한번 떠 본 것입니다. 자유롭게 헤엄치는 정도는 아니지만 이 사람은 물에 떠봤기 때문에 쉽게 가라앉지는 않아요. 이처럼 물에 떠본 경험인 시각始覺의 직전이 상사각相似覺입니다. 상사각에 이른 사람은 자기라는 것은 끊임없이 변화하며, 자신이 고정불변하다고 믿는다면 그것은 생각 속에 묶인 하나의 믿음일 뿐이라는 것을 압니다. 자기를 엄밀하게 관찰하지 못하기 때문에 속고 있었다는 것을 파악한 거예요. '나'라는 것은 대상과 함께 나타났다가 사라지는 임시적이고 가변적인 존재임을 보아 생각의 이상異相의 본질[15]을 깨닫고 나면 시각始覺에 이르게 되어 '나'라는 것이 마음의 현상임을 보게 됩니다. '나'라는 것이 매순간 달라진다면 그것은 당연히 현상이겠죠. 자기 마음 상태의 흐름을 엄밀하게 관찰해보면 '나'라는 느낌은 매순간 상황과 조건에 따라 달라집니다. 매번 달라지는 자기를 분명하게 보고 느낄 수 있으면 자기라는 것은 하나의 모습과 현상임을 알게 되고, 더 이상 자기에게 묶이거나 자기를 주장하지 않습니다. 물론 필요하다면 자기를 주장해도 돼요. 하지만, 자신한테 묶이지 않은 필요에 의한 주장인지를 스스로에게 엄밀히 물어봐야 합니다. 자기가 정말 사라져서 더 이상 자기한테 묶이지 않으면 이제 주변이 보입니다. 그래서 주변이 조화롭게 돌아가기 위해 쓰일 뿐이지, 내 이익을 위해 이런 저런 분별을 하고 구분하지는 않습니다. 그렇게 쓰이게 되면 아무런 한계 없이 쓰이게 됩니다.

 '나라는 것은 마음의 현상'이라고 할 때의 '나'는 의식되지 않는 주체

---

15) 이상異相의 본질: '생각에는 이상이 없다'라고 앞에서 말한 것. 생각이 하나의 마음속 상에 불과함을 알아채면 모든 생각이 상相의 차원에서 다르지 않다는 것을 알아챔을 말한다.

를 말합니다. 삼분열에 대해 얘기했었죠. 볼펜이라는 대상을 볼 때, 대상에 푹 빠져 자기를 잊어버리고 대상만 의식한다면 이분열 상태입니다. 볼펜이라는 대상과 의식되지 않는 주체가 있는 상태죠. 그런데 자기를 관찰하기 시작하면, 대상을 보면서 동시에 대상을 보는 자기를 의식하게 됩니다. 그러면 대상, 대상을 보고 있는 자기라는 주체감, 그리고 대상과 주체감을 의식하고 있는 의식되지 않는 주체로 나눠진 삼분열 상태입니다. 이때 의식되지 않는 주체마저도 마음의 현상임을 발견하는 것이 바로 시각始覺입니다. 그렇게 되면 드디어 마음에서 일어나는 모든 현상을 현상으로 볼 수 있습니다. 왜냐하면 가장 미미한 것이 그 보이지 않는 주체로서의 '나'거든요. 그 배경으로서의 주체는 보이지 않습니다. 그냥 다른 것을 볼 때 나타나 있는 것뿐이죠. 모든 것을 의식할 뿐 의식되지 않는 그것마저도 마음의 현상임을 파악했기 때문에, 다시 말해 가장 미미한 현상을 현상으로 파악했기 때문에, 이제 모든 현상을 현상으로 보게 된다는 말입니다. 배경으로서의 주체는 항상 대상과 함께 나타납니다. 그때 배경으로서의 주체마저도 현상이라는 것을, 현상인 이 놈이 알아채는 것이 시각始覺인데, 진여법신을 봤다고 말할 수 있는 단계입니다. '의식된다'는 것은 의식의 '대상'이 되었다는 거예요. 의식의 주체는 결코 대상이 될 수 없습니다. 의식의 주체가 대상이 되는 경우는 의식하고 있는 자기를 의식하기 위해 또 다른 주체를 만들 때인데, 이때는 이미 진정한 '주체'가 아니라 '주체감'[16]으로 떨어진 상태입니다. 내가 나를 관찰할 때 그런 일이 벌어지죠. '관찰하는 자'는 의식되지 않고 그냥 대상만 의식됩니다. 이럴 때 '대상

---

16) 주체와 주체감: 주체는 의식되지 않는 지금 이 순간의 최종 배경이라면 주체감은 그 주체가 '느껴지는' 상태로 떨어진 것을 의미한다.

을 통해' 의식되지 않는 '주체'가 있음을 파악하고, 그 주체마저도 마음에 나타난 모습이고 현상이라는 것, 하나의 파도에 불과함을 아는 것이 바로 시각始覺입니다. 그 사람은 이제 어떤 현상에도 주인자리를 내주지 않으니, 그는 이미 본질의 자리에 있습니다. 그렇다고 본질의 자리에 가있는 누군가가 있는 것은 아니에요. 어떤 현상에도 생명의 힘이 머물지 않게 되었다는 의미입니다. 왜냐하면 보이지 않는 주체마저도 마음의 현상임이 알아채졌기 때문입니다. 그래서 필경에는 왕생하게 되어 바른 선정에 머물게 된다고 했습니다.

우리의 본성은 요구와 부족을 모릅니다. 뭔가 부족하게 느껴지고 원하는 것이 있다면 아직 본질의 자리에 있지 않다는 의미입니다. 항상 부족감을 느끼는 그 놈은 '누군가'입니다. '나는 어떤 사람이야'라고 느끼는 그 놈이 요구를 하죠. 따라서 본성을 발견하면 내적인 부족감이 사라집니다. 원하는 것도 없고, 해야 될 일도 없어요. 그렇기 때문에 오히려 무엇이든지 할 수 있습니다. 원하는 게 있는 사람은 원하는 것을 해야 합니다. 그것이 더 중요하기 때문이죠. 그러나 원하는 것이 없어진 사람은 주변에 무슨 일이 있으면 그냥 다 합니다. 그것도 아주 정성을 기울여서 하지요. '나'라는 것의 기본적인 요구가 사라졌기 때문에, 그는 안에서 흘러나오는 대로 에너지를 사용합니다. 이것이 바로 왕생往生하는 것이고, 올바른 선정, 즉 분별없는 마음에 머물면서도 수많은 분별을 하는 것입니다. 이유 없는 정성을 기울인다는 것은, 정성을 기울일 '무언가'와 정성을 기울이는 '자기'가 있지만 그것에 묶이지 않고 자기의 모든 에너지를 쏟는 것입니다. 지난 번 깨어있기 계절수업에서 한 '이유 없는 정성 기울이기' 연습은 '자기'라는 틀을 깨고 나올 수 있는 좋은 연습입니다. 물론 마음에서 자꾸 이유가 올라옵니다. 잔디밭의 낙엽을 모으라고 해서 주웠는데, 기껏 모은 낙엽을 쏟아서 흩트리고 다시 주우라 하니까 힘들어하는 사람도 있었어요. '아, 이런 걸 내가 왜 해야 되나?' 하는 마음도 들고, '이 쓸데없는 짓을 또 해야 되나?' 하는 마음도 들죠. '쓸데 있음과 없음'이라는 틀에 갇힌 마음과 강한 '자기' 때문에 그렇게 힘이 빠집니다. 자기가 강하다는 것은 그만큼 강한 틀 속에 갇혀있다는 의미입니다.

정정正定 속에 머문다는 것은 고요와 평화와 텅 빔 속에 머문다는 말이 아니라, 아주 역동적인 분별 속에 머물지만 그 본질을 안다는 것을 의미합니다. 그런 사람은 번뇌를 다 떠나게 되는데, 진정한 의미는 번뇌가 있어도 괜찮다는 말입니다. 번뇌라는 것은 모니터에서 일어나는 현상이에요. 모든 번뇌를 싹 없애면 아무것도 없이 깨끗한 모니터일 뿐이니 아무 쓸모가 없습니다.

VI. 정종분正宗分 : 권수이익분勸修利益分

이제 권수이익분勸修利益分에 들어갑니다. 앞의 수행신심분修行信心分에서는 믿는 마음을 수행하는 방법에 대해 살펴보았는데, 수행을 하면 어떤 이익이 있는지를 밝혀서 수행을 권하는 편이 권수이익분입니다.

已說修行信心分. 次說勸修利益分. 如是摩訶衍諸佛秘藏.
이 설 수 행 신 심 분   차 설 권 수 리 익 분   여 시 마 하 연 제 불 비 장

我已總說.
아 이 총 설

이미 수행심신분修行信心分을 말하였으니, 다음에는 권수이익분勸修利益分을 말하겠다. 이와 같이 대승의 제불諸佛의 비장秘藏을 내가 이미 모두 말하였으니,

마하연摩訶衍은 대승을 말하고, 제불諸佛의 비장秘藏이란 부처가 설법한 신비한 의미를 말합니다. 그럼 대체 비장秘藏의 내용은 무엇일까요? 비밀리에 감추어둔 대승의 깊은 핵심 내용입니다. 인연분因緣分과 입의분立義分에서 대승의 총론을 다뤘고, 해석분解釋分에 들어가 법장문法章門에서는 일심법一心法과 진여문眞如門, 생멸문生滅門에 대해, 의장문義章門에서는 본질의 체體와 상相과 용用에 대해 자세히 논했습니다. 이어서 삿된 수행을 대치하는 대치사집對治邪執과 진리에 대한 믿음을 일으키고 수행해 나가는 분별발취도상分別發趣道相에 대해 말했습니다. 진리에 대한 발심發心에는 세 가지가 있으니, 믿음을 성취하는 신성취발심信成就發心, 본질에 대한 이해를 일으키는 해행발심解行發心, 본질을 터득하는 증발심證發心이 바로 그것입니다.

대승기신론은 본질과 현상에 대해 엄밀하고 세밀한 논리로 설명합니다. 현대의 심리학이 가 닿지 못하는 그런 치밀함이 있는데, 경험한

사람만이 할 수 있는 말입니다. 본질로 나아가기 위해서는 발심發心을 해야 하는데, 믿음을 일으키는 신성취발심이 첫 번째이고, 그 다음에는 이해를 통해 가는 해행발심, 그리고 마지막은 증거를 통해 터득하는 증발심입니다. 본질 자체를 잡거나 발견함으로써 터득하는 것이 아니라, 증거를 통해서만 터득할 수 있기 때문에 증득證得이라고 합니다. 나뭇가지의 흔들림이나 먼지의 회오리바람, 출렁이는 파도의 모습 같은, 바람이 일으키는 현상들을 보고서 바람이 분다는 것을 아는 것과 같습니다. 바람 자체를 알거나 보거나 잡을 수는 없어요. 그리고 파도의 움직임이나 나뭇잎의 흔들림을 보고서 직접적으로 바람을 알 수도 없어요. 하지만 그것들이 바람에 의해 움직이고 나타나 보인다는 점은 분명합니다. 그런 의미에서 바닷물의 흔들림 자체가 바람이라고 할 수 있습니다. "번뇌가 곧 보리菩提"라는 말은 그런 의미입니다. 바닷물은 바람을 따라 움직이기 때문에 우리는 바닷물의 모습에서 바람을 짐작할 수 있습니다. 그런 짐작 중에서 지식적인 짐작이 아닌 깊은 통찰을 통한 짐작이 바로 해오解悟입니다. 이해를 통한 해행발심解行發心인데, 더 깊어지면 느낌으로도 다가와서 모든 현상의 모습들이 바람의 증거임을 터득하는 것이 바로 증발심證發心입니다.

모든 것은 사실 번뇌입니다. 마음에 파도가 강하게 일어나면 얼마나 거칠고 아픕니까? 그 아픈 마음은 바람의 증거이고, 먼지로 가득한 것 같은 혼란된 마음도 바람의 증거입니다. 그러나 마음의 뿌연 먼지는 바람 자체는 아니에요. 바람에는 어떤 먼지도 없습니다. 다만 먼지의 모습을 통해서 우리가 바람을 파악할 뿐입니다. 다시 말해 생명의 힘이 드러나는 모습을 통해서 우리는 생명의 힘을 파악할 수 있습니다. 나뭇가지가 살랑살랑 아름답게 흔들릴 때도 있고, 거칠고 찢기듯이 흔들릴 때도 있지만 그런 모든 모습들은 바람의 표현이듯이, 우리 마음에 나타난 모습들도 모두 본질의 표현일 뿐입니다. 내가 기쁘건 슬프건, 두렵건 괴롭건 간에 그 모든 것은 본질의 표현일 뿐, 본질 자체가 아니기 때문에 어떤 괴로움이 일어나도 괜찮은 것입니다. 그런 본질의 표현을 통해 본질을 파악하게 되면 아파도 괜찮고, 기뻐도 괜찮습니다. 기쁨은 즐겁게 누리고, 아프면 아픔을 겪으면서 거기에 빠지지 않게 되지요.

모든 '현상'은 곧 '경계'를 뜻하니 경계를 넘어가라

若有衆生欲於如來甚深境界得生正信, 遠離誹謗, 入大乘道.
약유중생욕어여래심심경계득생정신　원리비방　입대승도

만일 어떤 중생이 여래의 매우 깊은 경계에 대하여 바른 믿음을 내서 비방誹謗을 멀리 여의고 대승大乘의 도道에 들어가고자 한다면

경계 없는 사람이 바로 여래如來입니다. 경계는 마음의 분별이며, 존재하는 모든 것은 경계 때문에 존재합니다. 우리의 마음이 분별하여 알기 때문에 존재해요. 분별하지 못하는 어린애한테 탁자와 탁자 다리는 따로 존재하지 않습니다. 분별할 수 있는 어른에게만 탁자가 있고 탁자다리가 있으니, 이는 마음이 경계지어놓은 것뿐입니다. 그렇기 때문에 모든 드러난 '현상'은 '경계'입니다. 이것과 저것을 나누는 마음이 그것을 나타나게 했다는 의미지요. 이 모든 경계로부터 자유로워진 사람이 바로 여래如來인데, '여래의 매우 깊은 경계에 대해 믿음을 내라'고 했습니다. 무슨 말일까요? 여래는 분별의 총아라고 할 수 있는 언어를 사용하여 설법說法을 하지요. 모든 표현과 경험은 경계 속의 것이

기에 부처가 말하는 진리 역시 경계 속의 일입니다. 부처의 설법을 듣고서 그에 따라 심오한 무언가를 경험한다 하더라도 그 역시 나타난 모습이고 분별이니 그 역시 경계 속의 일이지요. 다만 여래가 말하는 진리는 얇은 표면적인 경계가 아니라 '깊은 경계'라는 것입니다. 그렇지만 아무리 심오하고 깊은 경계라 하더라도 결국은 경계임을 잊지 말아야 합니다.

모든 존재는 결국 망념妄念, 즉 분별하는 마음에 의해 나타나는 허상임을 여래가 설법할 때 그 설법을 신뢰하고, 그것을 터득하기 위해서 수행하며 나아가서 분별을 떠날 때 드디어 진리를 향할 수 있습니다. 그러나 여래의 말 또한 표현된 경계이니 그 경계를 고집하고 주장하면 안 됩니다. 신뢰하여 그 길을 따라 스스로 걷기 위한 도구로만 삼으라는 말입니다. 그 말에 의지하여 수행해나갈 때 올바른 믿음이 쌓입니다. 주장하고, 아는 척하고, 잘난 척하는 것은 자기를 강화시키는 믿음일 뿐이에요. 나와 대상을 나누고, 이것과 저것을 분별하는 경계를 강화시키는 그런 믿음이 아니라 그 길을 그냥 가라는 말입니다. 그런 사람한테만 부처의 설법은 의미가 있고, 그럴 때만 그의 믿음은 올바른 믿음이 됩니다. 따르고 실천하지도 않으면서 그냥 지식으로만 갖고 있으면 자기강화밖에 안됩니다. 알게 된 지식과 경험된 느낌과 터득된 방법을 주장하면 자기가 강화돼요. 그것들을 통해서 자신이 진리를 향한 길을 가고, 다른 사람도 그 길을 가게 만들어줄 때만 올바른 믿음이 쓰이는 것입니다. 누군가 어떤 이유를 들면서 틀렸다고 비방한다면 그때 자신의 믿음을 주장할 수는 있겠죠. "대승의 길이라는 것은 헛된 소리야. 이 세상에는 사실 분별이 없어서 너와 나가 없는데 무슨 중생이 따로 있고 부처가 따로 있어? 부처와 중생이 따로 없는데 중생을 위해 애쓸 일이 뭐가 있겠어? 너는 잘못된 길을 가고 있어." 이런 얘기를 듣는다면 흔들릴 수 있겠지요. 이렇게 여러 논리와 이유를 들어 내 생각을 비방할 때도 흔들리지 않는 것이 대승大乘의 도道에 들어가고자 하는 마음입니다.

여기서 중요한 점은 여래의 설법에 대해 바른 믿음을 갖되, 그 역시 하나의 경계임을 마지막에는 잊지 말라는 것입니다. '믿음'이라는 말에는 여전히 1%의 모름과 의심이 들어있습니다. 100%의 믿음은 그냥 '앎'입니다. 모든 믿음에는 의심이 들어있어요. 그래서 믿음이라고 하는 건데, 일단 그냥 믿으라는 거예요. 일단 속을 수밖에 없습니다. 부처가 터득한 경지를 모르는데 일단 속아야지 어떻게 합니까? 속아서 해보다가 안 되면 그만둘 수도 있겠지만, 내가 판단할 수 있는 도구를 총동원해서 믿을 만한 길이라고 결론을 내렸으면 일단 마음을 다 숙이고 실천해야 합니다. 그렇게 믿고 따를 때만 터득이 됩니다. 모르는 사람은 속을 수밖에 없으니 일단 속아도 철저하게 속아야 됩니다. 애매하게 속으면 그것처럼 자기를 강화시키는 게 없습니다.

當持此論, 思量修習, 究竟能至無上之道.
당 지 차 론   사 량 수 습   구 경 능 지 무 상 지 도

마땅히 이 논論을 가지고 사량思量하고 수습修習하면 구경에 능히 무상도無上道에 이를 수 있을 것이다.

대승기신론을 붙잡아서 깊이 생각하고, 그 생각한 바대로 닦고 익혀 나가는 것이 사량수습思量修習입니다. 생각에만 멈추지 않고 행동하여 실천하고, 그 행동이 어떤 효과가 나면 익숙하게 습관을 만들어 자동화하라는 말입니다. 우리가 하는 느끼고 행동하는 연습과 비슷합니다.

내 마음에 뭔가 걸리는 게 나타났어요. 예를 들어 벽에 걸린 액자가 비뚤어졌다고 느껴지면 똑바로 세워주고, 형광등 불이 하나 나간 것이 보이면 바로 갈아 끼웁니다. 옳지 않다거나 제대로 가지 않고 있다는 느낌이 왔을 때 즉각 행동하면, 나한테 다가오는 직관적인 느낌들이 더 풍성하고 세밀해져서 의식화됩니다. 무의식이 보내오는 그런 신호를 무시해버리면 다음부터 무의식은 상관하지 않아요. '내가 아무리 신호를 보내봐야 이 사람은 의식적으로 사용하지 않는구나.' 하는 거예요. 그러면 점차 무의식적인 신호에 둔해집니다. 그래서 느낌이 오면 즉각 행동해야 하는데 그것이 깨어있기에서 하는 '떠오른 것을 지금 여기서 해결하기'입니다. 그래서 대승기신론도 생각하고 실천하여 익숙하게 무의식적으로 자동화시킬 필요가 있습니다. 그렇게 하면 위없는 도에 이르게 된다고 말했습니다.

若人聞是法已, 不生怯弱. 當知此人定紹佛種.
약 인 문 시 법 이   불 생 겁 약   당 지 차 인 정 소 불 종

必爲諸佛之所授記.
필 위 제 불 지 소 수 기

만약 사람이 이 법을 듣고서 겁약怯弱을 내지 않으면 이 사람은 틀림없이 부처의 종자를 이어서 반드시 모든 부처의 수기授記하는 바가 됨을 알아야 할 것이다.

수기授記는 받아서 기록한 것입니다. 부처님이 보살이나 성문연각승에게 다음 세상에 성불成佛하리라고 예언한 것을 수기授記라고 하지요. 보살은 육바라밀을 통해 열심히 실천해나가는 사람이나 이미 도달한 사람을 말하고, 성문승聲聞乘은 진리의 법을 듣고 깨달으려고 애쓰는 사람, 연각승緣覺乘은 모든 것은 의타적인 현상임을 통해 본질적으로

존재하는 어떤 것도 없음을 깨달으려는 사람입니다. 이 세 종류의 사람들에게 "당신들은 제주도로 가는 배를 탄 것이나 마찬가지니 곧 제주도에 도착할 것이다."라고 얘기해 주는 것입니다. 즉 신성취발심信成就發心을 이루어서 불퇴전不退轉의 믿음을 얻은 사람은 결국 자유에 이를 수 있다는 말입니다. 대승기신론의 진리를 듣고서 겁내거나 거부하지 않고, 의심하지 않고 그대로 사량수습思量修習해 나가면 그 사람은 이미 강 건너의 세계에 도달한 것과 마찬가지라고 예언한 것이 수기授記입니다. 그만큼 불퇴전의 믿음이 중요합니다.

십선, 십악을 닦는다 해도
진리 한구절 공부하느니만 못하다

假使有人能化三千大千世界滿中衆生令行十善.
가 사 유 인 능 화 삼 천 대 천 세 계 만 중 중 생 령 행 십 선

不如有人於一食頃正思此法. 過前功德不可爲喩.
불 여 유 인 어 일 식 경 정 사 차 법   과 전 공 덕 불 가 위 유

가령 어떤 사람이 삼천대천세계三千大千世界에 가득한 중생을 교화하여 십선十善을 행하게 한다 하더라도 어떤 사람이 한 번 식사하는 시간에 바로 이 법을 생각하는 것만 같지 못하니, 앞의 공덕보다 우월하여 그와 비유할 수 없기 때문이다.

십선十善은 십악十惡의 반대입니다. 십악十惡은 몸과 말과 뜻으로 짓는 열 가지 죄악을 말해요. 살생, 도둑질, 쾌락, 거짓말, 나쁜 말, 이간질하는 말, 남을 속이는 말, 탐욕, 분노, 삿된 견해가 십악十惡입니다. 그러지 않는 것이 십선十善이어서 십악十惡에 불不자만 붙이면 됩니다. 불살생不殺生, 불투도不偸盜, 불사음不邪淫, 불망어不妄語, 불악구不惡口,

불양설不兩舌, 불기어不綺語, 불탐욕不貪欲, 불진에不瞋恚, 불사견不邪見이지요. 모든 세계에 있는 중생들을 교화하여 이렇게 착한 행동들을 하게 만들었다 하더라도, 한 번 식사할 시간 동안 진리를 생각하는 것만 못하다고 말했습니다. 이 대승기신론의 진리를 한 번 스스로 생각하고, 닦고, 실천하는 것이 모든 공덕보다 훨씬 낫다는 거예요. 자신의 본성을 파악하기 위해서 대승기신론의 법을 공부하는 것이 그만큼 중요하다는 말인데, 대체 왜 그럴까요? 이 현상계에 본질이 더 드러나게 하는 것이기 때문에 그렇습니다. 선善과 악惡은 여전히 분별의 세계에 속합니다. 모든 중생이 십선十善을 행한다하더라도 그 모든 선善은 악惡에 대비된 분별세계에서의 선善일뿐이에요. 모든 행동과 의식의 기반이 되는 축이 바로 중생과 부처라는 세계, 즉 세속과 성스러움으로 분별되는 세계입니다. 그 세계 속에서 선한 것만 드러난다 하더라도 그것은 본질이 아니라 현상에 불과합니다. 선은 늘 악을 기억나게 합니다. 선업은 악업과 같은 레벨에 있어요. 이 둘을 뛰어넘어 본질로 갈 때 거기 진정한 공덕이 있습니다. 그래서 기신론의 법을 한 시간 공부해서 어느 한 사람의 본질이 발견된다면, 이 현상계에 본질이 더 드러나는 것이므로 훨씬 더 큰 덕이 된다고 말했습니다. 왜 그러냐면 사실 중생과 부처는 다르지 않기 때문입니다. 중생은 자신이 진정으로 누구인지 모르고 부처는 자신의 있는 그대로를 아는 자일 뿐이기 때문에, 부처가 한 사람 생겨날 때 본질이 현상계로 드러납니다. 그것이 가장 큰 공덕입니다.

의식으로는 본성에 가닿을 수 없다

復次若人受持此論, 觀察修行, 若一日一夜, 所有功德,
부 차 약 인 수 지 차 론　관 찰 수 행　약 일 일 일 야　소 유 공 덕

無量無邊, 不可得說.
무 량 무 변　불 가 득 설

또한 만일 사람이 이 논論을 받아 가져서 관찰하고 수행하기를 하루 낮
하룻밤 동안 한다면 그가 가지는 공덕이 한량없고 가이없어서 이루 다 말
할 수가 없을 것이니.

　자기마음을 관찰하고 닦고 행동하는 것이 바로 수행입니다. 하루 정
도만 기신론을 가지고 수행하는 것만으로도 그의 공덕이 한계가 없다
고 했습니다. 본질에 대한 공부라서 그렇지요. 진정한 덕德은 착한 행
동이 아니라 본질을 현상계에 드러내는 것입니다. 지금 막 사람들을
설득하고 있어요. 이토록 훌륭한 것이니 당신도 기신론을 공부하여 대
승의 길을 가라고 권합니다. 대승의 길은 보시布施, 지계持戒, 인욕忍辱,
정진精進, 선정禪定, 지혜智慧라는 여섯 가지 바라밀을 수행의 방법으로
제시합니다. 법장문과 의장문의 치밀한 논리를 통해 진리를 이해하고,
그 다음에는 그것을 향한 육바라밀의 수행을 하루만 해도 모든 공덕보
다도 더 위대하다고 말하는 것은 드디어 본질에 다가서고 있기 때문입
니다.

　중생이라는 것은 마음에 쌓여있는 감지들의 투사일 뿐입니다. 마음
속에 투사되는 감지를 멈추고 감각으로 들어가면 그 어떤 경계도 없는
마음으로 가게 됩니다. 그렇게 투사가 그치면 즉시 부처나 마찬가지이
니 본질적으로 부처와 중생은 다르지 않습니다. 마음에 쌓여있는 경험

의 흔적들을 추종하거나 그것에 끌려 다니지 않으며, 그 움직임을 멈출 수 있다면 그는 이미 부처입니다. 느낌과 감정을 일으키는 수많은 감지들, 즉 마음속의 현상들이 밖으로 투사되는 자동적이고 무의식적인 패턴이 바로 '자신'이라고 믿어지는 느낌입니다. 그 투사된 모습은 중생이며, 투사가 멈춘 곳에는 오직 부처만 있을 뿐입니다. 여러분이 이미 부처이기도 한 거예요. 마음속에 떠오르는 생각과 감정이나 느낌들이 구조적으로 얽혀서 어떤 조건에서 튀어나올 때는 중생이지만, 그것이 마음의 현상임을 발견하면 이미 그는 현상에서 떠나있는 부처입니다.

지금 이 순간 자기 자신한테 물어보세요. 나는 누구인가? 지금 이 순간 떠오르는 어떤 느낌이 있습니까? 그 느낌이 자기 자신인지 스스로에게 물어보세요. 떠오르는 생각이 있다면 그 생각이 자기 자신인지 물어보세요. 감정이 있다면 그것이 좋은 것이든 나쁜 것이든 그것이 진정한 나인지 한번 물어보는 겁니다. 그러한 감지의 투사들을 다 제하면 지금 이 순간 나는 누구입니까? 자, 질문을 하고 있는 자기도 지워버리세요. 그러면 나는 누구죠? 어떤 직업을 가진 나, 어떤 몸을 가진 나, 또는 어떤 성격과 생각과 감정을 가진 나, 어떤 미묘한 느낌을 가진 나. 모두 '어떤 무엇'을 가진 나지요? 그 '무엇'들은 모두 내가 '소유한 것'일 뿐입니다. 그 '무엇'을 다 내려놓으면 그때 나는 진정으로 누구입니까? '나는 누구인가?'라는 물음은 진리에 이르는 하나의 방법입니다. 세상 모든 것들은 나와 대상이라는 공식 아래 나타났다 사라지는 현상들입니다. 구조이기도 하고 작용이기도 하지요. 그리고 그런 현상들의 배후에 의식으로는 가닿을 수 없는 배경이 자리하고 있습니다. 의식은 항상 나와 대상으로 나뉘어야 존재하는 현상이기 때문에 의식으로는 본성에 가 닿을 수 없어요. 나는 무엇을 알아, 나는 무엇을 파악했어. 나는 무엇을 느껴. 나는 무엇 무엇을 경험해. 이렇게 항상 '나'와 '무엇'이라는 주어와 목적어 관계가 있는 것이 의식작용입니다. 주어와 동사가 있거나 주어와 목적어가 있을 때 의식이 작용하지요. 그렇지 않으면 의식은 멈춥니다. 주체와 대상으로 나뉘어져 그들 사이에 앎과 느낌이 생겨나는 작용이 바로 의식이라는 현상이기 때문에, 모든 현상들이 솟아나는 진정한 배후에는 의식이 가닿을 수 없습니다. 부분이 전체를 어떻게 알겠습니까? 그래서 증득證得이라고 합니다.

요즘 함양 백일학교에서 아침마다 '몸 느끼기'라는 새로운 연습을 시작했습니다. 일종의 '몸의 경계지우기'예요. 자, 지금 눈을 감고 자신의 몸을 느껴 보세요. 보통 몸을 느끼라고 하면 몸의 모습을 띤 심상을 떠올립니다. 다섯 개의 발가락이 붙어있는 발을 느끼는 것처럼 말이죠. 몸의 모양으로 느껴지는 그런 느낌은 촉감에 시각적인 상相이 붙어있기 때문입니다. 그런 시각적인 상을 완전히 지우고 촉각으로만 몸을 느껴보세요. 눈으로 봤을 때의 모양대로 몸이 다 느껴지는지 살펴보세요. 시각적인 상을 지우고 느껴보면 어떤가요? 모든 육체의 경계마다 촉감이 다 살아있나요? 아마 듬성듬성 사라지고 지워진 부분도 있을 겁니다. 이렇게 촉감에만 초점을 맞추면 몸은 눈으로 보는 것과는 좀 거리가 있어서 경계가 명확하지 않습니다. 나와 나 아닌 공간과의 경계가 명확하지 않아요. 우선 열감熱感만 따져 봐도 알 수 있습니다. 손과 공간 사이의 시각적인 경계선과 손이 발생시키는 열기의 경계선은 다릅니다. 우리 몸에는 미세한 전기가 흐르니까 손이 발생시키는 전자기장이 형성되는데 이런 것들은 촉감적인 느낌에 포함되고, 이 또한 시각적인 경계선과는 다르지요. 촉감으로만 따지면 내 몸의 정확한 경계선이 어디인지 알 수 없습니다. 눈감고 촉감에만 집중하면 사실 내 몸은 어떤 모습인지 알 수 없어요. 그렇게 경계를 지우고 기운의 느낌으로만 자기 몸을 바라보면, 어느 순간 내 몸은 주변에 흐르는 기운과 섞여서 내 몸과 주변이 다르지 않게 느껴지고 일체가 되어버립니다. 기수련 하는 사람들이 기춤을 출 때 흔히 나타나는 현상이지요. 촉감으로 따지면 사실 우리 몸의 경계는 없는 것처럼, 나와 대상을 경계 짓고 분별하는 마음만 사라지면 이 순간 중생은 이미 사라지고 없습니다.

본질을 드러내는 것보다 더 큰 공덕은 없다

假令十方一切諸佛, 各於無量無邊阿僧祇劫,
가 령 시 방 일 체 제 불   각 어 무 량 무 변 아 승 기 겁

歎其功德亦不能盡.
탄 기 공 덕 역 불 능 진

가령 시방十方의 일체의 모든 부처가 각기 무량무변한 아승기겁阿僧祇劫에 그 공덕을 찬탄하더라도 또한 다할 수가 없다.

아승기겁阿僧祇劫의 한도 끝도 없는 시간 속에 그 공덕을 찬탄하더라도 닿을 수 없을 정도로 이 기신론을 공부하고 수행하는 것이 얼마나 귀한지 말하고 있습니다. 기신론을 공부하여 본질을 드러내는 작업, 즉 마음의 현상으로부터의 자유를 향한 수련은 그 공덕이 무한하다는 말입니다. 공부 과정 중에서 사람들은 많은 감정적 기쁨과 좌절을 맛보게 됩니다. 여러분들도 겪었듯 열심히 하다가 어느 순간 지루해지죠. 처음에 뭔가 변화가 있고 마음이 편해질 때는 기분이 좋아요. 그런

데 어느 정도 시간이 지나면 올라갔던 기분이 비슷해지고 때로는 저조해지며 좌절을 맛봅니다. 뭔가 되는 듯하면 기뻐하고, 뜻대로 안 되는 것 같으면 좌절하는 마음의 기복을 타면서 우리는 이 길을 갑니다. 그런 기복이 오는 이유는 어떤 기준이 있기 때문입니다. 잘 되는 것 같은 느낌, 변하는 것 같은 느낌이 와야 한다는 기준이 스스로에게 있어요. 그리고 그 변화의 기준도 엄격하게 정해놓습니다. 지금의 자기로서는 어림도 없는 높은 기준을 설정하고 거기에 도달하지 못했다고 느끼면서 좌절합니다. 자세히 살펴보면 여러분은 끊임없이 변하고 있어요. '물이 끓어서 수증기가 되어야만 변한 것'이라는 기준을 세워놓는다면 제일 마지막만 변화라고 하겠지요. 그러나 자세히 살펴보면 물은 1도에서 2도로, 그리고 10도, 50도로 온도가 오르는 변화가 일어나고 있습니다. 그렇지만 수증기가 되는 본질적인 변화는 아직 일어나지 않았기에 여전히 물이지요. 그런데 수증기가 되면 이제 자신을 H_2O로 봅니다. 그런데 수증기나 물이나 둘 다 H_2O 아닙니까? 결국 물이나 수증기나 아무 차이가 없음을 발견하고 수증기가 될 필요가 없음을 아는 것이 바로 깨달음입니다. 진흙탕 속에서도 연꽃은 피듯이 울고, 웃고, 괴로워하는 마음속에도 본질은 늘 변함없다는 것을 마지막에 발견하지요. 그러나 그전까지는 어떤 기준을 세워놓는다면 조금씩 이루어지는 변화는 잘 안 느껴집니다. 자기 자신이 일상에서 어떻게 변했는지 살펴보세요. 마음이 편해지고, 가벼워지고, 자기 자신을 가볍게 대할 수 있게 되었다면 큰 변화가 일어난 거예요. 그러면 그것을 기반 삼아서 나아갈 힘을 얻으세요. 기쁨과 절망도 스스로가 세운 내적인 기준 때문에 온다는 것을 보세요. 그리고 내적인 기준마저 마음속 하나의 현상임을 봐야 합니다. 그럴 때 다할 수 없는 찬탄을 들을 만한 공덕이 쌓입니다. 왜? 그 기준은 모든 희로애락의 기초가 되기 때문입니다. 모든 감정은 기준 때문에 생겨납니다. 옳거나 당연하다고 여기는 나의 기준보다 좋고 높은 것이 오면 기쁘고, 그보다 못하면 화가 나거나 슬프지요. 자기도 모르게 세워진 기준으로부터 자유로우면 그 사람은 희로애락으로부터 자유롭게 됩니다.

끊임없이 변하는 현상계에 본질을 드러내는 것만큼 더 큰 공덕이 없음을 대승기신론의 권수이익분은 말합니다. 오직 본질에 초점을 맞추라는 말이에요. 선善과 악惡은 이 세상의 상대성을 더 공고히 해줄 뿐입니다. 선한 행동은 차선책이 될 수는 있습니다. 그래서 악한 행동보다는 선한 행동이 좋지만, 진정한 의미에서는 선과 악을 넘어갔을 때만 선이 드디어 제 역할을 하게 됩니다. 악이 특별히 있는 것이 아님을 알아서 악도 봐줄 수 있게 되지요. 자세히 보면 마음이 약한 사람이 악한 사람이 됩니다. 자기를 이기지 못한 사람이 악한 사람이 돼요. 선과 악은 마음의 반쪽씩이기 때문에 선과 악을 일으키는 본질을 파악하는 것이 더 중요합니다. 선과 악을 떠난 본질이 드러나는 것이 기신론이 가장 높이 받드는 공덕이에요. 따라서 본질을 향한 공부가 가장 귀한 공부임을 강조하고 있습니다.

何以故. 謂法性功德無有盡故, 此人功德亦復如是無有邊際.
하 이 고   위 법 성 공 덕 무 유 진 고   차 인 공 덕 역 부 여 시 무 유 변 제

어째서인가? 이는 법성法性의 공덕이 다함이 없기 때문에 이 사람의 공덕도 또한 이와 같아서 한계가 없음을 말하는 것이다.

진리의 공덕이 무한하기 때문에 진리를 추구하는 사람의 공덕 역시 무한하다는 의미입니다. 법성法性의 공덕이 다함이 없다는 것은 다시

말하면 본질의 덕이 다함이 없다는 말이에요. 그래서 여러분의 몸과 마음을 본질을 향한 길에 맞추는 것이 가장 커다란 공덕이고 세상이 주는 귀한 선물입니다. 세상을 향한 노력도 좋지만 본질을 향한 길을 가서 그 본질이 현상계에 더 드러나게 하는 것이 가장 중요합니다. 여러분의 깨달음이 세상을 근원적으로 밝게 만들어요. 그 길을 함께 가면서 서로 도와주고, 잠시 멈추어 좌절하는 사람을 힘내게 해주고, 함께 가자고 손잡는 것이 세상을 더 밝게 만드는 길입니다.

세상 만물과 현상은 분별에 의해 생겨나기 때문에, 선과 악을 나눠 놓고 선한 행동에만 초점을 맞추더라도 그 밑바닥에서는 나쁜 행동이 의식됩니다. 좋음은 나쁨을 전제로 하는 개념이기 때문에 그래요. 그냥 아무런 의식 없이 자연스럽게 행동하면 괜찮은데, 의식적으로 착한 행동을 하는 사람은 마음속에서 악함이 자라납니다. 노자老子는 "도道가 무너지면 덕德의 세상이 오고, 덕德이 무너지면 법法의 세상이 오고, 법法이 무너지면 힘의 세상이 온다"고 말했습니다. 도道란, 있는지 없는지 모르게 자연스럽게 흐르는 흐름이에요. 가장 조화로운 패턴이 자연스럽게 흐르는 세상이 도道의 세계라면 덕德의 세계는 선善이 지배하는 세계이고, 법法의 세계는 규칙이 지배하는 세계입니다. 선과 악을 갈라놓고 악을 벌하는 법이 더 강한 세상인데, 법이 무너져 힘이 지배하는 세계가 되면 선악善惡도 없이 힘센 놈이 최고입니다. 도, 덕, 법, 힘의 순으로 점차 그 기준이 강해집니다. 도道는 기준이 없고, 덕德은 선한 기준이 있어서 감화되어 따라오게 만들고, 법法은 악惡을 쳐서 자라지 못하게 합니다. 그런데 악惡을 친다는 것은 다른 말로 하면 악惡이 그만큼 많다는 말이지요. 변호사가 많은 사회는 그만큼 죄인이 많다는 의미에요. 또는 변호사가 죄인을 자꾸 만들지요. 변호사가 너무 많으면 변호사가 고소거리를 찾으러 다닙니다. 물론 약한 사람을 보호한다는 가장 선한 이유로 법이 사용된다면 훌륭하지요. 그런데 법이 강조되는 세상이 아닌 선함에 저절로 감화되는 덕의 세상, 나아가 태평성대가 이루어져서 누가 왕인지 모르며 사는 도道가 흐르는 세상을 노자老子는 꿈꿨습니다. 대승기신론은 모든 현상을 떠나서 분별이 없는 세계를 터득한 본질이 드러나게 함으로써, 도道의 세상이 자연스럽게 나타나도록 하고자 합니다. 그래서 교화하여 착한 행동을 하게 만드는 것보다 본질을 찾아서 공부하는 것이 더 높은 공덕이라고 말합니다.

경계 없음을 기반으로 경계 짓기

其有衆生於此論中毀謗不信, 所獲罪報, 經無量劫受大苦惱.
기 유 중 생 어 차 론 중 훼 방 불 신   소 획 죄 보   경 무 량 겁 수 대 고 뇌

어떤 중생이 이 기신론에 대하여 훼방하고 믿지 않는다면 그가 받는 죄의 과보는 무량겁을 지나도록 큰 고뇌를 받을 것이다.

무시무시한 저주라도 하는 것 같은데 왜 그럴까요? 대승기신론은 진리를 설說한 글입니다. 일심一心에서부터 법장문과 의장문, 그리고 수행법과 수행이 어떤 이익이 되는지에 이르기까지 설명했어요. 그런 글을 훼방하고 불신하는 죄는 왜 크겠습니까? 대승기신론의 핵심은 경계 없는 하나의 세계인 일심一心으로 가는 것입니다. 대승기신론을 비롯해서 진리를 전하는 대부분의 글은 개별성을 임시적인 현상으로 보면서 분별없음 속으로 들어가는 방법과 길을 제시합니다. 그런 글에 대한 부정은 곧 개별성과 개인성이라는 제한 속에 스스로를 가두는

것과 같습니다. 모든 비난과 훼방은 결국 이것과 저것을 나누고 무언가를 틀렸다고 말하는 자기 속에서 이루어지는 행위입니다. 개별성 속에서 또 강한 경계를 그리고 있으므로 결국은 부딪힘이 일어나고 고통 속에 머물게 된다는 것은 스스로 죄업을 받는다는 말의 의미입니다. 저주의 의미는 아니에요.

是故衆生但應仰信,
시 고 중 생 단 응 앙 신

不應誹謗. 以深自害, 亦害他人. 斷絕一切三寶之種.
불 응 비 방　　이 심 자 해　　역 해 타 인　　단 절 일 체 삼 보 지 종

以一切如來皆依此法得涅槃故. 一切菩薩因之修行入佛智故.
이 일 체 여 래 개 의 차 법 득 열 반 고　　일 체 보 살 인 지 수 행 입 불 지 고

그러므로 중생은 다만 우러러 믿어야 할 것이요 비방해서는 안 되는 것이니, 깊이 스스로를 해치고 또한 다른 사람을 해쳐서 일체의 삼보三寶의 종자를 단절하기 때문이며, 일체의 여래가 다 이 법에 의하여 열반을 얻기 때문이며, 일체의 보살이 이로 인하여 수행하여 불지佛智에 들어가기 때문이다.

삼보三寶는 불佛·법法·승承이라고 했습니다. 부처, 진리(또는 현상) 그리고 진리의 길을 가는 도반들의 모임이지요. 이 세 가지 보물의 귀한 종자를 끊어버리는 일이 바로 비방입니다. 비방하는 사람은 진리의 화신인 부처를 멀리할 것이고, 진리인 법法을 제대로 보지 못하게 될 것이며, 진리를 찾아가는 길 위의 도반들의 모임을 깨뜨리게 되겠지요. 그래서 점차 진리에서 멀어지므로 결과적으로 자신을 해치고 타인도 해치게 됩니다. 여기서 말하는 법法은 지금까지 대승기신론에서 말해왔던 법法입니다. 대승기신론은 기본적으로는 끊임없이 한 가지를 말해왔습니다. 세계가 존재한다고 믿는 것은 망념妄念 때문이라

는 것입니다. 망념妄念은 경계 짓는 마음이니, 이 경계 짓는 마음만 사라지면 분열된 세계는 사라지고, 나눌 수 없는 오직 하나임을 대승기신론은 여러 가지 각도에서 말합니다. 그러니까 세계가 존재하는 것은 망념 때문이고, 망념이 사라지면 모든 분별이 사라지므로 거기에는 중생도 부처도, 열반도 번뇌도 없습니다. 모든 현상은 경계로부터 나타나니, 경계를 넘어서면 이미 그는 진리에 다다른 것입니다.

경계라는 말에는 깊은 의미가 있습니다. 우리의 모든 의식현상은 나와 너를 나눈 경계선으로부터 옵니다. 내가 무엇을 의식하려면 '나'와 '무엇'으로 나눠진 경계가 있어야 해요. 그 다음, 이 사물과 저 사물이 경계로 나누어져야만 서로 분별됩니다. 분별하지 못한다면 세계는 있을 수 없는데, 이런 분별은 어떤 기준에 의해 생겨납니다. 똑같은 탁자인데도 사람의 눈이라는 분별기준으로 보면 탁자의 표면은 매끄럽지만, 바이러스의 분별기준으로 보면 거대한 히말라야 산맥 같이 여겨지겠죠. 다시 말해 세상은 그것을 분별하는 감각기관의 기준에 의해 존재하게 됩니다. 사실 더 깊이 들어가면 감각기관의 분별기준을 사용해서 의식하는 의식적인 기준 때문에 존재하지요. 왜냐하면 감각기관이 만들어 놓은 내적인 흔적들과 우리가 기준삼고 있는 것들 간의 관계를 통해 의식현상이 일어나기 때문입니다. 결국 모든 의식현상은 마음의 의식적인 측면이지, 감각기관과는 별개입니다. 감각기관은 중간단계일 뿐이에요. 어쨌든 모든 세계가 존재하는 것은 마음에 그어진 경계선과 기준 때문입니다. 그리고 그 기준은 보는 자마다 다르기 때문에, 각자에게 나타나는 세계는 결국 각자의 느낌의 세계라는 점을 대승기신론 강의 전반에 걸쳐 끊임없이 말해왔습니다. 그래서 이 모든 세계와 현상은 경계로부터 오기 때문에 그 경계를 넘어서면 이미 그는 진리의 세계에 다다른 것입니다.

지금 이 순간에도 우리는 '경계 없음'을 기반으로 '경계 있음'을 사용하고 있습니다. 바닷물을 기반으로 다양한 파도들이 나타났다 사라지는 것과 같아요. 그러나 파도는 일시적인 모습일 뿐, 변함없는 물은 아닙니다. 그와 같이 모든 경계는 일시적입니다. 그래서 '경계 있음'에 기반을 둔 개별성은 스스로를 유지하기 위해 항상 고뇌에 머물 수밖에 없습니다. 모든 움직임, 즉 필요와 욕망이 스스로 금 그어놓은 경계 때문에 생겨납니다. 마음에서 이것과 저것을 나누고, 그중 하나에 에너지 중심을 두어서 '나'로 삼으면 그때부터 모든 세상만사가 생겨납니다. '나'를 중심으로 가까운 사람과 먼 사람이 생겨나고, 옳은 사람과 그른 사람이 생겨나고, 끌리는 사람과 밀쳐내고 싶은 사람이 생겨납니다. 모두 '나'라는 것을 기준 삼았기 때문에 일어나는 일이에요. 모든 현상이라는 것은 어떤 기준으로 인해 나타나기 시작합니다. 기준이 없다면 경계가 없어요. 그 기준이 우리한테는 '나'라고 여겨지는 느낌입니다. 그 느낌의 밑바닥에는 유전적으로 물려받은 데이터, 지식과 오감으로 받은 의식적이고 감각적인 데이터와 경험의 흔적들이 있습니다. 이런 것들이 토대가 되어 '나'라고 여겨지는 것이 형성됩니다. '나'의 형성 자체는 큰 문제가 아닌데, 이것이 에너지를 받아서 모든 경계의 초점인 에너지 중심이 되면 주인노릇을 하기 시작합니다. 그럴 때 세상만사가 생겨나고 모든 욕망과 고통이 시작되기 때문에, 지금 이 순간 즉각적으로 분별을 떠나면 곧바로 불지佛智입니다. 부처의 지혜이고, 부처의 땅이며 열반이지요.

열반과 깨달음을 찾는 마음은 결국 깨달음과 깨닫지 못함을 나눠놓은 마음입니다. 경계를 그리는 마음이에요. 그런데 그토록 얻고자 하는 깨달음은 경계 없는 마음이니 참으로 모순된 것입니다. 경계 없는 마음에 도달하기 위하여 마음의 경계를 계속해서 만들어내고 있어요. 깨닫지 못함과 깨달음을 나누고, 중생과 부처를 나누고, 부족과 충족을 나누고, 도달하지 못함과 도달함을 나누는 마음의 작용을 그대로 내버려둔 채로 경계 없음을 추구하고 있습니다. 마음의 내용은 '경계 없음'을 추구하지만 실제 마음은 '경계 있음'의 작용을 하고 있으니 모순 속에 있습니다. 마음의 작용 자체가 '경계 없음'으로 가야합니다. 내용만 '경계 없음'이고 실제 작용은 '경계 있음'이면 아무리 해도 결코 '경계 없음'으로 갈 수가 없습니다. 지금 이 순간 자기 마음이 어떻게 작용하는지를 바라봐야지, 마음에 '경계 없음'이라는 그림을 그리는 것은 소용없는 짓입니다.

경계 없음을 파악해내는 부처의 지혜인 불지佛智에 들어가기 위해서 순수한 믿음을 일으키는 것이 신성취발심信成就發心입니다. 우리의 공부는 일원론一元論, 이원론二元論, 불이론不二論의 순서로 이루어진다고 했습니다. 중생과 부처가 다르지 않다는 것을 '믿는 것'이 공부의 맨 처음이니 일원론一元論입니다. 믿으니까 이 공부를 시작하는 거예요. 만약에 중생과 부처가 다르다면 아무리 애써봐야 부처가 될 수 없는데 소용없는 공부를 누가 하겠습니까? 이 공부를 하는 사람들은 부처가 도달한 경지에 나도 이를 수 있다는 믿음을 가지고 공부를 시작합니다. 결국은 중생인 지금 현재의 나와 부처가 서로 다르지 않다는 것을 믿는 일원론의 마음입니다. 그런데 연습과 수행의 길에 들어서면 '아, 난 아직 안 됐어.' 하는 상태에 늘 있게 되지요. 도달하지 못했다고 여기니까 계속해서 훈련하고 연습하는 거 아니에요? 이원론二元論 속에 들어가 있는 마음입니다. 그렇게 계속 살펴보면서 경험하고, 이해하고, 드디어 증득하면 중생이나 부처라는 것이 마음이 분별해놓은 개념이었음을 알게 됩니다. 부처와 중생은 경계 속의 일임을 깨달아 결국 부처도 없고 중생도 없는 세계, 부처와 중생이 다르지 않은 게 아니라 원래 없는 불이不二의 세계로 들어가게 됩니다. 둘이 아닌 세계죠. 중생이 부처가 되는 것이 아니라 중생과 부처가 원래 둘이 아닌, 사실은 있지도 않았음을 발견하는 것입니다. 두 번째 단계인 이원론二元論 속에서 믿음이 굳건하여 결코 옆길로 새지도 않고 뒤로 물러서지도 않는 불퇴전不退轉의 용맹의 길을 가는 마음을 신성취발심信成就發心이라고 합니다. 그렇게 믿음을 통해 가는 중에 깊은 이해가 일어난 것이 해행발심解行發心입니다. 최종적으로는 증거를 통해 본질을 터득하는 증발심證發心을 이루는데, 이 모든 발견의 기초에 대승에 대한 믿음이 자리하고 있습니다.

마음의 내용에서 빠져나와
마음의 작용을 보라

當知過去菩薩已依此法得成淨信.
당 지 과 거 보 살 이 의 차 법 득 성 정 신

現在菩薩今依此法得成淨信. 未來菩薩當依此法得成淨信.
현 재 보 살 금 의 차 법 득 성 정 신   미 래 보 살 당 의 차 법 득 성 정 신

是故衆生應勤修學.
시 고 중 생 응 근 수 학

과거의 보살도 이미 이 법에 의하여 정신淨信을 이루었고, 현재의 보살도 이제 이 법에 의하여 정신을 이루며, 미래의 보살도 마땅히 이 법에 의하여 정신을 이루게 됨을 알아야 할 것이니 그러므로 중생이 부지런히 수학해야 할 것이다.

본질을 터득한 사람을 보살이라고 하지요. 또는 그 길을 향해 가는 사람도 보살이라고 합니다. 과거의 보살과 현재의 보살, 그리고 앞으로 올 미래의 보살들이 이 법法에 의하여 깨끗한 믿음을 이룬다고 했습니다. 법法에는 부처님의 설법, 진리, 진리가 드러나는 현상이라는 세 가지 의미가 있습니다. 현상이 움직이는 메커니즘을 법法이라 한다면, 법은 지금 이 순간에만 볼 수 있습니다. 스토리에 매몰되는 것은 과거로 들어가는 것이고, 내용에 빠지는 것입니다. 마음이 작용할 때 항상 느낌이 일어납니다. 그래서 느낌을 간파하는 것은 이 순간의 마음 작용이나 기능을 보는 것입니다. 마음의 내용을 보는 것이 아니에요. 느낌을 파악하여 마음의 움직임을 보는 것이 실제적인 마음작용을 보는 것입니다. 마음의 내용에 빠져 버리면 마음이 작용하여 그려내는 그림 속에 들어와 있는 것일 수 있습니다. 이것을 잘 구별해야 합니다. "지금 느낌은?"이라고 물어볼 때 여러분이 초점을 맞춰야 할 것은, 지금 현재 내 마음이 어떻게 움직여서 어떤 느낌을 만들어내는가 입니다. 이런저런 사건이 있어서, 이러저러한 이유로 마음이 어떻다는 건 모두 스토리 속에서의 일이지요. 마음이 작용하여 만들어내는 내용이 아니라, 마음이 작용하고 있는 현재의 모습을 보는 것이 지금 이 순간의 관찰입니다. 그런 관찰을 통해서 진리를 향해 가겠다는 깨끗한 믿음을 이룰 수 있습니다.

예를 들어 분노가 일어나면 그것을 즉각적으로 느끼는 것이 마음의 작용을 보는 거예요. 분노의 느낌을 맛봅니다. 혀로 음식물을 이리저리 굴리면서 찔러보고 핥아보면서 어떤 맛이 나는지 탐구하는 것처럼 분노를 맛보는 거예요. 분노의 감정 속에 푹 빠져서 '나는 분노를 느끼고 있어. 화가 나서 못 참겠어.' 이러는 건 분노의 내용 속에 들어있는 것입니다. '아, 마음에 이런 느낌이 일어나는구나. 몸에서는 이런 느낌이 일어나고, 열감의 에너지가 뻗쳐 나오는구나. 마음의 구조를 살펴보니 내가 가진 기준에 에너지가 실려서 그것과 반하는 것을 만나 터져 나오는구나.' 이런 것들을 느낌으로 파악해내는 것입니다. '느낌'은 지금 '이 순간에 일어나고' 있으니, 느낌을 제대로 맛보는 것이 과거로 들어가지 않고 지금 이 순간에 있는 법法을 보는 것입니다. 모든 훈련도 지금 이 순간에 일어나는 일을 보기 위함입니다. 이론적으로 이해하는 것은 내용 속으로 들어가는 것입니다. 스토리 또는 내용 속에 들어가는 것은 아무런 도움이 되지 않아요. 여기서 말하는 법法이란, 지금 이 순간 즉각적으로 느낌의 세계를 살펴보고, 그 느낌의 세계는 경계로 인해서 생겨났다가 즉각 사라지기도 하는 변화무쌍한 임시적인 현상임을 보는 것입니다. 그렇게 보고 나면 경계라는 것은 허상이니, 그런 경계로 인해서 생겨난 수많은 분별과 주체와 대상의 나눠짐도 결국 허구에 불과함을 즉각적인 느낌을 통해 발견하게 됩니다. 망념妄念이 없으면 세상이 없다고 처음부터 얘기했었죠. 바로 그렇게 즉각적으로 보는 이 법法에 의하여 현재의 보살도 깨끗한 믿음을 이루는 것입니다.

Ⅶ. 총결회향

諸佛甚深廣大義. 我今隨分總持說.
제 불 심 심 광 대 의   아 금 수 분 총 지 설

모든 부처의 매우 깊고 광대한 뜻을 내 이제 분分에 따라 총괄적으로 말
하였으니.

맨 처음 인연분因緣分에서 이 글을 쓰게 된 인연은 이러하다고 얘기
했습니다.

그 다음의 입의분立義分에서는 의미에 대해 말합니다. 중요한 것 세
가지가 일심一心과 법法과 의義였어요. 일심一心은 우리의 마음은 나눠
지지 않은 하나라는 의미입니다. 그런데 사실은 한 마음도 아니지요. '
한 마음'은 이미 둘을 전제로 하고 있습니다. 사실 진여의 세계는 말로
표현할 수 없지만, 어쩔 수 없이 말로 표현해야 하기 때문에 할 수 없
이 일심一心이라고 했습니다. 근본적으로 둘이 아닌 세계이기 때문에
일一이라 하고, 모든 것을 만들어내는 어떤 무한하고 영묘한 힘이 있어
서 스스로 알아채기 때문에 심心이라는 단어를 써서 일심一心이라고 이
름 붙였습니다. 그렇게 본질을 일심一心이라고 했지만, 사실은 이것도
이름에 불과하다는 얘기를 맨 처음에 합니다. 그러니까 진리, 본질이
라는 것은 사실 말로 할 수 없고 이름 붙일 수도 없는 것입니다. 아무
리 정교하게 설명해봐야 그것은 이원론적인 설명이에요. 모든 말은 기
본적으로 분별을 기반으로 하기 때문에 이분법적입니다. 분별은 나눠
놓은 세계이기 때문에 한 가지를 얘기하면 나머지는 다 제외하는 것이
나 마찬가지여서 모든 분별된 용어는 한정적일 수밖에 없습니다. 그래
서 말할 수 있고, 의식할 수 있고, 알아챌 수 있는 것은 결코 진정한 진
리가 아닙니다. 처음 공부하는 사람들에게 이런 얘기를 할 수는 없습
니다. 그런데 깊은 경험을 하고나서 '난 뭔가 경험이 생겼어. 진리라는

건 이런 거야.'라고 자기가 안다고 주장하기 시작한 사람들한테는 이런 얘기를 해줘야 합니다. 당신의 경험은 경험했다고 믿는 당신의 한정된 세계 속의 일이고, 당신이 안다고 여기는 것 역시 앎이라고 믿고 있는 그 믿음 속의 현상이라고 알려줍니다. 그래서 우리가 말하는 진여라는 것 자체가 생멸문生滅門의 진여인 것입니다. 생멸문은 나타났다 사라지는 세계지요. 우리가 석가모니의 말과 글을 통해 접하는 진리는 드러난 진리이기 때문에 생멸의 세계 속에 표현된 진여입니다. 진정한 진여는 결코 무엇으로도 표현될 수 없습니다. 표현된 진여는 다 허상이고, 껍데기를 가지고 설명한 것에 불과합니다. 그래서 안다는 생각, 경험했다는 생각이 마음에 조금이라도 올라온다면 함정에 빠진 것이라고 일심一心에 대해 설명하면서 말했습니다.

대승에 총괄하여 두 가지가 있으니 법法과 의義입니다. 해석분에서는 법장문法章門과 의장문義章門으로 크게 나누어 설명합니다. 법法은 기본적으로 중생심衆生心입니다. 중생심은 여래장如來藏이라고도 하는데 여래의 씨앗, 부처의 씨앗, 진리의 씨앗이 저장되어 있다는 의미입니다. 중생은 어리석기만 한 존재가 아니라, 중생의 마음 자체가 이미 진리의 마음이라는 것이 대승의 기본사항이에요. 그래서 대승에서는 중생의 마음이 부처의 마음과 다르지 않다고 말합니다. 다만 가려져있을 뿐이라고 하지요. 중생의 마음에 잡히는 진리의 상相은 대승의 본체이고, 중생의 마음의 생멸인연상은 대승의 상相과 용用입니다. 상相은 모습이고, 용用은 작용이며, 체體는 몸체입니다.

의義에서는 대승의 체體와 상相과 용用에 대해 자세히 설명합니다. 몸으로 따지자면 체體는 몸체이고, 상相은 몸의 모습이고, 용用은 몸짓입니다. 우리 식으로 말하자면 체는 본질, 상은 마음의 상, 용은 마음의 구조라고 할 수 있어요. 이 본질의 체가 크다는 것이 체대體大이고, 그 상이 커서 무한하다는 것이 상대相大이고, 그 작용 또한 무한하다는 것이 용대用大입니다. 일체의 진리는 진여로서 평등하여 증감이 없기 때문에 체대體大라고 합니다. 바닷물은 아무리 세월이 흘러도 전혀 늘거나 줄지 않는 것과 같아요. 본체나 본질이라는 것은 여러분이 잠들어있거나 깨어있거나 꿈을 꾸거나 또는 화가 나거나 평화롭거나 그 어떤 마음 상태에 있어도 변함이 없습니다. 바닷물은 여러 가지 파도의 모습으로 나타나지만 물이라는 측면에서는 변함이 없지요. 폭풍우가 몰아치는 바다의 모습과 햇살이 반짝이는 잔잔한 바다의 모습에는 커다란 차이가 있지만, 그 차이 속에서도 변함없는 사실은 여전히 물이라는 것입니다. 그처럼 여러분이 고요한 마음속에 있을 때나 분노의 마음속에 있을 때나 잔잔한 기쁨 속에 있을 때나 변함없는 것은 무엇인지를 물어야합니다. 바로 물과 같은 본질이지요. 혼란한 마음이 고요하고 평안한 마음으로 바뀌는 것이 본질로 가는 게 아닙니다. 그 어떤 마음 상태에 있을 때에도 변함없는 것이 바로 본질이고 체體입니다. 그래서 일체의 법은 진여로서 평등하고 증감이 없다고 했어요. 일체법一切法은 일체의 현상입니다. 일체의 현상은 진리가 표현된 모습이기 때문에 일체법一切法이라는 말은 진리이기도 하고 현상이기도 합니다.

　상相은 어떤 모습인데, 깨어있기 식으로 말하면 내적인 느낌들입니다. 마음속의 느낌은 끊임없이 나타났다 사라지고, 수시로 변하는 무한한 모습을 지니고 있습니다. 그래서 상대相大라고 합니다. 무한하게 많은 파도의 모습이 있듯이 진여, 진리, 여래의 본성에도 공덕功德이 한량없다고 했습니다. 공덕功德은 무엇을 말할까요? 예를 들어 아파하고 힘들어하는 중생을 돌보면서도 그의 마음속에는 중생과 부처라는 분별된 마음이 없는 것이 바로 무한한 마음의 쓰임입니다. 상相이 한없이 크다는 것은 그런 의미입니다.

그 다음은 용대用大인데, 일체의 세간世間과 출세간出世間의 선인과善 因果를 만든다고 했습니다. 작용은 몸으로 따지면 몸짓이지요. 손을 이렇게 저렇게 움직이면 몸짓이 변하는데, 아무리 여러 가지로 몸짓이 변해도 몸이라는 점에는 변화가 없으니 이것이 바로 체體는 변화가 없다는 의미입니다. 그러나 몸짓이 끊임없이 변하고, 물의 움직임이 끊임없고 무한한 것처럼 본질의 작용이 무한히 크다는 의미에서 용대用大라고 합니다.

해석분解釋分에는 세 가지 내용이 있는데, 대승의 정의를 명확하게 표현한 현시정의顯示正義, 삿된 집착을 대치하는 대치사집對治邪執, 도道에 발심하여 마음을 내서 나아가는 모양인 분별발취도상分別發趣道相입니다. 현시정의는 법장문과 의장문으로 나뉩니다. 법장문에서는 일심一心에 의거한 두 종류의 문門인 진여문眞如門과 생멸문生滅門에 대해 말합니다. 실제로는 말로 할 수 없지만 어쩔 수 없이 절대진여絶對眞如를 표현해낸 것이 진여문의 진여입니다. 생멸문은 나타났다 사라지는 세계 속에서의 일입니다. 각覺과 불각不覺, 생멸인연과 훈습에 대한 설명이 나옵니다. 생멸문에서는 이것들에 대해 정의내릴 수 있고, 설명할 수 있으며 경험할 수 있지요. 그러나 결국 생멸문에서의 일이라는 점을 철저히 파악해야 합니다. 경험할 수 있다는 것은 나타났다 사라진다는 의미입니다. 몰랐다가 아는 것도 그렇지요. 깨달음 역시 깨닫지 못함과 대비되는 것이기 때문에 부분적인 생멸문의 모습입니다. 진여문에는 각覺도 불각不覺도 없습니다. 생멸문에만 각覺과 불각不

覺이 있고 훈습이 있어요. 그리고 각각의 의미에 대해 설명합니다. 그러니까 우리가 깨달았다고 여기거나 뭔가 경험했다고 여기는 모든 일은 생멸문에서 일어난다는 것을 여러분은 잊어서는 안 됩니다. 상대 세계 속에서의 일이에요. 어떤 생각과 느낌이 일어나기 전에도 진여는 변함이 없었고, 그 이후에도 진여는 변함이 없으니 이것이 절대진여의 세계입니다. 그러나 몰랐다가 알았다고 여기는 마음은 생멸문의 각覺입니다. 나타나고 사라지는 현상 세계의 일이에요. 부처의 깨달은 믿음이 있고, 중생의 깨닫지 못한 믿음이 있다는 말을 했습니다. '부처가 깨달았다'는 것은 부처의 믿음이고, 믿음의 세계는 생멸의 세계입니다. 중생이 "나는 깨닫지 못했어요. 난 모르겠어요. 왜 이렇게 괴롭습니까? 알듯 말듯 합니다."라고 말하는 것도 역시 생멸 세계 속의 일입니다.

훈습薰習은 서서히 물들어가는 것을 말하는데, 물들어서 깨달음으로 가는 경우가 있고 물들어서 깨닫지 못함, 즉 무명無明으로 가는 경우도 있습니다.

대치사집對治邪執에 대한 설명에서는 인아견人我見과 법아견法我見이 나옵니다. 인아견人我見은 내가 있다는 견해이고, 법아견法我見은 고정불변의 진리라는 게 있다고 믿는 견해입니다. 아我라는 것은 고정불변한 무엇을 말해요. 인아견에는 그래도 좀 덜 집착하지만, 법아견에 집착하면 굉장히 무섭습니다. 종교적인 신념에 집착해서 세상을 망가뜨리는 일들이 바로 법아견으로부터 옵니다. 자기가 진리라고 믿거나 자신이 진리의 길을 가고 있다고 믿으면서 세상을 망가뜨리는 사람들이 생겨나니, 법아견이 인아견보다 더 무서운 삿된 집착입니다. 이런 사집을 대치하는 것이 대치사집對治邪執입니다.

해석분의 마지막은 분별발취도상分別發趣道相이니, 도道에 발심하여 나아가는 모양입니다. 세 가지가 있으니 신성취발심信成就發心, 해행발심解行發心, 증발심證發心입니다. 모든 배움은 믿음이 이루어져야만 시작됩니다. 믿음이 이루어진 사람은 마음이 열리고, 마음이 열리면 드디어 가르치는 사람의 말이 들어가지요. 믿음이 이루어진 사람은 오픈마인드가 되어 경청합니다. 그냥 귀가 열려있어 듣는 히어링hearing이아니라 마음으로 듣는 리스닝listening입니다. 히어링은 내 귀가 듣는것이고, 리스닝은 '나'라는 것 없이 듣는 거예요. 자기가 자기를 듣는게 히어링이라면 내가 없이 듣기 때문에 들은 내용이 자기가 되어버리는 것이 바로 리스닝입니다. 믿음이 성취된 사람은 스승의 말을 경청하고, 그 깊은 빈 마음에 들어오는 가르침을 통해 자기한테 묶여있던마음이 깨어나기 시작합니다. 그런 길을 가다 보면 해행발심을 이루게되지요. 또는 이 해행발심을 통해서 깊은 이해인 해오解悟가 일어납니다. 그리고 드디어 현상을 증거삼아 본질을 파악하게 되는 증득이 일어나는데, 증득을 향해 가는 마음이 증발심입니다.

수행신심분修行信心分은 믿는 마음을 수행하는 방법에 대해 말합니다. 내가 한다는 생각 없이 베푸는 보시布施, 금계를 지키는 지계持戒가있습니다. 그런데 지계에는 함정이 하나 있는데, 계를 지키려 하면 할수록 자기를 속이기 쉽다는 점입니다. 막 화가 나는데 그 화를 뿜어버리면 전체 분위기를 망가뜨리니까 안 되겠고, 그렇다고 화를 눌러버리면 자기를 속이는 것이니 이런 것이 딜레마입니다. 그래서 지계는 쉬운 일이 아니에요. 자신을 속이거나 감정을 억누르지도 않고, 무조건터트려서 주변을 망가뜨리지도 않으려면 문제를 어떻게 해결해야 할까요? 계를 지키는 과정에서 무조건 억누르지 않고 마음을 살피다보면 어느덧 문제가 사라집니다. '나'라고 여기는 것이 점점 커지면서 문제가 사라져요. 이제 막 들어온 신입사원이 사장한테 거침없이 말합니다. "사장님, 회사가 이런 식으로 돌아가면 안 됩니다. 회사 망가져요." 하면서 나이도 어린 사람이 건방지게 말하면 화가 나지요. 그러나 이 젊고 패기 있는 신입사원의 말이 회사 전체에 도움이 된다고 파악되면 사장은 화가 안 나요. 왜? 개인적인 몸과 마음으로만 따져보면 화날 수도 있는 일이지만, 이 사장의 '나'는 회사 전체이기 때문이에요. 동일시의 범위가 커지면 듣는 관점이 달라집니다. 듣는 포인트가 다르지요. 회사의 입장에서 듣게 되니까 화내지 않고 도리어 고마워하겠지요. 그러니까 '나'라는 것이 개인적인 차원에 있는지, 또는 더 넓은 카테고리에 동일시되어 있는지에 따라서 다릅니다. '나'라는 것의 범위가 넓어질수록 계를 더 잘 지킬 수 있게 됩니다. 그 다음 수행방법으로 인욕忍辱이 있습니다. 욕망을 참고, 모욕을 참아내는 거예요. 인욕 역시 내려 누르기가 아닌 겪어내기입니다. 힘들고 어려운 일을 그대로 경험하면서 겪어나가면, 어느 순간 더 이상 힘들지 않게 되지요. 무조건 참거나 억누르지 않고, 경험하면서 가는 길이기 때문에 어느 순간 그 경험보다 자신이 더 커져있음을 발견하게 됩니다. 열심히 행하는 정진精進과 마음속에서 일어나는 모든 상相을 다 깨끗이 지우고 무심無心으로 가는 선정禪定, 즉 지법止法이 있습니다. 그리고 마지막으로 모든 현상들이 나타났다 사라지는 것을 관찰하는 관법觀法인 지혜智慧가 있습니다. 이 여섯 가지 길을 통해 믿음으로 수행하는 것이 수행신심분修行信心分의 내용입니다.

그 다음은 최근에 강의한 권수이익분勸修利益分인데, 이 수행을 하면 어떤 이익이 있다는 것을 보여주면서 수행을 권하는 내용입니다. 지난 1년 8개월간 이런 내용들을 대승기신론을 통해 공부해 왔고, 드디어 마지막 한 줄이 남았습니다.

迴此功德如法性. 普利一切衆生界.
회 차 공 덕 여 법 성　　보 리 일 체 중 생 계

법성法性과 같은 이 공덕을 회향하여 널리 일체의 중생계를 이롭게 할지어다.

회향回向은 자기가 받은 법의 공덕으로 인한 이익을 중생들에게 돌려주는 것이라고 보면 됩니다.

자, 이렇게 해서 드디어 대승기신론의 대단원의 막을 내리겠습니다.

부록 : 깨어있기™ 용어 정의

깨어있기™에서 사용하는 용어는 경험을 통해 분류된 것이기 때문에 일반적으로 알고 있는 내용과 다를 수 있습니다. 이렇게 정의를 분명히 하게 되면 경험에 도움이 될 것이므로 먼저 소개합니다.

감각感覺 : 있는 그대로를 느껴 앎
감각하다(있는 그대로 느끼기)

우리가 태어나 처음 감각기관을 사용하기 시작할 때 느껴지는 것으로, 자아의식과 존재감에 대한 아무런 지식과 통찰이 없는 상태이기 때문에 암흑에서 시작하는 아이와 같습니다. 여기서 말하는 '감각'은 수동적인 받아들임입니다. 이것은 불교에서 말하는 수상행식受想行識의 수受와 유사합니다. 사물을 직접적으로 감각하며 '나'로 인한 왜곡이 없습니다. 쉽게 표현하자면 우리가 보는 사물에서 기억으로 인한 '이름'과 그것의 '형태 및 질質'에 대한 느낌을 내려놓았을 때 남는 순수한 자극입니다.

감지感知 : '익숙하다', '안다'는 느낌

감지하다(익숙하고 안다고 느끼기)

감지感知는 무언가 '안다'는 느낌입니다. 감각된 것이 흔적을 남겨 내면에 쌓이기 시작한 이후, 우리는 이제 그것들을 통해 외부의 사물을 보게 됩니다. 그 내적인 기준으로 인해 느껴지는 '익숙한' 느낌이 감지이며 이것은 일종의 미세한 기억입니다. 이때부터 사물은 있는 그대로 '보여지는' 수동적인 것이 아니라, 그렇게 내면에 쌓인 것을 통해 '보는' 능동적 대상이 됩니다. 즉, **'보이는 것'**이 아니라 내면에 '쌓인 것을 통해' **'보는 것'**입니다. 불교에서 말하는 상想과 유사합니다. 내면에 쌓인 일종의 고정된 과거過去라고 할 수 있습니다. 시계, 책상과 같은 사물에서 식물, 동물에 이르기까지 익숙하고 안다고 느껴지는 느낌, 더 나아가 슬픔, 행복과 같은 '느낌'도 역시 감지에 속합니다. 느껴서(感) 안다(知)는 의미입니다. 지금 이 순간, 처음 느끼는 것이 아니라 과거에 한번이라도 맛보았던 것으로 느껴진다면 모두 일종의 과거인 감지에 속합니다. 즉, 분별될 수 있는 모든 것은 감지이며 과거입니다. 그리고 감지에는 시각적인 것뿐만이 아니라 청각, 후각, 미각, 촉각적인 것까지 모두 있습니다. 예를 들어 감지가 체험되고 구별된다면, 흔히 선사禪師들이 '바람에 흔들리는 깃발'은 바람이 흔들리는가, 깃발이 흔들리는가라고 물을 때, 흔들리는 것은 바람도 깃발도 아니고 '그대의 마음이다'라는 말의 의미가 이해될 것입니다. 내 안의 과거인 '흔들린다'는 감지가 느껴지고 있는 것입니다. 그것은 우화가 아니라 실제 우리 의식에서 일어나고 있는 일입니다. 감지를 구별하게 되면 우리의 의식작용을 더 깊이 이해하게 됩니다. 더 나아가 가장 미세하면서도 상위의 감지로는 '나'라는 느낌이 있습니다. 수많은 감지들 중 어떤 상황에 적절한 하나의 감지와 동일시되어 '주체'로 느껴지는 것이 '나'라는 느낌입니다.

　모든 감지는 고통을 만들어냅니다. 왜냐하면 감지란 내적인 '안다'를 기준삼아 다른 것들과의 사이에 끌림과 밀침이 일어나게 하는 원인이기 때문입니다. 끌림이 일어나면 그것과 함께 하려하게 되고, 함께 하지 못하면 미세한 고통이 일어나며, 끌림이 강해질수록 고통은 강해집니다. 그와 반대로 밀침은 그것과 함께하고 싶지 않은 것인데 이때 피하지 못하면 고통이 뒤따릅니다. 이렇듯 모든 내적인 끌림과 밀침은 괴로움의 원인이 됩니다. 이를 불교에서는 고苦라고 부릅니다. 그러므로 고苦는 '감지' 수준에서부터 시작됩니다. 그러나 이것은 말 그대로의 생각(想)뿐 아니라 그에 앞서 형성되는 일종의 이미지나 미세한 느낌까지 포함합니다. 즉, '깨어있기'의 감지感知는 '익숙하다'거나 '안다'는 느낌으로서, 우리가 보통 '시계'라고 할 때 떠오르는 그 느낌에서 '이름'을 뺀 상태라고 보면 됩니다. 그에 반해 감각은 이름과 형태와 질을 모두 뺀 상태입니다. 감지는 감각들이 흔적을 남긴 것이며 그들 간의 관계가 작용하여 서로 간에 밀침과 끌림이 일어난 상태입니다. 하나의 사물에서 이름을 빼더라도 그것의 전체 이미지나 느낌에는 분명히 '안다'는 느낌이 있습니다. 이름을 빼어냈으므로 그 내적 대상을 '무엇'이라고 말할 수는 없지만 그것을 '안다'는 느낌은 있는 것입니다. 즉 감지는 '안다'거나 '익숙하다'는 느낌을 지닌 일종의 과거입니다. 우리는 이 무의식적 저장물과 그들 간의 관계에서 오는 끌림과 밀침을 의식적으로 알아차리지 못하여 그것에 이리저리 끌려다니고 있습니다. 그러므로 사실은 무의식적으로 저장된 이미지들의 관계 속에 빠져서 행동하고 있다고 해도 과언이 아닐 것입니다. 그래서 자신도 모르게 무언가가 좋기도 하고, 싫기도 하며, 그에 따라 행동하고는 나중에 의식하여 후회하기가 다반사인 것입니다. 우리의 좋다/싫다는 대부분이 이 감지의 층에서 일어나고 있으며, 보통은 그것이 의식화되지 않기에 자신의 행동이 의식적으로 컨트롤되지 않는다고 느끼는 것입니다. 이렇게 저장된 경험으로서의 과거기억인 감지는 흔히 카르마로, 과거의 경향성으로 불리어지며 이를 해소하기 위해서는 심층심리로 들어가 그 고리를 끊어야 한다고 말합니다. 물론 이러한 감지에는 유전적, 집단 무의식적 저장물도 있을 것이며, 그 저장물들 사이의 끌림과 밀침으로 인한 작용도 있을 것입니다. 그러나 이 순간에 깨어있으면, 그 감지들과 동일시되는 순간을 알아차릴 수 있으며, 그러면 감지에 저절로 쏟아 부어지는 생명에너지가 차단됨으로 해서 동일시가 끊어지고 그로부터 자유로울 수 있게 됩니다. 그러므로 깨어있기만 해도 이 동일시의 고리는 언제든 끊을 수 있습니다(《깨어있기-의식의 대해부》책 '동일시 끊기' 연습 참조).

주의注意 : 생명의 투명한 힘

주의에는 자동적自動的 주의와 의도적意圖的 주의가 있습니다. 자동적 주의는 부지불식간에 일어나며, 놀라거나 위급한 상황을 알리는 소리에 저절로 우리의 주의가 가는 것과 같이, 자신도 모르게 주의가 사로잡히는 경우입니다. 이는 감각과 관련이 있습니다. 그에 반해 의도적 주의는 어떤 뜻을 가지고 주의를 '보내는' 것입니다. 그 모든 주의에는 내적으로 끌어당기는 힘(인력引力)과 밀어내는 힘(척력斥力)이 수반

될 수 있습니다. 그 의식적 끌림과 밀침이 아주 미세하여 잘 느껴지지 않을 수도 있지만 내적으로 감지感知가 완전히 형성된 성인成人들은 늘 무의식적으로라도 이러한 끌림과 밀침을 경험하고 있습니다. 이때 끌림과 밀침은 불교에서 말하는 탐貪과 진嗔에 해당한다 할 수 있습니다. 탐진貪嗔이 보통 '의식적인 측면'에서 일어나는 것을 주로 말한다면, 여기서는 그것이 무의식적 감지의 층에서도 일어나며 그 모든 것을 포괄하여 말하기 위해 끌림과 밀침이라는 용어를 사용하였습니다.

끌림(貪)과 밀침(嗔)이 느껴져 그것이 자각되더라도, 보통은 의식하기 전에 이미 자동적으로 동일시가 진행되고 그로 인해 에너지 통로가 형성되어 되돌리기 어렵게 됩니다. 그리고 동일시된 의식적 대상에 에너지가 유입되기 때문에 '내가 저것을 싫어한다'거나 '나는 저것을 좋아한다'는 느낌에 무의식적으로 빠져버리고 맙니다. 그런데 중요한 것은 일단 여기에서 빠져 나와야 한다는 것입니다. 밀침의 경우에는 에너지가 유입되기 시작하면, 저항하는 그 상황에 이르기 싫다는 느낌이 커지게 됩니다. 그때 자신의 주의注意를 그 밀침의 '느낌'에 주지 말고 그 밀침을 '자각하고 있는 의식' 쪽으로 옮겨야 합니다. 그러면 그 밀침의 감정으로 유입되는 에너지가 줄어들고 깨어있는 의식 쪽으로 에너지가 더 많이 유입되게 됩니다. 그 후 감정은 자연스레 약해지고 사라지게 됩니다. 그러나 여기서 무엇보다 중요한 것은 동일시가 일어나는 순간을 볼 수 있어야 한다는 점입니다. 그 순간을 볼 수 있게 되면 노력하지 않아도 저절로 의식은 '깨어있기'로 들어가게 되고 에너지도 낭비되지 않습니다. 알아챈다는 것은 생명에너지의 방향을 전환시키는 역할을 하기 때문에 동일시로 흐르는 거대한 에너지 강물을 애써 막지 않아도 그 흐름을 저절로 멈추게 합니다.

생각과 의식 : 감지들의 네트워크

앞의 세 단계를 다시 정리하면 순수한 감각단계를 지나면서 우리 근원의식에 일종의 흔적인 감지感知('익숙하다, 안다'는 느낌을 일으키는 것)를 남기는데, 이후 저장된 흔적인 감지와 지금 새롭게 주의가 가서 감각된 정보가 비교, 대조되면서 우리 내면에 생각과 의식을 일으킵니다. 그러나 생각도 결국 근원 에너지의 패턴입니다. 따라서 생각의 내용에 빠지지 않고 생각을 '감각하기' 시작하면, 그것을 정밀하게 들여다보게 되고 그것이 의식에너지의 '작용'임을 알아채게 됩니다. 그런 후에는 일어났다 사라지는 생각이라는 패턴과 감정이라는 패턴, 더 미세한 감지라는 패턴을 볼 수 있습니다.

이것을 물로 비유하자면, 생각과 감정과 감지는 일종의 파도입니다. 분명한 모양이 있는 것으로 보이며 서로 간에 구별이 됩니다. 그런데 그것을 좀 더 자세히 들여다보면 모두가 물의 '작용'임을 보게 됩니다. 그리고 마지막으로 물의 작용이란 일어났다 사라지는 현상이라는 것을 눈치채게 됩니다.

동일시 : 삶을 '알게' 해주는 유용한 도구

생각과 의식이 발생하면 이때부터 어느 한 생각과의 동일시가 일어나고, 동일시가 일어나면 에너지가 주로 쏟아부어지는 부분인 '나'가 고착되며, 이후 '나 아닌 것'과의 끌림과 밀침을 통해 좋다/싫다는 감정이 일어나게 됩니다. 예를 들면, 도로에서 차 한 대가 급하게 끼어듭니다. 순간 화가 일어납니다. 그런데 사실 이렇게 화가 나는 것은

'저런 행동을 해서는 안된다'라는 생각이 내면에 저장되어 있었기 때문입니다. 그 생각과 '내'가 동일시되어 있는 것이지요. 즉, 그 주체가 되는 생각이 반대되는 상황으로 인한 생각과 부딪혀 밀침의 감정이 일어난 것입니다. 그런데 흥미로운 점은 이 두 가지 생각 모두가 저 밖의 '외부'에서 일어나는 것이 아니라 사실은 이 '내면의 세상'에서 일어나는 생각들이고, 나의 생명 에너지가 그중 하나의 생각과 동일시될 때 분노의 느낌이 분명해진다는 점입니다. 만일 이때 일어난 생각과 동일시가 되지 않고 초연히 이 두 생각들이 생겼다 사라지는 현상을 볼 수 있었다면 자유에 한발 가까워졌을 것입니다. 다시 말해 동일시란 지금 일어나는 수많은 생각들 중, 그동안 살아오면서 내가 받아들이고 인정한 생각의 네트워크에 유사한 것을 '나'라고 이름 붙여 에너지 중심을 삼는 것입니다.

감정 : 감지들 간의 밀고 당기는 관계를 보여주다

현재 일어난 상황이, '나'와 동일시된 생각에 일치하거나 불일치함에 따라 끌림(탐욕)과 밀침(저항)이 발생하는데 그 에너지가 증폭되면서 감정이 일어납니다. 대표적 감정을 단계별로 나누면 밀침에 해당하는 것에는 무기력 또는 냉담함, 슬픔, 두려움, 증오, 분노가 있고, 끌림에 해당하는 것으로는 육체적 즐거움에 대한 탐닉, 사랑에 대한 탐닉, 정신적 기쁨에 대한 탐닉이 있습니다. 냉담함이란 얼어붙어 움직이지 못하며 에너지가 갇혀있는 것을 말합니다. 거기서 조금 나와 움직일 수 있지만 수동적으로 느끼기만 하는 슬픔이 있습니다. 그 후 뭔가 대처를 해보고 싶지만 상처를 입을까 함부로 움직이지 못하는 두려움이 있고, 상대를 향해 쏟아내기 시작하는 증오가 있습니다. 그리고는 드디어 폭발하는 분노가 있습니다.

탐욕에는 크게 육체적, 과도적, 정신적 탐욕이 있는데, 육체적 탐욕은 즐거움을 갈망하는 것으로 나타나고, 과도적인 탐욕은 흔히 갈애渴愛라고 하는 사랑의 탐욕으로, 그 후 정신적 탐욕은 기쁨에 탐닉하는 형태로 나타납니다.

이 모든 감정들을 느끼고 사용하는 것은 좋지만 문제가 되는 것은 그 감정들에 빠지는 것입니다. 저항하게 되는 감정들은 위험의 신호로 보고, 탐욕하게 되는 감정들은 잠시 누린다고 여긴다면 이들을 잘 사용하는 것이 됩니다.

빠지지 않기 위해서는 이러한 감정에 대해 내면에서 끌리거나 밀치는 순간을 알아채면 됩니다. 그렇게 되면 그것을 향해 생겨나는 에너지 통로를 멈출 수 있습니다. 사실 모든 감정은, 그 전에 생겨나 있는 감지와 동일시되면서 에너지 통로가 생성되고 그를 통해 생명에너지가 주로 부어져, 그것과 밀침 또는 끌림이 일어나 발생하는 것입니다. 그렇게 일어난 감정은 나의 심신을 온통 물들게 됩니다. 그러므로 어떤 생각에 끌리거나 저항할 때 그 생각의 짝이 되는 숨겨진 주체생각을 순간적으로 알아채게 되면 주체생각과의 자동적인 동일시가 멈추고, 그로 인해 에너지 통로가 생기지 않으며 그 두 생각 전체를 그냥 바라볼 수 있게 됩니다.

감각에 열려있기

이렇게 어느 한 생각이나 어느 한 감지와의 동일시를 알아채기 위해

'모든 감각에 열려있기'라는 방법을 사용할 수 있습니다. 예를 들어 자신의 몸을 민감한 진동체라고 생각합니다. 그리고 주의를 몸에 둡니다. 사방에서 날아와 내 몸에 부딪히는 소리가 몸의 어느 부위에 자극을 주고 공명을 일으키는지에 주의합니다. 그렇게 하면 사방에서 들리는 모든 소리를 들을 수 있습니다. 어느 한 소리에 빠지지 않고 모든 소리를 듣는 것입니다. 보통 우리의 주의는 소리 나는 사물이나 장소로 빠르게 달려가 그것만을 듣습니다. 그렇기에 들려오는 수많은 소리들 중 하나의 소리에 귀를 기울이며 거기에 빠지는 것입니다. 그 습관적인 '빠짐'을 멈춰보는 것입니다.

그와 같이 시각도 마찬가지입니다. 주의를 자신에게 두고 사방을 봅니다. 어느 한 가지에 시각적 주의가 빠지지 않도록 하여 보게 되면 시야에 나타나는 모든 것이 '보이게 됩니다'. 어느 한 가지를 '보는' 것이 아니라 '보이는' 것입니다. 그와 같이 내적인 감정이나 생각도 그렇게 할 수 있습니다. 생각과 감정 하나에 빠지지 말고 그냥 내적중심에 주의를 남겨둔 채 있으면서 열어놓습니다. 그렇게 되면 모든 생각과 감정 및 느낌들이 전체적으로 '느껴집니다.' 어느 하나를 '느끼려고' 하거나, 어느 한 가지 느낌이나 생각, 감정에 '빠지지' 않은 채 그 모든 것을 향해 열려있기가 가능합니다.' 그리되면 모든 것이 느껴지고, 보이고, 생각되어짐을 알 수 있습니다. 더 나아가 그 '보여짐'이 깊어지면 내가 동일시되어 있는, 그래서 '내'게 보이지 않던 '주체생각'도 보이게 됩니다. 사실 주체가 되는 생각이나 느낌은 잘 보이지 않습니다. 그것은 이미 '내'가 되어있기 때문입니다. 그러므로 그렇게 동일시된 주체생각을 보기 위해서는 섬세하고 투명하며 중도적인 자세가 요구됩니다.

깨어있기 : '있음'을 깨닫기

깨어있기는 투명한 의식의 상태이며, 아무런 '안다'는 생각이나 느낌이 없이 열려있는 의식을 말합니다. 보통 우리는 어떤 생각이나 느낌을 늘 의식하고 있으며, 그것을 내용이 있는 의식이라고 부릅니다. 그러나 깨어있기는 어떤 내용도 없는 의식이며, 그런 의미에서 '의식이 없다'라고도 할 수 있습니다. 그렇지만 항상 현재에 반응할 수 있는 상태이므로 텅 빈, 열려있는 의식이라 하는 것입니다. 그래서 생각이 감각되기 시작하면 이제 그 생각을 '아는 깨어있는 의식' 느끼기로 갑니다. 깨어있기는 수동적으로 감각하기입니다. 의식과 생각, 감정, 감지 등 모든 것을 수동적으로 감각하는 것입니다. 다가오는 대로 감각하기, 이것이 깨어있기의 정의입니다. 그리고 그 깨어있기가 항상 가능하도록 열려있는 것입니다. 깨어있기 연습 과정에서 졸림이 일어나기도 하는데 졸린다는 것은 지금 깨어있는 것이 아니라 '깨어있다'는 '감지' 속에 있기 때문입니다. 우리의 의식은 놀라운 능력을 가지고 있어 '깨어있다'는 느낌도 만들어냅니다. 즉, 일종의 미세한 이미지를 만들어 느끼고 있는 것입니다. 그것 역시 고정된 과거이기에 졸리는 현상이 일어납니다. 변화가 없으면 의식은 졸음에 빠집니다. 이때는 그 이미지를 느끼고 있는 깨어있는 의식을 느끼도록 해야 합니다. 또 피곤하다는 현상도 나타납니다. 힘들고 피곤하다는 것은 내적인 끌림이나 밀침에 에너지를 낭비하기 때문입니다. 끌림은 뭔가 좋은 경험을 하였다고 판단하여 그것을 계속 맛보려고 하는데서 오는 것이고, 밀침은 뭔가 자신은 열등하다고 느끼거나 잘 안될까 불안하거나 다른 일들에 신경이 쓰이는 등의 느낌에 저항할 때 일어납니다. 그 저항과 탐욕에 에너지를 낭비하기에 피곤한 것입니다. 이때는 그저 자신이 내적으로 무언가에 끌리거나 밀치고 있다는 것을 알아채고 깨어있기 상태로 돌아오면 됩니다.

각성覺性 : 의식의 본질을 깨닫기, 느끼는 자로 있기

'느끼는 자'로 있는 것을 의미합니다. 다시 말하면 근원으로 있는 것입니다. 깨어있는 의식을 느끼거나 순수한 있음을 느끼는 것이 아니라 그것을 가능하게 하는 '존재하는 자로 있기'입니다.

간탐慳貪 183, 184, 257
겁약한 중생 203
견見 217, 369, 371
견문見聞 307, 310
경계상境界相 17, 293, 295
경계처境界處 393
계문戒門 253, 263, 264, 293
고락苦樂 34, 434, 435
공空 5, 27, 42, 43, 44, 46,
47, 48, 49, 50, 52,
53, 54, 55, 56, 57,
58, 59, 60, 61, 62,
66, 67, 104, 110, 120,
301, 307, 308, 309,
350, 367
공경恭敬 369
공덕功德 63, 66, 67, 71, 75,
76, 245, 499
공적空寂 350, 351
귀신 286, 287, 341, 342,

343, 348, 379, 380,
383
극락세계 456, 458, 459
근기根器 133
근기根機 239, 245
금계禁戒 266
기사欺詐 263
기식氣息 307, 309, 312
기어綺語 263
기혐譏嫌 267
능견能見 198
능지방편能止方便 155, 170, 239
다라니陀羅尼 349, 350, 364
대비大悲 127, 129, 153, 396,
443
대비관大悲觀 416
대비심大悲心 138, 139, 140,
141, 152, 154, 168,
171, 443
대원大願 175, 176

대원평등방편大願平等方便　166,
　171, 239
대지大智　218
대치사집對治邪執　40, 50, 55,
　66, 96, 364, 471, 500,
　501
도道　119, 120, 158, 173,
　249, 473, 475, 485,
　486, 500, 502
도솔천　172
두타頭陀　265
마구니　286, 287, 341, 343,
　348, 349, 350, 351,
　352, 353, 354, 355,
　356, 357, 358, 360,
　363, 364, 378, 379,
　381, 383
망견妄見　152, 153, 216
망법妄法　46, 81, 218, 219
망상妄想　216
무無　95, 108, 111, 112, 113,
　159, 208, 289, 293,
　309, 401
무감각 탱크floating tank　243
무과無果　350
무명無明　32, 80, 89, 194,
　195, 208, 209, 212,
　213, 402, 501
무변無邊　212, 220

무분별지無分別智　206, 207
무상無常　21, 23, 40, 41, 403
무상도無上道　475
무상보리無上菩提　122
무시無始　76, 413
무여열반無餘涅槃　166
무외無畏　259, 260
무원無願　350
무인無因　350
무친無親　350
바라밀　183, 190, 192, 194,
　195, 248, 249, 250,
　286, 293, 315, 350,
　353, 364, 367, 374,
　447, 448, 452, 453,
　476, 479, 519
발심發心　119, 120, 121, 127,
　134, 135, 179, 203,
　204, 471, 472
발심상發心相　205
방편심方便心　206
번뇌煩惱　76, 265
범부凡夫　43, 438
법계法界　142, 143, 332, 335
법륜法輪　172, 202
법성法性　153, 154, 155, 161,
　166, 168, 183, 189,
　192, 215, 484, 504
법신法身　7, 120, 169, 171,

172, 173, 175, 198, 223, 228, 235, 335, 337

법아견法我見 40, 41, 42, 55, 96, 97, 106, 117, 119, 134, 178, 501, 518

법의法義 218

벡터vector 6, 12, 38, 68, 114, 143, 190, 331, 339

변재辯才 352

보살구경지菩薩究竟地 197

보살상 348, 349, 353, 364

보시布施 183, 184, 186, 248, 255, 257, 286, 293, 350, 431, 447, 479, 502

복덕福德 153

부정취중생不定聚衆生 121, 122, 133, 135

분별발취도상分別發趣道相 119, 471, 500, 502

불도佛道 203, 364, 366, 369, 370, 419

불법승佛法僧 152, 158, 161, 162, 170, 239, 245

불지佛智 487, 489, 490

불체佛體 142

불퇴전不退轉 126, 127, 161, 163, 477, 491

비방誹謗 473

비장秘藏 471

사견邪見 263

사량思量 475

사마타 42, 249, 253, 292, 293, 294, 296, 298, 302, 303, 307, 315, 318, 331, 332, 334, 337, 396, 397, 444, 455

사마타관奢摩他觀 293, 296

사바세계 447, 448, 449, 450, 452, 456

사정취邪定聚 121

삼계三界 89, 90, 372

삼매三昧 38, 95, 115, 243, 293, 332

삼천대천세계三千大千世界 477

상相 16, 17, 18, 19, 20, 21, 22, 23, 25, 26, 42, 43, 44, 45, 46, 47, 48, 49, 50, 52, 53, 54, 55, 56, 57, 58, 59, 60, 63, 64, 66, 77, 107, 108, 109, 123, 124, 125, 142, 143, 164, 172, 179, 180, 181, 192, 196, 197, 200, 201, 205,

209, 210, 211, 212,
219, 222, 225, 226,
242, 293, 294, 298,
304, 314, 316, 317,
318, 319, 320, 330,
331, 335, 336, 337,
348, 349, 366, 370,
371, 375, 376, 377,
378, 398, 399, 400,
401, 402, 403, 407,
408, 464, 471, 481,
498, 499, 500, 503
색色 26, 27, 28, 42, 44, 45,
46, 47, 48, 49, 50,
52, 53, 55, 56, 60,
61, 62, 104, 105, 108,
109, 110, 111, 117,
118, 308
색구경처色究竟處 209
색상色像 228
생멸문生滅門 15, 26, 93, 435,
449, 471, 498, 500
생멸염生滅染 64, 65
생사生死 68, 70, 73, 82, 83,
84, 85, 101, 152, 153,
263, 388, 412, 413
서원관誓願觀 416
선근善根 122, 132, 158, 161,
170, 245, 246, 247,

341, 343, 443, 458
선세先世 286
선악善惡 434, 435, 437, 485
선정禪定 42, 183, 194, 249,
293, 315, 331, 350,
431, 479, 503
선지식善知識 373
섭호攝護 452
성도成道 172
성문聲聞 41, 178
소욕少欲 265
솔리톤soliton 96, 98
수기授記 476, 477
수습修習 475
수식관數息觀 307
수행신심분修行信心分 237, 239,
252, 315, 364, 471,
502, 503
수행자 364, 365, 373, 374
수희隨喜 291
숙명宿命 352
스칼라scalar 6, 12, 38, 68,
339
시방十方 26, 30, 202, 209,
377, 420, 482
식識 27, 28, 108, 109, 110,
111, 113, 198, 308,
455
신성취발심信成就發心 120, 121,

125, 126, 135, 136,
137, 141, 146, 152,
169, 175, 178, 179,
204, 239, 245, 252,
328, 354, 383, 408,
454, 471, 477, 490,
491, 502

신심信心 6, 121, 122, 127,
239, 240, 245, 247,
286, 328, 329, 395,
452

심상心想 212, 213, 214, 217,
219, 220

심심深心 137, 138, 141, 152

심행心行 212

십선十善 122, 477, 478

십지十地 197, 202, 203, 208

십지보살十地菩薩 198, 202

아견我見 40, 372

아만我慢 328, 329, 369, 371

아미타불阿彌陀佛 458

아승기겁阿僧祇劫 175, 177, 179,
180, 203, 482

악구惡口 263

악업惡業 286

안주安住 311, 312, 313

액난 259, 260

양설兩舌 263

업과業果 153

업식業識 80, 198

업식심業識心 207

업장業障 161, 162, 305, 329,
365, 383, 384

여래如來 54, 63, 85, 96, 113,
114, 452, 453, 473

여래법신如來法身 43

여래성如來性 43

여래장如來藏 62, 63, 66, 68,
70, 82, 85, 208, 498

여래종如來種 131

여래종성如來種性 371

연緣 133, 153, 297, 424, 435

연각緣覺 41, 178

열반 56, 57, 59, 66, 82, 84,
85, 86, 87, 88, 90,
92, 93, 99, 101, 102,
103, 153, 154, 166,
171, 172, 177, 178,
239, 350, 351, 367,
419, 424, 425, 426,
427, 487, 488, 489,
518

염법染法 107

오문五門 252, 253, 293

오욕五欲 186, 189

오음五陰 26, 27, 103, 104

오음법五陰法 103

오음생멸五陰生滅 101

왕생往生 458, 459, 466

외도外道 89, 90, 341, 342, 343, 359, 360, 364, 365, 366, 367, 368, 369, 370, 371, 372, 373, 374, 379, 380, 383

외연外緣 394

용用 471, 498

원력願力 171

위파사나 249, 253, 292, 294, 296, 298, 331, 395, 396, 397, 398, 410, 411, 444

위핍 259, 260

유위有爲 398

육바라밀 171, 183, 186, 248, 249, 250, 286, 293, 315, 350, 353, 364, 367, 374, 447, 448, 452, 453, 476, 479

육시六時 290

의식衣食 306

이승二乘 41, 96, 102, 132, 438, 443, 444

이승지二乘地 135, 177, 178

이타利他 139, 151, 250, 283

이타행利他行 137, 138, 139, 140, 141, 172

인因 153, 297, 424, 435

인과因果 154

인무아人無我 96, 97

인문忍門 253, 267, 268, 293

인아견人我見 40, 41, 43, 55, 56, 61, 66, 96, 99, 101, 106, 178, 501, 519

인아집人我執 41

인연因緣 153, 424, 434, 435

인연생멸상因緣生滅相 296, 297, 298

인욕忍辱 190, 192, 248, 286, 293, 350, 431, 448, 479, 503

일념一念 202, 209

일상一相 332, 335

일심一心 16, 25, 26, 214, 215, 371, 387, 430, 431, 486, 497, 498, 500

일체법一切法 117, 499

일체종지一切種智 209, 212, 213, 218, 219, 221

일행삼매一行三昧 335, 336, 337

자리自利 139, 151, 250, 283

자리이타自利利他 250, 251, 261, 262, 279, 281, 283, 285, 307

자리행自利行 137, 138, 139, 140, 141, 151

자상自相 62, 107, 318, 320, 375, 377

자성自性 76, 77, 103, 152, 169, 423, 434, 435, 443

자연업自然業 221, 222, 224, 225, 385

잡업雜業 355

전식轉識 17, 19, 21, 34, 44, 80, 88, 110, 146, 198, 202, 208, 216, 260

전제前際 88, 89

정定 300

정각正覺 203

정근精勤 290, 375

정념正念 315, 317, 318, 320, 322, 324, 329, 365, 377

정법正法 127, 130

정법淨法 107, 108

정심지淨心地 197

정위正位 176

정인正因 131

정정正定 240, 462, 467

정정취正定聚 121, 131, 132, 240, 241, 249

정진精進 183, 192, 193, 248, 249, 286, 293, 350, 354, 431, 479, 503

제불諸佛 471

종성種性 203

중생신衆生身 335

중생심衆生心 228, 498

중죄重罪 286, 329, 383

중죄업장重罪業障 328

증발심證發心 120, 136, 179, 197, 204, 208, 471, 472, 491, 502

지地 197, 203, 307, 308, 309, 310

지智 108, 109, 110, 113

지止 293, 294, 303, 304, 315, 382, 395, 396, 397, 428, 431, 438, 445, 446

지계持戒 183, 186, 187, 248, 286, 293, 305, 350, 353, 431, 479, 502

지계바라밀 188, 189

지관止觀 432

지관문止觀門 253, 292, 293, 315, 331

직심直心 137, 141, 150, 152

진문進門 253, 269, 270, 272, 293

진심眞心 53, 54, 55, 120, 206

진에瞋恚 263

진여眞如 15, 16, 19, 25, 26,
　　　　39, 75, 77, 114, 115,
　　　　119, 338, 449

진여문眞如門 15, 26, 38, 93,
　　　　435, 449, 471, 500

진여법眞如法 137, 145, 151,
　　　　179, 240, 241

진여법신眞如法身 61, 462, 463

진여삼매眞如三昧 327, 332, 339,
　　　　359, 360, 370, 375

진여지眞如智 198

진위眞僞 364

참회 79, 155, 156, 291

첨곡諂曲 263

초지初地 197, 202, 208

초학보살初學菩薩 176

총지總持 350

켄 윌버Ken Wilber 316

퀄리아qualia 24

타방불토他方佛土 454, 456, 458

타심지他心智 352

탐질貪嫉 263

평등平等 25

푸루샤Purusha 92

풍風 307, 308, 309, 310

한거閒居 305

해석분解釋分 239, 471, 500

해행발심解行發心 120, 136, 179,

197, 204, 471, 472,
　　　491, 502

행근본방편行根本方便 152, 154,
　　　169, 239

허공상虛空相 43, 44, 46, 47,
　　　48, 49, 50, 54, 55

헨리 스텝Henry Stapp 424

현식現識 17, 19, 21, 80, 88,
　　　216, 260

형색形色 307, 308, 309

혜慧 300

호념護念 377, 378

회향 291, 458

후득지後得智 206, 207

훈습薰習 122, 146, 147, 402,
　　　501

이 책은 아래 오인회 회원님들의 후원을 받아 제작되었습니다.

上권 고미영, 김명희, 김복래, 김선희, 문장식, 민은주, 박치하, 배진희, 신주연, 이도연, 이승구, 이현호, 임선희, 정인호, 황세희

中권 고미영, 금산스님, 문수홍, 민은주, 이도연, 이승구, 이현호

下권 김기명, 김복래, 김선화, 김옥자, 남인숙, 도상임, 문대혁, 문장식, 민은주, 박광인, 박병희, 박영래, 박치하, 박현옥, 손희준, 송정희, 신경임, 신주연, 오태호, 윤미화, 윤춘근, 이도연, 이미숙, 이현호, 임선희, 전영지, 정홍상, 주태한, 최인수, 최진홍, 한정수, 한정은, 황세희, 황용선, 황재원 (이상 가나다순)

대승, 현상과 본질을 뛰어넘다 下

지은이 월인越因
펴낸이 이원규
펴낸곳 히어나우시스템
발행일 2020년 4월 15일
출판등록 제 1-24135호 1998.12.21
주소 서울시 관악구 쑥고개로 68 혜남빌딩 3층
전화 (02) 747-2261~2
홈페이지 www.herenow.co.kr
전자메일 cpo@herenow.co.kr

ISBN 978-89-94139-24-1, 04190